Eu - A - IV - 26
(Du - A - VII - 3.)

Geographisches Institut
der Universität Kiel

Geographisches Institut
der Universität Kiel
ausgesonderte Dublette

EUROPA WIRD EINS

Die Deutsche Bibliothek – CIP-Einheitsaufnahme

Europäische Union, Europäische Gemeinschaft : die Vertragstexte von Maastricht mit den deutschen Begleitgesetzen / bearb. und eingeleitet von Thomas Läufer. – 4. Aufl. – Bonn : Europa Union Verlag, 1995.
  ISBN 3-7713-0500-4
NE: Läufer, Thomas [Bearb.]

Überreicht vom
Presse- und Informationsamt der Bundesregierung

Inv.-Nr. 97/A 37069

© 1995 Europa Union Verlag GmbH, Bonn
Satz, Gestaltung und Herstellung:
echter Würzburg
Fränkische Gesellschaftsdruckerei und Verlag GmbH
97070 Würzburg

ISBN 3-7713-0500-4

EUROPÄISCHE UNION
EUROPÄISCHE GEMEINSCHAFT

Die Vertragstexte von Maastricht mit den deutschen Begleitgesetzen

bearbeitet und eingeleitet von
THOMAS LÄUFER

Presse- und Informationsamt der Bundesregierung

Abkürzungen

ABl.	Amtsblatt
Abs.	Absatz
Anm.	Anmerkung
Art.	Artikel
BGBl. II	Bundesgesetzblatt, Teil II
Bek.	Bekanntmachung
ber.	berichtigt
Beschl.	Beschluß
BPA-Bull.	Bulletin des Presse- und Informationsamtes der Bundesregierung
BR-Drs.	Drucksache des Bundesrates
BT-Drs.	Drucksache des Bundestages
EAG	Europäische Atomgemeinschaft (auch „Euratom" genannt)
ECU	European Currency Unit (Europäische Währungseinheit)
EEA	Einheitliche Europäische Akte vom 28. Februar 1986
EG	Europäische Gemeinschaft
EGV	Vertrag über die Europäische Gemeinschaft
EGKS	Europäische Gemeinschaft für Kohle und Stahl (auch „Montanunion" genannt)
EP	Europäisches Parlament
EPZ	Europäische Politische Zusammenarbeit
ESZB	Europäisches System der Zentralbanken
EU	Europäische Union
EUV	Vertrag über die Europäische Union vom 7. Februar 1992
EWG	Europäische Wirtschaftsgemeinschaft
EWGV	Vertrag zur Gründung der Europäischen Wirtschaftsgemeinschaft vom 25. März 1957
EWI	Europäisches Währungsinstitut
EWR	Europäischer Wirtschaftsraum
EZB	Europäische Zentralbank
FusV	Vertrag zur Einsetzung eines gemeinsamen Rates und einer gemeinsamen Kommission der Europäischen Gemeinschaften (Fusionsvertrag) vom 8. April 1965
GASP	Gemeinsame Außen- und Sicherheitspolitik
gem.	gemäß
Kap.	Kapitel
MS	Mitgliedstaat(en)
vgl.	vergleiche
VO	Verordnung
WWU	Wirtschafts- und Währungsunion
Ziff.	Ziffer

Inhalt

Zeittafel .... U 2

Abkürzungen 4

Einführung 7

I. Europäische Union

1. Vertrag über die Europäische Union (EU)
   vom 7. Februar 1992 idF. vom 1. Januar 1995.   17

2. Protokolle zum Vertragswerk   36

3. Schlußakte mit Erklärungen   92

4. Erklärungen zu Dänemark 111

II. Europäische Gemeinschaft

1. Vertrag zur Gründung der Europäischen Gemeinschaft
   (EG) idF. vom 1. Januar 1995 119

2. Fundstellenverzeichnis 272

III. Bundesrepublik Deutschland

1. Europaartikel des Grundgesetzes 273

2. Zustimmungsgesetz zum Vertrag über die Europäische
   Union vom 28. Dezember 1992 277

3. Gesetz über die Zusammenarbeit von
   Bundesregierung und Deutschem Bundestag
   in Angelegenheiten der Europäischen Union 278

4. Gesetz über die Zusammenarbeit von Bund und
   Ländern in Angelegenheiten der Europäischen Union   280

5. Vereinbarung zwischen der Bundesregierung und
   den Regierungen der Länder über die Zusammenarbeit in Angelegenheiten der Europäischen Union
   vom 29. Oktober 1993 285

6. Entschließung des Deutschen Bundestages
   vom 2. Dezember 1992
   (Feierliche Erklärung) 295

7. Entschließung des Deutschen Bundestages
   vom 2. Dezember 1992
   (Wirtschafts- und Währungsunion) 299

8. Entschließung des Bundesrates
   vom 18. Dezember 1992
   (Vertrag über die Europäische Union) 301

9. Leitsätze zum Urteil des Bundesverfassungsgerichts
   vom 12. Oktober 1993 323

Literatur 333

Materialien 334

Sachregister 335

Anschriften U3

Einführung

Europa im Übergang

Am **1. Januar 1995** ist die Europäische Union (EU) durch den Beitritt Österreichs, Schwedens und Finnlands von zwölf auf fünfzehn Mitgliedstaaten erweitert worden. Die **"Union der 15"** ist von ihrer Fläche her um ein Drittel größer als das "Europa der Zwölf". Sie umfaßt inzwischen 3,2 Mio. Quadratkilometer, eine Gesamtbevölkerung von 370 Mio. und erwirtschaftet ein Bruttoinlandsprodukt (BIP) von mittlerweile rd. 12 Billionen Mark. Damit überragt die erweiterte Union als gemeinsamer Wirtschaftsraum andere Wirtschaftspotentiale wie die USA und Japan; aber auch ihr politisches Gewicht und ihre Bedeutung für Sicherheit und Stabilität in ganz Europa und der Welt werden immer stärker eingefordert.

Die **"Norderweiterung"** der EU, gegen die sich Norwegen im November 1994 mit knapper Mehrheit entschieden hat, ist die erste Erweiterung der Union nach dem Ende des Ost-West-Konflikts und nach der Beendigung des Kalten Krieges. Einerseits verändert sie die politische und ökonomische Gewichtung innerhalb der Union, zum anderen leitet sie den Beginn eines neuen Reform- und Anpassungsprozesses innerhalb der EU ein, der die Union für weitere Beitrittsanwärter aus Mittel- und Osteuropa (MOE-Staaten) sowie – in der Folge – auch für Beitritte aus Südosteuropa aufnahmefähig machen soll (**"Osterweiterung"**). Die weitere Öffnung der EU entspricht den Wurzeln und der Zweckbestimmung des europäischen Einigungsprozesses; sie liegt außerdem in der Konsequenz der über 45jährigen Erfolgsgeschichte der europäischen Einigung.

Trotz dieser Herausforderungen beginnen sich die Reformziele und die damit verbundene politische Ortsbestimmung Europas nur langsam zu klären, weil mit ihr letztlich auch die Frage nach der **gemeinsamen Identität** Europas und der Europäer gestellt wird. Diese Frage reicht über die bloße Anpassung der institutionellen Strukturen der EU an einen größeren Mitgliederkreis und über die zur Zeit diskutierten Modelle eines (schneller voranschreitenden) Kerneuropas hinaus. Sie beinhaltet auch die Frage nach den Legitimitätsgrundlagen und nach der Bürgernähe des Einigungswerks, nach dem tatsächlichen Integrationspotential unter allen Mitgliedern und nach der Gestaltung des **internationalen Umfelds** der EU, besonders im Verhältnis zu den USA und zu den neu entstehenden Wirtschaftszentren in Nordamerika sowie innerhalb der Pazifischen Gemeinschaft, aber auch gegenüber der islamischen Welt und speziell der Mittelmeer-Region.

Das komplizierte Geflecht dieser verschiedenen Probleme stellt die zentrale Herausforderung an die Europäische Union dar, an ihre politische Handlungsfähigkeit und Regelungskraft, an ihre Funktion als Garant für Sicherheit, Stabilität und wirtschaftliche Wohlfahrt für ganz Europa. Es liegt auf der Hand, daß die für 1996 geplante **Regierungskonferenz** zur Revision der bestehenden Vertragsgrundlagen der EU mit der Bewältigung aller dieser Fragen überfordert wäre. Sie soll keine Verfassungskonferenz sein, sondern in erster Linie die institutionellen Strukturen der Union straffen und damit den Weg für die Aufnahme weiterer Mitglieder frei machen. Erst danach, in einem folgenden Reformschritt, wird es auch um die **Verfassung** einer Europäischen Union von mehr als 20 Staaten gehen, die trotz ihrer politischen, wirtschaftlichen und kulturellen Verschiedenheiten zu einem integrierten Verbund zusammengefaßt werden müssen.

Vollendung der Europäischen Union

Mit diesen beiden Zielen (Revisionskonferenz 1996 und künftige Verfassung der EU) ist zugleich die Agenda des erweiterten „**Europa 2000**" vorgegeben. Sie verlangt die Vertiefung der Integration nach innen, die Stärkung der Handlungsfähigkeit der EU nach außen und ihre Öffnung für neue Beitrittsanwärter. **Schwerpunkte** der europäischen Integrationspolitik in der zweiten Hälfte der 90er Jahre sind damit die Heranführung der mittel- und osteuropäischen Reformstaaten an die Europäische Union mit dem Ziel ihrer späteren Mitgliedschaft, die weitere Umsetzung des Vertragswerks von Maastricht, das den Schwerpunkt dieser Textsammlung bildet, mit dem Kern der spätestens für 1999 geplanten Wirtschafts- und Währungsunion (WWU) sowie der Verwirklichung der Politischen Union, und schließlich die Belebung der europäischen Wirtschaft mit der Förderung von Wachstum, Beschäftigung und der Steigerung ihrer internationalen Wettbewerbsfähigkeit.

Fahrplan für die Vollendung der EU und Grundlage für weitere Fortschritte in der europäischen Einigungspolitik ist der **Vertrag über die Europäische Union** (EUV), der am 7. Februar 1992 in Maastricht zunächst von den damals zwölf Mitgliedern der EG unterzeichnet wurde und dem 1. Januar 1995 mit Österreich, Schweden und Finnland drei weitere Mitglieder beigetreten sind. Das Vertragswerk von Maastricht wurde nach einer längeren Ratifizierungsphase in mehreren Mitgliedstaaten zum **1. November 1993** in Kraft gesetzt.

Das Inkrafttreten des EUV markiert die Geburtsstunde der **Europäischen Union.** Sie baut auf der seit 37 Jahren bestehenden Europäischen Gemeinschaft auf. Am 25. März 1957 wurden in Rom die Verträge zur Gründung der Europäischen Wirtschaftsgemeinschaft (EWG) und der Europäischen Atomgemeinschaft (EAG) abgeschlossen. Durch die Römischen Verträge, die zum 1. Januar 1958 in Kraft gesetzt wurden, erfuhr der europäische Einigungsprozeß, der sich bis dahin auf den Kohle- und Stahlbereich der Montanunion beschränkt hatte, beträchtliche Ausweitung auf die Gesamtwirtschaft Westeuropas.

Die EG wurde bis 1993 von drei Organisationen gebildet, die auch weiterhin ihre rechtliche Selbständigkeit behalten haben: Der Europäischen Gemeinschaft für Kohle und Stahl (EGKS-Vertrag von Paris 1951), der Europäischen Wirtschaftsgemeinschaft (EWG-Vertrag von Rom 1957) und der Europäischen Atomgemeinschaft (EAG-Vertrag von Rom 1957). Der in der Praxis wichtigste und umfassendste Vertrag ist der frühere EWG-Vertrag (jetzt: **EG-Vertrag,** siehe w. u.). Er hat sich seit 1958 als die Magna Charta des europäischen Einigungswerks, als flexible Grundlage für den weiteren Ausbau der Gemeinschaft und als Instrument für die fortschreitende Vergemeinschaftung immer weiterer Materien erwiesen. Seit dem 1. Juli 1967 sind die drei genannten Organisationen durch die Verschmelzung ihrer Organe (Fusionsvertrag 1965) verbunden, doch gelten der EGKS-Vertrag und der EAG-Vertrag auch nach dem Zusammenschluß bis auf weiteres fort. Allerdings sind schon seit längerem Bestrebungen im Gange, die bestehenden Abkommen zu einem geschlossenen Vertragswerk („Vertragsverfassung") zusammenzufassen.

Die EG umfaßte zunächst sechs Gründerstaaten (Belgien, Deutschland, Frankreich, Italien, Luxemburg und die Niederlande). Sie wurde seit 1973 in drei Etappen zunächst um sechs Mitglieder erweitert. Am 1. Januar 1973 erfolgte der Beitritt Großbritanniens, Irlands und Dänemarks, am 1. Januar 1981 trat Griechenland der Gemeinschaft bei und am 1. Januar 1986 kamen Spanien und Portugal hinzu. Weitere Beitrittsanwärter haben sich der EG/EU seit dem **1. Januar 1995** angeschlossen: Österreich, Schweden und Finnland. Die Aufnahme Norwegens, die ebenfalls vorgesehen war, scheiterte im November 1994 am negativen Ausgang eines Referendums.

Mit der **Vereinigung Deutschlands** am 3. Oktober 1990 wurde auch die ehemalige Deutsche Demokratische Republik (DDR) in die EG eingegliedert. Bis zum 31. Dezember 1992 wurden die fünf neuen Bundesländer voll in den Rechts- und Wirtschaftsraum der Gemeinschaft integriert; nur in Teilbereichen gibt es noch Übergangsfristen bis 1995.

15 west-, nord- und südwesteuropäische Demokratien mit rd. 370 Millionen Bürgern sind also derzeit in einer integrierten wirtschaft-

lichen und politischen Gemeinschaft innerhalb Europas zusammengeschlossen, die sich nunmehr Europäische Union nennt. In der Union der 15 gibt es keine Zölle mehr, die Europäer haben einen großen, wenn auch noch nicht vollendeten Gemeinsamen Markt (**Binnenmarkt**) gebildet, in dem sie Freizügigkeit und freie Niederlassung genießen. 1979 wurde das Europäische Währungssystem (EWS) geschaffen; über seinen Ausbau und über den Übergang in die nächsten beiden Stufen der **Wirtschafts- und Währungsunion** (WWU) mit einer gemeinsamen Währung bis spätestens 1999 konnte im Vertrag über die Europäische Union Einigkeit erzielt werden. Eine **Gemeinsame Agrarpolitik** (GAP) dient Verbrauchern wie Agrarproduzenten gleichermaßen, muß aber dringend weiter reformiert werden, weil sie sowohl den EU-Haushalt als auch die Weltwirtschaft belastet. Auch die **Handelspolitik** liegt seit 1970 weitgehend in der Hand der Gemeinschaft. Außerdem betreibt sie eine gemeinsame Politik gegenüber den Staaten, die der EG/EU assoziiert sind, bis hin zu gemeinsamer Entwicklungshilfe und -zusammenarbeit. Mit den Staaten **Osteuropas** ist seit 1991 ein neues und spezielles Assoziierungskonzept entwickelt worden (sog. „Europa-Verträge"), das sie Schritt für Schritt in einem „strukturierten Dialog" (Europ. Rat in Essen 1994) und mit dem Ziel ihrer späteren Vollmitgliedschaft an die EU heranführen soll.

Die Europäische Union ist inzwischen der größte Handelspartner in der Welt. Sie erschließt sich ständig neue Tätigkeitsbereiche: Sozialpolitik, Industrie- und Energiepolitik, Forschung und Technologie, Umweltschutz, gemeinschaftliche Strukturpolitik und kulturelle Zusammenarbeit. Dem gemeinsamen Zusammenwachsen dient auch eine immer engere Verflechtung der Mitgliedstaaten in den Bereichen Justiz und Inneres.

Nicht nur als Wirtschaftsgemeinschaft, sondern auch als politischer Faktor und als demokratische Wertegemeinschaft besitzt die EU großes Gewicht und weltweite Ausstrahlung, wird sie auch von außen immer mehr als Einheit ihrer Mitglieder verstanden. Seit 1970 haben die Mitgliedstaaten ihre außenpolitische Zusammenarbeit intensiviert und gefestigt. 1986 wurde die Europäische Politische Zusammenarbeit (EPZ) in einen vertraglichen Rahmen gefaßt und im Vertrag über die Europäische Union konnten schließlich 1992 die Grundlagen für eine **Gemeinsame Außen- und Sicherheitspolitik** (GASP) und damit auch für die Politische Union gelegt werden.

Die anhaltenden Umwälzungen in Mittel- und Osteuropa sowie neue Herausforderungen der internationalen Politik (Beispiele: Rüstungskonversion, neue Sicherheitsarchitektur, regionale Instabilitäten, globale Trends) beschleunigen den Wandel innerhalb der Europäischen Union und machen sie gerade wegen ihrer wirtschaftlichen und politischen Potentiale zu einem entscheidenden Garanten für Frieden und Sicherheit auch über Europa hinaus.

Ziel ist, die gegenwärtige Union der 15 bis zum Ende der neunziger Jahre zu einer umfassend geeinten **Europäischen Union** und damit zu einem vollintegrierten, dauerhaften und handlungsfähigen Verbund ihrer Mitglieder weiterzuentwickeln. Das Leitbild der Europäischen Union wurde von den Staats- und Regierungschefs seit dem Ende der Übergangszeit bei der Verwirklichung des Gemeinsamen Marktes (31. Dezember 1969) mehrfach hervorgehoben. Es fand Eingang in die Feierliche Deklaration zur Europäischen Union vom 19. Juni 1983, in den Vertragsentwurf des Europäischen Parlaments zur Gründung der Europäischen Union vom 14. Februar 1984, in die Einheitliche Europäische Akte (EEA) vom 28. Februar 1986, die die Gemeinschaft auf die Vollendung des Binnenmarktes ausrichtete, und schließlich in den Vertrag über die Europäische Union vom 7. Februar 1992, die bisher umfassendste Änderung und Ergänzung der Römischen Verträge.

Zum Inhalt des Vertragswerks

Der Vertrag über die Europäische Union (EU-Vertrag) ist das Ergebnis einjähriger Regierungsverhandlungen im damaligen Zwölferkreis über die Weiterentwicklung der EG zur Europäischen Union (Regierungskonferenz über die WWU u. Regierungskonferenz über die Politische Union). Die Verhandlungen wurden auf der Tagung des Europäischen Rates am 9./10. Dezember 1991 in Maastricht abgeschlossen. Der am 7. Februar 1992 von den zwölf Außen- und Finanzministern unterzeichnete Vertragstext ist am **1. November 1993** nach Ratifizierung durch alle Mitgliedstaaten in Kraft getreten, nachdem die EG bereits am **1. Januar 1993** mit der Verwirklichung des Binnenmarktes eine entscheidende Etappe auf dem Weg zur Europäischen Union genommen hatte.

Die Ratifizierung des Vertragswerks wurde zunächst durch das ablehnende Referendum in Dänemark am 2. Juni 1992 erschwert. Daneben fanden 1992 – mit positivem Ausgang – Volksbefragungen in Irland und Frankreich statt. Am 11./12. Dezember 1992 erzielte der Europäische Rat in Edinburgh eine Lösung für die Probleme Dänemarks, das am 18. Mai 1993 in einem weiteren Referendum schließlich dem Vertrag von Maastricht zugestimmt hat. Auch Großbritannien und die Bundesrepublik Deutschland haben 1993 ihre Ratifizierungsverfahren abgeschlossen. In Deutschland war der Vertrag Gegenstand mehrerer Verfassungsbeschwerden, die das Bundesverfassungsgericht am 12. Oktober 1993 verworfen hat.

Der EU-Vertrag vom 7. Februar 1992 ist – ebenso wie schon die EEA 1986 – als **Mantelvertrag** angelegt, der die einzelnen Elemente zusammenführt und sie auf eine neue Phase des Integrationsprozesses, die Europäische Union, ausrichtet (Klammerfunktion). Der Mantel des Vertragswerks wird von Gemeinsamen Bestimmungen gebildet, die sozusagen „vor die Klammer" gezogen sind und für alle seine Teile gelten. Sie enthalten Aussagen über die Ziele der Union, über ihre Struktur („einheitlicher institutioneller Rahmen"), zur Kohärenz des gesamten Gemeinschaftshandelns und speziell auch zur Stellung und zu den Aufgaben des Europäischen Rates als politischem Lenkungsorgan der Union. Ausdrücklich unterstrichen wird die Achtung der nationalen Identitäten der Mitgliedstaaten sowie die Bindung der Union an die Grundrechte. Auch die Beschränkung des Gemeinschaftshandelns durch das **Subsidiaritätsprinzip** ist bereits in den Gemeinsamen Bestimmungen angelegt.

Zu den einzelnen Elementen:

Die Präambel und die Gemeinsamen Bestimmungen des **Titels I** (Art. A–F) bilden zusammen mit den Schlußbestimmungen des **Titels VII** (Art. L–S) den Rahmen des Vertragswerks. Abgesehen von der Klammerfunktion dieses Mantels werden die Beweggründe sowie die Tragweite und pragmatischen Ziele des Vertragswerks erläutert. Innerhalb des Mantelvertrags enthalten die **Titel II, III** und **IV** die einzelnen Bestimmungen zur Änderung und Ergänzung der drei Gründungsverträge der EG, nämlich des früheren EWG-Vertrages (künftig **„EG-Vertrag"** genannt) mit den Bestimmungen zur **Wirtschafts- und Währungsunion** (Titel II Art. G), des EGKS-Vertrages (Titel III, Art. H) und des EAG-Vertrages (Titel IV, Art. I), einschließlich der institutionellen Änderungen. Titel V (Art. J–J. 11) führt die **Gemeinsame Außen- und Sicherheitspolitik** (GASP) ein, während Titel VI (Art. K–K. 9) die Zusammenarbeit in den Bereichen **Justiz und Inneres** (ZJIP) regelt.

Dem Vertragswerk sind 17 Protokolle zu unterschiedlichsten Materien beigefügt, darunter auch die Satzung der künftigen Europäischen Zentralbank (EZB). Die **Schlußakte** der beiden Regierungskonferenzen zur WWU und zur Politischen Union enthält außerdem 33 Erklärungen zu verschiedenen Vertragsgegenständen. Diese Texte sowie die ergänzenden Erklärungen zu Dänemark vom 12. Dezember 1992 sind in der vorliegenden Sammlung vollständig abgedruckt, um dem Benutzer beim ersten Umgang mit dem neuen Vertragswerk den Gesamttext zur Verfügung zu stellen.

Einführung

Strukturell stellt der neue EU-Vertrag die Gemeinschaft nunmehr auf **drei Säulen**. Grundlagen der Europäischen Union sind nach dem Vertragswerk von Maastricht

- der frühere EWG-Vertrag (jetzt: **EG-Vertrag**) mitsamt seiner Erweiterung um die WWU und weitere Materien (Sozialpolitik, berufliche Bildung, Jugendpolitik, Kultur, Gesundheitswesen, Verbraucherschutz, Transeuropäische Netze, Industriepolitik, wirtschaftlicher und sozialer Zusammenhalt („Kohäsion"), Forschung und technologische Entwicklung, Umweltschutz, Entwicklungszusammenarbeit);

- die **Gemeinsame Außen- und Sicherheitspolitik** (GASP) der Union, die sich an einem im Vertrag festgelegten Zielbündel orientiert und gemeinsame Aktionen ermöglichen und verfolgen soll;

- die Zusammenarbeit in der **Innen- und Rechtspolitik** (ZJIP) die eine Reihe von Materien (u. a. Asylpolitik, Einwanderungspolitik, polizeiliche Zusammenarbeit bei Drogen- und Terrorismusbekämpfung) als „Angelegenheiten von gemeinsamem Interesse" behandelt.

Daneben sieht der Unionsvertrag auch eine Reihe institutioneller Neuerungen und Veränderungen vor, wie die Mitwirkung des **Europäischen Parlaments** (EP) an der Bestellung der Europäischen Kommission und die Koppelung der Amtszeit der Kommission an die Wahlperiode des EP. Über die bisher bestehenden Mitwirkungs- und Zustimmungsverfahren bei der Rechtsetzung der EG hinaus wurde ein neues Verfahren der gemeinsamen Entscheidungsfindung zwischen Rat und EP eingeführt (Art. 189 b neu EG-Vertrag), allerdings um den Preis wachsender Komplexität der europäischen Rechtsetzung. Dieses Verfahren bleibt noch unterhalb der Schwelle einer echten Mitentscheidung des EP, öffnet ihr aber den Weg. Die vor Maastricht angestrebte **Demokratisierung der Gemeinschaft** ist im Hinblick auf folgende Europawahlen gleichwohl einen beträchtlichen Schritt vorangekommen, zumal auch der Zusammenarbeit der Parlamente in Europa durch den Unionsvertrag neue Wege geöffnet wurden. Auf Betreiben der deutschen Länder wurde ferner ein **„Ausschuß der Regionen"** geschaffen, der bei Beschlüssen zu einzelnen Materien mit regionalem Bezug anzuhören ist.

Nur eine dynamische und innerlich gefestigte Union kann sich die Fähigkeit erhalten, maßgeblich zur Lösung der drängenden wirtschaftlichen, sozialen und politischen Probleme der Gegenwart beizutragen. Dazu gehört ebenfalls, daß in Europa ein **Sozialraum** geschaffen wird, in dem nicht nur die Märkte geöffnet, sondern auch die Rechte der Arbeitnehmer geschützt werden, ein Raum, in dem die sozialen Aspekte und der soziale Dialog dieselbe Bedeutung erlangen wie die wirtschaftlichen und politischen Fortschritte. Der EU-Vertrag stellt auch dafür die Weichen, obwohl Großbritannien gerade in der Sozialpolitik mit der Möglichkeit des sog. „opting out" einstweilen noch einen Sonderstatus erhält.

Im übrigen muß Europa gerade wegen seiner zunehmenden Komplexität für seine Bürger noch viel greifbarer werden. Viele praktische Maßnahmen für ein **„Europa der Bürger"** sind gerade in den letzten Jahren getroffen worden, von der Einführung eines Europapasses über den Abbau von Grenzkontrollen, die Bekämpfung des Drogenhandels und der organisierten Kriminalität bis hin zu einem stärkeren Austausch von Schülern, Auszubildenden, Studenten und Wissenschaftlern sowie zu gemeinsamen europäischen Symbolen (z. B. Europafahne und Europahymne).

Der Unionsvertrag von 1992 hat auch in diese Richtung weitere Schritte unternommen. Ein eigener Teil des jetzt geänderten EG-Vertrages (früher: EWG-Vertrag) begründet die **Unionsbürgerschaft.** Sie beinhaltet das Recht, sich überall in der Gemeinschaft frei zu bewegen und aufzuhalten, diplomatischen und konsularischen Schutz in Drittländern zu erhalten, auch wenn das eigene Herkunftsland dort nicht vertreten ist, sowie das aktive und passive Wahlrecht für EU-Bürger bei Kommunal- und Europawahlen an ihrem jeweiligen Wohnort innerhalb der Europäischen Union. Zur Unionsbürgerschaft gehört auch ein jetzt im Vertrag verankertes **Petitionsrecht** zum Europäischen Parlament und die Möglichkeit, sich mit Beschwerden an einen **Bürgerbeauftragten** („Ombudsman") des EP zu wenden.

Die weitere Entwicklung der Europäischen Union ist im Vertragswerk von Maastricht (EUV) bereits vorgezeichnet. Im Jahre **1996** wird eine **Folgekonferenz** stattfinden. Sie soll im Lichte der bis dahin gewonnenen Erfahrungen über weitere Fortschritte, besonders in der GASP, der Verteidigungspolitik, bei der Fortentwicklung der Rechts- und Innenpolitik (ZJIP) sowie hinsichtlich der Ausweitung der Gesetzgebungsrechte des EP beschließen und dadurch die politische Finalität der EU weiter ausformen, um sie nicht zuletzt für weitere Mitglieder aufnahmefähig zu machen.

Umsetzung des Vertrages

Das neue Vertragswerk ist am 1. November 1993 in Kraft getreten. In der **Bundesrepublik Deutschland** hatten der Deutsche Bundestag am 2. Dezember und der Bundesrat am 18. Dezember 1992 bereits dem Vertrag über die Europäische Union zugestimmt (siehe w. u., S. 277 ff.). Wegen der politischen und verfassungsrechtlichen Bedeutung des Vertragswerks ist in Deutschland zusammen mit der Verabschiedung des Vertragsgesetzes das Grundgesetz geändert worden. Die Hinterlegung der Ratifikationsurkunde konnte allerdings erst erfolgen, nachdem das Bundesverfassungsgericht mit seinem Urteil vom 12. Oktober 1993 über mehrere, gegen den Unionsvertrag anhängige Verfassungsbeschwerden entschieden, den Vertrag für verfassungskonform erklärt und damit den Weg für seine Umsetzung freigemacht hatte (Leitsätze des Urteils w. u., S. 323 ff.).

Der neue **Europaartikel 23** unserer Verfassung stellt klar, daß die Bundesrepublik Deutschland ein vereintes Europa mit demokratischer, rechtsstaatlicher, sozialer und föderativer Struktur anstrebt. Hierbei spielt das Subsidiaritätsprinzip eine besondere Rolle. Der neue Artikel 23 regelt auch, welche Rolle der Bundestag und die Bundesländer bei der Fortentwicklung der europäischen Integration spielen werden. Die entsprechenden Informations-, Kontroll- und Mitwirkungsrechte von Bundestag und Bundesrat wurden in zwei **Begleitgesetzen** zum Vertragsgesetz vom 28. Dezember 1992 niedergelegt. Außerdem haben die Bundesregierung und die Regierungen der Länder die nähere Ausgestaltung ihrer Zusammenarbeit in Angelegenheiten der Europäischen Union in einer speziellen **Vereinbarung** (EUZBLV) vom 29. Oktober 1993 geregelt (siehe w. u., S. 285 ff.). Für Angelegenheiten der Europäischen Union bilden Bundestag und Bundesrat jeweils einen speziellen **Ausschuß** („Unionsausschuß") bzw. eine Europakammer (Art. 45 u. Art. 52 Abs. 3 a GG).

Zum Begleitwerk des deutschen Vertragsgesetzes gehören auch die beiden **Entschließungen** des Bundestages vom 2. Dezember 1992 zum Vertrag von Maastricht und zur Wirtschafts- und Währungsunion sowie die umfangreiche Entschließung des Bundesrates vom 18. Dezember 1992 (siehe w. u., S. 295 ff.). Die drei Entschließungen sind als politische Kommentare und Interpretationen zum Vertrag über die Europäische Union zu werten. Dies gilt auch dort, wo sie das künftige europapolitische Handeln der Bundesregierung – besonders beim Übergang zur dritten Stufe der WWU – an eine vorhergehende Bewertung durch die parlamentarischen Körperschaften binden.

Zur Gestaltung der Textsammlung

Die vorgelegte Textausgabe ist für einen breiten Benutzerkreis bestimmt. Jeder, der sich über das jetzt geltende Vertragsrecht der Europäischen Union informieren will, soll einen schnellen Zugang zu den maßgebenden Texten finden, auch um sich auf die seit **1993** eingetretenen Veränderungen einstellen zu können. Infolge des Beitritts von Österreich, Schweden und Finnland zur EU hat das Vertragswerk von Maastricht wichtige Änderungen zum **Stand 1. Januar 1995** erfahren, die in die Neubearbeitung 1995 der Textausgabe Eingang gefunden haben.

Entsprechend seiner politischen und konstitutionellen Bedeutung steht der **Mantelvertrag** über die **Europäische Union** vom 7. Februar 1992 mitsamt den für die GASP und für die Zusammenarbeit in der Innen- und Rechtspolitik maßgebenden Teilen (Teile V u. VI) im Vordergrund der Textausgabe, gefolgt von der **Schlußakte** mit den Protokollen und Erklärungen zum Vertragswerk, weil diese Anhänge für die Auslegung der neuen Vertragsbestimmungen sowohl des EUV als auch des EGV (vor allem zur WWU und zur Rolle der WEU bei der künftigen Sicherheits- und Verteidigungspolitik der EU) unentbehrlich sind.

Als zweiter Schwerpunkt wurde der **EG-Vertrag** (früher: EWG-Vertrag) in die Textsammlung aufgenommen. Die im folgenden abgedruckte Fassung enthält sämtliche Änderungen und Ergänzungen des ursprünglichen Gründungsvertrages der Europäischen Wirtschaftsgemeinschaft seit seinem Inkrafttreten. Eingearbeitet wurden die Neuregelungen durch die Einheitliche Europäische Akte (EEA) vom 28. Februar 1986 und vor allem die seit dem 1. November 1993 geltenden Änderungen und Ergänzungen durch den **Vertrag über die Europäische Union** vom 7. Februar 1992 (Titel II) und durch die **Beitrittsakte** vom 24. Juni 1994 (in Kraft seit 1. Januar 1995).

Den dritten Teil schließlich bilden die Begleitgesetze und Begleitentschließungen der **Bundesrepublik Deutschland** zum Vertragswerk von Maastricht, ergänzt durch die Bund-Länder-Vereinbarung über die Zusammenarbeit in Angelegenheiten der Europäischen Union. Das Begleitwerk enthält – neben der Ausrichtung des Grundgesetzes auf die Europäische Union – wichtige rechtliche und politische Festlegungen für die künftige deutsche Europapolitik sowie für das Zusammenwirken von Bund und Ländern. Das gilt auch für das Urteil des Bundesverfassungsgerichts vom 12. Oktober 1993 dessen Leitsätze mitsamt den wichtigsten Urteilsgründen schon in die 3. Auflage dieser Ausgabe Eingang gefunden hatten.

Über die wichtigsten Etappen der europäischen Einigung informiert eine Zeittafel. Den Abschluß der Textsammlung bildet ein aktualisiertes **Sachregister** zur schnellen Orientierung des Benutzers.

Bonn, im April 1995 Thomas Läufer

I. Europäische Union

1. Vertrag über die Europäische Union (EU)

Vom 7. Februar 1992
in der Fassung vom 1. Januar 1995[1]

Übersicht[2]

Präambel	....	18
Titel I:	Gemeinsame Bestimmungen	19
Titel II:	Bestimmungen zur Änderung des EWG-Vertrags ..	21
Titel III:	Bestimmungen zur Änderung des EGKS-Vertrags .	22
Titel IV:	Bestimmungen zur Änderung des EAG-Vertrags ..	22
Titel V:	Bestimmungen über die Gemeinsame Außen- und Sicherheitspolitik (GASP)	22
Titel VI:	Bestimmungen über die Zusammenarbeit in den Bereichen Justiz und Inneres	28
Titel VII:	Schlußbestimmungen	33

---

[1] Quelle: BGBl. 1992 II S. 1253; in Kraft getreten am 1. November 1993 gem. Bek. v. 19. Oktober 1993 (BGBl. 1993 II S. 1947), geändert durch den Beitrittsvertrag v. 24. Juni 1994 (BGBl. 1994 II S. 2024) und den Anpassungsbeschluß des Rates Nr. 95/1/EG, Euratom, EGKS v. 1. Januar 1995 (ABl. EG Nr. L 1/1995, S. 1), in Kraft getreten am 1. Januar 1995. Vgl. auch die Erklärungen zum EU-Vertrag, w.u. S. 92 ff. Vertragsparteien sind Belgien, Dänemark, Deutschland, Finnland, Frankreich, Griechenland, Irland, Italien, Luxemburg, die Niederlande, Österreich, Portugal, Schweden, Spanien und das Vereinigte Königreich Großbritannien und Nordirland.

[2] Die Übersicht ist kein amtlicher Bestandteil des Vertragswerks.

EU-Vertrag Präambel

SEINE MAJESTÄT DER KÖNIG DER BELGIER, IHRE MAJESTÄT DIE KÖNIGIN VON DÄNEMARK, DER PRÄSIDENT DER BUNDESREPUBLIK DEUTSCHLAND, DER PRÄSIDENT DER GRIECHISCHEN REPUBLIK, SEINE MAJESTÄT DER KÖNIG VON SPANIEN, DER PRÄSIDENT DER FRANZÖSISCHEN REPUBLIK, DER PRÄSIDENT IRLANDS, DER PRÄSIDENT DER ITALIENISCHEN REPUBLIK, SEINE KÖNIGLICHE HOHEIT DER GROßHERZOG VON LUXEMBURG, IHRE MAJESTÄT DIE KÖNIGIN DER NIEDERLANDE, DER PRÄSIDENT DER PORTUGIESISCHEN REPUBLIK, IHRE MAJESTÄT DIE KÖNIGIN DES VEREINIGTEN KÖNIGREICHS GROßBRITANNIEN UND NORDIRLAND –

ENTSCHLOSSEN, den mit der Gründung der Europäischen Gemeinschaften eingeleiteten Prozeß der europäischen Integration auf eine neue Stufe zu heben,

EINGEDENK der historischen Bedeutung der Überwindung der Teilung des europäischen Kontinents und der Notwendigkeit, feste Grundlagen für die Gestalt des zukünftigen Europas zu schaffen,

IN BESTÄTIGUNG ihres Bekenntnisses zu den Grundsätzen der Freiheit, der Demokratie und der Achtung der Menschenrechte und Grundfreiheiten und der Rechtsstaatlichkeit,

IN DEM WUNSCH, die Solidarität zwischen ihren Völkern unter Achtung ihrer Geschichte, ihrer Kultur und ihrer Traditionen zu stärken,

IN DEM WUNSCH, Demokratie und Effizienz in der Arbeit der Organe weiter zu stärken, damit diese in die Lage versetzt werden, die ihnen übertragenen Aufgaben in einem einheitlichen institutionellen Rahmen besser wahrzunehmen,

ENTSCHLOSSEN, die Stärkung und die Konvergenz ihrer Volkswirtschaften herbeizuführen und eine Wirtschafts- und Währungsunion zu errichten, die im Einklang mit diesem Vertrag eine einheitliche, stabile Währung einschließt,

IN DEM FESTEN WILLEN, im Rahmen der Verwirklichung des Binnenmarktes sowie der Stärkung des Zusammenhalts und des Umweltschutzes den wirtschaftlichen und sozialen Fortschritt ihrer Völker zu fördern und Politiken zu verfolgen, die gewährleisten, daß Fortschritte bei der wirtschaftlichen Integration mit parallelen Fortschritten auf anderen Gebieten einhergehen,

ENTSCHLOSSEN, eine gemeinsame Unionsbürgerschaft für die Staatsangehörigen ihrer Länder einzuführen,

ENTSCHLOSSEN, eine gemeinsame Außen- und Sicherheitspolitik zu verfolgen, wozu auf längere Sicht auch die Festlegung einer gemeinsamen Verteidigungspolitik gehört, die zu gegebener Zeit zu einer gemeinsamen Verteidigung führen könnte, und so die Identität und Unabhängigkeit Europas zu stärken, um Frieden, Sicherheit und Fortschritt in Europa und in der Welt zu fördern,

IN BEKRÄFTIGUNG ihres Ziels, die Freizügigkeit unter gleichzeitiger Gewährleistung der Sicherheit ihrer Bürger durch die Einfügung von Bestimmungen über Justiz und Inneres in diesen Vertrag zu fördern,

ENTSCHLOSSEN, den Prozeß der Schaffung einer immer engeren Union der Völker Europas, in der die Entscheidungen entsprechend dem Subsidiaritätsprinzip möglichst bürgernah getroffen werden, weiterzuführen,

IM HINBLICK auf weitere Schritte, die getan werden müssen, um die europäische Integration voranzutreiben,

HABEN BESCHLOSSEN, eine Europäische Union zu gründen; sie haben zu diesem Zweck zu ihren Bevollmächtigten ernannt:

(es folgen die Namen)

DIESE SIND nach Austausch ihrer als gut und gehörig befundenen Vollmachten wie folgt ÜBEREINGEKOMMEN:

Titel I
Gemeinsame Bestimmungen

Art. A [Grundlage und Aufgabe der Union] Durch diesen Vertrag gründen die Hohen Vertragsparteien untereinander eine Europäische Union, im folgenden als „Union" bezeichnet.

Dieser Vertrag stellt eine neue Stufe bei der Verwirklichung einer immer engeren Union der Völker Europas dar, in der die Entscheidungen möglichst bürgernah getroffen werden.

Grundlage der Union sind die Europäischen Gemeinschaften, ergänzt durch die mit diesem Vertrag eingeführten Politiken und Formen der Zusammenarbeit. Aufgabe der Union ist es, die Beziehungen zwischen den Mitgliedstaaten sowie zwischen ihren Völkern kohärent und solidarisch zu gestalten.

Art. B [Ziele der Union] Die Union setzt sich folgende Ziele:
- Die Förderung eines ausgewogenen und dauerhaften wirtschaftlichen und sozialen Fortschritts, insbesondere durch Schaffung eines Raumes ohne Binnengrenzen, durch Stärkung des wirtschaft-

lichen und sozialen Zusammenhalts und durch Errichtung einer Wirtschafts- und Währungsunion, die auf längere Sicht auch eine einheitliche Währung nach Maßgabe dieses Vertrags umfaßt;
- die Behauptung ihrer Identität auf internationaler Ebene, insbesondere durch eine Gemeinsame Außen- und Sicherheitspolitik, wozu auf längere Sicht auch die Festlegung einer gemeinsamen Verteidigungspolitik gehört, die zu gegebener Zeit zu einer gemeinsamen Verteidigung führen könnte;
- die Stärkung des Schutzes der Rechte und Interessen der Angehörigen ihrer Mitgliedstaaten durch Einführung einer Unionsbürgerschaft;
- die Entwicklung einer engen Zusammenarbeit in den Bereichen Justiz und Inneres;
- die volle Wahrung des gemeinschaftlichen Besitzstands und seine Weiterentwicklung, wobei nach dem Verfahren des Artikels N Absatz 2 geprüft wird, inwieweit die durch diesen Vertrag eingeführten Politiken und Formen der Zusammenarbeit mit dem Ziel zu revidieren sind, die Wirksamkeit der Mechanismen und Organe der Gemeinschaft sicherzustellen.

Die Ziele der Union werden nach Maßgabe dieses Vertrags entsprechend den darin enthaltenen Bedingungen und der darin vorgesehenen Zeitfolge unter Beachtung des Subsidiaritätsprinzips, wie es in Artikel 3b des Vertrags zur Gründung der Europäischen Gemeinschaft bestimmt ist, verwirklicht.

Art. C [Einheitlicher Rahmen; Struktur der Union; Kohärenz] Die Union verfügt über einen einheitlichen institutionellen Rahmen, der die Kohärenz und Kontinuität der Maßnahmen zur Erreichung ihrer Ziele unter gleichzeitiger Wahrung und Weiterentwicklung des gemeinschaftlichen Besitzstands sicherstellt.

Die Union achtet insbesondere auf die Kohärenz aller von ihr ergriffenen außenpolitischen Maßnahmen im Rahmen ihrer Außen-, Sicherheits-, Wirtschafts- und Entwicklungspolitik. Der Rat und die Kommission sind für diese Kohärenz verantwortlich. Sie stellen jeweils in ihrem Zuständigkeitsbereich die Durchführung der betreffenden Politiken sicher.

Art. D [Europäischer Rat; Vorsitz] Der Europäische Rat gibt der Union die für ihre Entwicklung erforderlichen Impulse und legt die allgemeinen politischen Zielvorstellungen für diese Entwicklung fest.

Im Europäischen Rat kommen die Staats- und Regierungschefs der Mitgliedstaaten sowie der Präsident der Kommission zusammen. Sie werden von den Ministern für auswärtige Angelegenheiten der Mitgliedstaaten und einem Mitglied der Kommission unterstützt. Der Europäische Rat tritt mindestens zweimal jährlich unter dem Vorsitz des Staats- oder Regierungschefs des Mitgliedstaats zusammen, der im Rat den Vorsitz innehat.

Der Europäische Rat erstattet dem Europäischen Parlament nach jeder Tagung Bericht und legt ihm alljährlich einen schriftlichen Bericht über die Fortschritte der Union vor.

Art. E [Handlungsbefugnis der Organe] Das Europäische Parlament, der Rat, die Kommission und der Gerichtshof üben ihre Befugnisse nach Maßgabe und im Sinne der Verträge zur Gründung der Europäischen Gemeinschaften sowie der nachfolgenden Verträge und Akte zu deren Änderung oder Ergänzung einerseits und der übrigen Bestimmungen des vorliegenden Vertrags andererseits aus.

Art. F [Demokratiegebot; Menschenrechte und Grundfreiheiten]
(1) Die Union achtet die nationale Identität ihrer Mitgliedstaaten, deren Regierungssysteme auf demokratischen Grundsätzen beruhen.

(2) Die Union achtet die Grundrechte, wie sie in der am 4. November 1950 in Rom unterzeichneten Europäischen Konvention zum Schutze der Menschenrechte und Grundfreiheiten gewährleistet sind und wie sie sich aus den gemeinsamen Verfassungsüberlieferungen der Mitgliedstaaten als allgemeine Grundsätze des Gemeinschaftsrechts ergeben.

(3) Die Union stattet sich mit den Mitteln aus, die zum Erreichen ihrer Ziele und zur Durchführung ihrer Politiken erforderlich sind.

Titel II
Bestimmungen zur Änderung des Vertrags zur Gründung der Europäischen Wirtschaftsgemeinschaft im Hinblick auf die Gründung der Europäischen Gemeinschaft

Art. G [Änderung des EWG-Vertrags] Der Vertrag zur Gründung der Europäischen Wirtschaftsgemeinschaft wird nach Maßgabe dieses Artikels im Hinblick auf die Gründung einer Europäischen Gemeinschaft geändert.[3]

Titel III
Bestimmungen zur Änderung des Vertrags über die Gründung der Europäischen Gemeinschaft für Kohle und Stahl

Art. H [Änderung des EGKS-Vertrags] Der Vertrag über die Gründung der Europäischen Gemeinschaft für Kohle und Stahl wird nach Maßgabe dieses Artikels geändert.[4]

Titel IV
Bestimmungen zur Änderung des Vertrags zur Gründung der Europäischen Atomgemeinschaft

Art. I [Änderung des EAG-Vertrags] Der Vertrag zur Gründung der Europäischen Atomgemeinschaft wird nach Maßgabe dieses Artikels geändert.[5]

Titel V
Bestimmungen über die Gemeinsame Außen- und Sicherheitspolitik

Art. J [GASP] Hiermit wird eine Gemeinsame Außen- und Sicherheitspolitik eingeführt, die durch die nachstehenden Bestimmungen geregelt wird.

Art. J.1 [Ziele der GASP; Handlungsformen; Kohärenz] (1) Die Union und ihre Mitgliedstaaten erarbeiten und verwirklichen eine Gemeinsame Außen- und Sicherheitspolitik nach Maßgabe dieses Titels, die sich auf alle Bereiche der Außen- und Sicherheitspolitik erstreckt.

---

[3] Die Änderungen wurden in den EG-Vertrag aufgenommen. Siehe w.u., S. 119 ff.

[4-5] Hier nicht abgedruckt.

(2) Die Gemeinsame Außen- und Sicherheitspolitik hat zum Ziel
- die Wahrung der gemeinsamen Werte, der grundlegenden Interessen und der Unabhängigkeit der Union;
- die Stärkung der Sicherheit der Union und ihrer Mitgliedstaaten in allen ihren Formen;
- die Wahrung des Friedens und die Stärkung der internationalen Sicherheit entsprechend den Grundsätzen der Charta der Vereinten Nationen sowie den Prinzipien der Schlußakte von Helsinki und den Zielen der Charta von Paris;
- die Förderung der internationalen Zusammenarbeit;
- die Entwicklung und Stärkung von Demokratie und Rechtsstaatlichkeit sowie die Achtung der Menschenrechte und Grundfreiheiten.

(3) Die Union verfolgt diese Ziele
- gemäß Artikel J.2 durch Einrichtung einer regelmäßigen Zusammenarbeit der Mitgliedstaaten bei der Führung ihrer Politik;
- gemäß Artikel J.3 durch stufenweise Durchführung gemeinsamer Aktionen in den Bereichen, in denen wichtige gemeinsame Interessen der Mitgliedstaaten bestehen.

(4) Die Mitgliedstaaten unterstützen die Außen- und Sicherheitspolitik der Union aktiv und vorbehaltlos im Geist der Loyalität und gegenseitigen Solidarität. Sie enthalten sich jeder Handlung, die den Interessen der Union zuwiderläuft oder ihrer Wirksamkeit als kohärente Kraft in den internationalen Beziehungen schaden könnte. Der Rat trägt für die Einhaltung dieser Grundsätze Sorge.

Art. J.2 [Abstimmung zwischen den Mitgliedstaaten; gemeinsame Standpunkte] (1) Zu jeder außen- und sicherheitspolitischen Frage von allgemeiner Bedeutung findet im Rat eine gegenseitige Unterrichtung und Abstimmung zwischen den Mitgliedstaaten statt, damit gewährleistet ist, daß ihr vereinter Einfluß durch konvergierendes Handeln möglichst wirksam zum Tragen kommt.

(2) In allen Fällen, in denen er dies als erforderlich erachtet, legt der Rat einen gemeinsamen Standpunkt fest.

Die Mitgliedstaaten tragen dafür Sorge, daß ihre einzelstaatliche Politik mit den gemeinsamen Standpunkten im Einklang steht.

(3) Die Mitgliedstaaten koordinieren ihr Handeln in internationalen Organisationen und auf internationalen Konferenzen. Sie treten dort für die gemeinsamen Standpunkte ein.

In den internationalen Organisationen und auf internationalen Konferenzen, bei denen nicht alle Mitgliedstaaten vertreten sind, setzen sich diejenigen, die dort vertreten sind, für die gemeinsamen Standpunkte ein.

Art. J.3 [Gemeinsame Aktion; Verfahren] Für die Annahme einer gemeinsamen Aktion in den Bereichen der Außen- und Sicherheitspolitik gilt folgendes Verfahren:

1. Der Rat beschließt auf der Grundlage allgemeiner Leitlinien des Europäischen Rates, daß eine Angelegenheit Gegenstand einer gemeinsamen Aktion wird.

   Beschließt der Rat grundsätzlich eine gemeinsame Aktion, so legt er den genauen Umfang der Aktion, die allgemeinen und besonderen Ziele, welche die Union bei dieser Aktion verfolgt, sowie die Mittel, Verfahren und Bedingungen sowie erforderlichenfalls den Zeitraum für ihre Durchführung fest.

2. Bei der Annahme einer gemeinsamen Aktion und in jedem Stadium ihres Verlaufs bestimmt der Rat die Fragen, über die mit qualifizierter Mehrheit zu entscheiden ist.

   Bei den Beschlüssen des Rates, für die nach Unterabsatz 1 eine qualifizierte Mehrheit erforderlich ist, werden die Stimmen der Mitglieder nach Artikel 148 Absatz 2 des Vertrags zur Gründung der Europäischen Gemeinschaft gewogen; Beschlüsse kommen mit einer Mindeststimmenzahl von zweiundsechzig Stimmen zustande, welche die Zustimmung von mindestens zehn Mitgliedern umfassen.

3. Tritt eine Änderung der Umstände mit erheblichen Auswirkungen auf eine Angelegenheit ein, die Gegenstand einer gemeinsamen Aktion ist, so überprüft der Rat die Grundsätze und Ziele dieser Aktion und trifft die erforderlichen Entscheidungen. Solange der Rat keinen Beschluß gefaßt hat, bleibt die gemeinsame Aktion bestehen.

4. Die gemeinsamen Aktionen sind für die Mitgliedstaaten bei ihren Stellungnahmen und ihrem Vorgehen bindend.

5. Jede einzelstaatliche Stellungnahme oder Maßnahme, die im Rahmen einer gemeinsamen Aktion geplant ist, wird so rechtzeitig mitgeteilt, daß erforderlichenfalls eine vorherige Abstimmung im Rat stattfinden kann. Die Pflicht zur vorherigen Unterrichtung gilt nicht für Maßnahmen, die eine bloße praktische Umsetzung der Entscheidungen des Rates auf einzelstaatlicher Ebene darstellen.

6. Bei zwingender Notwendigkeit aufgrund der Entwicklung der Lage und mangels einer Entscheidung des Rates können die Mitgliedstaaten unter Berücksichtigung der allgemeinen Ziele der gemeinsamen Aktion die erforderlichen Sofortmaßnahmen ergreifen. Der betreffende Mitgliedstaat unterrichtet den Rat sofort über die von ihm getroffenen Maßnahmen.

7. Ein Mitgliedstaat befaßt den Rat, wenn sich bei der Durchführung einer gemeinsamen Aktion größere Schwierigkeiten ergeben; der Rat berät darüber und sucht nach angemessenen Lösungen. Diese dürfen nicht im Widerspruch zu den Zielen der gemeinsamen Aktion stehen oder ihrer Wirksamkeit schaden.

Art. J.4 [Fragen der Sicherheit; gemeinsame Verteidigungspolitik; Rolle der WEU; Revision] (1) Die Gemeinsame Außen- und Sicherheitspolitik umfaßt sämtliche Fragen, welche die Sicherheit der Europäischen Union betreffen, wozu auf längere Sicht auch die Festlegung einer gemeinsamen Verteidigungspolitik gehört, die zu gegebener Zeit zu einer gemeinsamen Verteidigung führen könnte.

(2) Die Union ersucht die Westeuropäische Union (WEU), die integraler Bestandteil der Entwicklung der Europäischen Union ist, die Entscheidungen und Aktionen der Union, die verteidigungspolitische Bezüge haben, auszuarbeiten und durchzuführen. Der Rat trifft im Einvernehmen mit den Organen der WEU die erforderlichen praktischen Regelungen.

(3) Die Fragen, die verteidigungspolitische Bezüge haben und die nach diesem Artikel behandelt werden, unterliegen nicht den Verfahren des Artikels J.3.

(4) Die Politik der Union nach diesem Artikel berührt nicht den besonderen Charakter der Sicherheits- und Verteidigungspolitik bestimmter Mitgliedstaaten; sie achtet die Verpflichtungen einiger Mitgliedstaaten aus dem Nordatlantikvertrag und ist vereinbar mit der in jenem Rahmen festgelegten gemeinsamen Sicherheits- und Verteidigungspolitik.

(5) Dieser Artikel steht der Entwicklung einer engeren Zusammenarbeit zwischen zwei oder mehr Mitgliedstaaten auf zweiseitiger Ebene sowie im Rahmen der WEU und der Atlantischen Allianz nicht entgegen, soweit sie der nach diesem Titel vorgesehenen Zusammenarbeit nicht zuwiderläuft und diese nicht behindert.

(6) Zur Förderung der Ziele dieses Vertrags und im Hinblick auf den Termin 1998 im Zusammenhang mit Artikel XII des Brüsseler Vertrags in seiner geänderten Fassung kann dieser Artikel nach Arti-

kel N Absatz 2 auf der Grundlage eines dem Europäischen Rat 1996 vom Rat vorzulegenden Berichts, der eine Bewertung der bis dahin erzielten Fortschritte und gesammelten Erfahrungen enthalten wird, revidiert werden.

Art. J.5 [Aufgaben des Vorsitzes; Vertretung nach außen; Troika]
(1) Der Vorsitz vertritt die Union in Angelegenheiten der Gemeinsamen Außen- und Sicherheitspolitik.

(2) Der Vorsitz ist für die Durchführung der gemeinsamen Aktionen verantwortlich; daher wird in internationalen Organisationen und auf internationalen Konferenzen der Standpunkt der Union grundsätzlich vom Vorsitz dargelegt.

(3) Bei den Aufgaben gemäß den Absätzen 1 und 2 wird der Vorsitz gegebenenfalls von dem Mitgliedstaat, der den vorhergehenden Vorsitz innehatte, und dem Mitgliedstaat, der den nachfolgenden Vorsitz wahrnimmt, unterstützt. Die Kommission wird an diesen Aufgaben in vollem Umfang beteiligt.

(4) Unbeschadet des Artikels J.2 Absatz 3 und des Artikels J.3 Ziffer 4 unterrichten die Mitgliedstaaten, die in internationalen Organisationen oder auf internationalen Konferenzen vertreten sind, die dort nicht vertretenen Mitgliedstaaten laufend über alle Fragen von gemeinsamem Interesse.

Die Mitgliedstaaten, die auch Mitglieder des Sicherheitsrats der Vereinten Nationen sind, werden sich abstimmen und die übrigen Mitgliedstaaten in vollem Umfang unterrichten. Die Mitgliedstaaten, die ständige Mitglieder des Sicherheitsrats sind, werden sich bei der Wahrnehmung ihrer Aufgaben unbeschadet ihrer Verantwortlichkeiten aufgrund der Charta der Vereinten Nationen für die Standpunkte und Interessen der Union einsetzen.

Art. J.6 [Zusammenarbeit der diplomatischen und konsularischen Vertretungen] Die diplomatischen und konsularischen Vertretungen der Mitgliedstaaten und die Delegationen der Kommission in dritten Ländern und auf internationalen Konferenzen sowie ihre Vertretungen bei internationalen Organisationen stimmen sich ab, um die Einhaltung und Umsetzung der vom Rat festgelegten gemeinsamen Standpunkte und gemeinsamen Aktionen zu gewährleisten.

Sie intensivieren ihre Zusammenarbeit durch Informationsaustausch, gemeinsame Bewertungen und Beteiligung an der Durchführung des Artikels 8c des Vertrags zur Gründung der Europäischen Gemeinschaft.

Art. J.7 [Beteiligung des Parlaments] Der Vorsitz hört das Europäische Parlament zu den wichtigsten Aspekten und den grundlegenden Weichenstellungen der Gemeinsamen Außen- und Sicherheitspolitik und achtet darauf, daß die Auffassungen des Europäischen Parlaments gebührend berücksichtigt werden. Das Europäische Parlament wird vom Vorsitz und von der Kommission regelmäßig über die Entwicklung der Außen- und Sicherheitspolitik der Union unterrichtet.

Das Europäische Parlament kann Anfragen oder Empfehlungen an den Rat richten. Einmal jährlich führt es eine Aussprache über die Fortschritte bei der Durchführung der Gemeinsamen Außen- und Sicherheitspolitik.

Art. J.8 [Europäischer Rat; Ministerrat; Politisches Komitee]
(1) Der Europäische Rat bestimmt die Grundsätze und die allgemeinen Leitlinien der Gemeinsamen Außen- und Sicherheitspolitik.

(2) Der Rat trifft die für die Festlegung und Durchführung der Gemeinsamen Außen- und Sicherheitspolitik erforderlichen Entscheidungen auf der Grundlage der vom Europäischen Rat festgelegten allgemeinen Leitlinien. Er trägt für ein einheitliches, kohärentes und wirksames Vorgehen der Union Sorge.

Außer in Verfahrensfragen und außer im Fall des Artikels J.3 Ziffer 2 beschließt der Rat einstimmig.

(3) Jeder Mitgliedstaat oder die Kommission kann den Rat mit einer Frage der Gemeinsamen Außen- und Sicherheitspolitik befassen und ihm Vorschläge unterbreiten.

(4) In den Fällen, in denen eine rasche Entscheidung notwendig ist, beruft der Vorsitz von sich aus oder auf Antrag der Kommission oder eines Mitgliedstaats innerhalb von achtundvierzig Stunden, bei absoluter Notwendigkeit in kürzerer Zeit, eine außerordentliche Tagung des Rates ein.

(5) Unbeschadet des Artikels 151 des Vertrags zur Gründung der Europäischen Gemeinschaft verfolgt ein Politisches Komitee, das sich aus den Politischen Direktoren zusammensetzt, die internationale Lage in den Bereichen der Gemeinsamen Außen- und Sicherheitspolitik und trägt auf Ersuchen des Rates oder von sich aus durch an den Rat gerichtete Stellungnahmen zur Festlegung der Politiken bei. Ferner überwacht es die Durchführung vereinbarter Politiken; dies gilt unbeschadet der Zuständigkeiten des Vorsitzes und der Kommission.

Art. J.9 [Beteiligung der Kommission] Die Kommission wird in vollem Umfang an den Arbeiten im Bereich der Gemeinsamen Außen- und Sicherheitspolitik beteiligt.

Art. J.10 [Folgekonferenz] Bei einer etwaigen Revision der sicherheitspolitischen Bestimmungen nach Artikel J.4 prüft die dafür einberufene Konferenz auch, ob weitere Änderungen der Bestimmungen über die Gemeinsame Außen- und Sicherheitspolitik erforderlich sind.

Art. J.11 [Institutionelle Bestimmungen des EG-Vertrags; Finanzierung der GASP] (1) Die Artikel 137, 138, 139 bis 142, 146, 147, 150 bis 153, 157 bis 163 und 217 des Vertrags zur Gründung der Europäischen Gemeinschaft finden auf die Bestimmungen über die in diesem Titel genannten Bereiche Anwendung.

(2) Die Verwaltungsausgaben, die den Organen aus den Bestimmungen über die Gemeinsame Außen- und Sicherheitspolitik entstehen, gehen zu Lasten des Haushalts der Europäischen Gemeinschaften.

Der Rat kann ferner

– entweder einstimmig beschließen, daß die operativen Ausgaben im Zusammenhang mit der Durchführung der genannten Bestimmungen zu Lasten des Haushalts der Europäischen Gemeinschaften gehen; in diesem Fall findet das im Vertrag zur Gründung der Europäischen Gemeinschaft vorgesehene Haushaltsverfahren Anwendung;

– oder feststellen, daß derartige Ausgaben, gegebenenfalls nach einem noch festzulegenden Schlüssel, zu Lasten der Mitgliedstaaten gehen.

Titel VI
Bestimmungen über die Zusammenarbeit in den Bereichen Justiz und Inneres

Art. K [Zusammenarbeit in der Rechts- und Innenpolitik] Die Zusammenarbeit in den Bereichen Justiz und Inneres wird durch die nachstehenden Bestimmungen geregelt.

Art. K.1 [Ziele der Zusammenarbeit] Zur Verwirklichung der Ziele der Union, insbesondere der Freizügigkeit, betrachten die Mitgliedstaaten unbeschadet der Zuständigkeiten der Europäischen Gemeinschaft folgende Bereiche als Angelegenheiten von gemeinsamem Interesse:

1. Die Asylpolitik;

2. die Vorschriften für das Überschreiten der Außengrenzen der Mitgliedstaaten durch Personen und die Ausübung der entsprechenden Kontrollen;

3. die Einwanderungspolitik und die Politik gegenüber den Staatsangehörigen dritter Länder:
   a) die Voraussetzungen für die Einreise und den Verkehr von Staatsangehörigen dritter Länder im Hoheitsgebiet der Mitgliedstaaten;
   b) die Voraussetzungen für den Aufenthalt von Staatsangehörigen dritter Länder im Hoheitsgebiet der Mitgliedstaaten, einschließlich der Familienzusammenführung und des Zugangs zur Beschäftigung;
   c) die Bekämpfung der illegalen Einwanderung, des illegalen Aufenthalts und der illegalen Arbeit von Staatsangehörigen dritter Länder im Hoheitsgebiet der Mitgliedstaaten;

4. die Bekämpfung der Drogenabhängigkeit, soweit dieser Bereich nicht durch die Ziffern 7, 8 und 9 erfaßt ist;

5. die Bekämpfung von Betrügereien im internationalen Maßstab, soweit dieser Bereich nicht durch die Ziffern 7, 8 und 9 erfaßt ist;

6. die justitielle Zusammenarbeit in Zivilsachen;

7, die justitielle Zusammenarbeit in Strafsachen;

8. die Zusammenarbeit im Zollwesen;

9. die polizeiliche Zusammenarbeit zur Verhütung und Bekämpfung des Terrorismus, des illegalen Drogenhandels und sonstiger schwerwiegender Formen der internationalen Kriminalität, erforderlichenfalls einschließlich bestimmter Aspekte der Zusammenarbeit im Zollwesen, in Verbindung mit dem Aufbau eines unionsweiten Systems zum Austausch von Informationen im Rahmen eines Europäischen Polizeiamts (Europol).

Art. K.2 [Menschenrechte und Grundfreiheiten; Vorbehaltsrechte der Mitgliedstaaten] (1) Die in Artikel K.1 genannten Angelegenheiten werden unter Beachtung der Europäischen Konvention vom 4. November 1950 zum Schutze der Menschenrechte und Grundfreiheiten und des Abkommens vom 28. Juli 1951 über die Rechtsstellung der Flüchtlinge sowie unter Berücksichtigung des Schutzes, den die Mitgliedstaaten politisch Verfolgten gewähren, behandelt.

(2) Dieser Titel berührt nicht die Ausübung der den Mitgliedstaaten obliegenden Verantwortung für die Aufrechterhaltung der öffentlichen Ordnung und den Schutz der inneren Sicherheit.

Art. K.3 [Verfahren der Zusammenarbeit] (1) In den Bereichen des Artikels K.1 unterrichten und konsultieren die Mitgliedstaaten einander im Rat, um ihr Vorgehen zu koordinieren. Sie begründen hierfür eine Zusammenarbeit zwischen ihren zuständigen Verwaltungsstellen.

(2) Der Rat kann
- in Bereichen des Artikels K.1 Ziffern 1 bis 6 auf Initiative eines Mitgliedstaats oder der Kommission,
- in Bereichen des Artikels K.1 Ziffern 7, 8 und 9 auf Initiative eines Mitgliedstaats

  a) gemeinsame Standpunkte festlegen sowie in geeigneter Form und nach geeigneten Verfahren jede Art der Zusammenarbeit fördern, die den Zielen der Union dient;

  b) gemeinsame Maßnahmen annehmen, soweit sich die Ziele der Union aufgrund des Umfangs oder der Wirkungen der geplanten Maßnahme durch gemeinsames Vorgehen besser verwirklichen lassen als durch Maßnahmen der einzelnen Mitgliedstaaten; er kann beschließen, daß Maßnahmen zur Durchführung einer gemeinsamen Maßnahme mit qualifizierter Mehrheit angenommen werden;

  c) unbeschadet des Artikels 220 des Vertrags zur Gründung der Europäischen Gemeinschaft Übereinkommen ausarbeiten, die er den Mitgliedstaaten zur Annahme gemäß ihren verfassungsrechtlichen Vorschriften empfiehlt.

  Sofern in den Übereinkommen nichts anderes bestimmt ist, werden etwaige Maßnahmen zur Durchführung der Übereinkommen im Rat mit der Mehrheit von zwei Dritteln der Stimmen der Hohen Vertragsparteien angenommen.

In diesen Übereinkommen kann vorgesehen werden, daß der Gerichtshof für die Auslegung der darin enthaltenen Bestimmungen und für alle Streitigkeiten über ihre Anwendung zuständig ist; entsprechende Einzelheiten können in diesen Übereinkommen festgelegt werden.

Art. K.4 [Koordinierungsausschuß; Beschlüsse des Rates] (1) Es wird ein aus hohen Beamten bestehender Koordinierungsausschuß eingesetzt. Zusätzlich zu seiner Koordinierungstätigkeit hat er die Aufgabe,
- auf Ersuchen des Rates oder von sich aus Stellungnahmen an den Rat zu richten;
- unbeschadet des Artikels 151 des Vertrags zur Gründung der Europäischen Gemeinschaft zur Vorbereitung der Arbeiten des Rates in den in Artikel K.1 und – nach Maßgabe des Artikels 100 d des Vertrags zur Gründung der Europäischen Gemeinschaft – in Artikel 100 c jenes Vertrags genannten Bereichen beizutragen.

(2) Die Kommission wird in vollem Umfang an den Arbeiten in den in diesem Titel genannten Bereichen beteiligt.

(3) Außer in Verfahrensfragen und den Fällen, in denen Artikel K.3 ausdrücklich eine andere Abstimmungsregel vorsieht, beschließt der Rat einstimmig.

Ist für einen Beschluß des Rates die qualifizierte Mehrheit erforderlich, so werden die Stimmen der Mitglieder nach Artikel 148 Absatz 2 des Vertrags zur Gründung der Europäischen Gemeinschaft gewogen; Beschlüsse kommen mit einer Mindeststimmenzahl von zweiundsechzig Stimmen zustande, welche die Zustimmung von mindestens zehn Mitgliedern umfassen.

Art. K.5 [Internationale Organisationen und Konferenzen] Die Mitgliedstaaten vertreten in internationalen Organisationen und auf internationalen Konferenzen, bei denen sie vertreten sind, die im Rahmen dieses Titels festgelegten gemeinsamen Standpunkte.

Art. K.6 [Beteiligung des Parlaments] Der Vorsitz und die Kommission unterrichten das Europäische Parlament regelmäßig über die in den Bereichen dieses Titels durchgeführten Arbeiten.

Der Vorsitz hört das Europäische Parlament zu den wichtigsten Aspekten der Tätigkeit in den in diesem Titel genannten Bereichen und achtet darauf, daß die Auffassungen des Europäischen Parlaments gebührend berücksichtigt werden.

Das Europäische Parlament kann Anfragen oder Empfehlungen an den Rat richten. Einmal jährlich führt es eine Aussprache über die Fortschritte bei der Durchführung der Maßnahmen in den in diesem Titel genannten Bereichen.

Art. K.7 [Spezielle Zusammenarbeit zwischen den Mitgliedstaaten] Dieser Titel steht der Begründung oder der Entwicklung einer engeren Zusammenarbeit zwischen zwei oder mehr Mitgliedstaaten nicht entgegen, soweit sie der nach diesem Titel vorgesehenen Zusammenarbeit nicht zuwiderläuft und diese nicht behindert.

Art. K.8 [Institutionelle Bestimmungen des EG-Vertrags; Finanzierung der Zusammenarbeit] (1) Die Artikel 137, 138, 139 bis 142, 146, 147, 150 bis 153, 157 bis 163 und 217 des Vertrags zur Gründung der Europäischen Gemeinschaft finden auf die Bestimmungen über die in diesem Titel genannten Bereiche Anwendung.

(2) Die Verwaltungsausgaben, die den Organen aus den Bestimmungen über die in diesem Titel genannten Bereiche entstehen, gehen zu Lasten des Haushalts der Europäischen Gemeinschaften.

Der Rat kann ferner

– entweder einstimmig beschließen, daß die operativen Ausgaben im Zusammenhang mit der Durchführung der genannten Bestimmungen zu Lasten des Haushalts der Europäischen Gemeinschaften gehen; in diesem Fall findet das im Vertrag zur Gründung der Europäischen Gemeinschaft vorgesehene Haushaltsverfahren Anwendung;

– oder feststellen, daß derartige Ausgaben, gegebenenfalls nach einem noch festzulegenden Schlüssel, zu Lasten der Mitgliedstaaten gehen.

Art. K.9 [Evolutivklausel] Der Rat kann auf Initiative der Kommission oder eines Mitgliedstaats einstimmig beschließen, daß Artikel 100 c des Vertrags zur Gründung der Europäischen Gemeinschaft auf Maßnahmen in den in Artikel K.1 Ziffern 1 bis 6 genannten Bereichen anwendbar ist, und das entsprechende Abstimmungsverfahren festlegen. Er empfiehlt den Mitgliedstaaten, diesen Beschluß gemäß ihren verfassungsrechtlichen Vorschriften anzunehmen.

Titel VII
Schlußbestimmungen

Art. L [Zuständigkeit des Gerichtshofs] Die Bestimmungen des Vertrags zur Gründung der Europäischen Gemeinschaft, des Vertrags über die Gründung der Europäischen Gemeinschaft für Kohle und Stahl und des Vertrags zur Gründung der Europäischen Atomgemeinschaft betreffend die Zuständigkeit des Gerichtshofs der Europäischen Gemeinschaften und die Ausübung dieser Zuständigkeit gelten nur für folgende Bestimmungen dieses Vertrags:

a) Die Bestimmungen zur Änderung des Vertrags zur Gründung der Europäischen Wirtschaftsgemeinschaft im Hinblick auf die Gründung der Europäischen Gemeinschaft, des Vertrags über die Gründung der Europäischen Gemeinschaft für Kohle und Stahl und des Vertrags zur Gründung der Europäischen Atomgemeinschaft;

b) Artikel K.3 Absatz 2 Buchstabe c Unterabsatz 3;

c) die Artikel L bis S.

Art. M [Unberührtheitsklausel] Vorbehaltlich der Bestimmungen zur Änderung des Vertrags zur Gründung der Europäischen Wirtschaftsgemeinschaft im Hinblick auf die Gründung der Europäischen Gemeinschaft, des Vertrags über die Gründung der Europäischen Gemeinschaft für Kohle und Stahl und des Vertrags zur Gründung der Europäischen Atomgemeinschaft sowie dieser Schlußbestimmungen läßt der vorliegende Vertrag die Verträge zur Gründung der Europäischen Gemeinschaften sowie die nachfolgenden Verträge und Akte zur Änderung oder Ergänzung der genannten Verträge unberührt.

Art. N [Änderung des Vertrags; Folgekonferenz] (1) Die Regierung jedes Mitgliedstaats oder die Kommission kann dem Rat Entwürfe zur Änderung der Verträge, auf denen die Union beruht, vorlegen.

Gibt der Rat nach Anhörung des Europäischen Parlaments und gegebenenfalls der Kommission eine Stellungnahme zugunsten des Zusammentritts einer Konferenz von Vertretern der Regierungen der Mitgliedstaaten ab, so wird diese vom Präsidenten des Rates einberufen, um die an den genannten Verträgen vorzunehmenden Änderungen zu vereinbaren. Bei institutionellen Änderungen im Währungsbereich wird auch die Europäische Zentralbank gehört.

Die Änderungen treten in Kraft, nachdem sie von allen Mitgliedstaaten gemäß ihren verfassungsrechtlichen Vorschriften ratifiziert worden sind.

(2) Im Jahr 1996 wird eine Konferenz der Vertreter der Regierungen der Mitgliedstaaten einberufen, um die Bestimmungen dieses Vertrags, für die eine Revision vorgesehen ist, in Übereinstimmung mit den Zielen der Artikel A und B zu prüfen.

Art. O [Aufnahme weiterer Mitglieder] Jeder europäische Staat kann beantragen, Mitglied der Union zu werden. Er richtet seinen Antrag an den Rat; dieser beschließt einstimmig nach Anhörung der Kommission und nach Zustimmung des Europäischen Parlaments, das mit der absoluten Mehrheit seiner Mitglieder beschließt.

Die Aufnahmebedingungen und die durch eine Aufnahme erforderlich werdenden Anpassungen der Verträge, auf denen die Union beruht, werden durch ein Abkommen zwischen den Mitgliedstaaten und dem antragstellenden Staat geregelt. Das Abkommen bedarf der Ratifikation durch alle Vertragsstaaten gemäß ihren verfassungsrechtlichen Vorschriften.

Art. P [Fusionsvertrag; Einheitliche Europäische Akte] (1) Die Artikel 2 bis 7 und 10 bis 19 des am 8. April 1965 in Brüssel unterzeichneten Vertrags zur Einsetzung eines gemeinsamen Rates und einer gemeinsamen Kommission der Europäischen Gemeinschaften werden aufgehoben.

(2) Artikel 2, Artikel 3 Absatz 2 und Titel III der am 17. Februar 1986 in Luxemburg und am 28. Februar 1986 in Den Haag unterzeichneten Einheitlichen Europäischen Akte werden aufgehoben.

Art. Q [Geltungsdauer] Dieser Vertrag gilt auf unbegrenzte Zeit.

Art. R [Ratifikation und Inkrafttreten] (1) Dieser Vertrag bedarf der Ratifikation durch die Hohen Vertragsparteien gemäß ihren verfassungsrechtlichen Vorschriften. Die Ratifikationsurkunden werden bei der Regierung der Italienischen Republik hinterlegt.

(2) Dieser Vertrag tritt am 1. Januar 1993 in Kraft, sofern alle Ratifikationsurkunden hinterlegt worden sind, oder andernfalls am ersten Tag des auf die Hinterlegung der letzten Ratifikationsurkunde folgenden Monats.

Art. S [Wortlaut; Hinterlegung] Dieser Vertrag ist in einer Urschrift in dänischer, deutscher, englischer, französischer, griechischer, irischer, italienischer, niederländischer, portugiesischer und spanischer Sprache abgefaßt, wobei jeder Wortlaut gleichermaßen verbindlich ist;[6] er wird im Archiv der Regierung der Italienischen Republik hinterlegt; diese übermittelt der Regierung jedes anderen Unterzeichnerstaats eine beglaubigte Abschrift.

Zu Urkund Dessen haben die unterzeichneten Bevollmächtigten ihre Unterschriften unter diesen Vertrag gesetzt.

Geschehen zu Maastricht am 7. Februar 1992

(Es folgen die Unterschriften der Bevollmächtigten).

---

[6] Weitere Vertragssprachen sind nach dem Beitritt Österreichs, Schwedens und Finnlands zur Europäischen Union am 1. Januar 1995 die schwedische und die finnische Sprache. Vgl. Art. 3 des Beitrittsvertrages v. 24. Juni 1994 (BGBl. 1994 II S. 2024) idF. des Anpassungsbeschlusses v. 1. Januar 1995 (ABl. EG Nr. L 1/1995, S. 1).

2. Protokolle[1]

Protokoll
betreffend den Erwerb von Immobilien in Dänemark

Die hohen Vertragsparteien –

von dem Wunsch geleitet, gewisse besondere Probleme betreffend Dänemark zu regeln –

sind über folgende Bestimmung übereingekommen, die dem Vertrag zur Gründung der Europäischen Gemeinschaft beigefügt wird:

Ungeachtet des Vertrags kann Dänemark seine geltenden Rechtsvorschriften für den Erwerb von Zweitwohnungen beibehalten.

Protokoll
**zu Artikel 119 des Vertrags
zur Gründung der Europäischen Gemeinschaft**

Die hohen Vertragsparteien –

sind über folgende Bestimmung übereingekommen, die dem Vertrag zur Gründung der Europäischen Gemeinschaft beigefügt wird:

Im Sinne des Artikels 119 gelten Leistungen aufgrund eines betrieblichen Systems der sozialen Sicherheit nicht als Entgelt, sofern und soweit sie auf Beschäftigungszeiten vor dem 17. Mai 1990 zurückgeführt werden können, außer im Fall von Arbeitnehmern oder deren anspruchsberechtigten Angehörigen, die vor diesem Zeitpunkt eine Klage bei Gericht oder ein gleichwertiges Verfahren nach geltendem einzelstaatlichen Recht anhängig gemacht haben.

Protokoll
**über die Satzung des Europäischen Systems der
Zentralbanken und der Europäischen Zentralbank**

Die hohen Vertragsparteien –

in dem Wunsch, die in Artikel 4a des Vertrags zur Gründung der Europäischen Gemeinschaft vorgesehene Satzung des Europäi-

---

[1] Siehe die Übersicht, w.u. S. 92 f.

schen Systems der Zentralbanken und der Europäischen Zentralbank festzulegen,

SIND über folgende Bestimmungen ÜBEREINGEKOMMEN, die dem Vertrag zur Gründung der Europäischen Gemeinschaft beigefügt sind:

Kapitel I
Errichtung des ESZB

Artikel 1
Das Europäische System der Zentralbanken

1.1. Das Europäische System der Zentralbanken („ESZB") und die Europäische Zentralbank („EZB") werden gemäß Artikel 4a dieses Vertrags errichtet; sie nehmen die Aufgaben und ihre Tätigkeit nach Maßgabe dieses Vertrags und dieser Satzung wahr.

1.2. Das ESZB besteht nach Artikel 106 Absatz 1 dieses Vertrags aus der EZB und den Zentralbanken der Mitgliedstaaten („nationale Zentralbanken"). Das Luxemburgische Währungsinstitut wird die Zentralbank Luxemburgs sein.

Kapitel II
Ziele und Aufgaben des ESZB

Artikel 2
Ziele

Nach Artikel 105 Absatz 1 dieses Vertrags ist es das vorrangige Ziel des ESZB, die Preisstabilität zu gewährleisten. Soweit dies ohne Beeinträchtigung des Zieles der Preisstabilität möglich ist, unterstützt das ESZB die allgemeine Wirtschaftspolitik in der Gemeinschaft, um zur Verwirklichung der in Artikel 2 dieses Vertrags festgelegten Ziele der Gemeinschaft beizutragen. Das ESZB handelt im Einklang mit dem Grundsatz einer offenen Marktwirtschaft mit freiem Wettbewerb, wodurch ein effizienter Einsatz der Ressourcen gefördert wird, und hält sich dabei an die in Artikel 3a dieses Vertrags genannten Grundsätze.

Artikel 3
Aufgaben

3.1. Nach Artikel 105 Absatz 2 dieses Vertrags bestehen die grundlegenden Aufgaben des ESZB darin,

- die Geldpolitik der Gemeinschaft festzulegen und auszuführen,
- Devisengeschäfte im Einklang mit Artikel 109 dieses Vertrags durchzuführen,
- die offiziellen Währungsreserven der Mitgliedstaaten zu halten und zu verwalten,
- das reibungslose Funktionieren der Zahlungssysteme zu fördern.

3.2. Nach Artikel 105 Absatz 3 dieses Vertrags berührt Artikel 3.1 dritter Gedankenstrich nicht die Haltung und Verwaltung von Arbeitsguthaben in Fremdwährungen durch die Regierungen der Mitgliedstaaten.

3.3. Das ESZB trägt nach Artikel 105 Absatz 5 dieses Vertrags zur reibungslosen Durchführung der von den zuständigen Behörden auf dem Gebiet der Aufsicht über die Kreditinstitute und der Stabilität des Finanzsystems ergriffenen Maßnahmen bei.

Artikel 4
Beratende Funktionen

Nach Artikel 105 Absatz 4 dieses Vertrags

a) wird die EZB gehört
- zu allen Vorschlägen für Rechtsakte der Gemeinschaft im Zuständigkeitsbereich der EZB;
- von den nationalen Behörden zu allen Entwürfen für Rechtsvorschriften im Zuständigkeitsbereich der EZB, und zwar innerhalb der Grenzen und unter den Bedingungen, die der Rat nach dem Verfahren des Artikels 42 festlegt;

b) kann die EZB gegenüber den zuständigen Organen und Einrichtungen der Gemeinschaft und gegenüber den nationalen Behörden Stellungnahmen zu in ihren Zuständigkeitsbereich fallenden Fragen abgeben.

Artikel 5
Erhebung von statistischen Daten

5.1. Zur Wahrnehmung der Aufgaben des ESZB holt die EZB mit Unterstützung der nationalen Zentralbanken die erforderlichen statistischen Daten entweder von den zuständigen nationalen Behörden oder unmittelbar von den Wirtschaftssubjekten ein. Zu diesem Zweck arbeitet sie mit den Organen und Einrichtungen der Gemeinschaft und den zuständigen Behörden der Mitgliedstaaten oder dritter Länder sowie mit internationalen Organisationen zusammen.

5.2. Die in Artikel 5.1 bezeichneten Aufgaben werden soweit wie möglich von den nationalen Zentralbanken ausgeführt.

5.3. Soweit erforderlich fördert die EZB die Harmonisierung der Bestimmungen und Gepflogenheiten auf dem Gebiet der Erhebung, Zusammenstellung und Weitergabe von statistischen Daten in den in ihre Zuständigkeit fallenden Bereichen.

5.4. Der Kreis der berichtspflichtigen natürlichen und juristischen Personen, die Bestimmungen über die Vertraulichkeit sowie die geeigneten Vorkehrungen zu ihrer Durchsetzung werden vom Rat nach dem Verfahren des Artikels 42 festgelegt.

Artikel 6
Internationale Zusammenarbeit

6.1. Im Bereich der internationalen Zusammenarbeit, die die dem ESZB übertragenen Aufgaben betrifft, entscheidet die EZB, wie das ESZB vertreten wird.

6.2. Die EZB und, soweit diese zustimmt, die nationalen Zentralbanken sind befugt, sich an internationalen Währungseinrichtungen zu beteiligen.

6.3. Die Artikel 6.1 und 6.2 finden unbeschadet des Artikels 109 Absatz 4 dieses Vertrags Anwendung.

Kapitel III
Organisation des ESZB

Artikel 7
Unabhängigkeit

Nach Artikel 107 dieses Vertrags darf bei der Wahrnehmung der ihnen durch diesen Vertrag und diese Satzung übertragenen Befugnisse, Aufgaben und Pflichten weder die EZB noch eine nationale Zentralbank noch ein Mitglied ihrer Beschlußorgane Weisungen von Organen oder Einrichtungen der Gemeinschaft, Regierungen der Mitgliedstaaten oder anderen Stellen einholen oder entgegennehmen. Die Organe und Einrichtungen der Gemeinschaft sowie die

Regierungen der Mitgliedstaaten verpflichten sich, diesen Grundsatz zu beachten und nicht zu versuchen, die Mitglieder der Beschlußorgane der EZB oder der nationalen Zentralbanken bei der Wahrnehmung ihrer Aufgaben zu beeinflussen.

Artikel 8
Allgemeiner Grundsatz

Das ESZB wird von den Beschlußorganen der EZB geleitet.

Artikel 9
Die Europäische Zentralbank

9.1. Die EZB, die nach Artikel 106 Absatz 2 dieses Vertrags mit Rechtspersönlichkeit ausgestattet ist, besitzt in jedem Mitgliedstaat die weitestgehende Rechts- und Geschäftsfähigkeit, die juristischen Personen nach dessen Rechtsvorschriften zuerkannt ist; sie kann insbesondere bewegliches und unbewegliches Vermögen erwerben und veräußern sowie vor Gericht stehen.

9.2. Die EZB stellt sicher, daß die dem ESZB nach Artikel 105 Absätze 2, 3 und 5 dieses Vertrags übertragenen Aufgaben entweder durch ihre eigene Tätigkeit nach Maßgabe dieser Satzung oder durch die nationalen Zentralbanken nach den Artikeln 12.1 und 14 erfüllt werden.

9.3. Die Beschlußorgane der EZB sind nach Artikel 106 Absatz 3 dieses Vertrags der EZB-Rat und das Direktorium.

Artikel 10
Der EZB-Rat

10.1. Nach Artikel 109a Absatz 1 dieses Vertrags besteht der EZB-Rat aus den Mitgliedern des Direktoriums der EZB und den Präsidenten der nationalen Zentralbanken.

10.2. Vorbehaltlich des Artikels 10.3 sind nur die persönlich anwesenden Mitglieder des EZB-Rates stimmberechtigt. Abweichend von dieser Bestimmung kann in der in Artikel 12.3 genannten Geschäftsordnung vorgesehen werden, daß Mitglieder des EZB-Rates im Wege einer Telekonferenz an der Abstimmung teilnehmen können. In der Geschäftsordnung wird ferner vorgesehen, daß ein für längere Zeit an der Stimmabgabe verhindertes Mitglied einen Stellvertreter als Mitglied des EZB-Rates benennen kann.

Vorbehaltlich der Artikel 10.3 und 11.3 hat jedes Mitglied des EZB-Rates eine Stimme. Soweit in dieser Satzung nichts anderes bestimmt ist, beschließt der EZB-Rat mit einfacher Mehrheit. Bei Stimmengleichheit gibt die Stimme des Präsidenten den Ausschlag.

Der EZB-Rat ist beschlußfähig, wenn mindestens zwei Drittel seiner Mitglieder an der Abstimmung teilnehmen. Ist der EZB-Rat nicht beschlußfähig, so kann der Präsident eine außerordentliche Sitzung einberufen, bei der für die Beschlußfähigkeit die Mindestteilnehmerquote nicht erforderlich ist.

10.3. Für alle Beschlüsse im Rahmen der Artikel 28, 29, 30, 32, 33 und 51 werden die Stimmen im EZB-Rat nach den Anteilen der nationalen Zentralbanken am gezeichneten Kapital der EZB gewogen. Die Stimmen der Mitglieder des Direktoriums werden mit Null gewogen. Ein Beschluß, der die qualifizierte Mehrheit der Stimmen erfordert, gilt als angenommen, wenn die abgegebenen Ja-Stimmen mindestens zwei Drittel des gezeichneten Kapitals der EZB und mindestens die Hälfte der Anteilseigner vertreten. Bei Verhinderung eines Präsidenten einer nationalen Zentralbank kann dieser einen Stellvertreter zur Abgabe seiner gewogenen Stimme benennen.

10.4. Die Aussprachen in den Ratssitzungen sind vertraulich. Der EZB-Rat kann beschließen, das Ergebnis seiner Beratungen zu veröffentlichen.

10.5. Der EZB-Rat tritt mindestens zehnmal im Jahr zusammen.

Artikel 11
Das Direktorium

11.1. Nach Artikel 109a Absatz 2 Buchstabe a dieses Vertrags besteht das Direktorium aus dem Präsidenten, dem Vizepräsidenten und vier weiteren Mitgliedern.

Die Mitglieder erfüllen ihre Pflichten hauptamtlich. Ein Mitglied darf weder entgeltlich noch unentgeltlich einer anderen Beschäftigung nachgehen, es sei denn, der EZB-Rat erteilt hierzu ausnahmsweise seine Zustimmung.

11.2. Nach Artikel 109a Absatz 2 Buchstabe b dieses Vertrags werden der Präsident, der Vizepräsident und die weiteren Mitglieder des Direktoriums von den Regierungen der Mitgliedstaaten auf der Ebene der Staats- und Regierungschefs auf Empfehlung des Rates, der hierzu das Europäische Parlament und den EZB-Rat anhört, aus dem Kreis der in Währungs- oder Bankfragen anerkannten und erfahrenen Persönlichkeiten einvernehmlich ausgewählt und ernannt.

Ihre Amtszeit beträgt acht Jahre; Wiederernennung ist nicht zulässig.

Nur Staatsangehörige der Mitgliedstaaten können Mitglieder des Direktoriums sein.

11.3. Die Beschäftigungsbedingungen für die Mitglieder des Direktoriums, insbesondere ihre Gehälter und Ruhegehälter sowie andere Leistungen der sozialen Sicherheit, sind Gegenstand von Verträgen mit der EZB und werden vom EZB-Rat auf Vorschlag eines Ausschusses festgelegt, der aus drei vom EZB-Rat und drei vom Rat ernannten Mitgliedern besteht. Die Mitglieder des Direktoriums haben in den in diesem Absatz bezeichneten Angelegenheiten kein Stimmrecht.

11.4. Ein Mitglied des Direktoriums, das die Voraussetzungen für die Ausübung seines Amtes nicht mehr erfüllt oder eine schwere Verfehlung begangen hat, kann auf Antrag des EZB-Rates oder des Direktoriums durch den Gerichtshof seines Amtes enthoben werden.

11.5. Jedes persönlich anwesende Mitglied des Direktoriums ist berechtigt, an Abstimmungen teilzunehmen, und hat zu diesem Zweck eine Stimme. Soweit nichts anderes bestimmt ist, beschließt das Direktorium mit der einfachen Mehrheit der abgegebenen Stimmen. Bei Stimmengleichheit gibt die Stimme des Präsidenten den Ausschlag. Die Abstimmungsmodalitäten werden in der in Artikel 12.3 bezeichneten Geschäftsordnung geregelt.

11.6. Das Direktorium führt die laufenden Geschäfte der EZB.

11.7. Freiwerdende Sitze im Direktorium sind durch Ernennung eines neuen Mitglieds nach Artikel 11.2 zu besetzen.

Artikel 12
Aufgaben der Beschlußorgane

12.1. Der EZB-Rat erläßt die Leitlinien und Entscheidungen, die notwendig sind, um die Erfüllung der dem ESZB nach diesem Vertrag und dieser Satzung übertragenen Aufgaben zu gewährleisten. Der EZB-Rat legt die Geldpolitik der Gemeinschaft fest, gegebenenfalls einschließlich von Entscheidungen in bezug auf geldpolitische Zwischenziele, Leitzinssätze und die Bereitstellung von Zentralbankgeld im ESZB, und erläßt die für ihre Ausführung notwendigen Leitlinien.

Das Direktorium führt die Geldpolitik gemäß den Leitlinien und Entscheidungen des EZB-Rates aus. Es erteilt hierzu den nationalen Zentralbanken die erforderlichen Weisungen. Ferner können dem Direktorium durch Beschluß des EZB-Rates bestimmte Befugnisse übertragen werden.

Unbeschadet dieses Artikels nimmt die EZB die nationalen Zentralbanken zur Durchführung von Geschäften, die zu den Aufgaben des ESZB gehören, in Anspruch, soweit dies möglich und sachgerecht erscheint.

12.2. Die Vorbereitung der Sitzungen des EZB-Rates obliegt dem Direktorium.

12.3. Der EZB-Rat beschließt eine Geschäftsordnung, die die interne Organisation der EZB und ihrer Beschlußorgane regelt.

12.4. Der EZB-Rat nimmt die in Artikel 4 genannten beratenden Funktionen wahr.

12.5. Der EZB-Rat trifft die Entscheidungen nach Artikel 6.

Artikel 13
Der Präsident

13.1. Den Vorsitz im EZB-Rat und im Direktorium der EZB führt der Präsident oder, bei seiner Verhinderung, der Vizepräsident.

13.2. Unbeschadet des Artikels 39 vertritt der Präsident oder eine von ihm benannte Person die EZB nach außen.

Artikel 14
Nationale Zentralbanken

14.1. Nach Artikel 108 dieses Vertrags stellt jeder Mitgliedstaat sicher, daß spätestens zum Zeitpunkt der Errichtung des ESZB seine innerstaatlichen Rechtsvorschriften einschließlich der Satzung seiner Zentralbank mit diesem Vertrag und dieser Satzung im Einklang stehen.

14.2. In den Satzungen der nationalen Zentralbanken ist insbesondere vorzusehen, daß die Amtszeit des Präsidenten der jeweiligen nationalen Zentralbank mindestens fünf Jahre beträgt.

Der Präsident einer nationalen Zentralbank kann aus seinem Amt nur entlassen werden, wenn er die Voraussetzungen für die Ausübung seines Amtes nicht mehr erfüllt oder eine schwere Verfehlung begangen hat. Gegen eine entsprechende Entscheidung kann der betreffende Präsident einer nationalen Zentralbank oder der EZB-Rat wegen Verletzung dieses Vertrags oder einer bei seiner Durchführung anzuwendenden Rechtsnorm den Gerichtshof anrufen. Solche Klagen sind binnen zwei Monaten zu erheben; diese Frist läuft je nach Lage des Falles von der Bekanntgabe der betreffenden Entscheidung, ihrer Mitteilung an den Kläger oder in Ermangelung dessen von dem Zeitpunkt an, zu dem der Kläger von dieser Entscheidung Kenntnis erlangt hat.

14.3. Die nationalen Zentralbanken sind integraler Bestandteil des ESZB und handeln gemäß den Leitlinien und Weisungen der EZB. Der EZB-Rat trifft die notwendigen Maßnahmen, um die Einhaltung der Leitlinien und Weisungen der EZB sicherzustellen, und kann verlangen, daß ihm hierzu alle erforderlichen Informationen zur Verfügung gestellt werden.

14.4. Die nationalen Zentralbanken können andere als die in dieser Satzung bezeichneten Aufgaben wahrnehmen, es sei denn, der EZB-Rat stellt mit Zweidrittelmehrheit der abgegebenen Stimmen fest, daß diese Aufgaben nicht mit den Zielen und Aufgaben des ESZB vereinbar sind. Derartige Aufgaben werden von den nationalen Zentralbanken in eigener Verantwortung und auf eigene Rechnung wahrgenommen und gelten nicht als Aufgaben des ESZB.

Artikel 15
Berichtspflichten

15.1. Die EZB erstellt und veröffentlicht mindestens vierteljährlich Berichte über die Tätigkeit des ESZB.

15.2. Ein konsolidierter Ausweis des ESZB wird wöchentlich veröffentlicht.

15.3. Nach Artikel 109b Absatz 3 dieses Vertrags unterbreitet die EZB dem Europäischen Parlament, dem Rat und der Kommission sowie auch dem Europäischen Rat einen Jahresbericht über die Tätigkeit des ESZB und die Geld- und Währungspolitik im vergangenen und im laufenden Jahr.

15.4. Die in diesem Artikel bezeichneten Berichte und Ausweise werden Interessenten kostenlos zur Verfügung gestellt.

Artikel 16
Banknoten

Nach Artikel 105a Absatz 1 dieses Vertrags hat der EZB-Rat das ausschließliche Recht, die Ausgabe von Banknoten innerhalb der Gemeinschaft zu genehmigen. Die EZB und die nationalen Zentralbanken sind zur Ausgabe von Banknoten berechtigt. Die von der EZB und den nationalen Zentralbanken ausgegebenen Banknoten sind die einzigen Banknoten, die in der Gemeinschaft als gesetzliches Zahlungsmittel gelten.

Die EZB berücksichtigt soweit wie möglich die Gepflogenheiten bei der Ausgabe und der Gestaltung von Banknoten.

Kapitel IV
Währungspolitische Aufgaben
und Operationen des ESZB

Artikel 17
Kosten bei der EZB und den nationalen Zentralbanken

Zur Durchführung ihrer Geschäfte können die EZB und die nationalen Zentralbanken für Kreditinstitute, öffentliche Stellen und andere Marktteilnehmer Konten eröffnen und Vermögenswerte, einschließlich Schuldbuchforderungen, als Sicherheit hereinnehmen.

Artikel 18
Offenmarkt- und Kreditgeschäfte

18.1. Zur Erreichung der Ziele des ESZB und zur Erfüllung seiner Aufgaben können die EZB und die nationalen Zentralbanken
- auf den Finanzmärkten tätig werden, indem sie auf Gemeinschafts- oder Drittlandswährungen lautende Forderungen und börsengängige Wertpapiere sowie Edelmetalle endgültig (per Kasse oder Termin) oder im Rahmen von Rückkaufvereinbarungen kaufen und verkaufen oder entsprechende Darlehensgeschäfte tätigen;
- Kreditgeschäfte mit Kreditinstituten und anderen Marktteilnehmern abschließen, wobei für die Darlehen ausreichende Sicherheiten zu stellen sind.

18.2. Die EZB stellt allgemeine Grundsätze für ihre eigenen Offenmarkt- und Kreditgeschäfte und die der nationalen Zentralbanken auf; hierzu gehören auch die Grundsätze für die Bekanntmachung der Bedingungen, zu denen sie bereit sind, derartige Geschäfte abzuschließen.

Artikel 19
Mindestreserven

19.1. Vorbehaltlich des Artikels 2 kann die EZB zur Verwirklichung der geldpolitischen Ziele verlangen, daß die in den Mitgliedstaaten niedergelassenen Kreditinstitute Mindestreserven auf Konten bei der EZB und den nationalen Zentralbanken unterhalten. Verordnungen über die Berechnung und Bestimmung des Mindestreservesolls können vom EZB-Rat erlassen werden. Bei Nichteinhaltung kann die EZB Strafzinsen erheben und sonstige Sanktionen mit vergleichbarer Wirkung verhängen.

19.2. Zum Zwecke der Anwendung dieses Artikels legt der Rat nach dem Verfahren des Artikels 42 die Basis für die Mindestreserven und die höchstzulässigen Relationen zwischen diesen Mindestreserven und ihrer Basis sowie die angemessenen Sanktionen fest, die bei Nichteinhaltung anzuwenden sind.

Artikel 20
Sonstige geldpolitische Instrumente

Der EZB-Rat kann mit der Mehrheit von zwei Dritteln der abgegebenen Stimmen über die Anwendung anderer Instrumente der Geldpolitik entscheiden, die er bei Beachtung des Artikels 2 für zweckmäßig hält.

Der Rat legt nach dem Verfahren des Artikels 42 den Anwendungsbereich solcher Instrumente fest, wenn sie Verpflichtungen für Dritte mit sich bringen.

Artikel 21
Geschäfte mit öffentlichen Stellen

21.1. Nach Artikel 104 dieses Vertrags sind Überziehungs- oder andere Kreditfazilitäten bei der EZB oder den nationalen Zentralbanken für Organe oder Einrichtungen der Gemeinschaft, Zentralregierungen, regionale oder lokale Gebietskörperschaften oder andere öffentlich-rechtliche Körperschaften, sonstige

Einrichtungen des öffentlichen Rechts oder öffentliche Unternehmen der Mitgliedstaaten ebenso verboten wie der unmittelbare Erwerb von Schuldtiteln von diesen durch die EZB oder die nationalen Zentralbanken.

21.2. Die EZB und die nationalen Zentralbanken können als Fiskalagent für die in Artikel 21.1 bezeichneten Stellen tätig werden.

21.3. Die Bestimmungen dieses Artikels gelten nicht für Kreditinstitute in öffentlichem Eigentum; diese werden von der jeweiligen nationalen Zentralbank und der EZB, was die Bereitstellung von Zentralbankgeld betrifft, wie private Kreditinstitute behandelt.

Artikel 22
Verrechnungs- und Zahlungssysteme

Die EZB und die nationalen Zentralbanken können Einrichtungen zur Verfügung stellen und die EZB kann Verordnungen erlassen, um effiziente und zuverlässige Verrechnungs- und Zahlungssysteme innerhalb der Gemeinschaft und im Verkehr mit dritten Ländern zu gewährleisten.

Artikel 23
Geschäfte mit dritten Ländern und internationalen Organisationen

Die EZB und die nationalen Zentralbanken sind befugt,

- mit Zentralbanken und Finanzinstituten in dritten Ländern und, soweit zweckdienlich, mit internationalen Organisationen Beziehungen aufzunehmen;
- alle Arten von Devisen und Edelmetalle per Kasse und per Termin zu kaufen und zu verkaufen; der Begriff „Devisen" schließt Wertpapiere und alle sonstigen Vermögenswerte, die auf beliebige Währungen oder Rechnungseinheiten lauten, unabhängig von deren Ausgestaltung ein;
- die in diesem Artikel bezeichneten Vermögenswerte zu halten und zu verwalten;
- alle Arten von Bankgeschäften, einschließlich der Aufnahme und Gewährung von Krediten, im Verkehr mit dritten Ländern sowie internationalen Organisationen zu tätigen.

Artikel 24
Sonstige Geschäfte

Die EZB und die nationalen Zentralbanken sind befugt, außer den mit ihren Aufgaben verbundenen Geschäften auch Geschäfte für ihren eigenen Betrieb und für ihre Bediensteten zu tätigen.

Kapitel V
Aufsicht

Artikel 25
Aufsicht

25.1. Die EZB kann den Rat, die Kommission und die zuständigen Behörden der Mitgliedstaaten in Fragen des Geltungsbereichs und der Anwendung der Rechtsvorschriften der Gemeinschaft hinsichtlich der Aufsicht über die Kreditinstitute sowie die Stabilität des Finanzsystems beraten und von diesen konsultiert werden.

25.2. Aufgrund von Beschlüssen des Rates nach Artikel 105 Absatz 6 dieses Vertrags kann die EZB besondere Aufgaben im Zusammenhang mit der Aufsicht über die Kreditinstitute und sonstige Finanzinstitute mit Ausnahme von Versicherungsunternehmen wahrnehmen.

Kapitel VI
Finanzvorschriften des ESZB

Artikel 26
Jahresabschlüsse

26.1. Das Geschäftsjahr der EZB und der nationalen Zentralbanken beginnt am 1. Januar und endet am 31. Dezember.

26.2. Der Jahresabschluß der EZB wird vom Direktorium nach den vom EZB-Rat aufgestellten Grundsätzen erstellt. Der Jahresabschluß wird vom EZB-Rat festgestellt und sodann veröffentlicht.

26.3. Für Analyse- und Geschäftsführungszwecke erstellt das Direktorium eine konsolidierte Bilanz des ESZB, in der die zum ESZB gehörenden Aktiva und Passiva der nationalen Zentralbanken ausgewiesen werden.

26.4. Zur Anwendung dieses Artikels erläßt der EZB-Rat die notwendigen Vorschriften für die Standardisierung der buchmäßigen Erfassung und der Meldung der Geschäfte der nationalen Zentralbanken.

Artikel 27
Rechnungsprüfung

27.1. Die Jahresabschlüsse der EZB und der nationalen Zentralbanken werden von unabhängigen externen Rechnungsprüfern, die vom EZB-Rat empfohlen und vom Rat anerkannt wurden, geprüft. Die Rechnungsprüfer sind befugt, alle Bücher und Konten der EZB und der nationalen Zentralbanken zu prüfen und alle Auskünfte über deren Geschäfte zu verlangen.

27.2. Artikel 188c dieses Vertrags ist nur auf eine Prüfung der Effizienz der Verwaltung der EZB anwendbar.

Artikel 28
Kapital der EZB

28.1. Das Kapital der EZB bei der Aufnahme ihrer Tätigkeit beträgt 5 Milliarden ECU. Das Kapital kann durch einen Beschluß des EZB-Rates mit der in Artikel 10.3 vorgesehenen qualifizierten Mehrheit innerhalb der Grenzen und unter den Bedingungen, die der Rat nach dem Verfahren des Artikels 42 festlegt, erhöht werden.

28.2. Die nationalen Zentralbanken sind alleinige Zeichner und Inhaber des Kapitals der EZB. Die Zeichnung des Kapitals erfolgt nach dem gemäß Artikel 29 festgelegten Schlüssel.

28.3. Der EZB-Rat bestimmt mit der in Artikel 10.3 vorgesehenen qualifizierten Mehrheit, in welcher Höhe und welcher Form das Kapital einzuzahlen ist.

28.4. Vorbehaltlich des Artikels 28.5 können die Anteile der nationalen Zentralbanken am gezeichneten Kapital der EZB nicht übertragen, verpfändet oder gepfändet werden.

28.5. Im Falle einer Anpassung des in Artikel 29 bezeichneten Schlüssels sorgen die nationalen Zentralbanken durch Übertragungen von Kapitalanteilen untereinander dafür, daß die Verteilung der Kapitalanteile dem angepaßten Schlüssel entspricht. Die Bedingungen für derartige Übertragungen werden vom EZB-Rat festgelegt.

Artikel 29
Schlüssel für die Kapitalzeichnung

29.1. Nach Errichtung des ESZB und der EZB gemäß dem Verfahren des Artikels 109 I Absatz 1 dieses Vertrags wird der Schlüssel für die Zeichnung des Kapitals der EZB festgelegt. In diesem Schlüssel erhält jede nationale Zentralbank einen Gewichtsanteil, der der Summe folgender Prozentsätze entspricht:
- 50 % des Anteils des jeweiligen Mitgliedstaats an der Bevölkerung der Gemeinschaft im vorletzten Jahr vor der Errichtung des ESZB;
- 50 % des Anteils des jeweiligen Mitgliedstaats am Bruttoinlandsprodukt der Gemeinschaft zu Marktpreisen in den fünf Jahren vor dem vorletzten Jahr vor der Errichtung des ESZB.

Die Prozentsätze werden zum nächsten Vielfachen von 0,05 Prozentpunkten aufgerundet.

29.2. Die zur Anwendung dieses Artikels zu verwendenden statistischen Daten werden von der Kommission nach den Regeln bereitgestellt, die der Rat nach dem Verfahren des Artikels 42 festlegt.

29.3. Die den nationalen Zentralbanken zugeteilten Gewichtsanteile werden nach Errichtung des ESZB alle fünf Jahre unter sinngemäßer Anwendung der Bestimmungen des Artikels 29.1 angepaßt. Der neue Schlüssel gilt jeweils vom ersten Tag des folgenden Jahres an.

29.4. Der EZB-Rat trifft alle weiteren Maßnahmen, die zur Anwendung dieses Artikels erforderlich sind.

Artikel 30
Übertragung von Währungsreserven auf die EZB

30.1. Unbeschadet des Artikels 28 wird die EZB von den nationalen Zentralbanken mit Währungsreserven, die jedoch nicht aus Währungen der Mitgliedstaaten, ECU, IWF-Reservepositionen und SZR gebildet werden dürfen, bis zu einem Gegenwert von 50 Milliarden ECU ausgestattet. Der EZB-Rat entscheidet über den von der EZB nach ihrer Errichtung einzufordernden Teil sowie die zu späteren Zeitpunkten einzufordernden Beträge. Die EZB hat das uneingeschränkte Recht, die ihr übertragenen

Währungsreserven zu halten und zu verwalten sowie für die in dieser Satzung genannten Zwecke zu verwenden.

30.2. Die Beiträge der einzelnen nationalen Zentralbanken werden entsprechend ihrem jeweiligen Anteil am gezeichneten Kapital der EZB bestimmt.

30.3. Die EZB schreibt jeder nationalen Zentralbank eine ihrem Beitrag entsprechende Forderung gut. Der EZB-Rat entscheidet über die Denominierung und Verzinsung dieser Forderungen.

30.4. Die EZB kann nach Artikel 30.2 über den in Artikel 30.1 festgelegten Betrag hinaus innerhalb der Grenzen und unter den Bedingungen, die der Rat nach dem Verfahren des Artikels 42 festlegt, die Einzahlung weiterer Währungsreserven fordern.

30.5. Die EZB kann IWF-Reservepositionen und SZR halten und verwalten sowie die Zusammenlegung solcher Aktiva vorsehen.

30.6. Der EZB-Rat trifft alle weiteren Maßnahmen, die zur Anwendung dieses Artikels erforderlich sind.

Artikel 31
Währungsreserven der nationalen Zentralbanken

31.1. Die nationalen Zentralbanken sind befugt, zur Erfüllung ihrer Verpflichtungen gegenüber internationalen Organisationen nach Artikel 23 Geschäfte abzuschließen.

31.2. Alle sonstigen Geschäfte mit den Währungsreserven, die den nationalen Zentralbanken nach den in Artikel 30 genannten Übertragungen verbleiben, sowie von Mitgliedstaaten ausgeführte Transaktionen mit ihren Arbeitsguthaben in Fremdwährungen bedürfen oberhalb eines bestimmten, im Rahmen des Artikels 31.3 festzulegenden Betrags der Zustimmung der EZB, damit Übereinstimmung mit der Wechselkurs- und der Währungspolitik der Gemeinschaft gewährleistet ist.

31.3. Der EZB-Rat erläßt Richtlinien mit dem Ziel, derartige Geschäfte zu erleichtern.

Artikel 32
Verteilung der monetären Einkünfte der nationalen Zentralbanken

32.1. Die Einkünfte, die den nationalen Zentralbanken aus der Erfüllung der währungspolitischen Aufgaben des ESZB zufließen (im folgenden als „monetäre Einkünfte" bezeichnet), werden am Ende eines jeden Geschäftsjahrs nach diesem Artikel verteilt.

32.2. Vorbehaltlich des Artikels 32.3 entspricht der Betrag der monetären Einkünfte einer jeden nationalen Zentralbank ihren jährlichen Einkünften aus Vermögenswerten, die sie als Gegenposten zum Bargeldumlauf und zu ihren Verbindlichkeiten aus Einlagen der Kreditinstitute hält. Diese Vermögenswerte werden von den nationalen Zentralbanken gemäß den vom EZB-Rat zu erlassenden Richtlinien gesondert erfaßt.

32.3. Wenn nach dem Übergang zur dritten Stufe die Bilanzstrukturen der nationalen Zentralbanken nach Auffassung des EZB-Rates die Anwendung des Artikels 32.2 nicht gestatten, kann der EZB-Rat mit qualifizierter Mehrheit beschließen, daß die monetären Einkünfte für einen Zeitraum von höchstens fünf Jahren abweichend von Artikel 32.2 nach einem anderen Verfahren bemessen werden.

32.4. Der Betrag der monetären Einkünfte einer jeden nationalen Zentralbank vermindert sich um den Betrag etwaiger Zinsen, die von dieser Zentralbank auf ihre Verbindlichkeiten aus Einlagen der Kreditinstitute nach Artikel 19 gezahlt werden.

Der EZB-Rat kann beschließen, daß die nationalen Zentralbanken für Kosten in Verbindung mit der Ausgabe von Banknoten oder unter außergewöhnlichen Umständen für spezifische Verluste aus für das ESZB unternommenen währungspolitischen Operationen entschädigt werden. Die Entschädigung erfolgt in einer Form, die der EZB-Rat für angemessen hält; diese Beträge können mit den monetären Einkünften der nationalen Zentralbanken verrechnet werden.

32.5. Die Summe der monetären Einkünfte der nationalen Zentralbanken wird vorbehaltlich etwaiger Beschlüsse des EZB-Rates nach Artikel 33.2 unter den nationalen Zentralbanken entsprechend ihren eingezahlten Anteilen am Kapital der EZB verteilt.

32.6. Die Verrechnung und den Ausgleich der Salden aus der Verteilung der monetären Einkünfte nimmt die EZB gemäß den Richtlinien des EZB-Rates vor.

32.7. Der EZB-Rat trifft alle weiteren Maßnahmen, die zur Anwendung dieses Artikels erforderlich sind.

Artikel 33
Verteilung der Nettogewinne und Verluste der EZB

33.1. Der Nettogewinn der EZB wird in der folgenden Reihenfolge verteilt:

a) Ein vom EZB-Rat zu bestimmender Betrag, der 20 % des Nettogewinns nicht übersteigen darf, wird dem allgemeinen Reservefonds bis zu einer Obergrenze von 100 % des Kapitals zugeführt;

b) der verbleibende Nettogewinn wird an die Anteilseigner der EZB entsprechend ihren eingezahlten Anteilen ausgeschüttet.

33.2. Falls die EZB einen Verlust erwirtschaftet, kann der Fehlbetrag aus dem allgemeinen Reservefonds der EZB und erforderlichenfalls nach einem entsprechenden Beschluß des ESZ-Rates aus den monetären Einkünften des betreffenden Geschäftsjahrs im Verhältnis und bis in Höhe der Beträge gezahlt werden, die nach Artikel 32.5 an die nationalen Zentralbanken verteilt werden.

Kapitel VII
Allgemeine Bestimmungen

Artikel 34
Rechtsakte

34.1. Nach Artikel 108a dieses Vertrags werden von der EZB

– Verordnungen erlassen, insoweit dies für die Erfüllung der in Artikel 3.1 erster Gedankenstrich, Artikel 19.1, Artikel 22 oder Artikel 25.2 festgelegten Aufgaben erforderlich ist; sie erläßt Verordnungen ferner in den Fällen, die in den Rechtsakten des Rates nach Artikel 42 vorgesehen werden,

– die Entscheidungen erlassen, die zur Erfüllung der dem ESZB nach diesem Vertrag und dieser Satzung übertragenen Aufgaben erforderlich sind,

– Empfehlungen und Stellungnahmen abgegeben.

34.2. Eine Verordnung hat allgemeine Geltung. Sie ist in allen ihren Teilen verbindlich und gilt unmittelbar in jedem Mitgliedstaat. Empfehlungen und Stellungnahmen sind nicht verbindlich.

Eine Entscheidung ist in allen ihren Teilen für diejenigen verbindlich, an die sie gerichtet ist.

Die Artikel 190, 191 und 192 dieses Vertrags gelten für die Verordnungen und Entscheidungen der EZB.

Die EZB kann die Veröffentlichung ihrer Entscheidungen, Empfehlungen und Stellungnahmen beschließen.

34.3. Innerhalb der Grenzen und unter den Bedingungen, die der Rat nach dem Verfahren des Artikels 42 festlegt, ist die EZB befugt, Unternehmen bei Nichteinhaltung der Verpflichtungen, die sich aus ihren Verordnungen und Entscheidungen ergeben, mit Geldbußen oder in regelmäßigen Abständen zu zahlenden Strafgeldern zu belegen.

Artikel 35
Gerichtliche Kontrolle
und damit verbundene Angelegenheiten

35.1. Die Handlungen und Unterlassungen der EZB unterliegen in den Fällen und unter den Bedingungen, die in diesem Vertrag vorgesehen sind, der Überprüfung und Auslegung durch den Gerichtshof. Die EZB ist in den Fällen und unter den Bedingungen, die in diesem Vertrag vorgesehen sind, klageberechtigt.

35.2. Über Rechtsstreitigkeiten zwischen der EZB einerseits und ihren Gläubigern, Schuldnern oder dritten Personen andererseits entscheiden die zuständigen Gerichte der einzelnen Staaten vorbehaltlich der Zuständigkeiten, die dem Gerichtshof zuerkannt sind.

35.3. Die EZB unterliegt der Haftungsregelung des Artikels 215 dieses Vertrags. Die Haftung der nationalen Zentralbanken richtet sich nach dem jeweiligen innerstaatlichen Recht.

35.4. Der Gerichtshof ist für Entscheidungen aufgrund einer Schiedsklausel zuständig, die in einem von der EZB oder für ihre Rechnung abgeschlossenen öffentlich-rechtlichen oder privatrechtlichen Vertrag enthalten ist.

35.5. Für einen Beschluß der EZB, den Gerichtshof anzurufen, ist der EZB-Rat zuständig.

35.6. Der Gerichtshof ist für Streitsachen zuständig, die die Erfüllung der Verpflichtungen aus dieser Satzung durch eine nationale Zentralbank betreffen. Ist die EZB der Auffassung, daß eine nationale Zentralbank einer Verpflichtung aus dieser Satzung nicht nachgekommen ist, so legt sie in der betreffenden Sache eine mit Gründen versehene Stellungnahme vor, nachdem sie der nationalen Zentralbank Gelegenheit zur Vorlage von Bemerkungen gegeben hat. Entspricht die nationale Zentralbank nicht innerhalb der von der EZB gesetzten Frist deren Stellungnahme, so kann die EZB den Gerichtshof anrufen.

Artikel 36
Personal

36.1. Der EZB-Rat legt auf Vorschlag des Direktoriums die Beschäftigungsbedingungen für das Personal der EZB fest.

36.2. Der Gerichtshof ist für alle Streitsachen zwischen der EZB und deren Bediensteten innerhalb der Grenzen und unter den Bedingungen zuständig, die sich aus den Beschäftigungsbedingungen ergeben.

Artikel 37
Sitz

Vor Ende 1992 beschließen die Regierungen der Mitgliedstaaten auf der Ebene der Staats- und Regierungschefs im gegenseitigen Einvernehmen über den Sitz der EZB.

Artikel 38
Geheimhaltung

38.1. Die Mitglieder der Leitungsgremien und des Personals der EZB und der nationalen Zentralbanken dürfen auch nach Beendigung ihres Dienstverhältnisses keine der Geheimhaltungspflicht unterliegenden Informationen weitergeben.

38.2. Auf Personen mit Zugang zu Daten, die unter Gemeinschaftsvorschriften fallen, die eine Verpflichtung zur Geheimhaltung vorsehen, finden diese Gemeinschaftsvorschriften Anwendung.

Artikel 39
Unterschriftsberechtigte

Die EZB wird Dritten gegenüber durch den Präsidenten oder zwei Direktoriumsmitglieder oder durch die Unterschriften zweier vom Präsidenten zur Zeichnung im Namen der EZB gehörig ermächtigter Bediensteter der EZB rechtswirksam verpflichtet.

Artikel 40
Vorrechte und Befreiungen

Die EZB genießt im Hoheitsgebiet der Mitgliedstaaten die zur Erfüllung ihrer Aufgabe erforderlichen Vorrechte und Befreiungen nach Maßgabe des Protokolls über die Vorrechte und Befreiungen der Europäischen Gemeinschaften im Anhang zum Vertrag zur Einsetzung eines gemeinsamen Rates und einer gemeinsamen Kommission der Europäischen Gemeinschaften.

Kapitel VIII
Änderung der Satzung und ergänzende Rechtsvorschriften

Artikel 41
Vereinfachtes Änderungsverfahren

41.1. Nach Artikel 106 Absatz 5 dieses Vertrags kann der Rat die Artikel 5.1, 5.2, 5.3, 17, 18, 19.1, 22, 23, 24, 26, 32.2, 32.3, 32.4, 32.6, 33.1.a und 36 dieser Satzung entweder mit qualifizierter Mehrheit auf Empfehlung der EZB nach Anhörung der Kommission oder einstimmig auf Vorschlag der Kommission nach Anhörung der EZB ändern. Die Zustimmung des Europäischen Parlaments ist dabei jeweils erforderlich.

41.2: Eine Empfehlung der EZB nach diesem Artikel erfordert einen einstimmigen Beschluß des EZB-Rates.

Artikel 42
Ergänzende Rechtsvorschriften

Nach Artikel 106 Absatz 6 dieses Vertrags erläßt der Rat unmittelbar nach dem Beschluß über den Zeitpunkt für den Beginn der dritten Stufe mit qualifizierter Mehrheit entweder auf Vorschlag der Kommission nach Anhörung des Europäischen Parlaments und der EZB oder auf Empfehlung der EZB nach Anhörung des Europäischen Parlaments und der Kommission die in den Artikeln 4, 5.4, 19.2, 20, 28.1, 29.2, 30.4 und 34.3 dieser Satzung genannten Bestimmungen.

Kapitel IX
Übergangsbestimmungen und sonstige Bestimmungen für das ESZB

Artikel 43
Allgemeine Bestimmungen

43.1. Eine Ausnahmeregelung nach Artikel 109k Absatz 1 dieses Vertrags bewirkt, daß folgende Artikel dieser Satzung für den betreffenden Mitgliedstaat keinerlei Rechte oder Verpflichtungen entstehen lassen: Artikel 3, 6, 9.2, 12.1, 14.3, 16, 18, 19, 20, 22, 23, 26.2, 27, 30, 31, 32, 33, 34, 50 und 52.

43.2. Die Zentralbanken der Mitgliedstaaten, für die eine Annahmeregelung nach Artikel 109k Absatz 1 dieses Vertrags gilt, behalten ihre währungspolitischen Befugnisse nach innerstaatlichem Recht.

43.3. In den Artikeln 3, 11.2, 19, 34.2 und 50 bezeichnet der Ausdruck „Mitgliedstaaten" gemäß Artikel 109k Absatz 4 dieses Vertrags die „Mitgliedstaaten, für die keine Ausnahmeregelung gilt".

43.4. In den Artikeln 9.2, 10.1, 10.3, 12.1, 16, 17, 18, 22, 23, 27, 30, 31, 32, 33.2 und 52 dieser Satzung ist der Ausdruck „nationale Zentralbanken" im Sinne von „Zentralbanken der Mitgliedstaaten, für die keine Ausnahmeregelung gilt" zu verstehen.

43.5. In den Artikeln 10.3 und 33.1 bezeichnet der Ausdruck „Anteilseigner" die „Zentralbanken der Mitgliedstaaten, für die keine Ausnahmeregelung gilt".

43.6. In den Artikeln 10.3 und 30.2 ist der Ausdruck „gezeichnetes Kapital der EZB" im Sinne von „Kapital der EZB, das von den Zentralbanken der Mitgliedstaaten gezeichnet wurde, für die keine Ausnahmeregelung gilt" zu verstehen.

Artikel 44
Vorübergehende Aufgaben der EZB

Die EZB übernimmt diejenigen Aufgaben des EWI, die infolge der für einen oder mehrere Mitgliedstaaten geltenden Ausnahmeregelungen in der dritten Stufe noch erfüllt werden müssen.

Bei der Vorbereitung der Aufhebung der Ausnahmeregelungen nach Artikel 109k dieses Vertrags nimmt die EZB eine beratende Funktion wahr.

Artikel 45
Der Erweiterte Rat der EZB

45.1. Unbeschadet des Artikels 106 Absatz 3 dieses Vertrags wird der Erweiterte Rat als drittes Beschlußorgan der EZB eingesetzt.

45.2. Der Erweiterte Rat besteht aus dem Präsidenten und dem Vizepräsidenten der EZB sowie den Präsidenten der nationalen Zentralbanken. Die weiteren Mitglieder des Direktoriums können an den Sitzungen des Erweiterten Rates teilnehmen, besitzen aber kein Stimmrecht.

45.3. Die Verantwortlichkeiten des Erweiterten Rates sind in Artikel 47 dieser Satzung vollständig aufgeführt.

Artikel 46
Geschäftsordnung des Erweiterten Rates

46.1. Der Präsident oder bei seiner Verhinderung der Vizepräsident der EZB führt den Vorsitz im Erweiterten Rat der EZB.

46.2. Der Präsident des Rates und ein Mitglied der Kommission können an den Sitzungen des Erweiterten Rates teilnehmen, besitzen aber kein Stimmrecht.

46.3. Der Präsident bereitet die Sitzungen des Erweiterten Rates vor.

46.4. Abweichend von Artikel 12.3 gibt sich der Erweiterte Rat eine Geschäftsordnung.

46.5. Das Sekretariat des Erweiterten Rates wird von der EZB gestellt.

Artikel 47
Verantwortlichkeiten des Erweiterten Rates

47.1. Der Erweiterte Rat
- nimmt die in Artikel 44 aufgeführten Aufgaben wahr,
- wirkt bei der Erfüllung der Beratungsfunktionen nach den Artikeln 4 und 25.1 mit.

47.2. Der Erweiterte Rat wirkt auch mit bei
- der Erhebung der statistischen Daten im Sinne von Artikel 5;
- den Berichtstätigkeiten der EZB im Sinne von Artikel 15;
- der Festlegung der erforderlichen Regeln für die Anwendung von Artikel 26 gemäß Artikel 26.4;

- allen sonstigen erforderlichen Maßnahmen zur Anwendung von Artikel 29 gemäß Artikel 29.4;
- die Festlegung der Beschäftigungsbedingungen für das Personal der EZB gemäß Artikel 36.

47.3. Der Erweiterte Rat trägt zu den Vorarbeiten bei, die erforderlich sind, um für die Währungen der Mitgliedstaaten, für die eine Ausnahmeregelung gilt, die Wechselkurse gegenüber den Währungen oder der einheitlichen Währung der Mitgliedstaaten, für die keine Ausnahmeregelung gilt, gemäß Artikel 109 l Absatz 5 dieses Vertrags unwiderruflich festzulegen.

47.4. Der Erweiterte Rat wird vom Präsidenten der EZB über die Beschlüsse des EZB-Rates unterrichtet.

Artikel 48
Übergangsbestimmungen für das Kapital der EZB

Nach Artikel 29.1 wird jeder nationalen Zentralbank ein Gewichtsanteil in dem Schlüssel für die Zeichnung des Kapitals der EZB zugeteilt. Abweichend von Artikel 28.3 zahlen Zentralbanken von Mitgliedstaaten, für die eine Ausnahmeregelung gilt, das von ihnen gezeichnete Kapital nicht ein, es sei denn, daß der Erweiterte Rat mit der Mehrheit von mindestens zwei Dritteln des gezeichneten Kapitals der EZB und zumindest der Hälfte der Anteilseigner beschließt, daß als Beitrag zu den Betriebskosten der EZB ein Mindestprozentsatz eingezahlt werden muß.

Artikel 49
Zurückgestellte Einzahlung von Kapital, Reserven und Rückstellungen der EZB

49.1. Die Zentralbank eines Mitgliedstaats, dessen Ausnahmeregelung aufgehoben wurde, zahlt den von ihr gezeichneten Anteil am Kapital der EZB im selben Verhältnis wie die Zentralbanken von anderen Mitgliedstaaten ein, für die keine Ausnahmeregelung gilt, und überträgt der EZB Währungsreserven gemäß Artikel 30.1. Die Höhe der Übertragungen bestimmt sich durch Multiplikation des in ECU zum jeweiligen Wechselkurs ausgedrückten Wertes der Währungsreserven, die der EZB schon gemäß Artikel 30.1 übertragen wurden, mit dem Faktor, der das Verhältnis zwischen der Anzahl der von der betreffenden nationalen Zentralbank gezeichneten Anteile und der Anzahl der von den anderen nationalen Zentralbanken bereits eingezahlten Anteile ausdrückt.

49.2. Zusätzlich zu der Einzahlung nach Artikel 49.1 leistet die betreffende Zentralbank einen Beitrag zu den Reserven der EZB und zu den diesen Reserven gleichwertigen Rückstellungen sowie zu dem Betrag, der gemäß dem Saldo der Gewinn- und Verlustrechnung zum 31. Dezember des Jahres vor der Aufhebung der Ausnahmeregelung noch für die Reserven und Rückstellungen bereitzustellen ist. Die Höhe des zu leistenden Beitrags bestimmt sich durch Multiplikation des in der genehmigten Bilanz der EZB ausgewiesenen Betrags der Reserven im Sinne der obigen Definition mit dem Faktor, der das Verhältnis zwischen der Anzahl der von der betreffenden Zentralbank gezeichneten Anteile und der Anzahl der von den anderen Zentralbanken bereits eingezahlten Anteile ausdrückt.

Artikel 50
Erstmalige Ernennung der Mitglieder des Direktoriums

Bei der Einsetzung des Direktoriums der EZB werden der Präsident, der Vizepräsident und die weiteren Mitglieder des Direktoriums auf Empfehlung des Rates und nach Anhörung des Europäischen Parlaments und des Rates der EWI von den Regierungen der Mitgliedstaaten auf der Ebene der Staats- und Regierungschefs einvernehmlich ernannt. Der Präsident des Direktoriums wird für acht Jahre ernannt. Abweichend von Artikel 11.2 werden der Vizepräsident für vier Jahre und die weiteren Mitglieder des Direktoriums für eine Amtszeit zwischen 5 und 8 Jahren ernannt. Wiederernennung ist in keinem Falle zulässig. Die Anzahl der Mitglieder des Direktoriums kann geringer sein als in Artikel 11.1 vorgesehen, darf jedoch auf keinen Fall weniger als vier betragen.

Artikel 51
Abweichung von Artikel 32

51.1. Stellt der EZB-Rat nach dem Beginn der dritten Stufe fest, daß die Anwendung von Artikel 32 für den relativen Stand der Einkünfte der nationalen Zentralbanken wesentliche Änderungen zur Folge hat, so wird der Betrag der nach Artikel 32 zu verteilenden Einkünfte nach einem einheitlichen Prozentsatz gekürzt, der im ersten Geschäftsjahr nach dem Beginn der dritten Stufe 60 % nicht übersteigen darf und in jedem darauffolgenden Geschäftsjahr um mindestens 12 Prozentpunkte verringert wird.

51.2. Artikel 51.1 ist für höchstens fünf Geschäftsjahre nach dem Beginn der dritten Stufe anwendbar.

Artikel 52
Umtausch von auf Gemeinschaftswährungen lautenden Banknoten

Im Anschluß an die unwiderrufliche Festlegung der Wechselkurse ergreift der EZB-Rat die erforderlichen Maßnahmen, um sicherzustellen, daß Banknoten, die auf Währungen mit unwiderruflich festgelegten Wechselkursen lauten, von den nationalen Zentralbanken zu ihrer jeweiligen Parität umgetauscht werden.

Artikel 53
Anwendbarkeit der Übergangsbestimmungen

Sofern und solange es Mitgliedstaaten gibt, für die eine Ausnahmeregelung gilt, sind die Artikel 43 bis 48 anwendbar.

Protokoll
über die Satzung des
Europäischen Währungsinstituts

DIE HOHEN VERTRAGSPARTEIEN –

IN DEM WUNSCH, die Satzung des Europäischen Währungsinstituts festzulegen –

SIND über folgende Bestimmungen ÜBEREINKOMMEN, die dem Vertrag zur Gründung der Europäischen Gemeinschaft beigefügt sind:

Artikel 1
Errichtung und Name

1.1. Das Europäische Währungsinstitut („EWI") wird nach Artikel 109f dieses Vertrags errichtet; es nimmt seine Aufgaben und seine Tätigkeit nach Maßgabe dieses Vertrags und dieser Satzung wahr.

1.2. Mitglieder des EWI sind die Zentralbanken der Mitgliedstaaten („nationale Zentralbanken"). Das Luxemburgische Währungsinstitut gilt im Sinne dieser Satzung als die Zentralbank Luxemburgs.

1.3. Der Ausschuß der Präsidenten der Zentralbanken und der Europäische Fonds für währungspolitische Zusammenarbeit („EFWZ") werden nach Artikel 109f dieses Vertrags aufgelöst. Sämtliche Aktiva und Passiva des EFWZ gehen automatisch auf das EWI über.

Artikel 2
Ziele

Das EWI trägt zur Schaffung der für den Übergang zur dritten Stufe der Wirtschafts- und Währungsunion erforderlichen Voraussetzungen insbesondere dadurch bei, daß es

– die Koordinierung der Geldpolitiken mit dem Ziel verstärkt, Preisstabilität sicherzustellen;
– die Vorarbeiten leistet, die für die Errichtung des Europäischen Systems der Zentralbanken („ESZB") und die Verfolgung einer einheitlichen Währungspolitik und die Schaffung einer einheitlichen Währung in der dritten Stufe erforderlich sind;
– die Entwicklung der ECU überwacht.

Artikel 3
Allgemeine Grundsätze

3.1. Das EWI erfüllt die ihm durch diesen Vertrag und diese Satzung übertragenen Aufgaben unbeschadet der Verantwortlichkeit der für die Geldpolitik in den einzelnen Mitgliedstaaten zuständigen Behörden.

3.2. Das EWI übt seine Tätigkeiten im Einklang mit den Zielen und Grundsätzen aus, die in Artikel 2 der Satzung des ESZB festgelegt sind.

Artikel 4
Vorrangige Aufgaben

4.1. Das EWI hat nach Artikel 109f Absatz 2 dieses Vertrags die Aufgabe,

– die Zusammenarbeit zwischen den nationalen Zentralbanken zu verstärken,
– die Koordinierung der Geldpolitiken der Mitgliedstaaten mit dem Ziel zu verstärken, die Preisstabilität sicherzustellen,

EU-Vertrag Protokolle

- das Funktionieren des europäischen Währungssystems („EWS") zu überwachen,
- Konsultationen zu Fragen durchzuführen, die in die Zuständigkeit der nationalen Zentralbanken fallen und die Stabilität der Finanzinstitute und -märkte berühren,
- die Aufgaben des EFWZ zu übernehmen; insbesondere erfüllt es die in den Artikeln 6.1 bis 6.3 genannten Aufgaben,
- die Verwendung der ECU zu erleichtern und deren Entwicklung einschließlich des reibungslosen Funktionierens des ECU-Verrechnungssystems zu überwachen.

Das EWI hat ferner folgende Funktionen:
- Es führt regelmäßige Konsultationen über den geldpolitischen Kurs und die Anwendung geldpolitischer Instrumente durch;
- es wird in der Regel im Kontext des gemeinsamen Rahmens für die Vorabkoordinierung gehört, bevor die nationalen Währungsbehörden geldpolitische Beschlüsse fassen.

4.2. Das EWI legt bis zum 31. Dezember 1996 in regulatorischer, organisatorischer und logistischer Hinsicht den Rahmen fest, den das ESZB zur Erfüllung seiner Aufgaben unter Beachtung des Grundsatzes einer offenen Marktwirtschaft mit freiem Wettbewerb in der dritten Stufe benötigt. Dieser Rahmen wird der EZB vom Rat des EWI zum Zeitpunkt ihrer Errichtung zur Beschlußfassung unterbreitet.

In Einklang mit Artikel 109 f Absatz 3 dieses Vertrags gehören zu den diesbezüglichen Tätigkeiten des EWI insbesondere
- die Entwicklung der Instrumente und Verfahren, die zur Durchführung einer einheitlichen Währungspolitik in der dritten Stufe erforderlich sind,
- soweit erforderlich die Förderung der Harmonisierung der Bestimmungen und Gepflogenheiten auf dem Gebiet der Erhebung, Zusammenstellung und Weitergabe statistischer Daten in den in seine Zuständigkeit fallenden Bereichen,
- die Ausarbeitung der Regeln für die Geschäfte der nationalen Zentralbanken im Rahmen des ESZB,
- die Förderung der Effizienz des grenzüberschreitenden Zahlungsverkehrs,
- die Überwachung der technischen Vorarbeiten für die ECU-Banknoten.

Artikel 5
Beratende Funktionen

5.1. Der Rat des EWI kann nach Artikel 109f Absatz 4 dieses Vertrags Stellungnahmen oder Empfehlungen zu der allgemeinen Orientierung der Geld- und der Wechselkurspolitik sowie zu den diesbezüglichen Maßnahmen in den einzelnen Mitgliedstaaten abgeben. Er kann den Regierungen und dem Rat Stellungnahmen oder Empfehlungen zu Maßnahmen unterbreiten, die die interne oder externe Währungssituation in der Gemeinschaft und insbesondere das Funktionieren des EWS beeinflussen könnten.

5.2. Der Rat des EWI kann ferner den Währungsbehörden der Mitgliedstaaten Empfehlungen zur Durchführung ihrer Währungspolitik geben.

5.3. Das EWI wird nach Artikel 109f Absatz 6 dieses Vertrags vom Rat zu allen Vorschlägen für Rechtsakte der Gemeinschaft in seinem Zuständigkeitsbereich angehört.

Innerhalb der Grenzen und unter den Bedingungen, die der Rat mit qualifizierter Mehrheit auf Vorschlag der Kommission und nach Anhörung des Europäischen Parlaments sowie des EWI festlegt, wird das EWI von den Behörden der Mitgliedstaaten zu allen Entwürfen für Rechtsvorschriften in seinem Zuständigkeitsbereich insbesondere im Hinblick auf Artikel 4.2 angehört.

5.4. Nach Artikel 109f Absatz 5 dieses Vertrags kann das EWI beschließen, seine Stellungnahmen und Empfehlungen zu veröffentlichen.

Artikel 6
Operationelle und technische Aufgaben

6.1. Dem EWI obliegt
- die Multilateralisierung der aus den Interventionen der nationalen Zentralbanken in Gemeinschaftswährungen entstehenden Salden und die Multilateralisierung des innergemeinschaftlichen Saldenausgleichs;
- die Verwaltung des im Abkommen vom 13. März 1979 zwischen den Zentralbanken der Mitgliedstaaten der Europäischen Wirtschaftsgemeinschaft über die Funktionsweise des Europäischen Währungssystems (im folgenden als „EWS-Abkommen" bezeichnet) vorgesehenen Systems der sehr kurzfristigen Finanzierung sowie des Systems des kurzfristi-

gen Währungsbeistands, das in der geänderten Fassung des Abkommens vom 9. Februar 1970 zwischen den Zentralbanken der Mitgliedstaaten der Europäischen Wirtschaftsgemeinschaft vorgesehen ist;
- die Erfüllung der Aufgaben nach Artikel 11 der Verordnung (EWG) Nr. 1969/88 des Rates vom 24. Juni 1988 zur Einführung eines einheitlichen Systems des mittelfristigen finanziellen Beistands zur Stützung der Zahlungsbilanzen der Mitgliedstaaten.

6.2. Das EWI kann von den nationalen Zentralbanken Währungsreserven entgegennehmen und zum Zwecke der Durchführung des EWS-Abkommens ECU als Gegenwert für diese Reserveaktiva ausgeben. Diese ECU können vom EWI und den nationalen Zentralbanken zum Saldenausgleich und für Geschäfte zwischen den Zentralbanken und dem EWI verwendet werden. Das EWI trifft die erforderlichen Verwaltungsmaßnahmen zur Durchführung dieser Bestimmung.

6.3. Das EWI kann den Währungsbehörden dritter Länder sowie internationalen Währungseinrichtungen den Status eines „sonstigen Halters" von ECU verleihen und die Bedingungen festlegen, zu denen ECU von sonstigen Haltern erworben, verwahrt oder verwendet werden können.

6.4. Das EWI ist befugt, auf Ersuchen nationaler Zentralbanken als deren Agent Währungsreserven zu halten und zu verwalten. Gewinne und Verluste bei diesen Reserven gehen zugunsten bzw. zu Lasten der nationalen Zentralbank, die die Reserven einlegt. Das EWI erfüllt diese Aufgabe auf der Grundlage bilateraler Verträge gemäß den Vorschriften, die in einer Entscheidung des EWI festgelegt sind. Diese Vorschriften stellen sicher, daß die Geschäfte mit diesen Reserven die Währungs- und die Wechselkurspolitik der zuständigen Währungsbehörden der Mitgliedstaaten nicht beeinträchtigen und den Zielen des EWI und dem reibungslosen Funktionieren des Wechselkursmechanismus des EWS entsprechen.

Artikel 7
Sonstige Aufgaben

7.1. Das EWI legt dem Rat alljährlich einen Bericht über den Stand der Vorbereitung der dritten Stufe vor. Diese Berichte enthalten eine Bewertung der Fortschritte auf dem Wege zur Konvergenz innerhalb der Gemeinschaft und behandeln insbesondere die Anpassung der geldpolitischen Instrumente und die Vorbereitung der für die Durchführung einer einheitlichen Währungspolitik in der dritten Stufe erforderlichen Verfahren sowie die rechtlichen Voraussetzungen, denen die nationalen Zentralbanken genügen müssen, um in das ESZB einbezogen zu werden.

7.2. Aufgrund von Beschlüssen des Rates nach Artikel 109f Absatz 7 dieses Vertrags kann das EWI weitere Aufgaben im Rahmen der Vorbereitung der dritten Stufe wahrnehmen.

Artikel 8
Unabhängigkeit

Die Mitglieder des Rates des EWI, die die Vertreter ihrer Institutionen sind, handeln bei der Ausübung ihrer Tätigkeit in eigener Verantwortung. Bei der Wahrnehmung der ihm durch diesen Vertrag und diese Satzung übertragenen Befugnisse, Aufgaben und Pflichten darf der Rat des EWI keinerlei Weisungen von Organen oder Einrichtungen der Gemeinschaft oder von Regierungen der Mitgliedstaaten einholen oder entgegennehmen. Die Organe und Einrichtungen der Gemeinschaft sowie die Regierungen der Mitgliedstaaten verpflichten sich, diesen Grundsatz zu beachten und nicht zu versuchen, den Rat des EWI bei der Wahrnehmung seiner Aufgaben zu beeinflussen.

Artikel 9
Verwaltung

9.1. Das EWI wird nach Artikel 109f Absatz 1 dieses Vertrags vom Rat des EWI geleitet und verwaltet.

9.2. Der Rat des EWI besteht aus dem Präsidenten sowie den Präsidenten der nationalen Zentralbanken, von denen einer zum Vizepräsidenten bestellt wird. Ist ein Präsident einer nationalen Zentralbank an der Teilnahme an einer Sitzung verhindert, so kann er einen anderen Vertreter seiner Institution benennen.

9.3. Der Präsident wird auf Empfehlung des Ausschusses der Präsidenten der Zentralbanken bzw. des Rates der EWI nach Anhörung des Europäischen Parlaments und des Rates von den Regierungen der Mitgliedstaaten auf der Ebene der Staats- und Regierungschefs einvernehmlich ernannt. Der Präsident wird aus dem Kreis der in Währungs- oder Bankfragen anerkannten und erfahrenen Persönlichkeiten ausgewählt. Nur Staatsangehörige der Mitgliedstaaten können Präsident des EWI sein. Der Rat des EWI ernennt den Vizepräsidenten. Der Präsident und der Vizepräsident werden für eine Amtszeit von drei Jahren ernannt.

9.4. Der Präsident erfüllt seine Pflichten hauptamtlich. Er darf weder entgeltlich noch unentgeltlich einer anderen Beschäftigung nachgehen, es sei denn, der Rat des EWI erteilt hierzu ausnahmsweise seine Zustimmung.

9.5. Der Präsident
- bereitet die Sitzungen des Rates des EWI vor und führt bei diesen Sitzungen den Vorsitz;
- vertritt unbeschadet des Artikels 22 die Auffassungen des EWI nach außen;
- ist verantwortlich für die laufende Verwaltung des EWI.

Bei Verhinderung des Präsidenten werden seine Aufgaben vom Vizepräsidenten wahrgenommen.

9.6. Die Beschäftigungsbedingungen für den Präsidenten, insbesondere sein Gehalt und sein Ruhegeld sowie andere Leistungen der sozialen Sicherheit, sind Gegenstand eines Vertrags mit dem EWI und werden vom Rat des EWI auf Vorschlag eines Ausschusses festgelegt, der aus drei vom Ausschuß der Präsidenten der Zentralbanken bzw. vom Rat des EWI sowie drei vom Rat ernannten Mitgliedern besteht. Der Präsident hat in Angelegenheiten des Satzes 1 kein Stimmrecht.

9.7. Ein Präsident, der die Voraussetzungen für die Ausübung seines Amtes nicht mehr erfüllt oder eine schwere Verfehlung begangen hat, kann auf Antrag des Rates des EWI durch den Gerichtshof seines Amtes enthoben werden.

9.8. Der Rat des EWI beschließt die Geschäftsordnung des EWI.

Artikel 10
Sitzungen des Rates des EWI und Abstimmungsverfahren

10.1. Der Rat des EWI tritt mindestens zehnmal im Jahr zusammen. Die Aussprachen in den Ratssitzungen sind vertraulich. Der Rat des EWI kann einstimmig beschließen, das Ergebnis seiner Beratungen zu veröffentlichen.

10.2. Jedes Mitglied des Rates des EWI bzw. sein Stellvertreter hat eine Stimme.

10.3. Sofern in dieser Satzung nichts anderes bestimmt ist, faßt der Rat des EWI seine Beschlüsse mit der einfachen Mehrheit seiner Mitglieder.

10.4. Für Beschlüsse im Zusammenhang mit den Artikeln 4.2, 5.4, 6.2 und 6.3 ist Einstimmigkeit der Mitglieder des Rates des EWI erforderlich.

Für die Annahme von Stellungnahmen und Empfehlungen gemäß den Artikeln 5.1 und 5.2, von Entscheidungen gemäß den Artikeln 6.4, 16 und 23.6 sowie der Leitlinien nach Artikel 15.3 ist eine qualifizierte Mehrheit von zwei Dritteln der Mitglieder des Rates des EWI erforderlich.

Artikel 11
Interinstitutionelle Zusammenarbeit und Berichtspflichten

11.1. Der Präsident des Rates und ein Mitglied der Kommission können an den Sitzungen des Rates des EWI teilnehmen, besitzen aber kein Stimmrecht.

11.2. Der Präsident des EWI wird zur Teilnahme an den Tagungen des Rates eingeladen, wenn dieser Fragen im Zusammenhang mit den Zielen und Aufgaben des EWI erörtert.

11.3. Das EWI erstellt zu einem in der Geschäftsordnung festzulegenden Zeitpunkt einen Jahresbericht über seine Tätigkeit sowie über die Währungs- und Finanzlage in der Gemeinschaft. Der Jahresbericht wird zusammen mit dem Jahresabschluß des EWI dem Europäischen Parlament, dem Rat und der Kommission sowie auch dem Europäischen Rat vorgelegt.

Der Präsident des EWI kann auf Ersuchen des Europäischen Parlaments oder auf seine Initiative hin von den zuständigen Ausschüssen des Europäischen Parlaments gehört werden.

11.4. Die vom EWI veröffentlichten Berichte werden Interessenten kostenlos zur Verfügung gestellt.

Artikel 12
Währungsbezeichnung

Die Geschäftsvorgänge des EWI werden in ECU ausgedrückt.

Artikel 13
Sitz

Vor Ende 1992 beschließen die Regierungen der Mitgliedstaaten auf der Ebene der Staats- und Regierungschefs im gegenseitigen Einvernehmen über den Sitz des EWI.

Artikel 14
Rechtsfähigkeit

Das EWI, das nach Artikel 109 f Absatz 1 dieses Vertrags mit Rechtspersönlichkeit ausgestattet ist, besitzt in jedem Mitgliedstaat die weitestgehende Rechts- und Geschäftsfähigkeit, die juristischen Personen nach dessen Rechtsvorschriften zuerkannt ist. Es kann insbesondere bewegliches und unbewegliches Vermögen erwerben und veräußern sowie vor Gericht stehen.

Artikel 15
Rechtsakte

15.1. Zur Erfüllung seiner Aufgaben kann das EWI nach Maßgabe dieser Satzung
- Stellungnahmen abgeben;
- Empfehlungen aussprechen;
- Leitlinien verabschieden und Entscheidungen erlassen, die jeweils an die nationalen Zentralbanken gerichtet sind.

15.2. Die Stellungnahmen und Empfehlungen des EWI sind nicht verbindlich.

15.3. Der Rat des EWI kann Leitlinien verabschieden, in denen die Verfahren für die Verwirklichung der Bedingungen festgelegt werden, die erforderlich sind, damit das ESZB in der dritten Stufe seine Aufgaben erfüllen kann. Die Leitlinien des EWI sind nicht verbindlich; sie werden der EZB zur Beschlußfassung vorgelegt.

15.4. Unbeschadet des Artikels 3.1 ist eine Entscheidung des EWI in allen ihren Teilen für diejenigen verbindlich, an die sie gerichtet ist. Die Artikel 190 und 191 dieses Vertrags sind auf diese Entscheidungen anwendbar.

Artikel 16
Finanzmittel

16.1. Das EWI wird mit Eigenmitteln ausgestattet. Der Rat des EWI legt den Umfang der Eigenmittel so fest, daß die Einkünfte erzielt werden können, die zur Deckung der bei der Erfüllung der Aufgaben des EWI anfallenden Ausgaben für erforderlich gehalten werden.

16.2. Die nach Artikel 16.1 festgelegten Mittel des EWI werden aus Beiträgen der nationalen Zentralbanken nach dem in Artikel 29.1 der Satzung des ESZB vorgesehenen Schlüssel aufgebracht und bei der Errichtung des EWI eingezahlt. Die für die Festlegung des Schlüssels benötigten statistischen Angaben werden von der Kommission nach Maßgabe der Bestimmungen zur Verfügung gestellt, die der Rat auf Vorschlag der Kommission und nach Anhörung des Europäischen Parlaments, des Ausschusses der Präsidenten der Zentralbanken sowie des in Artikel 109c dieses Vertrags bezeichneten Ausschusses mit qualifizierter Mehrheit beschließt.

16.3. Der Rat des EWI legt fest, in welcher Form die Beiträge einzuzahlen sind.

Artikel 17
Jahresabschlüsse und Rechnungsprüfung

17.1. Das Haushaltsjahr des EWI beginnt am 1. Januar und endet am 31. Dezember.

17.2. Der Rat des EWI beschließt vor Beginn eines jeden Haushaltsjahres den Jahreshaushaltsplan.

17.3. Der Jahresabschluß wird nach den vom Rat des EWI aufgestellten Grundsätzen erstellt. Der Jahresabschluß wird vom Rat des EWI festgestellt und sodann veröffentlicht.

17.4. Der Jahresabschluß wird von unabhängigen externen Rechnungsprüfern, die vom Rat des EWI anerkannt wurden, geprüft. Die Rechnungsprüfer sind befugt, alle Bücher und Konten des EWI zu prüfen und alle Auskünfte über dessen Geschäfte zu verlangen.

Artikel 188c dieses Vertrags ist nur auf eine Prüfung der operationellen Effizienz der Finanzverwaltung des EWI anwendbar.

17.5. Ein Überschuß des EWI wird in der folgenden Reihenfolge verteilt:
   a) Ein vom Rat des EWI zu bestimmender Betrag wird dem allgemeinen Reservefonds des EWI zugeführt;
   b) ein verbleibender Überschuß wird nach dem in Artikel 16.2 genannten Schlüssel an die nationalen Zentralbanken ausgeschüttet.
17.6. Falls das EWI einen Verlust erwirtschaftet, wird der Fehlbetrag aus dem allgemeinen Reservefonds des EWI gezahlt. Ein noch verbleibender Fehlbetrag wird durch Beiträge der nationalen Zentralbanken nach dem in Artikel 16.2 genannten Schlüssel ausgeglichen.

Artikel 18
Personal

18.1. Der Rat des EWI legt die Beschäftigungsbedingungen für das Personal des EWI fest.
18.2. Der Europäische Gerichtshof ist für alle Streitsachen zwischen dem EWI und seinen Bediensteten innerhalb der Grenzen und unter den Bedingungen zuständig, die sich aus den Beschäftigungsbedingungen ergeben.

Artikel 19
Gerichtliche Kontrolle
und damit verbundene Angelegenheiten

19.1. Die Handlungen und Unterlassungen des EWI unterliegen in den Fällen und unter Bedingungen, die in diesem Vertrag vorgesehen sind, der Überprüfung und Auslegung durch den Gerichtshof. Das EWI ist in den Fällen und unter den Bedingungen, die in diesem Vertrag vorgesehen sind, klageberechtigt.
19.2. Über Rechtsstreitigkeiten zwischen dem EWI einerseits und seinen Gläubigern, Schuldnern oder dritten Personen andererseits entscheiden die zuständigen Gerichte der einzelnen Mitgliedstaaten vorbehaltlich der Zuständigkeiten, die dem Gerichtshof zuerkannt sind.
19.3. Das EWI unterliegt der Haftungsregelung des Artikels 215 dieses Vertrags.

19.4. Der Gerichtshof ist für Entscheidungen aufgrund einer Schiedsklausel zuständig, die in einem vom EWI oder für seine Rechnung abgeschlossenen öffentlich-rechtlichen oder privatrechtlichen Vertrag enthalten ist.

19.5. Für einen Beschluß des EWI, den Gerichtshof anzurufen, ist der Rat des EWI zuständig.

Artikel 20
Geheimhaltung

20.1. Die Mitglieder des Rates und des Personals des EWI dürfen auch nach Beendigung ihres Dienstverhältnisses keine der Geheimhaltungspflicht unterliegenden Informationen weitergeben.

20.2. Auf Personen mit Zugang zu Daten, die unter Gemeinschaftsvorschriften fallen, die eine Verpflichtung zur Geheimhaltung vorsehen, finden diese Gemeinschaftsvorschriften Anwendung.

Artikel 21
Vorrechte und Befreiungen

Das EWI genießt im Hoheitsgebiet der Mitgliedstaaten die zur Erfüllung seiner Aufgabe erforderlichen Vorrechte und Befreiungen nach Maßgabe des Protokolls über die Vorrechte und Befreiungen der Europäischen Gemeinschaften im Anhang zum Vertrag zur Einsetzung eines gemeinsamen Rates und einer gemeinsamen Kommission der Europäischen Gemeinschaften.

Artikel 22
Unterschriftsberechtigte

Das EWI wird Dritten gegenüber durch den Präsidenten oder den Vizepräsidenten oder durch die Unterschriften zweier vom Präsidenten zur Zeichnung im Namen des EWI gehörig ermächtigter Bediensteter des EWI rechtswirksam verpflichtet.

Artikel 23
Liquidation des EWI

23.1. Nach Artikel 109 l dieses Vertrags wird das EWI bei Errichtung der EZB liquidiert. Alle Vermögenswerte und Verbindlichkeiten des EWI gehen dann automatisch auf die EZB über. Letztere liquidiert das EWI gemäß diesem Artikel. Die Liquidation muß bei Beginn der dritten Stufe abgeschlossen sein.

23.2. Der in Artikel 17 des EWS-Abkommens vorgesehene Mechanismus für die Schaffung von ECU gegen Einbringung von Gold und US-Dollars wird am ersten Tag der dritten Stufe nach Artikel 20 des genannten Abkommens abgewickelt.

23.3. Sämtliche Forderungen und Verbindlichkeiten aufgrund des Systems der sehr kurzfristigen Finanzierung und des Systems des kurzfristigen Währungsbeistands gemäß den in Artikel 6.1 genannten Abkommen werden bis zum ersten Tag der dritten Stufe ausgeglichen.

23.4. Alle verbleibenden Vermögenswerte des EWI werden veräußert, und alle verbleibenden Verbindlichkeiten des EWI werden ausgeglichen.

23.5. Der Erlös aus der Liquidation gemäß Artikel 23.4 wird an die nationalen Zentralbanken nach dem in Artikel 16.2 genannten Schlüssel verteilt.

23.6. Der Rat des EWI kann die für die Anwendung der Artikel 23.4 und 23.5 erforderlichen Maßnahmen erlassen.

23.7. Mit Errichtung der EZB legt der Präsident des EWI sein Amt nieder.

Protokoll
über das Verfahren bei einem übermäßigen Defizit

DIE HOHEN VERTRAGSPARTEIEN –

IN DEM WUNSCH, die Einzelheiten des in Artikel 104c des Vertrags zur Gründung der Europäischen Gemeinschaft genannten Verfahrens bei einem übermäßigen Defizit festzulegen –

SIND über folgende Bestimmungen ÜBEREINGEKOMMEN, die dem Vertrag zur Gründung der Europäischen Gemeinschaft beigefügt sind:

Artikel 1

Die in Artikel 104c Absatz 2 dieses Vertrags genannten Referenzwerte sind:

– 3 % für das Verhältnis zwischen dem geplanten oder tatsächlichen öffentlichen Defizit und dem Bruttoinlandsprodukt zu Marktpreisen,

- 60 % für das Verhältnis zwischen dem öffentlichen Schuldenstand und dem Bruttoinlandsprodukt zu Marktpreisen.

Artikel 2

In Artikel 104c dieses Vertrags und in diesem Protokoll bedeutet

- „öffentlich" zum Staat, d.h. zum Zentralstaat (Zentralregierung), zu regionalen oder lokalen Gebietskörperschaften oder Sozialversicherungseinrichtungen gehörig, mit Ausnahme von kommerziellen Transaktionen, im Sinne des Europäischen Systems volkswirtschaftlicher Gesamtrechnungen;
- „Defizit" das Finanzierungsdefizit im Sinne des Europäischen Systems volkswirtschaftlicher Gesamtrechnungen;
- „Investitionen" die Brutto-Anlageinvestitionen im Sinne des Europäischen Systems volkswirtschaftlicher Gesamtrechnungen;
- „Schuldenstand" den Brutto-Gesamtschuldenstand zum Nominalwert am Jahresende nach Konsolidierung innerhalb und zwischen den einzelnen Bereichen des Staatssektors im Sinne des ersten Gedankenstrichs.

Artikel 3

Um die Wirksamkeit des Verfahrens bei einem übermäßigen Defizit zu gewährleisten, sind die Regierungen der Mitgliedstaaten im Rahmen dieses Verfahrens für die Defizite des Staatssektors im Sinne von Artikel 2 erster Gedankenstrich verantwortlich. Die Mitgliedstaaten gewährleisten, daß die innerstaatlichen Verfahren im Haushaltsbereich sie in die Lage versetzen, ihre sich aus diesem Vertrag ergebenden Verpflichtungen in diesem Bereich zu erfüllen. Die Mitgliedstaaten müssen ihre geplanten und tatsächlichen Defizite und die Höhe ihres Schuldenstands der Kommission unverzüglich und regelmäßig mitteilen.

Artikel 4

Die zur Anwendung dieses Protokolls erforderlichen statistischen Daten werden von der Kommission zur Verfügung gestellt.

Protokoll
über die Konvergenzkriterien
nach Artikel 109j des Vertrags
zur Gründung der Europäischen Gemeinschaft

DIE HOHEN VERTRAGSPARTEIEN –

IN DEM WUNSCH, die in Artikel 109j Absatz 1 des Vertrags zur Gründung der Europäischen Gemeinschaft aufgeführten Konvergenzkriterien, welche die Gemeinschaft bei der Beschlußfassung über den Eintritt in die dritte Stufe der Wirtschafts- und Währungsunion leiten sollen, näher festzulegen –

SIND über folgende Bestimmungen ÜBEREINGEKOMMEN, die dem Vertrag zur Gründung der Europäischen Gemeinschaft beigefügt sind:

Artikel 1

Das in Artikel 109j Absatz 1 erster Gedankenstrich dieses Vertrags genannte Kriterium der Preisstabilität bedeutet, daß ein Mitgliedstaat eine anhaltende Preisstabilität und eine während des letzten Jahres vor der Prüfung gemessene durchschnittliche Inflationsrate aufweisen muß, die um nicht mehr als 1,5 Prozentpunkte über der Inflationsrate jener – höchstens drei – Mitgliedstaaten liegt, die auf dem Gebiet der Preisstabilität das beste Ergebnis erzielt haben. Die Inflation wird anhand des Verbraucherpreisindexes auf vergleichbarer Grundlage unter Berücksichtigung der unterschiedlichen Definitionen in den einzelnen Mitgliedstaaten gemessen.

Artikel 2

Das in Artikel 109j Absatz 1 zweiter Gedankenstrich dieses Vertrags genannte Kriterium der Finanzlage der öffentlichen Hand bedeutet, daß zum Zeitpunkt der Prüfung keine Ratsentscheidung nach Artikel 104c Absatz 6 dieses Vertrags vorliegt, wonach in dem betreffenden Mitgliedstaat ein übermäßiges Defizit besteht.

Artikel 3

Das in Artikel 109j Absatz 1 dritter Gedankenstrich dieses Vertrags genannte Kriterium der Teilnahme am Wechselkursmechanismus des Europäischen Währungssystems bedeutet, daß ein Mitgliedstaat die im Rahmen des Wechselkursmechanismus des Europäischen

Währungssystems vorgesehenen normalen Bandbreiten zumindest in den letzten zwei Jahren vor der Prüfung ohne starke Spannungen eingehalten haben muß. Insbesondere darf er den bilateralen Leitkurs seiner Währung innerhalb des gleichen Zeitraums gegenüber der Währung eines anderen Mitgliedstaats nicht von sich aus abgewertet haben.

Artikel 4

Das in Artikel 109j Absatz 1 vierter Gedankenstrich dieses Vertrags genannte Kriterium der Konvergenz der Zinssätze bedeutet, daß im Verlauf von einem Jahr vor der Prüfung in einem Mitgliedstaat der durchschnittliche langfristige Nominalzinssatz um nicht mehr als 2 Prozentpunkte über dem entsprechenden Satz in jenen – höchstens drei – Mitgliedstaaten liegt, die auf dem Gebiet der Preisstabilität das beste Ergebnis erzielt haben. Die Zinssätze werden anhand langfristiger Staatsschuldverschreibungen oder vergleichbarer Wertpapiere unter Berücksichtigung der unterschiedlichen Definitionen in den einzelnen Mitgliedstaaten gemessen.

Artikel 5

Die zur Anwendung dieses Protokolls erforderlichen statistischen Daten werden von der Kommission zur Verfügung gestellt.

Artikel 6

Der Rat erläßt auf Vorschlag der Kommission und nach Anhörung des Europäischen Parlaments und des EWI bzw. der EZB sowie des in Artikel 109c genannten Ausschusses einstimmig geeignete Vorschriften zur Festlegung der Einzelheiten der in Artikel 109j dieses Vertrags genannten Konvergenzkriterien, die dann an die Stelle dieses Protokolls treten.

Protokoll
zur Änderung des Protokolls über die Vorrechte und Befreiungen der Europäischen Gemeinschaften

DIE HOHEN VERTRAGSPARTEIEN –

IN DER ERWÄGUNG, daß die Europäische Zentralbank und das Europäische Währungsinstitut nach Artikel 40 der Satzung des Europäischen Systems der Zentralbanken und der Europäischen Zentralbank und nach Artikel 21 der Satzung des Europäischen Währungsinstituts im Hoheitsgebiet der Mitgliedstaaten die zur Erfüllung ihrer Aufgabe erforderlichen Vorrechte und Befreiungen genießen sollen –

SIND über folgende Bestimmungen ÜBEREINGEKOMMEN, die dem Vertrag zur Gründung der Europäischen Gemeinschaft beigefügt sind:

Einziger Artikel

Das Protokoll über die Vorrechte und Befreiungen der Europäischen Gemeinschaften im Anhang zum Vertrag zur Einsetzung eines gemeinsamen Rates und einer gemeinsamen Kommission der Europäischen Gemeinschaften wird durch folgende Bestimmungen ergänzt:

„Artikel 23

Dieses Protokoll gilt auch für die Europäische Zentralbank, die Mitglieder ihrer Beschlußorgane und ihre Bediensteten; die Bestimmungen des Protokolls über die Satzung des Europäischen Systems der Zentralbanken und der Europäischen Zentralbank bleiben hiervon unberührt.

Die Europäische Zentralbank ist außerdem von allen Steuern und sonstigen Abgaben anläßlich der Erhöhungen ihres Kapitals sowie von den verschiedenen Förmlichkeiten befreit, die hiermit in dem Staat, in dem sie ihren Sitz hat, verbunden sind. Ferner unterliegt die Tätigkeit der Bank und ihrer Beschlußorgane, soweit sie nach Maßgabe der Satzung des Europäischen Systems der Zentralbanken und der Europäischen Zentralbank ausgeübt wird, nicht der Umsatzsteuer.

Die vorstehenden Bestimmungen gelten auch für das Europäische Währungsinstitut. Bei seiner Auflösung oder Liquidation werden keine Abgaben erhoben."

Protokoll
betreffend Dänemark

DIE HOHEN VERTRAGSPARTEIEN –

IN DEM WUNSCH, gewisse besondere Probleme betreffend Dänemark zu regeln –

SIND über folgende Bestimmungen ÜBEREINGEKOMMEN, die dem Vertrag zur Gründung der Europäischen Gemeinschaft beigefügt sind:

Artikel 14 des Protokolls über die Satzung des Europäischen Systems der Zentralbanken und der Europäischen Zentralbank berührt nicht das Recht der Nationalbank Dänemarks, ihre derzeitigen Aufgaben hinsichtlich der nicht der Gemeinschaft angehörenden Teile des Königreichs Dänemark wahrzunehmen.

Protokoll
betreffend Portugal

DIE HOHEN VERTRAGSPARTEIEN –

IN DEM WUNSCH, gewisse besondere Probleme betreffend Portugal zu regeln –

SIND über folgende Bestimmungen ÜBEREINGEKOMMEN, die dem Vertrag zur Gründung der Europäischen Gemeinschaft beigefügt sind:

1. Portugal wird hiermit ermächtigt, die den Autonomen Regionen Azoren und Madeira eingeräumte Möglichkeit beizubehalten, die zinsfreie Kreditfazilität des Banco de Portugal zu den im geltenden portugiesischen Recht festgelegten Bedingungen in Anspruch zu nehmen.
2. Portugal verpflichtet sich, nach Kräften darauf hinzuwirken, die vorgenannte Regelung so bald wie möglich zu beenden.

Protokoll
über den Übergang zur dritten Stufe
der Wirtschafts- und Währungsunion

DIE HOHEN VERTRAGSPARTEIEN

erklären mit der Unterzeichnung der neuen Vertragsbestimmungen über die Wirtschafts- und Währungsunion die Unumkehrbarkeit des Übergangs der Gemeinschaft zur dritten Stufe der Wirtschafts- und Währungsunion.

Alle Mitgliedstaaten respektieren daher unabhängig davon, ob sie die notwendigen Voraussetzungen für die Einführung einer einheitlichen Währung erfüllen, den Willen der Gemeinschaft, rasch in die dritte Stufe einzutreten, und daher behindert kein Mitgliedstaat den Eintritt in die dritte Stufe.

Falls der Zeitpunkt für den Beginn der dritten Stufe Ende 1997 noch nicht festgelegt ist, beschleunigen die betreffenden Mitgliedstaaten, die Gemeinschaftsorgane und die sonstigen beteiligten Gremien im Lauf des Jahres 1998 alle vorbereitenden Arbeiten, damit die Gemeinschaft am 1. Januar 1999 unwiderruflich in die dritte Stufe eintreten kann und die EZB und das ESZB zu diesem Zeitpunkt ihre Tätigkeit in vollem Umfang aufnehmen können.

Dieses Protokoll wird dem Vertrag zur Gründung der Europäischen Gemeinschaft beigefügt.

Protokoll
über einige Bestimmungen betreffend das Vereinigte Königreich Großbritannien und Nordirland

DIE HOHEN VERTRAGSPARTEIEN –

IN DER ERKENNTNIS, daß das Vereinigte Königreich nicht gezwungen oder verpflichtet ist, ohne einen gesonderten diesbezüglichen Beschluß seiner Regierung und seines Parlaments in die dritte Stufe der Wirtschafts- und Währungsunion einzutreten,

IN ANBETRACHT der Gepflogenheit der Regierung des Vereinigten Königreichs, ihren Kreditbedarf durch Verkauf von Schuldtiteln an den Privatsektor zu decken –

SIND über folgende Bestimmungen ÜBEREINGEKOMMEN, die dem Vertrag zur Gründung der Europäischen Gemeinschaft beigefügt sind:

1. Das Vereinigte Königreich notifiziert dem Rat, ob es den Übergang zur dritten Stufe beabsichtigt, bevor der Rat die Beurteilung nach Artikel 109j Absatz 2 dieses Vertrags vornimmt.

   Sofern das Vereinigte Königreich dem Rat nicht notifiziert, daß es zur dritten Stufe überzugehen beabsichtigt, ist es dazu nicht verpflichtet.

   Wird kein Zeitpunkt für den Beginn der dritten Stufe nach Artikel 109j Absatz 3 dieses Vertrags festgelegt, so kann das Vereinigte Königreich seine Absicht, zur dritten Stufe überzugehen, vor dem 1. Januar 1988 notifizieren.

2. Die Nummern 3 bis 9 gelten für den Fall, daß das Vereinigte Königreich dem Rat notifiziert, daß es nicht beabsichtigt, zur dritten Stufe überzugehen.

3. Das Vereinigte Königreich wird nicht zu der Mehrheit der Mitgliedstaaten gezählt, welche die notwendigen Voraussetzungen nach Artikel 109 j Absatz 2 zweiter Gedankenstrich und Absatz 3 erster Gedankenstrich dieses Vertrags erfüllen.

4. Das Vereinigte Königreich behält seine Befugnisse auf dem Gebiet der Währungspolitik nach seinem innerstaatlichen Recht.

5. Die Artikel 3a Absatz 2, 104c Absätze 1, 9 und 11, 105 Absätze 1 bis 5, 105a, 107, 108, 108a, 109, 109a Absätze 1 und 2 Buchstabe b und 109 l Absätze 4 und 5 dieses Vertrags gelten nicht für das Vereinigte Königreich. In diesen Bestimmungen enthaltene Bezugnahmen auf die Gemeinschaft oder die Mitgliedstaaten betreffen nicht das Vereinigte Königreich, und Bezugnahmen auf die nationalen Zentralbanken betreffen nicht die Bank of England.

6. Die Artikel 109 e Absatz 4, 109 h und 109 i dieses Vertrags gelten auch weiterhin für das Vereinigte Königreich. Artikel 109 c Absatz 4 und Artikel 109 m werden so auf das Vereinigte Königreich angewandt, als gelte für dieses eine Ausnahmeregelung.

7. Das Stimmrecht des Vereinigten Königreichs in bezug auf die Rechtsakte des Rates, auf die in den unter Nummer 5 dieses Protokolls aufgeführten Artikeln Bezug genommen wird, wird ausgesetzt. Zu diesem Zweck bleiben die gewogenen Stimmen des Vereinigten Königreichs bei der Berechnung einer qualifizierten Mehrheit nach Artikel 109 k Absatz 5 dieses Vertrags unberücksichtigt.

Das Vereinigte Königreich ist ferner nicht berechtigt, sich an der Ernennung des Präsidenten, des Vizepräsidenten und der weiteren Mitglieder des Direktoriums der EZB nach den Artikeln 109 a Absatz 2 Buchstabe b und 109 l Absatz 1 dieses Vertrags zu beteiligen.

8. Die Artikel 3, 4, 6, 7, 9.2, 10.1, 10.3, 11.2, 12.1, 14, 16, 18, 19, 20, 22, 23, 26, 27, 30, 31, 32, 33, 34, 50 und 52 des Protokolls über die Satzung des Europäischen Systems der Zentralbanken und der Europäischen Zentralbank („die Satzung") gelten nicht für das Vereinigte Königreich.

In diesen Artikeln enthaltene Bezugnahmen auf die Gemeinschaft oder die Mitgliedstaaten betreffen nicht das Vereinigte Königreich, und Bezugnahmen auf die nationalen Zentralbanken oder die Anteilseigner betreffen nicht die Bank of England.

In den Artikeln 10.3 und 30.2 der Satzung enthaltene Bezugnahmen auf das „gezeichnete Kapital der EZB" betreffen nicht das von der Bank of England gezeichnete Kapital.

9. Artikel 109 I Absatz 3 dieses Vertrags und die Artikel 44 bis 48 der Satzung gelten unabhängig davon, ob es Mitgliedstaaten gibt, für die eine Ausnahmeregelung gilt, vorbehaltlich folgender Änderungen:

   a) Bezugnahmen in Artikel 44 auf die Aufgaben der EZB und des EWI schließen auch die Aufgaben ein, die im Fall einer etwaigen Entscheidung des Vereinigten Königreichs, nicht zur dritten Stufe überzugehen, in der dritten Stufe noch erfüllt werden müssen.

   b) Zusätzlich zu den Aufgaben nach Artikel 47 berät die EZB ferner bei der Vorbereitung von Beschlüssen des Rates betreffend das Vereinigte Königreich nach Ziffer 10 Buchstaben a und c dieses Protokolls und wirkt an deren Ausarbeitung mit.

   c) Die Bank of England zahlt das von ihr gezeichnete Kapital der EZB als Beitrag zu den EZB-Betriebskosten auf derselben Grundlage ein wie die nationalen Zentralbanken der Mitgliedstaaten, für die eine Ausnahmeregelung gilt.

10. Geht das Vereinigte Königreich nicht zur dritten Stufe über, so kann es seine Notifikation nach Beginn dieser Stufe jederzeit ändern. In diesem Fall gilt folgendes:

    a) Das Vereinigte Königreich hat das Recht, zur dritten Stufe überzugehen, sofern es die notwendigen Voraussetzungen erfüllt. Der Rat entscheidet auf Antrag des Vereinigten Königreichs unter den Bedingungen und nach dem Verfahren des Artikels 109 k Absatz 2 dieses Vertrags, ob das Vereinigte Königreich die notwendigen Voraussetzungen erfüllt.

    b) Die Bank of England zahlt das von ihr gezeichnete Kapital ein, überträgt der EZB Währungsreserven und leistet ihren Beitrag zu den Reserven der EZB auf derselben Grundlage wie die nationalen Zentralbanken der Mitgliedstaaten, deren Ausnahmeregelung aufgehoben worden ist.

    c) Der Rat faßt unter den Bedingungen und nach dem Verfahren des Artikels 109 I Absatz 5 dieses Vertrags alle weiteren Beschlüsse, die erforderlich sind, um dem Vereinigten Königreich den Übergang zur dritten Stufe zu ermöglichen.

Geht das Vereinigte Königreich nach den Bestimmungen dieser Ziffer zur dritten Stufe über, so treten die Ziffern 3 bis 9 dieses Protokolls außer Kraft.

11. Unbeschadet des Artikels 104 und des Artikels 109 e Absatz 3 dieses Vertrags sowie des Artikels 21.1 der Satzung kann die Regierung des Vereinigten Königreichs ihre „Ways and Means"-Fazilität bei der Bank of England beibehalten, sofern und solange das Vereinigte Königreich nicht zur dritten Stufe übergeht.

Protokoll
über einige Bestimmungen betreffend Dänemark

DIE HOHEN VERTRAGSPARTEIEN –

IN DEM WUNSCH, einige derzeit bestehende Sonderprobleme im Einklang mit den allgemeinen Zielen des Vertrags zur Gründung der Europäischen Gemeinschaft zu regeln,

MIT RÜCKSICHT DARAUF, daß die dänische Verfassung Bestimmungen enthält, die vor der Teilnahme Dänemarks an der dritten Stufe der Wirtschafts- und Währungsunion in Dänemark eine Volksabstimmung erfordern könnten –

SIND über folgende Bestimmungen ÜBEREINGEKOMMEN, die dem Vertrag zur Gründung der Europäischen Gemeinschaft beigefügt sind:

1. Die dänische Regierung notifiziert dem Rat ihren Standpunkt bezüglich der Teilnahme an der dritten Stufe, bevor der Rat seine Beurteilung nach Artikel 109 j Absatz 2 dieses Vertrags vornimmt.
2. Falls notifiziert wird, daß Dänemark nicht an der dritten Stufe teilnehmen wird, gilt für Dänemark eine Freistellung. Die Freistellung hat zur Folge, daß alle eine Ausnahmeregelung betreffenden Artikel und Bestimmungen dieses Vertrags und der Satzung des ESZB auf Dänemark Anwendung finden.
3. In diesem Fall wird Dänemark nicht zu der Mehrheit der Mitgliedstaaten gezählt, welche die notwendigen Voraussetzungen nach Artikel 109 j Absatz 2 zweiter Gedankenstrich und Absatz 3 erster Gedankenstrich dieses Vertrags erfüllen.
4. Zur Aufhebung der Freistellung wird das Verfahren nach Artikel 109 k Absatz 2 nur dann eingeleitet, wenn Dänemark einen entsprechenden Antrag stellt.
5. Nach Aufhebung der Freistellung ist dieses Protokoll nicht mehr anwendbar.

Protokoll
betreffend Frankreich

DIE HOHEN VERTRAGSPARTEIEN –

IN DEM WUNSCH, einen besonderen Punkt im Zusammenhang mit Frankreich zu berücksichtigen –

SIND über folgende Bestimmungen ÜBEREINKOMMEN, die dem Vertrag zur Gründung der Europäischen Gemeinschaft beigefügt sind:

Frankreich behält das Recht, nach Maßgabe seiner innerstaatlichen Rechtsvorschriften in seinen Übersee-Territorien Geldzeichen auszugeben und ist allein befugt, die Parität des CFP-Franc festzusetzen.

Protokoll
über die Sozialpolitik

DIE HOHEN VERTRAGSPARTEIEN –

IN ANBETRACHT DESSEN, daß elf Mitgliedstaaten, nämlich das Königreich Belgien, das Königreich Dänemark, die Bundesrepublik Deutschland, die Griechische Republik, das Königreich Spanien, die Französische Republik, Irland, die Italienische Republik, das Großherzogtum Luxemburg, das Königreich der Niederlande und die Portugiesische Republik, auf dem durch die Sozialcharta von 1989 vorgezeichneten Weg weitergehen wollen; daß sie zu diesem Zweck untereinander ein Abkommen beschlossen haben; daß dieses Abkommen diesem Protokoll beigefügt ist; daß durch dieses Protokoll und das genannte Abkommen dieser Vertrag, insbesondere die Bestimmungen, welche die Sozialpolitik betreffen und Bestandteil des gemeinschaftlichen Besitzstands sind, nicht berührt wird –

1. Kommen überein, diese elf Mitgliedstaaten zu ermächtigen, die Organe, Verfahren und Mechanismen des Vertrags in Anspruch zu nehmen, um die erforderlichen Rechtsakte und Beschlüsse zur Umsetzung des genannten Abkommens untereinander anzunehmen und anzuwenden, soweit sie betroffen sind.
2. Das Vereinigte Königreich Großbritannien und Nordirland ist nicht beteiligt, wenn der Rat über die Vorschläge, welche die Kommission aufgrund dieses Protokolls und des genannten Abkommens unterbreitet, berät und diese annimmt.

Abweichend von Artikel 148 Absatz 2 des Vertrags kommen die Rechtsakte des Rates nach diesem Protokoll, die mit qualifizierter Mehrheit anzunehmen sind, mit einer Mindeststimmenzahl von zweiundfünfzig Stimmen zustande. Einstimmig anzunehmende Rechtsakte des Rates sowie solche Rechtsakte, die eine Änderung des Kommissionsvorschlags bedeuten, bedürfen der Stimmen aller Mitglieder des Rates mit Ausnahme des Vereinigten Königreichs Großbritannien und Nordirland.

Rechtsakte des Rates und finanzielle Folgen mit Ausnahme von Verwaltungskosten für die Organe gelten nicht für das Vereinigte Königreich Großbritannien und Nordirland.

3. Dieses Protokoll wird dem Vertrag zur Gründung der Europäischen Gemeinschaft beigefügt.

Abkommen
zwischen den Mitgliedstaaten der Europäischen Gemeinschaft mit Ausnahme des Vereinigten Königreichs Großbritannien und Nordirland über die Sozialpolitik

Die unterzeichneten elf HOHEN VERTRAGSPARTEIEN, nämlich das Königreich Belgien, das Königreich Dänemark, die Bundesrepublik Deutschland, die Griechische Republik, das Königreich Spanien, die Französische Republik, Irland, die Italienische Republik, das Großherzogtum Luxemburg, das Königreich der Niederlande und die Portugiesische Republik, (im folgenden als „Mitgliedstaaten" bezeichnet) –

IN DEM WUNSCH, die Sozialcharta von 1989 ausgehend vom gemeinschaftlichen Besitzstand umzusetzen,

IN ANBETRACHT des Protokolls über die Sozialpolitik –

SIND wie folgt ÜBEREINGEKOMMEN:

Artikel 1

Die Gemeinschaft und die Mitgliedstaaten haben folgende Ziele: Die Förderung der Beschäftigung, die Verbesserung der Lebens- und Arbeitsbedingungen, einen angemessenen sozialen Schutz, den sozialen Dialog, die Entwicklung des Arbeitskräftepotentials im Hinblick auf ein dauerhaft hohes Beschäftigungsniveau und die Bekämpfung von Ausgrenzungen. Zu diesem Zweck führen die Gemeinschaft und die Mitgliedstaaten Maßnahmen durch, die der Vielfalt der einzelstaatlichen Gepflogenheiten, insbesondere in den vertraglichen Beziehungen, sowie der Notwendigkeit, die Wettbewerbsfähigkeit der Wirtschaft der Gemeinschaft zu erhalten, Rechnung tragen.

Artikel 2

(1) Zur Verwirklichung der Ziele des Artikels 1 unterstützt und ergänzt die Gemeinschaft die Tätigkeit der Mitgliedstaaten auf folgenden Gebieten:
– Verbesserung insbesondere der Arbeitsumwelt zum Schutz der Gesundheit und der Sicherheit der Arbeitnehmer,
– Arbeitsbedingungen,
– Unterrichtung und Anhörung der Arbeitnehmer,
– Chancengleichheit von Männern und Frauen auf dem Arbeitsmarkt und Gleichbehandlung am Arbeitsplatz,
– berufliche Eingliederung der aus dem Arbeitsmarkt ausgegrenzten Personen unbeschadet des Artikels 127 des Vertrags zur Gründung der Europäischen Gemeinschaft (im folgenden als „Vertrag" bezeichnet).

(2) Zu diesem Zweck kann der Rat unter Berücksichtigung der in den einzelnen Mitgliedstaaten bestehenden Bedingungen und technischen Regelungen durch Richtlinien Mindestvorschriften erlassen, die schrittweise anzuwenden sind. Diese Richtlinien sollen keine verwaltungsmäßigen, finanziellen oder rechtlichen Auflagen vorschreiben, die der Gründung und Entwicklung von kleinen und mittleren Unternehmen entgegenstehen.

Der Rat beschließt gemäß dem Verfahren des Artikels 189 c des Vertrags nach Anhörung des Wirtschafts- und Sozialausschusses.

(3) In folgenden Bereichen beschließt der Rat dagegen einstimmig auf Vorschlag der Kommission nach Anhörung des Europäischen Parlaments und des Wirtschafts- und Sozialausschusses:
– soziale Sicherheit und sozialer Schutz der Arbeitnehmer,
– Schutz der Arbeitnehmer bei Beendigung des Arbeitsvertrags,
– Vertretung und kollektive Wahrnehmung der Arbeitnehmer- und Arbeitgeberinteressen, einschließlich der Mitbestimmung, vorbehaltlich des Absatzes 6,

- Beschäftigungsbedingungen der Staatsangehörigen dritter Länder, die sich rechtmäßig im Gebiet der Gemeinschaft aufhalten,
- finanzielle Beiträge zur Förderung der Beschäftigung und zur Schaffung von Arbeitsplätzen, und zwar unbeschadet der Bestimmungen über den Sozialfonds.

(4) Ein Mitgliedstaat kann den Sozialpartnern auf deren gemeinsamen Antrag die Durchführung von aufgrund der Absätze 2 und 3 angenommenen Richtlinien übertragen.

In diesem Fall vergewissert sich der Mitgliedstaat, daß die Sozialpartner spätestens zu dem Zeitpunkt, zu dem eine Richtlinie nach Artikel 189 umgesetzt sein muß, im Weg einer Vereinbarung die erforderlichen Vorkehrungen getroffen haben; dabei hat der Mitgliedstaat alle erforderlichen Maßnahmen zu treffen, um jederzeit gewährleisten zu können, daß die durch diese Richtlinie vorgeschriebenen Ergebnisse erzielt werden.

(5) Die aufgrund dieses Artikels erlassenen Bestimmungen hindern einen Mitgliedstaat nicht daran, strengere Schutzmaßnahmen beizubehalten oder zu treffen, die mit dem Vertrag vereinbar sind.

(6) Dieser Artikel gilt nicht für das Arbeitsentgelt, das Koalitionsrecht, das Streikrecht sowie das Aussperrungsrecht.

Artikel 3

(1) Die Kommission hat die Aufgabe, die Anhörung der Sozialpartner auf Gemeinschaftsebene zu fördern, und erläßt alle zweckdienlichen Maßnahmen, um den Dialog zwischen den Sozialpartnern zu erleichtern, wobei sie für Ausgewogenheit bei der Unterstützung der Parteien sorgt.

(2) Zu diesem Zweck hört die Kommission vor Unterbreitung von Vorschlägen im Bereich der Sozialpolitik die Sozialpartner zu der Frage, wie eine Gemeinschaftsaktion gegebenenfalls ausgerichtet werden sollte.

(3) Hält die Kommission nach dieser Anhörung eine Gemeinschaftsmaßnahme für zweckmäßig, so hört sie die Sozialpartner zum Inhalt des in Aussicht genommenen Vorschlags. Die Sozialpartner übermitteln der Kommission eine Stellungnahme oder gegebenenfalls eine Empfehlung.

(4) Bei dieser Anhörung können die Sozialpartner der Kommission mitteilen, daß sie den Prozeß nach Artikel 4 in Gang setzen wollen. Die Dauer des Verfahrens darf höchstens neun Monate betragen,

sofern die betroffenen Sozialpartner und die Kommission nicht gemeinsam eine Verlängerung beschließen.

Artikel 4

(1) Der Dialog zwischen den Sozialpartnern auf Gemeinschaftsebene kann, falls sie es wünschen, zur Herstellung vertraglicher Beziehungen, einschließlich des Abschlusses von Vereinbarungen, führen.

(2) Die Durchführung der auf Gemeinschaftsebene geschlossenen Vereinbarungen erfolgt entweder nach den jeweiligen Verfahren und Gepflogenheiten der Sozialpartner und der Mitgliedstaaten oder – in den durch Artikel 2 erfaßten Bereichen – auf gemeinsamen Antrag der Unterzeichnerparteien durch einen Beschluß des Rates auf Vorschlag der Kommission.

Sofern nicht die betreffende Vereinbarung eine oder mehrere Bestimmungen betreffend einen der in Artikel 2 Absatz 3 genannten Bereiche enthält und somit ein einstimmiger Beschluß erforderlich ist, beschließt der Rat mit qualifizierter Mehrheit.

Artikel 5

Unbeschadet der anderen Bestimmungen des Vertrags fördert die Kommission im Hinblick auf die Erreichung der Ziele des Artikels 1 die Zusammenarbeit zwischen den Mitgliedstaaten und erleichtert die Abstimmung ihres Vorgehens in den durch dieses Abkommen erfaßten Bereichen der Sozialpolitik.

Artikel 6

(1) Jeder Mitgliedstaat stellt die Anwendung des Grundsatzes des gleichen Entgelts für Männer und Frauen bei gleicher Arbeit sicher.

(2) Unter „Entgelt" im Sinne dieses Artikels sind die üblichen Grund- oder Mindestlöhne und -gehälter sowie alle sonstigen Vergütungen zu verstehen, die der Arbeitgeber aufgrund des Dienstverhältnisses dem Arbeitnehmer unmittelbar oder mittelbar in bar oder in Sachleistungen zahlt.

Gleichheit des Arbeitsentgelts ohne Diskriminierung aufgrund des Geschlechts bedeutet,

a) daß das Entgelt für eine gleiche nach Akkord bezahlte Arbeit aufgrund der gleichen Maßeinheit festgesetzt wird,

b) daß für eine nach Zeit bezahlte Arbeit das Entgelt bei gleichem Arbeitsplatz gleich ist.

(3) Dieser Artikel hindert einen Mitgliedstaat nicht daran, zur Erleichterung der Berufstätigkeit der Frauen oder zur Verhinderung bzw. zum Ausgleich von Benachteiligungen in ihrer beruflichen Laufbahn spezifische Vergünstigungen beizubehalten oder zu beschließen.

Artikel 7

Die Kommission erstellt jährlich einen Bericht über den Stand der Verwirklichung der in Artikel 1 genannten Ziele sowie über die demographische Lage in der Gemeinschaft. Sie übermittelt diesen Bericht dem Europäischen Parlament, dem Rat und dem Wirtschafts- und Sozialausschuß.

Das Europäische Parlament kann die Kommission um Berichte zu Einzelproblemen ersuchen, welche die soziale Lage betreffen.

Erklärungen

1. Erklärung zu Artikel 2 Absatz 2

Die elf Hohen Vertragsparteien stellen fest, daß in den Erörterungen über Artikel 2 Absatz 2 dieses Abkommens Einvernehmen darüber bestand, daß die Gemeinschaft beim Erlaß von Mindestvorschriften zum Schutz der Sicherheit und der Gesundheit der Arbeitnehmer nicht beabsichtigt, Arbeitnehmer kleiner und mittlerer Unternehmen in einer den Umständen nach nicht gerechtfertigten Weise zu benachteiligen.

2. Erklärung zu Artikel 4 Absatz 2

Die elf Hohen Vertragsparteien erklären, daß die erste der Durchführungsvorschriften zu den Vereinbarungen zwischen den Sozialpartnern auf Gemeinschaftsebene nach Artikel 4 Absatz 2 die Erarbeitung des Inhalts dieser Vereinbarungen durch Tarifverhandlungen gemäß den Regeln eines jeden Mitgliedstaats betrifft und daß diese Vorschrift mithin weder eine Verpflichtung der Mitgliedstaaten, diese Vereinbarungen unmittelbar anzuwenden oder diesbezügliche Umsetzungsregeln zu erarbeiten, noch eine Verpflichtung beinhaltet, zur Erleichterung ihrer Anwendung die geltenden innerstaatlichen Vorschriften zu ändern.

Protokoll
über den wirtschaftlichen und sozialen Zusammenhalt

DIE HOHEN VERTRAGSPARTEIEN –

EINGEDENK dessen, daß sich die Union zum Ziel gesetzt hat, den wirtschaftlichen und sozialen Fortschritt unter anderem durch Stärkung des wirtschaftlichen und sozialen Zusammenhalts zu fördern;

UNTER HINWEIS darauf, daß in Artikel 2 des Vertrags zur Gründung der Europäischen Gemeinschaft auch die Aufgabe der Förderung des wirtschaftlichen und sozialen Zusammenhalts und der Solidarität zwischen den Mitgliedstaaten erwähnt ist und daß die Stärkung des wirtschaftlichen und sozialen Zusammenhalts zu den in Artikel 3 dieses Vertrags aufgeführten Tätigkeiten der Gemeinschaft gehört;

UNTER HINWEIS darauf, daß der Dritte Teil Titel XIV über den wirtschaftlichen und sozialen Zusammenhalt insgesamt die Rechtsgrundlage für die Konsolidierung und Weiterentwicklung der Gemeinschaftstätigkeit im Bereich des wirtschaftlichen und sozialen Zusammenhalts, einschließlich der Schaffung eines neuen Fonds, darstellt;

UNTER HINWEIS darauf, daß im Dritten Teil in den Titeln XII über transeuropäische Netze und XVI über die Umwelt in Aussicht genommen ist, vor dem 31. Dezember 1993 einen Kohäsionsfonds zu schaffen;

IN DER ÜBERZEUGUNG, daß Fortschritte auf dem Weg zur Wirtschafts- und Währungsunion zum Wirtschaftswachstum aller Mitgliedstaaten beitragen werden;

IN ANBETRACHT dessen, daß sich die Strukturfonds der Gemeinschaft zwischen 1987 und 1993 real verdoppeln, was hohe Transferleistungen, insbesondere gemessen am BIP der weniger wohlhabenden Mitgliedstaaten, zur Folge hat;

IN ANBETRACHT dessen, daß die EIB erhebliche und noch steigende Beträge zugunsten der ärmeren Gebiete ausleiht;

IN ANBETRACHT des Wunsches nach größerer Flexibilität bei den Regelungen für die Zuweisungen aus den Strukturfonds;

IN ANBETRACHT des Wunsches nach einer Differenzierung der Höhe der Gemeinschaftsbeteiligung an den Programmen und Vorhaben in bestimmten Ländern;

Angesichts des Vorschlags, dem relativen Wohlstand der Mitgliedstaaten im Rahmen des Systems der eigenen Mittel stärker Rechnung zu tragen –

Bekräftigen, daß die Förderung des sozialen und wirtschaftlichen Zusammenhalts für die umfassende Entwicklung und den dauerhaften Erfolg der Gemeinschaft wesentlich ist, und unterstreichen die Bedeutung, die der Aufnahme des wirtschaftlichen und sozialen Zusammenhalts in die Artikel 2 und 3 dieses Vertrags zukommt;

Bekräftigen ihre Überzeugung, daß die Strukturfonds bei der Erreichung der Gemeinschaftsziele hinsichtlich des Zusammenhalts weiterhin eine gewichtige Rolle zu spielen haben;

Bekräftigen ihre Überzeugung, daß die EIB weiterhin den Großteil ihrer Mittel für die Förderung des wirtschaftlichen und sozialen Zusammenhalts einsetzen sollte, und erklären sich bereit, den Kapitalbedarf der EIB zu überprüfen, sobald dies für diesen Zweck notwendig ist;

Bekräftigen die Notwendigkeit einer gründlichen Überprüfung der Tätigkeit und Wirksamkeit der Strukturfonds im Jahr 1992 und die Notwendigkeit, bei dieser Gelegenheit erneut zu prüfen, welchen Umfang diese Fonds in Anbetracht der Gemeinschaftsaufgaben im Bereich des wirtschaftlichen und sozialen Zusammenhalts haben sollte;

Vereinbaren, daß der vor dem 31. Dezember 1993 zu schaffende Kohäsionsfonds finanzielle Beiträge der Gemeinschaft für Vorhaben in den Bereichen Umwelt und transeuropäische Netze in Mitgliedstaaten mit einem Pro-Kopf-BSP von weniger als 90 v.H. des Gemeinschaftsdurchschnitts bereitstellt, die ein Programm zur Erfüllung der in Artikel 104c dieses Vertrags genannten Bedingungen der wirtschaftlichen Konvergenz vorweisen;

Bekunden ihre Absicht, ein größeres Maß an Flexibilität bei der Zuweisung von Finanzmitteln aus den Strukturfonds für besondere Bedürfnisse vorzusehen, die nicht von den derzeitigen Strukturfonds abgedeckt werden;

Bekunden ihre Bereitschaft, die Höhe der Gemeinschaftsbeteiligung an Programmen und Vorhaben im Rahmen der Strukturfonds zu differenzieren, um einen übermäßigen Anstieg der Haushaltsausgaben in den weniger wohlhabenden Mitgliedstaaten zu vermeiden;

Erkennen an, daß die Fortschritte im Hinblick auf den wirtschaftlichen und sozialen Zusammenhalt laufend überwacht werden müssen, und bekunden ihre Bereitschaft, alle dazu erforderlichen Maßnahmen zu prüfen;

ERKLÄREN ihre Absicht, der Beitragskapazität der einzelnen Mitgliedstaaten im Rahmen des Systems der Eigenmittel stärker Rechnung zu tragen und zu prüfen, wie für die weniger wohlhabenden Mitgliedstaaten regressive Elemente im derzeitigen System der Eigenmittel korrigiert werden können;

KOMMEN ÜBEREIN, dieses Protokoll dem Vertrag zur Gründung der Europäischen Gemeinschaft beizufügen.

Protokoll
betreffend den Wirtschafts- und Sozialausschuß und den Ausschuß der Regionen

DIE HOHEN VERTRAGSPARTEIEN –

SIND über folgende Bestimmung ÜBEREINGEKOMMEN, die dem Vertrag zur Gründung der Europäischen Gemeinschaft beigefügt wird:

Der Wirtschafts- und Sozialausschuß und der Ausschuß der Regionen verfügen über einen gemeinsamen organisatorischen Unterbau.

Protokoll
zum Vertrag über die Europäische Union und zu den Verträgen zur Gründung der Europäischen Gemeinschaften

DIE HOHEN VERTRAGSPARTEIEN –

SIND über folgende Bestimmung ÜBEREINGEKOMMEN, die dem Vertrag über die Europäische Union und den Verträgen zur Gründung der Europäischen Gemeinschaften beigefügt wird:

Der Vertrag über die Europäische Union, die Verträge zur Gründung der Europäischen Gemeinschaften sowie die Verträge und Akte zur Änderung oder Ergänzung der genannten Verträge berühren nicht die Anwendung des Artikels 40.3.3 der irischen Verfassung in Irland.

3. Schlußakte

1. Die Konferenzen der Vertreter der Regierungen der Mitgliedstaaten, die am 15. Dezember 1990 in Rom einberufen wurden, um im gegenseitigen Einvernehmen die Änderungen zu beschließen, die an dem Vertrag zur Gründung der Europäischen Wirtschaftsgemeinschaft im Hinblick auf die Verwirklichung der Politischen Union und im Hinblick auf die Schlußphasen der Wirtschafts- und Währungsunion vorzunehmen sind, sowie die Konferenzen, die am 3. Februar 1992 in Brüssel einberufen wurden, um an den Verträgen über die Gründung der Europäischen Gemeinschaft für Kohle und Stahl und zur Gründung der Europäischen Atomgemeinschaft die Änderungen vorzunehmen, die sich aus den für den Vertrag zur Gründung der Europäischen Wirtschaftsgemeinschaft vorgesehenen Änderungen ergeben, haben folgende Texte beschlossen:

I.
Vertrag über die Europäische Union [1]

II.
Protokolle [2]

1. Protokoll betreffend den Erwerb von Immobilien in Dänemark
2. Protokoll zu Artikel 119 des Vertrags zur Gründung der Europäischen Gemeinschaft
3. Protokoll über die Satzung des Europäischen Systems der Zentralbanken und der Europäischen Zentralbank
4. Protokoll über die Satzung des Europäischen Währungsinstituts
5. Protokoll über das Verfahren bei einem übermäßigen Defizit
6. Protokoll über die Konvergenzkriterien nach Artikel 109j des Vertrags zur Gründung der Europäischen Gemeinschaft

---

[1] Siehe oben, S. 17 ff.
[2] Siehe oben, S. 36 ff.

7. Protokoll zur Änderung des Protokolls über die Vorrechte und Befreiungen der Europäischen Gemeinschaften
8. Protokoll betreffend Dänemark
9. Protokoll betreffend Portugal
10. Protokoll über den Übergang zur dritten Stufe der Wirtschafts- und Währungsunion
11. Protokoll über einige Bestimmungen betreffend das Vereinigte Königreich Großbritannien und Nordirland
12. Protokoll über einige Bestimmungen betreffend Dänemark
13. Protokoll betreffend Frankreich
14. Protokoll über die Sozialpolitik, dem ein Abkommen zwischen den Mitgliedstaaten der Europäischen Gemeinschaft mit Ausnahme des Vereinigten Königreichs Großbritannien und Nordirland über die Sozialpolitik beigefügt ist, welchem zwei Erklärungen beigefügt sind
15. Protokoll über den wirtschaftlichen und sozialen Zusammenhalt
16. Protokoll betreffend den Wirtschafts- und Sozialausschuß und den Ausschuß der Regionen
17. Protokoll zum Vertrag über die Europäische Union und zu den Verträgen zur Gründung der Europäischen Gemeinschaften

Die Konferenzen sind übereingekommen, daß die in den vorstehenden Ziffern 1 bis 16 genannten Protokolle dem Vertrag zur Gründung der Europäischen Gemeinschaft beigefügt werden und daß das in vorstehender Ziffer 17 genannte Protokoll dem Vertrag über die Europäische Union und den Verträgen zur Gründung der Europäischen Gemeinschaften beigefügt wird.

2. Zum Zeitpunkt der Unterzeichnung dieser Texte haben die Konferenzen die nachstehend aufgeführten Erklärungen angenommen, die dieser Schlußakte beigefügt sind.

III.

Erklärungen

1. Erklärung zu den Bereichen Katastrophenschutz, Energie und Fremdenverkehr
2. Erklärung zur Staatsangehörigkeit eines Mitgliedstaats

Schlußakte Erklärungen

3. Erklärung zum Dritten Teil Titel III und VI des Vertrags zur Gründung der Europäischen Gemeinschaft
4. Erklärung zum Dritten Teil Titel VI des Vertrags zur Gründung der Europäischen Gemeinschaft
5. Erklärung zur Zusammenarbeit mit dritten Ländern im Währungsbereich
6. Erklärung zu den Währungsbeziehungen zur Republik San Marino, zum Staat Vatikanstadt und zum Fürstentum Monaco
7. Erklärung zu Artikel 73 d des Vertrags zur Gründung der Europäischen Gemeinschaft
8. Erklärung zu Artikel 109 des Vertrags zur Gründung der Europäischen Gemeinschaft
9. Erklärung zum Dritten Teil Titel XVI des Vertrags zur Gründung der Europäischen Gemeinschaft
10. Erklärung zu den Artikeln 109, 130 r und 130 y des Vertrags zur Gründung der Europäischen Gemeinschaft
11. Erklärung zur Richtlinie vom 24. November 1988 (Emissionen)
12. Erklärung zum Europäischen Entwicklungsfonds
13. Erklärung zur Rolle der einzelstaatlichen Parlamente in der Europäischen Union
14. Erklärung zur Konferenz der Parlamente
15. Erklärung zur Zahl der Mitglieder der Kommission und des Europäischen Parlaments
16. Erklärung zur Rangordnung der Rechtsakte der Gemeinschaft
17. Erklärung zum Recht auf Zugang zu Informationen
18. Erklärung zu den geschätzten Folgekosten der Vorschläge der Kommission
19. Erklärung zur Anwendung des Gemeinschaftsrechts
20. Erklärung zur Beurteilung der Umweltverträglichkeit der Gemeinschaftsmaßnahmen
21. Erklärung zum Rechnungshof
22. Erklärung zum Wirtschafts- und Sozialausschuß
23. Erklärung zur Zusammenarbeit mit den Wohlfahrtsverbänden
24. Erklärung zum Tierschutz
25. Erklärung zur Vertretung der Interessen der überseeischen Länder und Hoheitsgebiete nach Artikel 227 Absatz 3 und Absatz 5

Buchstaben a und b des Vertrags zur Gründung der Europäischen Gemeinschaft

26. Erklärung zu den Gebieten in äußerster Randlage der Gemeinschaft
27. Erklärung zu den Abstimmungen im Bereich der Gemeinsamen Außen- und Sicherheitspolitik
28. Erklärung zu den praktischen Einzelheiten im Bereich der Gemeinsamen Außen- und Sicherheitspolitik
29. Erklärung zum Gebrauch der Sprachen im Bereich der Gemeinsamen Außen- und Sicherheitspolitik
30. Erklärung zur Westeuropäischen Union
31. Erklärung zur Asylfrage
32. Erklärung zur polizeilichen Zusammenarbeit
33. Erklärung zu Streitsachen zwischen der EZB bzw. dem EWI und deren Bediensteten

GESCHEHEN zu Maastricht am siebten Februar neunzehnhundertzweiundneunzig.

Erklärung
zu den Bereichen Katastrophenschutz, Energie und Fremdenverkehr

Die Konferenz erklärt, daß die Frage der Einfügung von Titeln über die in Artikel 3 Buchstabe t des Vertrags zur Gründung der Europäischen Gemeinschaft genannten Bereiche in jenen Vertrag nach dem Verfahren des Artikels N Absatz 2 des Vertrags über die Europäische Union anhand eines Berichts geprüft wird, den die Kommission dem Rat spätestens 1996 vorlegen wird.

Die Kommission erklärt, daß die Gemeinschaft ihre Tätigkeit in diesen Bereichen auf der Grundlage der bisherigen Bestimmungen der Verträge zur Gründung der Europäischen Gemeinschaften fortsetzen wird.

Erklärung
zur Staatsangehörigkeit eines Mitgliedstaats

Die Konferenz erklärt, daß bei Bezugnahmen des Vertrags zur Gründung der Europäischen Gemeinschaft auf die Staatsangehörigen der Mitgliedstaaten die Frage, welchem Mitgliedstaat eine Person angehört, allein durch Bezug auf das innerstaatliche Recht des betreffenden Mitgliedstaats geregelt wird. Die Mitgliedstaaten können zur Unterrichtung in einer Erklärung gegenüber dem Vorsitz angeben, wer für die Zwecke der Gemeinschaft als ihr Staatsangehöriger anzusehen ist, und ihre Erklärung erforderlichenfalls ändern.

Erklärung
zum Dritten Teil Titel III und VI des Vertrags zur Gründung der Europäischen Gemeinschaft

Die Konferenz erklärt, daß für die Anwendung der Bestimmungen, die im Vertrag zur Gründung der Europäischen Gemeinschaft im Dritten Teil Titel III Kapitel 4 über den Kapital- und Zahlungsverkehr und Titel VI über die Wirtschafts- und Währungspolitik vorgesehen sind, unbeschadet des Artikels 109j Absätze 2, 3 und 4 und des Artikels 109k Absatz 2 die übliche Praxis fortgeführt wird, wonach der Rat in der Zusammensetzung der Wirtschafts- und Finanzminister zusammentritt.

Erklärung
zum Dritten Teil Titel VI des Vertrags zur Gründung der Europäischen Gemeinschaft

Die Konferenz erklärt, daß der Präsident des Europäischen Rates die Wirtschafts- und Finanzminister zur Teilnahme an den Tagungen des Europäischen Rates einladen wird, wenn dieser Fragen der Wirtschafts- und Währungsunion erörtert.

Erklärung
zur Zusammenarbeit mit dritten Ländern im Währungsbereich

Die Konferenz erklärt, daß die Gemeinschaft zu stabilen internationalen Währungsbeziehungen beitragen will. Zu diesem Zweck ist die Gemeinschaft bereit, mit anderen europäischen Ländern und mit denjenigen außereuropäischen Ländern, zu denen sie enge wirtschaftliche Bindungen hat, zusammenzuarbeiten.

Erklärung
zu den Währungsbeziehungen zur Republik San Marino, zum Staat Vatikanstadt und zum Fürstentum Monaco

Die Konferenz ist sich einig, daß die derzeitigen Währungsbeziehungen zwischen Italien und San Marino bzw. Vatikanstadt und zwischen

Frankreich und Monaco durch diesen Vertrag bis zur Einführung der ECU als einheitlicher Währung der Gemeinschaft unberührt bleiben.

Die Gemeinschaft verpflichtet sich, die Neuaushandlung bestehender Übereinkünfte, die durch Einführung der ECU als einheitlicher Währung erforderlich werden können, zu erleichtern.

Erklärung
zu Artikel 73 d des Vertrags
zur Gründung der Europäischen Gemeinschaft

Die Konferenz bekräftigt, daß das in Artikel 73 d Absatz 1 Buchstabe a des Vertrags zur Gründung der Europäischen Gemeinschaft erwähnte Recht der Mitgliedstaaten, die einschlägigen Vorschriften ihres Steuerrechts anzuwenden, nur für die einschlägigen Vorschriften gilt, die Ende 1993 bestehen. Diese Erklärung betrifft jedoch nur den Kapital- und Zahlungsverkehr zwischen den Mitgliedstaaten.

Erklärung
zu Artikel 109 des Vertrags
zur Gründung der Europäischen Gemeinschaft

Die Konferenz bekräftigt, daß mit dem im Artikel 109 Absatz 1 verwendeten Begriff ,,förmliche Vereinbarung" nicht eine neue Kategorie internationaler Übereinkünfte im Sinne des Gemeinschaftsrechts geschaffen werden soll.

Erklärung
zum Dritten Teil Titel XVI des Vertrags
zur Gründung der Europäischen Gemeinschaft

Die Konferenz ist der Ansicht, daß die Gemeinschaft in Anbetracht der zunehmenden Bedeutung, die dem Naturschutz auf einzelstaatlicher, gemeinschaftlicher und internationaler Ebene zukommt, bei der Ausübung ihrer Zuständigkeiten aufgrund des Dritten Teils Titel XVI des Vertrags den spezifischen Erfordernissen in diesem Bereich Rechnung tragen soll.

Erklärung
zu den Artikeln 109, 130 r und 130 y des Vertrags
zur Gründung der Europäischen Gemeinschaft

Die Konferenz vertritt die Auffassung, daß Artikel 109 Absatz 5, Artikel 130 r Absatz 4 Unterabsatz 2 und Artikel 130 y nicht die Grundsätze berühren, die sich aus dem Urteil des Gerichtshofs in der AETR-Rechtssache ergeben.

Erklärung
zur Richtlinie vom 24. November 1988 (Emissionen)

Die Konferenz erklärt, daß Änderungen in den gemeinschaftlichen Rechtsvorschriften die Ausnahmeregelungen nicht beeinträchtigen dürfen, die Spanien und Portugal gemäß der Richtlinie des Rates vom 24. November 1988 zur Begrenzung von Schadstoffemissionen von Großfeuerungsanlagen in die Luft bis zum 31. Dezember 1999 zugestanden wurden.

Erklärung
zum Europäischen Entwicklungsfonds

Die Konferenz kommt überein, daß der Europäische Entwicklungsfonds im Einklang mit den bisherigen Bestimmungen weiterhin durch einzelstaatliche Beiträge finanziert wird.

Erklärung
zur Rolle der einzelstaatlichen Parlamente
in der Europäischen Union

Die Konferenz hält es für wichtig, eine größere Beteiligung der einzelstaatlichen Parlamente an den Tätigkeiten der Europäischen Union zu fördern.

Zu diesem Zweck ist der Informationsaustausch zwischen den einzelstaatlichen Parlamenten und dem Europäischen Parlament zu verstärken. In diesem Zusammenhang tragen die Regierungen der Mitgliedstaaten unter anderem dafür Sorge, daß die einzelstaatlichen Parlamente zu ihrer Unterrichtung und gegebenenfalls zur Prüfung rechtzeitig über die Vorschläge für Rechtsakte der Kommission verfügen.

Nach Ansicht der Konferenz ist es ferner wichtig, daß die Kontakte zwischen den einzelstaatlichen Parlamenten und dem Europäischen Parlament insbesondere dadurch verstärkt werden, daß hierfür geeignete gegenseitige Erleichterungen und regelmäßige Zusammenkünfte zwischen Abgeordneten, die an den gleichen Fragen interessiert sind, vorgesehen werden.

Erklärung
zur Konferenz der Parlamente

Die Konferenz ersucht das Europäische Parlament und die einzelstaatlichen Parlamente, erforderlichenfalls als Konferenz der Parlamente (oder „Assises") zusammenzutreten.

Die Konferenz der Parlamente wird unbeschadet der Zuständigkeiten des Europäischen Parlaments und der Rechte der einzelstaatlichen Parlamente zu wesentlichen Leitlinien der Europäischen Union gehört. Der Präsident des Europäischen Rates und der Präsident der Kommission erstatten auf jeder Tagung der Konferenz der Parlamente Bericht über den Stand der Union.

Erklärung
zur Zahl der Mitglieder der Kommission und des Europäischen Parlaments

Die Konferenz kommt überein, die Fragen betreffend die Zahl der Mitglieder der Kommission und der Mitglieder des Europäischen Parlaments spätestens Ende 1992 im Hinblick auf ein Einvernehmen zu prüfen, das es gestattet, die Rechtsgrundlage für die Festsetzung der Zahl der Mitglieder des Europäischen Parlaments rechtzeitig zu den Wahlen im Jahr 1994 zu schaffen. Die Beschlüsse werden unter anderem unter Berücksichtigung der Notwendigkeit gefaßt, die Gesamtmitgliederzahl des Europäischen Parlaments in einer erweiterten Gemeinschaft festzulegen.

Erklärung
zur Rangordnung der Rechtsakte der Gemeinschaft

Die Konferenz kommt überein, daß die 1996 einzuberufende Regierungskonferenz prüfen wird, inwieweit es möglich ist, die Einteilung der Rechtsakte der Gemeinschaft mit dem Ziel zu überprüfen, eine angemessene Rangordnung der verschiedenen Arten von Normen herzustellen.

Erklärung
zum Recht auf Zugang zu Informationen

Die Konferenz ist der Auffassung, daß die Transparenz des Beschlußverfahrens den demokratischen Charakter der Organe und das Vertrauen der Öffentlichkeit in die Verwaltung stärkt. Die Konferenz empfiehlt daher, daß die Kommission dem Rat spätestens 1993 einen Bericht über Maßnahmen vorlegt, mit denen die den Organen vorliegenden Informationen der Öffentlichkeit besser zugänglich gemacht werden sollen.

Erklärung
zu den geschätzten Folgekosten
der Vorschläge der Kommission

Die Konferenz stellt fest, daß die Kommission sich verpflichtet, bei ihren Vorschlägen für Rechtsakte die Kosten und den Nutzen für die Behörden der Mitgliedstaaten und sämtliche Betroffene zu berücksichtigen und dazu gegebenenfalls die von ihr für erforderlich erachteten Konsultationen vorzunehmen und ihr System zur Bewertung der gemeinschaftlichen Rechtsvorschriften auszubauen.

Erklärung
zur Anwendung des Gemeinschaftsrechts

1. Die Konferenz hebt hervor, daß es für die innere Geschlossenheit und die Einheit des europäischen Aufbauwerks von wesentlicher Bedeutung ist, daß jeder Mitgliedstaat die an ihn gerichteten Richtlinien der Gemeinschaft innerhalb der darin festgesetzten Fristen vollständig und getreu in innerstaatliches Recht umsetzt.

   Außerdem ist die Konferenz der Ansicht, daß es zwar Sache jedes Mitgliedstaats ist, zu bestimmen, wie die Vorschriften des Gemeinschaftsrechts unter Berücksichtigung der Besonderheit seiner Institutionen, seiner Rechtsordnung und anderer Gegebenheiten, in jedem Fall aber unter Beachtung des Artikels 189 des Vertrags zur Gründung der Europäischen Gemeinschaft, am besten anzuwenden sind, es jedoch für die reibungslose Arbeit der Gemeinschaft von wesentlicher Bedeutung ist, daß die in den einzelnen Mitgliedstaaten getroffenen Maßnahmen dazu führen, daß das Gemeinschaftsrecht dort mit gleicher Wirksamkeit und Strenge Anwendung findet, wie dies bei der Durchführung der einzelstaatlichen Rechtsvorschriften der Fall ist.

2. Die Konferenz fordert die Kommission auf, in Wahrnehmung der ihr durch Artikel 155 des Vertrags zur Gründung der Europäischen Gemeinschaft übertragenen Zuständigkeiten darauf zu achten, daß die Mitgliedstaaten ihren Verpflichtungen nachkommen. Sie ersucht die Kommission, für die Mitgliedstaaten und das Europäische Parlament regelmäßig einen umfassenden Bericht zu veröffentlichen.

Erklärung
zur Beurteilung der Umweltverträglichkeit der Gemeinschaftsmaßnahmen

Die Konferenz stellt fest, daß die Kommission sich verpflichtet, bei ihren Vorschlägen voll und ganz den Umweltauswirkungen und dem Grundsatz des nachhaltigen Wachstums Rechnung zu tragen, und daß die Mitgliedstaaten sich verpflichtet haben, dies bei der Durchführung zu tun.

Erklärung
zum Rechnungshof

Die Konferenz weist darauf hin, daß sie den Aufgaben, die dem Rechnungshof in den Artikeln 188a, 188b, 188c und 206 des Vertrags zur Gründung der Europäischen Gemeinschaft übertragen werden, besondere Bedeutung beimißt.

Sie ersucht die anderen Organe der Gemeinschaft, zusammen mit dem Rechnungshof alle Mittel zu prüfen, die geeignet sind, eine wirksamere Erfüllung seiner Aufgaben zu gewährleisten.

Erklärung
zum Wirtschafts- und Sozialausschuß

Die Konferenz kommt überein, daß der Wirtschafts- und Sozialausschuß hinsichtlich des Haushalts und der Personalverwaltung dieselbe Unabhängigkeit genießt wie der Rechnungshof bisher.

Erklärung
zur Zusammenarbeit mit den Wohlfahrtsverbänden

Die Konferenz betont, daß zur Erreichung der in Artikel 117 des Vertrags zur Gründung der Europäischen Gemeinschaft genannten Ziele eine Zusammenarbeit der Europäischen Gemeinschaft mit den Verbänden der Wohlfahrtspflege und den Stiftungen als Trägern sozialer Einrichtungen und Dienste von großer Bedeutung ist.

Erklärung
zum Tierschutz

Die Konferenz ersucht das Europäische Parlament, den Rat und die Kommission sowie die Mitgliedstaaten, bei der Ausarbeitung und

Durchführung gemeinschaftlicher Rechtsvorschriften in den Bereichen Gemeinsame Agrarpolitik, Verkehr, Binnenmarkt und Forschung den Erfordernissen des Wohlergehens der Tiere in vollem Umfang Rechnung zu tragen.

Erklärung
zur Vertretung der Interessen der überseeischen Länder und Hoheitsgebiete nach Artikel 227 Absatz 3 und Absatz 5 Buchstaben a und b des Vertrags zur Gründung der Europäischen Gemeinschaft

Die Konferenz kommt in Anbetracht der Tatsache, daß unter außergewöhnlichen Umständen die Interessen der Union und die Interessen der Länder und Hoheitsgebiete nach Artikel 227 Absatz 3 und Absatz 5 Buchstaben a und b des Vertrags divergieren können, überein, daß der Rat sich um eine Lösung bemühen wird, die mit dem Standpunkt der Union in Einklang steht. Für den Fall jedoch, daß sich dies als unmöglich erweist, erklärt sich die Konferenz damit einverstanden, daß der betreffende Mitgliedstaat im Interesse der betreffenden überseeischen Länder und Hoheitsgebiete gegebenenfalls eigenständig handelt, allerdings ohne dabei das Interesse der Gemeinschaft zu beeinträchtigen. Dieser Mitgliedstaat macht dem Rat und der Kommission eine Mitteilung, wenn eine derartige Interessendivergenz auftreten könnte, und weist, wenn sich eigenständiges Handeln nicht vermeiden läßt, deutlich darauf hin, daß er im Interesse eines der genannten überseeischen Hoheitsgebiete handelt.

Diese Erklärung gilt auch für Macau und Osttimor.

Erklärung
zu den Gebieten in äußerster Randlage der Gemeinschaft

Die Konferenz erkennt an, daß die Gebiete in äußerster Randlage der Gemeinschaft (französische überseeische Departements, Azoren und Madeira und Kanarische Inseln) unter einem bedeutenden strukturellen Rückstand leiden; dieser wird durch mehrere Faktoren (große Entfernung, Insellage, geringe Fläche, schwierige Relief- und Klimabedingungen, wirtschaftliche Abhängigkeit von einigen wenigen Erzeugnissen) verschärft, die als ständige Gegebenheiten und durch ihr Zusammenwirken die wirtschaftliche und soziale Entwicklung schwer beeinträchtigen.

Sie ist der Auffassung, daß der Vertrag zur Gründung der Europäischen Gemeinschaft und das abgeleitete Recht für die Gebiete in äußerster Randlage zwar ohne weiteres gelten, es jedoch möglich bleibt, spezifische Maßnahmen zu ihren Gunsten zu erlassen, sofern und solange ein entsprechender Bedarf im Hinblick auf die wirtschaftliche und soziale Entwicklung dieser Gebiete objektiv gegeben ist. Diese Maßnahmen müssen sowohl auf die Vollendung des Binnenmarkts als auch auf eine Anerkennung der regionalen Verhältnisse abzielen, damit diese Gebiete den durchschnittlichen wirtschaftlichen und sozialen Stand der Gemeinschaft erreichen können.

Erklärung
zu den Abstimmungen im Bereich der Gemeinsamen Außen- und Sicherheitspolitik

Die Konferenz kommt überein, daß die Mitgliedstaaten bei Entscheidungen, die Einstimmigkeit erfordern, soweit wie möglich davon absehen, die Einstimmigkeit zu verhindern, sofern eine qualifizierte Mehrheit für die betreffende Entscheidung besteht.

Erklärung
zu den praktischen Einzelheiten im Bereich der Gemeinsamen Außen- und Sicherheitspolitik

Die Konferenz kommt überein, daß die Arbeitsteilung zwischen dem Politischen Komitee und dem Ausschuß der Ständigen Vertreter sowie die praktischen Einzelheiten der Zusammenlegung des Sekretariats der Politischen Zusammenarbeit mit dem Generalsekretariat des Rates und der Zusammenarbeit zwischen dem Generalsekretariat und der Kommission später geprüft werden.

Erklärung
zum Gebrauch der Sprachen im Bereich der Gemeinsamen Außen- und Sicherheitspolitik

Die Konferenz kommt überein, daß für den Gebrauch der Sprachen die Sprachenregelung der Europäischen Gemeinschaften gilt.

Für den COREU-Verkehr dient die derzeitige Praxis in der Europäischen Politischen Zusammenarbeit einstweilen als Anhaltspunkt.

Alle Texte der Gemeinsamen Außen- und Sicherheitspolitik, die auf Tagungen des Europäischen Rates und des Rates vorgelegt oder angenommen werden, sowie alle zur Veröffentlichung bestimmten Texte werden unverzüglich und zeitgleich in alle Amtssprachen der Gemeinschaft übersetzt.

Erklärung zur Westeuropäischen Union

Die Konferenz nimmt folgende Erklärungen zur Kenntnis:

I. Erklärung

Belgiens, Deutschlands, Spaniens, Frankreichs, Italiens, Luxemburgs, der Niederlande, Portugals und des Vereinigten Königreichs, die Mitgliedstaaten der Westeuropäischen Union und gleichzeitig der Europäischen Union sind,

zur

Rolle der Westeuropäischen Union und zu ihren Beziehungen zur Europäischen Union und zur Atlantischen Allianz

Einleitung

1. Die WEU-Mitgliedstaaten stimmen darin überein, daß es notwendig ist, eine echte europäische Sicherheits- und Verteidigungsidentität zu entwickeln und eine größere europäische Verantwortung in Verteidigungsfragen zu übernehmen. Diese Identität wird durch einen schrittweisen Prozeß mit mehreren aufeinanderfolgenden Phasen angestrebt. Die WEU wird integraler Bestandteil des Prozesses der Entwicklung der Europäischen Union sein und einen größeren Beitrag zur Solidarität innerhalb der Atlantischen Allianz leisten. Die WEU-Mitgliedstaaten sind sich darin einig, die Rolle der WEU in der längerfristigen Perspektive einer mit der Politik der Atlantischen Allianz zu vereinbarenden gemeinsamen Verteidigungspolitik innerhalb der Europäischen Union, die zu gegebener Zeit zu einer gemeinsamen Verteidigung führen könnte, zu stärken.

2. Die WEU wird als Verteidigungskomponente der Europäischen Union und als Mittel zur Stärkung des europäischen Pfeilers der Atlantischen Allianz entwickelt. Zu diesem Zweck wird sie eine ge-

meinsame europäische Verteidigungspolitik formulieren und diese durch die Weiterentwicklung ihrer operationellen Rolle konkret durchführen.

Die WEU-Mitgliedstaaten nehmen Kenntnis von Artikel J.4 des Vertrags über die Europäische Union betreffend die Gemeinsame Außen- und Sicherheitspolitik, der wie folgt lautet:

„(1) Die Gemeinsame Außen- und Sicherheitspolitik umfaßt sämtliche Fragen, welche die Sicherheit der Europäischen Union betreffen, wozu auf längere Sicht auch die Festlegung einer gemeinsamen Verteidigungspolitik gehört, die zu gegebener Zeit zu einer gemeinsamen Verteidigung führen könnte.

(2) Die Union ersucht die Westeuropäische Union (WEU), die integraler Bestandteil der Entwicklung der Europäischen Union ist, die Entscheidungen und Aktionen der Union, die verteidigungspolitische Bezüge haben, auszuarbeiten und durchzuführen. Der Rat trifft im Einvernehmen mit den Organen der WEU die erforderlichen praktischen Regelungen.

(3) Die Fragen, die verteidigungspolitische Bezüge haben und die nach diesem Artikel behandelt werden, unterliegen nicht den Verfahren des Artikels J.3.

(4) Die Politik der Union nach diesem Artikel berührt nicht den besonderen Charakter der Sicherheits- und Verteidigungspolitik bestimmter Mitgliedstaaten; sie achtet die Verpflichtungen einiger Mitgliedstaaten aus dem Nordatlantikvertrag und ist vereinbar mit der in jenem Rahmen festgelegten gemeinsamen Sicherheits- und Verteidigungspolitik.

(5) Dieser Artikel steht der Entwicklung einer engeren Zusammenarbeit zwischen zwei oder mehr Mitgliedstaaten auf zweiseitiger Ebene sowie im Rahmen der WEU und der Atlantischen Allianz nicht entgegen, soweit sie der nach diesem Titel vorgesehenen Zusammenarbeit nicht zuwiderläuft und diese nicht behindert.

(6) Zur Förderung des Zieles dieses Vertrags und im Hinblick auf den Termin 1998 im Zusammenhang mit Artikel XII des Brüsseler Vertrags in seiner geänderten Fassung kann dieser Artikel nach Artikel N Absatz 2 auf der Grundlage eines dem Europäischen Rat 1996 vom Rat vorzulegenden Berichts, der eine Bewertung der bis dahin erzielten Fortschritte und gesammelten Erfahrungen enthalten wird, revidiert werden."

A. Beziehungen der WEU zur Europäischen Union

3. Ziel ist es, die WEU stufenweise zur Verteidigungskomponente der Europäischen Union auszubauen. Zu diesem Zweck ist die WEU bereit, auf Ersuchen der Europäischen Union Beschlüsse und Aktionen der Union mit verteidigungspolitischen Implikationen zu erarbeiten und durchzuführen.

Zu diesem Zweck ergreift die WEU folgende Maßnahmen, um enge Arbeitsbeziehungen zur Union zu entwickeln:
- Soweit angezeigt, Abstimmung der Tagungstermine und -orte und Harmonisierung der Arbeitsweisen;
- Herbeiführung einer engen Zusammenarbeit zwischen dem Rat und dem Generalsekretariat der WEU einerseits und dem Rat der Union und dem Generalsekretariat des Rates andererseits;
- Prüfung der Harmonisierung der Abfolge und Dauer der beiden Präsidentschaften;
- Vereinbarung geeigneter Vorkehrungen, um sicherzustellen, daß die Kommission der Europäischen Gemeinschaften gemäß ihrer Rolle in der Gemeinsamen Außen- und Sicherheitspolitik, wie diese in dem Vertrag über die Europäische Union festgelegt ist, regelmäßig über die WEU-Tätigkeiten informiert und, soweit angezeigt, konsultiert wird;
- Förderung einer engeren Zusammenarbeit zwischen der Parlamentarischen Versammlung der WEU und dem Europäischen Parlament.

Der WEU-Rat trifft im Einvernehmen mit den zuständigen Organen der Europäischen Union die notwendigen praktischen Regelungen.

B. Beziehungen der WEU zur Atlantischen Allianz

4. Ziel ist es, die WEU als Mittel zur Stärkung des europäischen Pfeilers der Atlantischen Allianz zu entwickeln. Dementsprechend ist die WEU bereit, die engen Arbeitsbeziehungen zur Allianz weiterzuentwickeln und die Rolle, die Verantwortlichkeiten und die Beiträge der Mitgliedstaaten der WEU innerhalb der Allianz zu stärken. Dies wird auf der Grundlage der erforderlichen Transparenz und Komplementarität zwischen der entstehenden europäischen Sicherheits- und Verteidigungsidentität und der Allianz geschehen. Die WEU wird im Einklang mit den Positionen handeln, die in der Allianz beschlossen wurden:

- Die Mitgliedstaaten der WEU werden ihre Koordinierung in Fragen der Allianz, die von erheblichem gemeinsamen Interesse sind, verstärken, um innerhalb der WEU vereinbarte gemeinsame Positionen in den Konsultationsprozeß der Allianz einzubringen, welche das wesentliche Forum für Konsultationen unter ihren Mitgliedern und für die Vereinbarung von politischen Maßnahmen, die sich auf die Sicherheits- und Verteidigungsverpflichtungen der Verbündeten des Nordatlantikvertrags auswirken, bleiben wird.
- Soweit notwendig, werden Tagungstermine und -orte abgestimmt und Arbeitsweisen harmonisiert.
- Zwischen den Generalsekretariaten der WEU und der NATO wird eine enge Zusammenarbeit herbeigeführt.

C. Operationelle Rolle der WEU

5. Die operationelle Rolle der WEU wird durch die Prüfung und Festlegung geeigneter Aufgaben, Strukturen und Mittel gestärkt, die im einzelnen folgendes betreffen:
   - WEU-Planungsstab;
   - engere militärische Zusammenarbeit in Ergänzung der Allianz, insbesondere auf den Gebieten der Logistik, des Transports, der Ausbildung und der strategischen Aufklärung;
   - Treffen der Generalstabschefs der WEU;
   - der WEU zugeordnete militärische Einheiten.

   Zu den sonstigen Vorschlägen, die weiter geprüft werden, gehören:
   - Verstärkte Rüstungskooperation mit dem Ziel der Schaffung einer Europäischen Rüstungsagentur;
   - Weiterentwicklung des WEU-Instituts zu einer Europäischen Sicherheits- und Verteidigungsakademie.

   Die Maßnahmen zur Stärkung der operationellen Rolle der WEU werden in vollem Umfang mit den militärischen Vorkehrungen vereinbar sein, die zur Sicherung der gemeinsamen Verteidigung aller Verbündeten erforderlich sind.

D. Weitere Maßnahmen

6. Als Folge der vorstehend dargelegten Maßnahmen und zur Stärkung der Rolle der WEU wird der Sitz des Rates und des Generalsekretariats der WEU nach Brüssel verlegt.

7. Die Vertretung im Rat der WEU muß so geregelt sein, daß der Rat in der Lage ist, seine Funktionen kontinuierlich gemäß Artikel VIII des geänderten Brüsseler Vertrags auszuüben. Die Mitgliedstaaten können sich hierfür einer noch auszuarbeitenden Formel des „doppelten Hutes", gebildet durch die Vertreter bei der Allianz und der Europäischen Union, bedienen.

8. Die WEU nimmt zur Kenntnis, daß die Union im Einklang mit Artikel J.4 Absatz 6 des Vertrags über die Europäische Union betreffend die Gemeinsame Außen- und Sicherheitspolitik beschließen wird, jenen Artikel nach dem vorgesehenen Verfahren zu überprüfen, um die Verwirklichung des darin gesetzten Zieles zu fördern. Die WEU wird die Bestimmungen der vorliegenden Erklärung 1996 überprüfen. Die Überprüfung wird die Fortschritte und Erfahrungen berücksichtigen und sich auch auf die Beziehungen zwischen WEU und Atlantischer Allianz erstrecken.

II. Erklärung
Belgiens, Deutschlands, Spaniens, Frankreichs, Italiens, Luxemburgs, der Niederlande, Portugals und des Vereinigten Königreichs, die Mitgliedstaaten der Westeuropäischen Union sind

Die Mitgliedstaaten der WEU begrüßen die Entwicklung der europäischen Sicherheits- und Verteidigungsidentität. Angesichts der Rolle der WEU als Verteidigungskomponente der Europäischen Union und als Instrument zur Stärkung des europäischen Pfeilers der Atlantischen Allianz sind sie entschlossen, die Beziehungen zwischen der WEU und den übrigen europäischen Staaten im Namen der Stabilität und der Sicherheit in Europa auf eine neue Grundlage zu stellen. In diesem Sinne schlagen sie folgendes vor:

Die Staaten, die Mitglieder der Europäischen Union sind, werden eingeladen, der WEU zu den nach Artikel XI des Brüsseler Vertrags in seiner geänderten Fassung zu vereinbarenden Bedingungen beizutreten, oder, falls sie dies wünschen, Beobachter zu werden. Gleichzeitig werden die übrigen europäischen Mitgliedstaaten der NATO eingeladen, assoziierte Mitglieder der WEU nach Modalitäten zu werden, die es ihnen ermöglichen, an den Tätigkeiten der WEU voll teilzunehmen.

Die Mitgliedstaaten der WEU gehen davon aus, daß diesen Vorschlägen entsprechende Verträge und Abkommen vor dem 31. Dezember 1992 geschlossen sein werden.

Erklärung
zur Asylfrage

1. Die Konferenz kommt überein, daß der Rat im Rahmen der Arbeiten nach den Artikeln K.1 und K.3 der Bestimmungen über die Zusammenarbeit in den Bereichen Justiz und Inneres vorrangig die Fragen der Asylpolitik der Mitgliedstaaten mit dem Ziel prüft, unter Berücksichtigung des Arbeitsprogramms und des Terminplans, die in dem vom Europäischen Rat auf der Tagung am 28. und 29. Juni 1991 in Luxemburg erbetenen Bericht über die Asylfrage enthalten sind, bis Anfang 1993 eine gemeinsame Aktion zur Harmonisierung der Aspekte dieser Politik zu beschließen.
2. In diesem Zusammenhang prüft der Rat bis Ende 1993 anhand eines Berichts auch die Frage einer etwaigen Anwendung des Artikels K.9 auf diese Bereiche.

Erklärung
zur polizeilichen Zusammenarbeit

Die Konferenz bestätigt das Einvernehmen der Mitgliedstaaten über die Ziele, die den von der deutschen Delegation auf der Tagung des Europäischen Rates vom 28. und 29. Juni 1991 in Luxemburg unterbreiteten Vorschlägen zugrunde liegen.

Die Mitgliedstaaten kommen zunächst überein, die ihnen unterbreiteten Entwürfe unter Berücksichtigung des Arbeitsprogramms und des Terminplans, die in dem vom Europäischen Rat auf der Tagung in Luxemburg erbetenen Bericht enthalten sind, mit Vorrang zu prüfen, und sind bereit, die Annahme konkreter Maßnahmen in Bereichen, wie sie von dieser Delegation vorgeschlagen worden sind, im Hinblick auf folgende Aufgaben auf dem Gebiet des Informations- und Erfahrungsaustausches in Aussicht zu nehmen:

- Unterstützung der einzelstaatlichen Strafverfolgungs- und Sicherheitsbehörden, insbesondere bei der Koordinierung von Ermittlungen und Fahndungen,
- Aufbau von Informationsdateien,
- zentrale Bewertung und Auswertung von Informationen zur Herstellung von Lagebildern und zur Gewinnung von Ermittlungsansätzen,
- Sammlung und Auswertung einzelstaatlicher Präventionskonzepte zur Weitergabe an die Mitgliedstaaten und zur Ausarbeitung gesamteuropäischer Präventionsstrategien,

— Maßnahmen im Bereich der beruflichen Fortbildung, der Forschung, der Kriminaltechnik und des Erkennungsdienstes.

Die Mitgliedstaaten kommen überein, spätestens im Jahr 1994 anhand eines Berichts zu prüfen, ob diese Zusammenarbeit ausgeweitet werden soll.

Erklärung
zu Streitsachen zwischen der EZB bzw. dem EWI und deren Bediensteten

Die Konferenz hält es für richtig, daß das Gericht erster Instanz für diese Gruppe von Klagen nach Artikel 168a des Vertrags zuständig ist. Die Konferenz ersucht deshalb die Organe um eine entsprechende Anpassung der betreffenden Bestimmungen.

4. Erklärungen zu Dänemark

**Europäischer Rat in Edinburgh
Tagung der Staats- und Regierungschefs der EG
am 11./12. Dezember 1992**

Schlußfolgerungen des Vorsitzes[1]

– TEIL B –

Dänemark und der Vertrag über die Europäische Union

Der Europäische Rat hat daran erinnert, daß der in Maastricht unterzeichnete Vertrag erst dann in Kraft treten kann, wenn alle zwölf Mitgliedstaaten ihn gemäß ihren verfassungsrechtlichen Vorschriften ratifiziert haben; er hat die Bedeutung eines möglichst baldigen Abschlusses des Prozesses entsprechend Artikel R des Vertrags ohne Neuverhandlungen des bestehenden Textes bekräftigt.

Der Europäische Rat hat zur Kenntnis genommen, daß Dänemark den Mitgliedstaaten am 30. Oktober ein Dokument mit dem Titel „Dänemark in Europa" vorgelegt hat, in dem folgende Punkte als besonders wichtig hervorgehoben werden:
– die verteidigungspolitische Dimension,
– die dritte Stufe der Wirtschafts- und Währungsunion,
– die Unionsbürgerschaft,
– die Zusammenarbeit in den Bereichen Justiz und Inneres,
– Offenheit und Transparenz des Beschlußfassungsprozesses der Gemeinschaft,
– effektive Anwendung des Subsidiaritätsprinzips,
– Förderung der Zusammenarbeit der Mitgliedstaaten bei der Bekämpfung der Arbeitslosigkeit.

Der Europäische Rat hat sich vor diesem Hintergrund auf folgende Absprachen verständigt, die voll mit dem Vertrag vereinbar sind, den Anliegen Dänemarks Rechnung tragen sollen und daher ausschließlich für Dänemark gelten, nicht aber für andere jetzige oder künftige Mitgliedstaaten:

---

[1] Quelle: BPA-Bull. Nr. 140/1992 v. 28. Dezember 1992, S. 1277 ff. Zu den Sonderregelungen für Dänemark siehe auch w.o. S. 36 u. S. 77 ff.

Dänemark Erklärungen

a) Beschluß zu bestimmten von Dänemark aufgeworfenen Problemen betreffend den Vertrag über die Europäische Union (**Anlage 1**). Dieser Beschluß wird am Tage des Inkrafttretens des Vertrags über die Europäische Union wirksam.

b) Erklärungen in **Anlage 2**.

Der Europäische Rat hat außerdem die einseitigen Erklärungen in **Anlage 3** zur Kenntnis genommen, die in Verbindung mit der Ratifikation des Vertrags über die Europäische Union durch Dänemark abgegeben werden sollen.

Teil B   Anlage 1

Beschluß
der im Europäischen Rat vereinigten Staats- und Regierungschefs zu bestimmten von Dänemark aufgeworfenen Problemen betreffend den Vertrag über die Europäische Union

Die im Europäischen Rat vereinigten Staats- und Regierungschefs der Unterzeichnerstaaten des Vertrags über die Europäische Union, in dessen Rahmen unabhängige und souveräne Staaten aus freien Stücken beschlossen haben, im Einklang mit den bestehenden Verträgen einige ihrer Befugnisse gemeinsam auszuüben –

in dem Wunsch, derzeit namentlich über Dänemark bestehende Sonderprobleme, die in dem von Dänemark vorgelegten Memorandum „Dänemark in Europa" vom 30. Oktober 1992 aufgeworfen wurden, im Einklang mit dem Vertrag über die Europäische Union zu regeln,

in Anbetracht der Schlußfolgerungen des Europäischen Rates von Edinburgh zur Subsidiarität und zur Transparenz,

in Kenntnis der Erklärungen des Europäischen Rates von Edinburgh zu Dänemark,

nach Kenntnisnahme der einseitigen Erklärungen, die Dänemark bei dieser Gelegenheit abgegeben hat und die seiner Ratifikationsurkunde beigefügt werden,

in Kenntnis dessen, daß Dänemark nicht die Absicht hat, die nachstehenden Bestimmungen in der Weise anzuwenden, daß eine engere Zusammenarbeit und gemeinsames Handeln der Mitgliedstaaten im Einklang mit dem Vertrag und im Rahmen der Union und ihrer Ziele dadurch verhindert werden –

haben sich auf folgenden Beschluß geeinigt:

Abschnitt A
Unionsbürgerschaft

Mit den im Zweiten Teil des Vertrags über die Europäische Union enthaltenen Bestimmungen über die Unionsbürgerschaft werden den Staatsangehörigen der Mitgliedstaaten die in diesem Teil aufgeführten zusätzlichen Rechte und der dort spezifizierte zusätzliche Schutz gewährt. Die betreffenden Bestimmungen treten in keiner Weise an die Stelle der nationalen Staatsbürgerschaft. Die Frage, ob eine Person die Staatsangehörigkeit eines Mitgliedstaats besitzt, wird einzig und allein auf der Grundlage des innerstaatlichen Rechts des betreffenden Mitgliedstaats geregelt.

Abschnitt B
Wirtschafts- und Währungsunion

(1) Gemäß dem Protokoll über einige Bestimmungen betreffend Dänemark im Anhang zum Vertrag zur Gründung der Europäischen Gemeinschaft hat Dänemark das Recht, dem Rat der Europäischen Gemeinschaften seinen Standpunkt bezüglich der Teilnahme an der dritten Stufe der Wirtschafts- und Währungsunion zu notifizieren. Dänemark hat notifiziert, daß es nicht an der dritten Stufe teilnehmen wird. Diese Notifizierung wird mit Inkrafttreten dieses Beschlusses wirksam.

(2) Folglich wird Dänemark nicht an der einheitlichen Währung teilnehmen, es wird nicht an Regeln für die Wirtschaftspolitik gebunden sein, die nur für die an der dritten Stufe der Wirtschafts- und Währungsunion teilnehmenden Mitgliedstaaten gelten, und es wird seine bestehenden Befugnisse auf dem Gebiet der Geld- und Währungspolitik entsprechend seinen innerstaatlichen Rechts- und Verwaltungsvorschriften, einschließlich der Befugnisse der Nationalbank Dänemarks auf dem Gebiet der Geld- und Währungspolitik, behalten.

(3) Dänemark wird an der zweiten Stufe der Wirtschafts- und Währungsunion in vollem Umfang teilnehmen und sich weiterhin an der Zusammenarbeit im Rahmen des EWS beteiligen.

Abschnitt C
Verteidigungspolitik

Die Staats- und Regierungschefs nehmen zur Kenntnis, daß Dänemark auf Einladung der Westeuropäischen Union (WEU) bei dieser Organisation nunmehr einen Beobachterstatus einnimmt. Sie nehmen außerdem zur Kenntnis, daß der Vertrag über die Europäische Union Dänemark in keiner Weise dazu verpflichtet, der WEU beizutreten. Dänemark beteiligt sich demgemäß nicht an der Ausarbeitung und Durchführung von Beschlüssen und Maßnahmen der Union, die verteidigungspolitische Bezüge haben, wird allerdings die Mitgliedstaaten auch nicht an der Entwicklung einer engeren Zusammenarbeit auf diesem Gebiet hindern.

Abschnitt D
Bereiche Justiz und Inneres

Dänemark wird an der Zusammenarbeit in den Bereichen Justiz und Inneres auf der Grundlage des Titels VI des Vertrags über die Europäische Union uneingeschränkt teilnehmen.

Abschnitt E
Schlußbestimmungen

(1) Dieser Beschluß wird am Tag des Inkrafttretens des Vertrags über die Europäische Union wirksam; seine Geltungsdauer bestimmt sich nach Artikel Q und Artikel N Absatz 2 dieses Vertrags.

(2) Dänemark kann den übrigen Mitgliedstaaten in Übereinstimmung mit seinen verfassungsrechtlichen Erfordernissen jederzeit mitteilen, daß es von diesem Beschluß oder von Teilen dieses Beschlusses keinen Gebrauch mehr machen will. In diesem Falle wird Dänemark sämtliche im Rahmen der Europäischen Union getroffenen Maßnahmen, die bis dahin in Kraft getreten sind, in vollem Umfang anwenden.

Teil B Anlage 2

Erklärungen des Europäischen Rates
Erklärung betreffend die Sozial-, Verbraucher- und Umweltpolitik sowie die Einkommensverteilung

1. Der Vertrag über die Europäische Union hindert die Mitgliedstaaten nicht daran, strengere Schutzmaßnahmen beizubehalten oder zu treffen, die mit dem EG-Vertrag vereinbar sind, und zwar
   - im Bereich der Arbeitsbedingungen und der Sozialpolitik (Artikel 118a Absatz 3 EG-Vertrag und Artikel 2 Absatz 5 des zwischen den Mitgliedstaaten der Europäischen Gemeinschaft mit Ausnahme des Vereinigten Königreichs geschlossenen Abkommens über die Sozialpolitik),
   - mit dem Ziel, ein hohes Verbraucherschutzniveau zu erreichen (Artikel 129a Absatz 3 EG-Vertrag),
   - um Umweltschutzziele zu verfolgen (Artikel 130t EG-Vertrag).
2. Die Bestimmungen des Vertrags über die Europäische Union einschließlich der Bestimmungen über die Wirtschafts- und Währungsunion erlauben es jedem Mitgliedstaat, seine eigene Einkommensverteilungspolitik zu verfolgen und Sozialleistungen beizubehalten oder zu verbessern.

Erklärung betreffend die Verteidigung

Der Europäische Rat nimmt zur Kenntnis, daß Dänemark in jedem Fall, in dem es um die Ausarbeitung und Durchführung von Beschlüssen und Maßnahmen der Union mit verteidigungspolitischen Bezügen geht, auf sein Recht auf Ausübung des Vorsitzes der Union verzichtet. Es gelten die normalen Regeln für die Ersetzung des Präsidenten im Falle seiner Verhinderung. Diese Regeln gelten auch in bezug auf die Vertretung der Union in internationalen Organisationen, bei internationalen Konferenzen und gegenüber Drittländern.

Teil B Anlage 3

Einseitige Erklärungen Dänemarks, die der dänischen Ratifikationsurkunde zum Vertrag über die Europäische Union beizufügen sind und von den übrigen elf Mitgliedstaaten zur Kenntnis genommen werden

Erklärung zur Unionsbürgerschaft

1. Die Unionsbürgerschaft ist ein politischer und rechtlicher Begriff, der sich vom Begriff der Staatsangehörigkeit im Sinne der Verfassung des Königreichs Dänemark und im Sinne des dänischen Rechtssystems grundlegend unterscheidet. Der Vertrag über die Europäische Union sieht weder implizit noch ausdrücklich eine Verpflichtung zur Schaffung einer Unionsbürgerschaft im Sinne der Staatsangehörigkeit eines Nationalstaates vor. Die Frage einer Teilnahme Dänemarks an entsprechenden Entwicklungen stellt sich daher nicht.

2. Die Unionsbürgerschaft an sich gibt einem Staatsangehörigen eines anderen Mitgliedstaates keinerlei Anrecht auf den Erwerb der dänischen Staatsangehörigkeit oder auf den Erwerb von Rechten, Pflichten, Vorrechten oder Vorteilen, die aufgrund der verfassungsrechtlichen, gesetzlichen und administrativen Vorschriften Dänemarks mit der dänischen Staatsangehörigkeit verbunden sind. Dänemark wird alle spezifischen Rechte, die im Vertrag für die Staatsangehörigen der Mitgliedstaaten ausdrücklich vorgesehen sind, in vollem Umfang beachten.

3. Staatsangehörige der anderen Mitgliedstaaten der Europäischen Gemeinschaft genießen gemäß Artikel 8b des EG-Vertrags in Dänemark das aktive und passive Wahlrecht bei Kommunalwahlen. Dänemark beabsichtigt, Rechtsvorschriften zu erlassen, wonach Staatsangehörigen anderer Mitgliedstaaten rechtzeitig vor den nächsten Wahlen im Jahre 1994 das aktive und passive Wahlrecht bei den Wahlen zum Europäischen Parlament gewährt wird. Dänemark ist nicht gewillt hinzunehmen, daß die ausführlichen Regelungen nach den Absätzen 1 und 2 des genannten Artikels gegebenenfalls zu Regeln führen, die die in Dänemark bereits gewährten diesbezüglichen Rechte einschränken.

4. Unbeschadet der anderen Bestimmungen des Vertrags zur Gründung der Europäischen Gemeinschaft ist nach Artikel 8e dieses Vertrags für die Annahme einer Bestimmung zur Stärkung oder zur Erweiterung der im zweiten Teil des EG-Vertrags festgelegten Rechte die Zustimmung aller Mitglieder des Rates der Europäischen Gemeinschaften, d.h. aller Mitgliedstaaten, erforderlich. Außerdem muß jedweder einstimmige Beschluß des Rates vor seinem Inkrafttreten in jedem Mitgliedstaat nach dessen verfassungsrechtlichen Vorschriften angenommen werden. In Dänemark ist im Falle einer Souveränitätsübertragung im Sinne der dänischen Verfassung für eine solche Annahme entweder eine Mehrheit von 5/6 der Mitglieder des Folketing oder aber sowohl die Mehrheit der Mitglieder des Folketing als auch die Mehrheit der abgegebenen Stimmen bei einem Volksentscheid erforderlich.

Erklärung zur Zusammenarbeit in den Bereichen Justiz und Inneres

Gemäß Artikel K.9 des Vertrags über die Europäische Union ist für die Annahme eines Beschlusses über die Anwendung von Artikel 100c des Vertrags zur Gründung der Europäischen Gemeinschaft auf Maßnahmen in den in Artikel K.1 Ziffern 1 bis 6 genannten Bereichen die Zustimmung aller Mitgliedstaaten des Rates der Europäischen Union, d.h. aller Mitgliedstaaten, erforderlich. Außerdem muß jedweder einstimmige Beschluß des Rates vor seinem Inkrafttreten in jedem Mitgliedstaat nach dessen verfassungsrechtlichen Vorschriften angenommen werden. In Dänemark ist im Falle einer Souveränitätsübertragung im Sinne der dänischen Verfassung für eine solche Annahme entweder eine Mehrheit von 5/6 der Mitglieder des Folketing oder aber sowohl die Mehrheit der Mitglieder des Folketing als auch die Mehrheit der abgegebenen Stimmen bei einem Volksentscheid erforderlich.

Schlußerklärung

Der vorstehende Beschluß und die vorstehenden Erklärungen sind eine Antwort auf das Ergebnis des dänischen Referendums vom 2. Juni 1992 über die Ratifikation des Maastrichter Vertrags. Soweit Dänemark betroffen ist, sind die Ziele dieses Vertrags in den vier in den Abschnitten A bis D des Beschlusses genannten Bereichen im Lichte dieser Texte zu sehen, die mit dem Vertrag vereinbar sind und dessen Ziele nicht in Frage stellen.

II. Europäische Gemeinschaft

1. Vertrag zur Gründung der Europäischen Gemeinschaft (EG)[1]

In der Fassung vom 1. Januar 1995[2]

Übersicht[3]

Präambel	122
Erster Teil: Grundsätze (Art. 1–7c)	123
Zweiter Teil: Die Unionsbürgerschaft (Art. 8–8e)	128
Dritter Teil: Die Politiken der Gemeinschaft (Art. 9–130y)	130
Titel I: Der freie Warenverkehr (Art. 9–37)	130
Kapitel 1: Die Zollunion (Art. 12–29)	131
Abschnitt 1: Die Abschaffung der Zölle zwischen den Mitgliedstaaten (Art. 12–17)	131

---

[1] Der neue EG-Vertrag baut auf dem EWG-Vertrag v. 25. März 1957, BGBl. 1957 II S. 766 (ber. S. 1678) u. 1958 II S. 64 (in Kraft getreten am 1. Januar 1958 gem. Bek. v. 27. Dezember 1957, BGBl. 1958 II S. 1), zuletzt geändert durch die Einheitliche Europäische Akte (EEA) v. 28. Februar 1986, BGBl. 1986 II S. 1104 (in Kraft getreten am 1. Juli 1987 gem. Bek. v. 31. Juli 1987, BGBl. 1987 II S. 451) auf. Der EG-Vertrag definiert die Aufgaben der Gemeinschaft neu und nimmt vor allem eine Ausdehnung des Vertragsinhalts auf die Wirtschafts- und Währungsunion (WWU) vor, daneben aber auch auf andere Bereiche (vgl. die Einführung S. 7 ff.). Entsprechend der erweiterten Zielsetzung des Vertrages erfolgte im gesamten Vertragstext die Umbenennung der früheren „Europäischen Wirtschaftsgemeinschaft" (EWG) in „Europäische Gemeinschaft" (EG): siehe Art. G des Vertrages über die Europäische Union, w.o. S. 21 f. Vgl. auch die Protokolle und Erklärungen zum EG-Vertrag, w.o. S. 36 ff u. S. 92 ff.

[2] Die folgende Fassung berücksichtigt die Änderungen und Ergänzungen durch Titel II des Vertrages über die Europäische Union v. 7. Februar 1992, BGBl. 1992 II S. 1253; in Kraft getreten am 1. November 1993 gem. Bek. v. 19. Oktober 1993 (BGBl. 1993 II S. 1947) sowie die Änderungen durch den Beitrittsvertrag v. 24. Juni 1994 (BGBl. 1994 II S. 2024) und den Anpassungsbeschluß des Rates Nr. 95/1/EG, Euratom, EGKS v. 1. Januar 1995 (ABl. EG Nr. L 1/1995, S. 1), in Kraft getreten am 1. Januar 1995. Vertragsparteien sind Belgien, Dänemark, Deutschland, Finnland, Frankreich, Griechenland, Irland, Italien, Luxemburg, die Niederlande, Österreich, Portugal, Schweden, Spanien und das Vereinigte Königreich Großbritannien und Nordirland.

[3] Die Übersicht ist kein amtlicher Bestandteil des Vertragswerks.

Abschnitt 2: Die Aufstellung des Gemeinsamen
Zolltarifs (Art. 18–29) 134
Kapitel 2: Beseitigung der mengenmäßigen Beschränkungen zwischen den Mitgliedstaaten (Art. 30–37) ... 138
Titel II: Die Landwirtschaft (Art. 38–47) 142
Titel III: Die Freizügigkeit, der freie Dienstleistungs-
und Kapitalverkehr (Art. 48–73) 149
Kapitel 1: Die Arbeitskräfte (Art. 48–51) 149
Kapitel 2: Das Niederlassungsrecht (Art. 52–58) 151
Kapitel 3: Dienstleistungen (Art. 59–66) 155
Kapitel 4: Der Kapital- und Zahlungsverkehr
(Art. 67–73h) 157
Titel IV: Der Verkehr (Art. 74–84) 162
Titel V: Gemeinsame Regeln betreffend Wettbewerb,
Steuerfragen und Angleichung der Rechtsvorschriften
(Art. 85–102) 165
Kapitel 1: Wettbewerbsregeln (Art. 85–94) 165
Abschnitt 1: Vorschriften für Unternehmen
(Art. 85–90) 165
Abschnitt 2: Dumping (Art. 91) 169
Abschnitt 3: Staatliche Beihilfen (Art. 92–94) 169
Kapitel 2: Steuerliche Vorschriften (Art. 95–99) 172
Kapitel 3: Angleichung der Rechtsvorschriften
(Art. 100–102) 173
Titel VI: Die Wirtschafts- und Währungspolitik
(Art. 102a–109m) 176
Kapitel 1: Die Wirtschaftspolitik (Art. 102a–104c) 176
Kapitel 2: Die Währungspolitik (Art. 105–109) 182
Kapitel 3: Institutionelle Bestimmungen
(Art. 109a–109d) 186
Kapitel 4: Übergangsbestimmungen (Art. 109e–109m) .. 189
Titel VII: Gemeinsame Handelspolitik (Art. 110–116) 198
Titel VIII: Sozialpolitik, allgemeine und berufliche Bildung
und Jugend (Art. 117–127) 201
Kapitel 1: Sozialvorschriften (Art. 117–122) 201
Kapitel 2: Der Europäische Sozialfonds (Art. 123–125) .. 203
Kapitel 3: Allgemeine und berufliche Bildung und
Jugend (Art. 126–127) 204
Titel IX: Kultur (Art. 128) 205
Titel X: Gesundheitswesen (Art. 129) 206
Titel XI: Verbraucherschutz (Art. 129a) 207

EG-Vertrag   Übersicht

Titel XII: Transeuropäische Netze (Art. 129b–129d) 208
Titel XIII: Industrie (Art. 130) 209
Titel XIV: Wirtschaftlicher und sozialer Zusammenhalt
  (Art. 130a–130e) 210
Titel XV: Forschung und technologische Entwicklung
  (Art. 130f–130p) 212
Titel XVI: Umwelt (Art. 130r–130t) 215
Titel XVII: Entwicklungszusammenarbeit (Art. 130u–130y) . 218
Vierter Teil: Die Assoziierung der überseeischen Länder
und Hoheitsgebiete (Art. 131–136a) 219
Fünfter Teil: Die Organe der Gemeinschaft (Art. 137–209) .. 222
  Titel I: Vorschriften über die Organe (Art. 137–198) 222
    Kapitel 1: Die Organe (Art. 137–188) 222
      Abschnitt 1: Das Europäische Parlament
        (Art. 137–144) 222
      Abschnitt 2: Der Rat (Art. 145–154) 227
      Abschnitt 3: Die Kommission (Art. 155–163) 229
      Abschnitt 4: Der Gerichtshof (Art. 164–188) 232
      Abschnitt 5: Der Rechnungshof (Art. 188a–188c) 239
    Kapitel 2: Gemeinsame Vorschriften für mehrere Organe
      (Art. 189–192) 242
    Kapitel 3: Der Wirtschafts- und Sozialausschuß
      (Art. 193–198) 247
    Kapitel 4: Der Ausschuß der Regionen (Art. 198a–198c) 249
    Kapitel 5: Die Europäische Investitionsbank
      (Art. 198d–198e) 251
  Titel II: Finanzvorschriften (Art. 199–209a) 252
Sechster Teil: Allgemeine und Schlußbestimmungen
  (Art. 210–248) 260
  Einsetzung der Organe (Art. 241–246) 269
  Schlußbestimmungen (Art. 247–248) 271
Anhänge [4]
Anhang I: Listen A bis G zu den Artikeln 19 und 20
  dieses Vertrages ....
Anhang II: Liste zu Artikel 38 dieses Vertrages ....
Anhang III: Liste der unsichtbaren Transaktionen
  zu Artikel 106 dieses Vertrages ....
Anhang IV: Überseeische Länder und Hohheitsgebiete, auf
  welche der Vierte Teil dieses Vertrages Anwendung findet

---

[4] Hier nicht abgedruckt; siehe BGBl. 1957 II S. 904.

EG-Vertrag Präambel[5]

[SEINE MAJESTÄT DER KÖNIG DER BELGIER, DER PRÄSIDENT DER BUNDESREPUBLIK DEUTSCHLAND, DER PRÄSIDENT DER FRANZÖSISCHEN REPUBLIK, DER PRÄSIDENT DER ITALIENISCHEN REPUBLIK, IHRE KÖNIGLICHE HOHEIT DIE GROSSHERZOGIN VON LUXEMBURG, IHRE MAJESTÄT DIE KÖNIGIN DER NIEDERLANDE –

IN DEM FESTEN WILLEN, die Grundlagen für einen immer engeren Zusammenschluß der europäischen Völker zu schaffen,

ENTSCHLOSSEN, durch gemeinsames Handeln den wirtschaftlichen und sozialen Fortschritt ihrer Länder zu sichern, indem sie die Europa trennenden Schranken beseitigen,

IN DEM VORSATZ, die stetige Besserung der Lebens- und Beschäftigungsbedingungen ihrer Völker als wesentliches Ziel anzustreben,

IN DER ERKENNTNIS, daß zur Beseitigung der bestehenden Hindernisse ein einverständliches Vorgehen erforderlich ist, um eine beständige Wirtschaftsausweitung, einen ausgewogenen Handelsverkehr und einen redlichen Wettbewerb zu gewährleisten,

IN DEM BESTREBEN, ihre Volkswirtschaften zu einigen und deren harmonische Entwicklung zu fördern, indem sie den Abstand zwischen einzelnen Gebieten und den Rückstand weniger begünstigter Gebiete verringern,

IN DEM WUNSCH, durch eine gemeinsame Handelspolitik zur fortschreitenden Beseitigung der Beschränkungen im zwischenstaatlichen Wirtschaftsverkehr beizutragen,

IN DER ABSICHT, die Verbundenheit Europas mit den überseeischen Ländern zu bekräftigen, und in dem Wunsch, entsprechend den Grundsätzen der Satzung der Vereinten Nationen den Wohlstand der überseeischen Länder zu fördern,

ENTSCHLOSSEN, durch diesen Zusammenschluß ihrer Wirtschaftskräfte Frieden und Freiheit zu wahren und zu festigen, und mit der Aufforderung an die anderen Völker Europas, die sich zu den gleichen hohen Zielen bekennen, sich diesen Bestrebungen anzuschließen –

HABEN BESCHLOSSEN, eine Europäische Wirtschaftsgemeinschaft zu gründen; sie haben zu diesem Zweck zu ihren Bevollmächtigten ernannt:

(es folgen die Namen)

DIESE SIND nach Austausch ihrer als gut und gehörig befundenen Vollmachten wie folgt

ÜBEREINGEKOMMEN:]

---

[5] In der vorliegenden Fassung ist die Präambel inzwischen durch den Vorspruch zum Vertrag über die Europäische Union überholt, siehe w.o. S. 18 f.

Erster Teil
Grundsätze

Art. 1 [Gründung der Europäischen Gemeinschaft] Durch diesen Vertrag gründen die Hohen Vertragsparteien untereinander eine EUROPÄISCHE GEMEINSCHAFT.

Art. 2 [Aufgabe der Gemeinschaft] Aufgabe der Gemeinschaft ist es, durch die Errichtung eines Gemeinsamen Marktes und einer Wirtschafts- und Währungsunion sowie durch die Durchführung der in den Artikeln 3 und 3a genannten gemeinsamen Politiken oder Maßnahmen eine harmonische und ausgewogenen Entwicklung des Wirtschaftslebens innerhalb der Gemeinschaft, ein beständiges, nichtinflationäres und umweltverträgliches Wachstum, einen hohen Grad an Konvergenz der Wirtschaftsleistungen, ein hohes Beschäftigungsniveau, ein hohes Maß an sozialem Schutz, die Hebung der Lebenshaltung und der Lebensqualität, den wirtschaftlichen und sozialen Zusammenhalt und die Solidarität zwischen den Mitgliedstaaten zu fördern.

Art. 3 [Tätigkeit der Gemeinschaft] Die Tätigkeit der Gemeinschaft im Sinne des Artikels 2 umfaßt nach Maßgabe dieses Vertrags und der darin vorgesehenen Zeitfolge

a) die Abschaffung der Zölle und mengenmäßigen Beschränkungen bei der Ein- und Ausfuhr von Waren sowie aller sonstigen Maßnahmen gleicher Wirkung zwischen den Mitgliedstaaten;

b) eine gemeinsame Handelspolitik;

c) einen Binnenmarkt, der durch die Beseitigung der Hindernisse für den freien Waren-, Personen-, Dienstleistungs- und Kapitalverkehr zwischen den Mitgliedstaaten gekennzeichnet ist;

d) Maßnahmen hinsichtlich der Einreise in den Binnenmarkt und des Personenverkehrs im Binnenmarkt gemäß Artikel 100c;

e) eine gemeinsame Politik auf dem Gebiet der Landwirtschaft und der Fischerei;

f) eine gemeinsame Politik auf dem Gebiet des Verkehrs;

g) ein System, das den Wettbewerb innerhalb des Binnenmarkts vor Verfälschungen schützt;

h) die Angleichung der innerstaatlichen Rechtsvorschriften, soweit dies für das Funktionieren des Gemeinsamen Marktes erforderlich ist;

i) eine Sozialpolitik mit einem Europäischen Sozialfonds;

j) die Stärkung des wirtschaftlichen und sozialen Zusammenhalts;

k) eine Politik auf dem Gebiet der Umwelt;

l) die Stärkung der Wettbewerbsfähigkeit der Industrie der Gemeinschaft;

m) die Förderung der Forschung und technologischen Entwicklung;

n) die Förderung des Auf- und Ausbaus transeuropäischer Netze;

o) einen Beitrag zur Erreichung eines hohen Gesundheitsschutzniveaus;

p) einen Beitrag zu einer qualitativ hochstehenden allgemeinen und beruflichen Bildung sowie zur Entfaltung des Kulturlebens in den Mitgliedstaaten;

q) eine Politik auf dem Gebiet der Entwicklungszusammenarbeit;

r) die Assoziierung der überseeischen Länder und Hoheitsgebiete, um den Handelsverkehr zu steigern und die wirtschaftliche und soziale Entwicklung durch gemeinsame Bemühungen zu fördern;

s) einen Beitrag zur Verbesserung des Verbraucherschutzes;

t) Maßnahmen in den Bereichen Energie, Katastrophenschutz und Fremdenverkehr.

Art. 3a [Wirtschaftspolitik; Währungspolitik] (1) Die Tätigkeit der Mitgliedstaaten und der Gemeinschaft im Sinne des Artikels 2 umfaßt nach Maßgabe dieses Vertrags und der darin vorgesehenen Zeitfolge die Einführung einer Wirtschaftspolitik, die auf einer engen Koordinierung der Wirtschaftspolitik der Mitgliedstaaten, dem Binnenmarkt und der Festlegung gemeinsamer Ziele beruht und dem Grundsatz einer offenen Marktwirtschaft mit freiem Wettbewerb verpflichtet ist.

(2) Parallel dazu umfaßt diese Tätigkeit nach Maßgabe dieses Vertrags und der darin vorgesehenen Zeitfolge und Verfahren die unwiderrufliche Festlegung der Wechselkurse im Hinblick auf die Einführung einer einheitlichen Währung, der ECU, sowie die Festlegung und Durchführung einer einheitlichen Geld- sowie Wechselpolitik, die beide vorrangig das Ziel der Preisstabilität verfolgen und unbeschadet dieses Zieles die allgemeine Wirtschaftspolitik in der Gemein-

schaft unter Beachtung des Grundsatzes einer offenen Marktwirtschaft mit freiem Wettbewerb unterstützen sollen.

(3) Diese Tätigkeit der Mitgliedstaaten und der Gemeinschaft setzt die Einhaltung der folgenden richtungweisenden Grundsätze voraus: stabile Preise, gesunde öffentliche Finanzen und monetäre Rahmenbedingungen sowie eine dauerhaft finanzierbare Zahlungsbilanz.

Art. 3b [Einzelermächtigung; Subsidiarität] Die Gemeinschaft wird innerhalb der Grenzen der ihr in diesem Vertrag zugewiesenen Befugnisse und gesetzten Ziele tätig.

In den Bereichen, die nicht in ihre ausschließliche Zuständigkeit fallen, wird die Gemeinschaft nach dem Subsidiaritätsprinzip nur tätig, sofern und soweit die Ziele der in Betracht gezogenen Maßnahmen auf Ebene der Mitgliedstaaten nicht ausreichend erreicht werden können und daher wegen ihres Umfangs oder ihrer Wirkungen besser auf Gemeinschaftsebene erreicht werden können.

Die Maßnahmen der Gemeinschaft gehen nicht über das für die Erreichung der Ziele dieses Vertrags erforderliche Maß hinaus.

Art. 4 [Organe der Gemeinschaft] (1) Die der Gemeinschaft zugewiesenen Aufgaben werden durch folgende Organe wahrgenommen:
– ein Europäisches Parlament,
– einen Rat,
– eine Kommission,
– einen Gerichtshof,
– einen Rechnungshof.

Jedes Organ handelt nach Maßgabe der ihm in diesem Vertrag zugewiesenen Befugnisse.

(2) Der Rat und die Kommission werden von einem Wirtschafts- und Sozialausschuß sowie einem Ausschuß der Regionen mit beratender Aufgabe unterstützt.

Art. 4a [Europäisches System der Zentralbanken] Nach den in diesem Vertrag vorgesehenen Verfahren werden ein Europäisches System der Zentralbanken (im folgenden als ,,ESZB" bezeichnet) und eine Europäische Zentralbank (im folgenden als ,,EZB" bezeichnet) geschaffen, die nach Maßgabe der Befugnisse handeln, die ihnen in diesem Vertrag und der beigefügten Satzung des ESZB und der EZB (im folgenden als ,,Satzung des ESZB" bezeichnet) zugewiesen werden.

Art. 4 b [Europäische Investitionsbank] Es wird eine Europäische Investitionsbank errichtet, die nach Maßgabe der Befugnisse handelt, die ihr in diesem Vertrag und der beigefügten Satzung zugewiesen werden.

Art. 5 [Aufgabe der Mitgliedstaaten] Die Mitgliedstaaten treffen alle geeigneten Maßnahmen allgemeiner oder besonderer Art zur Erfüllung der Verpflichtungen, die sich aus diesem Vertrag oder aus Handlungen der Organe der Gemeinschaft ergeben. Sie erleichtern dieser die Erfüllung ihrer Aufgabe.

Sie unterlassen alle Maßnahmen, welche die Verwirklichung der Ziele dieses Vertrags gefährden könnten.

Art. 6 [Diskriminierungsverbot] Unbeschadet besonderer Bestimmungen dieses Vertrags ist in seinem Anwendungsbereich jede Diskriminierung aus Gründen der Staatsangehörigkeit verboten.

Der Rat kann nach dem Verfahren des Artikels 189c Regelungen für das Verbot solcher Diskriminierungen treffen.

Art. 7 [Übergangszeit] (1) Der Gemeinsame Markt wird während einer Übergangszeit von zwölf Jahren schrittweise verwirklicht.

Die Übergangszeit besteht aus drei Stufen von je vier Jahren: die Dauer jeder Stufe kann nach Maßgabe der folgenden Bestimmungen geändert werden.

(2) Jeder Stufe entspricht eine Gesamtheit von Maßnahmen, die zusammen eingeleitet und durchgeführt werden müssen.

(3) Der Übergang von der ersten zur zweiten Stufe hängt von der Feststellung ab, daß die in diesem Vertrag für die erste Stufe ausdrücklich festgelegten Ziele im wesentlichen tatsächlich erreicht und daß vorbehaltlich der in diesem Vertrag vorgesehenen Ausnahmen und Verfahren die Verpflichtungen eingehalten worden sind.

Diese Feststellung wird vom Rat am Ende des vierten Jahres auf Grund eines Berichts der Kommission einstimmig getroffen. Ein Mitgliedstaat kann die Einstimmigkeit nicht verhindern, indem er sich auf die Nichterfüllung seiner eigenen Verpflichtungen beruft. Kommt keine Einstimmigkeit zustande, so wird die erste Stufe ohne weiteres um ein Jahr verlängert.

Am Ende des fünften Jahres trifft der Rat die Feststellung unter denselben Bedingungen. Kommt keine Einstimmigkeit zustande, so wird die erste Stufe ohne weiteres um ein zusätzliches Jahr verlängert.

Am Ende des sechsten Jahres trifft der Rat die Feststellung mit qualifizierter Mehrheit auf Grund des Berichts der Kommission.

(4) Verbleibt ein Mitgliedstaat in der Minderheit, so kann er binnen einem Monat nach der zuletzt genannten Abstimmung beim Rat die Bestellung einer Schiedsstelle beantragen, deren Entscheidung für alle Mitglieder und für die Organe der Gemeinschaft verbindlich ist; wird die erforderliche Mehrheit nicht erreicht, so gilt das gleiche für jeden Mitgliedstaat. Die Schiedsstelle besteht aus drei Mitgliedern, die vom Rat einstimmig auf Vorschlag der Kommission bestellt werden.

Kommt die Bestellung durch den Rat binnen einem Monat nach Antragstellung nicht zustande, so werden die Mitglieder der Schiedsstelle innerhalb eines weiteren Monats vom Gerichtshof bestellt.

Die Schiedsstelle wählt ihren Vorsitzenden selbst.

Sie erläßt ihren Schiedsspruch binnen sechs Monaten nach der im letzten Unterabsatz von Absatz (3) genannten Abstimmung des Rates.

(5) Die zweite und die dritte Stufe können nur durch eine einstimmige, vom Rat auf Vorschlag der Kommission erlassene Entscheidung verlängert oder abgekürzt werden.

(6) Die Bestimmungen der vorstehenden Absätze dürfen nicht zur Folge haben, daß die Übergangszeit länger als fünfzehn Jahre, vom Inkrafttreten dieses Vertrags an gerechnet, dauert.

(7) Vorbehaltlich der in diesem Vertrag vorgesehenen Ausnahmen oder Abweichungen ist das Ende der Übergangszeit gleichzeitig der Endtermin für das Inkrafttreten aller vorgesehenen Vorschriften sowie für die Durchführung aller Maßnahmen, die zur Errichtung des Gemeinsamen Marktes gehören.

Art. 7a [Verwirklichung des Binnenmarktes] Die Gemeinschaft trifft die erforderlichen Maßnahmen, um bis zum 31. Dezember 1992 gemäß dem vorliegenden Artikel, den Artikeln 7b, 7c und 28, Artikel 57 Absatz 2, Artikel 59, Artikel 70 Absatz 1 und den Artikeln 84, 99, 100a und 100b unbeschadet der sonstigen Bestimmungen dieses Vertrags den Binnenmarkt schrittweise zu verwirklichen.

Der Binnenmarkt umfaßt einen Raum ohne Binnengrenzen, in dem der freie Verkehr von Waren, Personen, Dienstleistungen und Kapital gemäß den Bestimmungen dieses Vertrags gewährleistet ist.

Art. 7b [Verfahren] Die Kommission berichtet dem Rat vor dem 31. Dezember 1988 und vor dem 31. Dezember 1990 über den Stand der Arbeiten im Hinblick auf die Verwirklichung des Binnenmarktes innerhalb der in Artikel 8a gesetzten Frist.

Der Rat legt mit qualifizierter Mehrheit auf Vorschlag der Kommission die Leitlinien und Bedingungen fest, die erforderlich sind, um in allen betroffenen Sektoren einen ausgewogenen Fortschritt zu gewährleisten.

Art. 7c [Ausnahmeregelungen] Bei der Formulierung ihrer Vorschläge zur Verwirklichung der Ziele des Artikels 8a berücksichtigt die Kommission den Umfang der Anstrengungen, die einigen Volkswirtschaften mit unterschiedlichem Entwicklungsstand im Zuge der Errichtung des Binnenmarktes abverlangt werden, und kann geeignete Bestimmungen vorschlagen.

Erhalten diese Bestimmungen die Form von Ausnahmeregelungen, so müssen sie vorübergehender Art sein und dürfen das Funktionieren des Gemeinsamen Marktes so wenig wie möglich stören.

Zweiter Teil
Die Unionsbürgerschaft

Art. 8 [Unionsbürgerschaft] (1) Es wird eine Unionsbürgerschaft eingeführt.

Unionsbürger ist, wer die Staatsangehörigkeit eines Mitgliedstaates besitzt.

(2) Die Unionsbürger haben die in diesem Vertrag vorgesehenen Rechte und Pflichten.

Art. 8a [Aufenthaltsrecht] (1) Jeder Unionsbürger hat das Recht, sich im Hoheitsgebiet der Mitgliedstaten vorbehaltlich der in diesem Vertrag und in den Durchführungsvorschriften vorgesehenen Beschränkungen und Bedingungen frei zu bewegen und aufzuhalten.

(2) Der Rat kann Vorschriften erlassen, mit denen die Ausübung der Rechte nach Absatz 1 erleichtert wird; sofern in diesem Vertrag nichts anderes bestimmt ist, beschließt er einstimmig auf Vorschlag der Kommission und nach Zustimmung des Europäischen Parlaments.

Art. 8b [Aktives u. passives Wahlrecht] (1) Jeder Unionsbürger mit Wohnsitz in einem Mitgliedstaat, dessen Staatsangehörigkeit er nicht besitzt, hat in dem Mitgliedstaat, in dem er seinen Wohnsitz hat, das aktive und passive Wahlrecht bei Kommunalwahlen, wobei für ihn dieselben Bedingungen gelten wie für die Angehörigen des betreffenden Mitgliedstaats. Dieses Recht wird vorbehaltlich der Einzelheiten ausgeübt, die vom Rat vor dem 31. Dezember 1994 einstimmig auf Vorschlag der Kommission und nach Anhörung des Europäischen Parlaments festzulegen sind; in diesen können Ausnahmeregelungen vorgesehen werden, wenn dies aufgrund besonderer Probleme eines Mitgliedstaats gerechtfertigt ist.

(2) Unbeschadet des Artikels 138 Absatz 3 und der Bestimmungen zu dessen Durchführung besitzt jeder Unionsbürger mit Wohnsitz in einem Mitgliedstaat, dessen Staatsangehörigkeit er nicht besitzt, in dem Mitgliedstaat, in dem er seinen Wohnsitz hat, das aktive und passive Wahlrecht bei den Wahlen zum Europäischen Parlament, wobei für ihn dieselben Bedingungen gelten wie für die Angehörigen des betreffenden Mitgliedstaats. Dieses Recht wird vorbehaltlich der Einzelheiten ausgeübt, die vom Rat vor dem 31. Dezember 1993 einstimmig auf Vorschlag der Kommission und nach Anhörung des Europäischen Parlaments festzulegen sind; in diesen können Ausnahmeregelungen vorgesehen werden, wenn dies aufgrund besonderer Probleme eines Mitgliedstaats gerechtfertigt ist.

Art. 8c [Schutzrechte] Jeder Unionsbürger genießt im Hoheitsgebiet eines dritten Landes, in dem der Mitgliedstaat, dessen Staatsangehörigkeit er besitzt, nicht vertreten ist, den diplomatischen und konsularischen Schutz eines jeden Mitgliedstaats unter denselben Bedingungen wie Staatsangehörige dieses Staates. Die Mitgliedstaaten vereinbaren vor dem 31. Dezember 1993 die notwendigen Regeln und leiten die für diesen Schutz erforderlichen internationalen Verhandlungen ein.

Art. 8d [Petitionsrecht; Bürgerbeauftragter] Jeder Unionsbürger besitzt das Petitionsrecht beim Europäischen Parlament nach Artikel 138d.

Jeder Unionsbürger kann sich an den nach Artikel 138e eingesetzten Bürgerbeauftragten wenden.

Art. 8e [Berichterstattung] Die Kommission erstattet dem Europäischen Parlament, dem Rat und dem Wirtschafts- und Sozialausschuß vor dem 31. Dezember 1993 und sodann alle drei Jahre über die Anwendung dieses Teiles Bericht. In dem Bericht wird der Fortentwicklung der Union Rechnung getragen.

Auf dieser Grundlage kann der Rat unbeschadet der anderen Bestimmungen dieses Vertrags zur Ergänzung der in diesem Teil vorgesehenen Rechte einstimmig auf Vorschlag der Kommission und nach Anhörung des Europäischen Parlaments Bestimmungen erlassen, die er den Mitgliedstaaten zur Annahme gemäß ihren verfassungsrechtlichen Vorschriften empfiehlt.

Dritter Teil
Die Politiken der Gemeinschaft

Titel I
Der freie Warenverkehr

Art. 9 [Zollunion] (1) Grundlage der Gemeinschaft ist eine Zollunion, die sich auf den gesamten Warenaustausch erstreckt; sie umfaßt das Verbot, zwischen den Mitgliedstaaten Ein- und Ausfuhrzölle und Abgaben gleicher Wirkung zu erheben, sowie die Einführung eines Gemeinsamen Zolltarifs gegenüber dritten Ländern.

(2) Kapitel 1 Abschnitt 1 und Kapitel 2 dieses Titels gelten für die aus den Mitgliedstaaten stammenden Waren sowie für diejenigen Waren aus dritten Ländern, die sich in den Mitgliedstaaten im freien Verkehr befinden.

Art. 10 [Freier Verkehr von Waren aus dritten Ländern] (1) Als im freien Verkehr eines Mitgliedstaates befindlich gelten diejenigen Waren aus dritten Ländern, für die in dem betreffenden Mitgliedstaat die Einfuhr-Förmlichkeiten erfüllt sowie die vorgeschriebenen Zölle und Abgaben gleicher Wirkung erhoben und nicht ganz oder teilweise rückvergütet worden sind.

(2) Die Kommission regelt vor Ablauf des ersten Jahres nach Inkrafttreten dieses Vertrags die Methoden der Zusammenarbeit der Verwaltungen hinsichtlich der Anwendung des Artikels 9 Absatz (2); hierbei berücksichtigt sie die Notwendigkeit, die für den Warenverkehr geltenden Förmlichkeiten soweit wie möglich zu vereinfachen.

Vor Ablauf des ersten Jahres nach Inkrafttreten dieses Vertrags erläßt die Kommission für den Handelsverkehr zwischen den Mitgliedstaaten Vorschriften für solche Waren aus einem Mitgliedstaat, die unter Verwendung von Erzeugnissen hergestellt sind, für welche der ausführende Staat die anwendbaren Zölle und Abgaben gleicher Wirkung nicht erhoben oder vollständig oder teilweise rückvergütet hat.

Beim Erlaß dieser Vorschriften berücksichtigt die Kommission die Bestimmungen dieses Vertrags über die Abschaffung der Zölle innerhalb der Gemeinschaft und über die schrittweise Einführung des Gemeinsamen Zolltarifs.

Art. 11 [Vorkehrungen der Mitgliedstaaten] Die Mitgliedstaaten treffen alle geeigneten Vorkehrungen, um es den Regierungen zu ermöglichen, ihre Verpflichtungen aus diesem Vertrag auf dem Gebiet der Zölle innerhalb der festgesetzten Fristen zu erfüllen.

Kapitel 1
Die Zollunion

Abschnitt 1
Die Abschaffung der Zölle zwischen den Mitgliedstaaten

Art. 12 [Keine neuen Zölle oder Erhöhungen] Die Mitgliedstaaten werden untereinander weder neue Einfuhr- oder Ausfuhrzölle oder Abgaben gleicher Wirkung einführen, noch die in ihren gegenseitigen Handelsbeziehungen angewandten erhöhen.

Art. 13 [Schrittweise Abschaffung der Einfuhrzölle] (1) Die zwischen den Mitgliedstaaten geltenden Einfuhrzölle werden von ihnen während der Übergangszeit nach Maßgabe der Artikel 14 und 15 schrittweise abgeschafft.

(2) Die zwischen den Mitgliedstaaten geltenden Abgaben mit gleicher Wirkung wie Einfuhrzölle werden von ihnen während der Übergangszeit schrittweise aufgehoben. Die Kommission bestimmt durch Richtlinien die Zeitfolge dieser Aufhebung. Sie legt dabei die Vorschriften des Artikels 14 Absätze (2) und (3) sowie die vom Rat gemäß Artikel 14 Absatz (2) erlassenen Richtlinien zugrunde.

Art. 14 [Ausgangszollsatz, Zeitfolge und Höhe der Herabsetzung]
(1) Für jede Ware gilt als Ausgangszollsatz, nach dem die aufeinan-

der folgenden Herabsetzungen vorgenommen werden, der am 1. Januar 1957 angewandte Zollsatz.

(2) Die Zeitfolge der Herabsetzungen wird wie folgt festgelegt:

a) Während der ersten Stufe wird die erste Herabsetzung ein Jahr nach Inkrafttreten dieses Vertrags, die zweite achtzehn Monate später, die dritte am Ende des vierten Jahres nach Inkrafttreten dieses Vertrags vorgenommen;

b) während der zweiten Stufe wird achtzehn Monate nach deren Beginn eine erste Herabsetzung durchgeführt; eine zweite erfolgt nach weiteren achtzehn Monaten, eine dritte ein Jahr danach;

c) die dann noch ausstehenden Herabsetzungen werden während der dritten Stufe vorgenommen; ihre Zeitfolge legt der Rat mit qualifizierter Mehrheit auf Vorschlag der Kommission durch Richtlinien fest.

(3) Bei der ersten Herabsetzung setzen die Mitgliedstaaten untereinander für jede Ware einen Zollsatz in Kraft, der um 10 v.H. unter dem Ausgangszollsatz liegt.

Bei jeder späteren Herabsetzung senkt jeder Mitgliedstaat seine Zollsätze insgesamt in der Weise, daß die nach Absatz (4) errechnete Gesamtzollbelastung um 10 v.H. herabgesetzt wird; dabei wird der Zollsatz für jede Ware um mindestens 5 v.H. des Ausgangszollsatzes verringert.

Solange jedoch der Zollsatz für eine Ware 30 v.H. noch überschreitet, wird er bei jeder Herabsetzung um mindestens 10 v.H. des Ausgangszollsatzes gesenkt.

(4) Für jeden Mitgliedstaat wird die in Absatz (3) erwähnte Gesamtzollbelastung in der Weise errechnet, daß der Wert der im Jahre 1956 aus anderen Mitgliedstaaten eingeführten Waren mit den Ausgangszollsätzen multipliziert wird.

(5) Der Rat regelt auf Vorschlag der Kommission durch Richtlinien die besonderen Probleme, die sich bei der Anwendung der Absätze (1) bis (4) ergeben; er beschließt mit qualifizierter Mehrheit.

(6) Die Mitgliedstaaten erstatten der Kommission Bericht über die Anwendung der vorstehenden Bestimmungen für die Herabsetzung der Zollsätze. Sie werden bestrebt sein, dabei für jede einzelne Ware

– am Ende der ersten Stufe eine Herabsetzung um mindestens 25 v.H.,
– am Ende der zweiten Stufe eine solche um mindestens 50 v.H. des Ausgangszollsatzes zu erreichen.

Besteht nach Feststellung der Kommission die Gefahr, daß die Ziele des Artikels 13 und die in diesem Absatz genannten Hundertsätze nicht erreicht werden können, so richtet sie alle zweckdienlichen Empfehlungen an die Mitgliedstaaten.

(7) Der Rat kann die Bestimmungen dieses Artikels einstimmig auf Vorschlag der Kommission und nach Anhörung des Europäischen Parlaments ändern.

Art. 15 [Darüber hinausgehende Herabsetzung] (1) Ungeachtet des Artikels 14 kann jeder Mitgliedstaat während der Übergangszeit die Anwendung seiner Zollsätze für aus anderen Mitgliedstaaten eingeführte Waren ganz oder teilweise aussetzen. Er gibt den anderen Mitgliedstaaten und der Kommission davon Kenntnis.

(2) Die Mitgliedstaaten sind bereit, ihre Zollsätze gegenüber den anderen Mitgliedstaaten schneller als in Artikel 14 vorgesehen herabzusetzen, falls ihre wirtschaftliche Gesamtlage und die Lage des betreffenden Wirtschaftszweiges dies zulassen.

Die Kommission richtet entsprechende Empfehlungen an die betreffenden Mitgliedstaaten.

Art. 16 [Aufhebung der Ausfuhrzölle] Die Mitgliedstaaten heben untereinander die Ausfuhrzölle und die Abgaben gleicher Wirkung spätestens am Ende der ersten Stufe auf.

Art. 17 [Finanzzölle] (1) Die Artikel 9 bis 15 Absatz (1) gelten auch für die Finanzzölle. Diese werden jedoch bei der Errechnung der Gesamtzollbelastung sowie der Senkung der Zollsätze insgesamt im Sinne des Artikels 14 Absätze (3) und (4) nicht berücksichtigt.

Die Sätze der Finanzzölle werden bei jeder Herabsetzung um mindestens 10 v.H. des Ausgangszollsatzes gesenkt. Die Mitgliedstaaten können sie rascher als in Artikel 14 vorgesehen senken.

(2) Die Mitgliedstaaten teilen der Kommission vor Ende des ersten Jahres nach Inkrafttreten dieses Vertrags ihre Finanzzölle mit.

(3) Die Mitgliedstaaten sind weiterhin berechtigt, diese Zölle durch eine inländische Abgabe zu ersetzen, die den Bestimmungen des Artikels 95 entspricht.

(4) Stellt die Kommission fest, daß die Ersetzung eines Finanzzolls in einem Mitgliedstaat auf ernstliche Schwierigkeiten stößt, so ermächtigt sie den betreffenden Staat, diesen Zoll unter der Vorausset-

zung beizubehalten, daß er ihn binnen sechs Jahren nach Inkrafttreten dieses Vertrags abschafft. Die Genehmigung ist vor Ende des ersten Jahres nach Inkrafttreten dieses Vertrags zu beantragen.

Abschnitt 2
Die Aufstellung des Gemeinsamen Zolltarifs

Art. 18 [Abkommen über Senkung der Zollsätze] Die Mitgliedstaaten sind bereit, zur Entwicklung des zwischenstaatlichen Handels und zum Abbau der Handelsschranken durch den Abschluß von Abkommen beizutragen, die auf der Grundlage der Gegenseitigkeit und zum gemeinsamen Nutzen die Senkung der Zollsätze unter die allgemeine Höhe zum Ziel haben, die auf Grund der Errichtung der Zollunion statthaft wäre.

Art. 19 [Gemeinsamer Zolltarif aus dem einfachen Mittel] (1) Unter den Bedingungen und in den Grenzen, die nachstehend vorgesehen sind, ergeben sich die Sätze des Gemeinsamen Zolltarifs aus dem einfachen Mittel der in den vier Zollgebieten der Gemeinschaft angewandten Zollsätze.

(2) Der Berechnung dieses Mittels werden die von den Mitgliedstaaten am 1. Januar 1957 angewandten Zollsätze zugrunde gelegt.

Bei dem italienischen Zolltarif gilt als angewandter Zollsatz der vor der zeitweiligen Senkung um 10 v.H. angewandte Satz. Bei Positionen, für welche der italienische Tarif einen Vertragszollsatz enthält, tritt dieser an die Stelle des angewandten Zollsatzes, sofern er nicht um mehr als 10 v.H. höher liegt als dieser. Überschreitet der Vertragszollsatz den angewandten Zollsatz um mehr als 10 v.H., so wird für die Berechnung des einfachen Mittels der angewandte Zollsatz mit einem Zuschlag von 10 v.H. zugrunde gelegt.

Für die Tarifpositionen der Liste A treten für die Berechnung des einfachen Mittels die dort aufgeführten an die Stelle der angewandten Zollsätze.

(3) Die Sätze des Gemeinsamen Zolltarifs dürfen folgende Hundertsätze nicht überschreiten:

a) 3 v.H. für Waren, die unter die Tarifpositionen der Liste B fallen;

b) 10 v.H. für Waren, die unter die Tarifpositionen der Liste C fallen;

c) 15 v.H. für Waren, die unter die Tarifpositionen der Liste D fallen;

d) 25 v.H. für Waren, die unter die Tarifpositionen der Liste E fallen; enthält jedoch der Tarif der Beneluxländer für diese Waren einen Zollsatz, der 3 v.H. nicht übersteigt, so wird er für die Berechnung des einfachen Mittels auf 12 v.H. erhöht.

(4) In der Liste F sind die Zollsätze für die in ihr aufgeführten Waren festgelegt.

(5) Die in diesem Artikel und in Artikel 20 genannten Listen von Tarifpositionen sind als Anhang I diesem Vertrag beigefügt.

Art. 20 [Zollsätze für Waren der Liste G] Für Waren der Liste G werden die anwendbaren Zollsätze durch Verhandlungen zwischen den Mitgliedstaaten festgesetzt. Jeder Mitgliedstaat kann dieser Liste andere Waren bis zur Höhe von 2 v.H. des Gesamtwertes seiner Einfuhren aus dritten Ländern im Jahr 1956 hinzufügen.

Die Kommission trifft alle zweckdienlichen Vorkehrungen, damit diese Verhandlungen vor Ende des zweiten Jahres nach Inkrafttreten dieses Vertrags aufgenommen und vor Ende der ersten Stufe abgeschlossen werden.

Kann für bestimmte Waren innerhalb dieser Fristen eine Übereinstimmung nicht erzielt werden, so setzt der Rat bis zum Ende der zweiten Stufe einstimmig, danach mit qualifizierter Mehrheit die Sätze des Gemeinsamen Zolltarifs auf Vorschlag der Kommission fest.

Art. 21 [Richtlinien zur Behebung technischer Schwierigkeiten und Anpassungsmaßnahmen] (1) Der Rat erläßt mit qualifizierter Mehrheit während der ersten zwei Jahre nach Inkrafttreten dieses Vertrags auf Vorschlag der Kommission Richtlinien zur Behebung technischer Schwierigkeiten, die bei der Anwendung der Artikel 19 und 20 entstehen können.

(2) Der Rat entscheidet mit qualifizierter Mehrheit auf Vorschlag der Kommission vor Ende der ersten Stufe oder spätestens bei der Festsetzung der Zollsätze über die Anpassungen, die für die innere Ausgeglichenheit des Gemeinsamen Zolltarifs nach Anwendung der Artikel 19 und 20 erforderlich werden; hierbei wird insbesondere der Verarbeitungsgrad der verschiedenen Waren berücksichtigt, auf die der Tarif Anwendung findet.

Art. 22 [Einbeziehung der Finanzzölle] Binnen zwei Jahren nach Inkrafttreten dieses Vertrags stellt die Kommission fest, inwieweit die in Artikel 17 Absatz (2) genannten Finanzzölle in die Berechnung des einfachen Mittels gemäß Artikel 19 Absatz (1) einzubeziehen sind. Hierbei berücksichtigt sie die etwaige Schutzwirkung dieser Zölle.

Binnen sechs Monaten nach dieser Feststellung kann jeder Mitgliedstaat die Anwendung des in Artikel 20 bezeichneten Verfahrens auf die betreffende Ware verlangen, ohne daß eine Anrechnung auf den dort genannten Hundertsatz erfolgt.

Art. 23 [Änderung der Zollsätze gegenüber dritten Ländern] (1) Zur schrittweisen Einführung des Gemeinsamen Zolltarifs ändern die Mitgliedstaaten ihre gegenüber dritten Ländern angewandten Zollsätze folgendermaßen:

a) Auf Zollpositionen, bei denen die am 1. Januar 1957 tatsächlich angewandten Zollsätze um höchstens 15 v.H. von den Sätzen des Gemeinsamen Zolltarifs abweichen, werden am Ende des vierten Jahres nach Inkrafttreten dieses Vertrags die letzteren angewandt;

b) in den anderen Fällen wendet jeder Mitgliedstaat zum gleichen Zeitpunkt einen Zollsatz an, durch den der Abstand zwischen dem am 1. Januar 1957 tatsächlich angewandten Zollsatz und dem Satz des Gemeinsamen Zolltarifs um 30 v.H. verringert wird;

c) dieser Abstand wird am Ende der zweiten Stufe abermals um 30 v.H. verringert;

d) bei Zollpositionen, für welche am Ende der ersten Stufe im Gemeinsamen Zolltarif Sätze noch nicht vorliegen, wendet jeder Mitgliedstaat binnen sechs Monaten nach dem Beschluß des Rates gemäß Artikel 20 die Zollsätze an, die sich aus der Anwendung dieses Absatzes ergeben.

(2) Wird einem Mitgliedstaat die in Artikel 17 Absatz (4) vorgesehene Ermächtigung erteilt, so braucht er während ihrer Geltungsdauer die obigen Bestimmungen auf die entsprechenden Zollpositionen nicht anzuwenden. Mit dem Erlöschen dieser Ermächtigung wendet er den Zollsatz an, der sich aus der Anwendung des Absatzes (1) ergibt.

(3) Der Gemeinsame Zolltarif wird spätestens am Ende der Übergangszeit in vollem Umfang angewendet.

Art. 24 [Schnellere Angleichung an den Gemeinsamen Zolltarif] Den Mitgliedstaaten steht es frei, ihre Zollsätze rascher als in Artikel 23 vorgesehen zu ändern, um sie dem Gemeinsamen Zolltarif anzugleichen.

Art. 25 [Gewährung von Zollkontingenten mit niedrigeren Zollsätzen] (1) Stellt die Kommission fest, daß die Erzeugung bestimmter Waren der Listen B, C und D in den Mitgliedstaaten für die Versorgung eines Mitgliedstaaten nicht ausreicht und daß diese Versorgung herkömmlicherweise zu einem erheblichen Teil von Einfuhren aus dritten Ländern abhängt, so gewährt der Rat mit qualifizierter Mehrheit auf Vorschlag der Kommission dem betroffenen Mitgliedstaat Zollkontingente, für welche die Zollsätze niedriger liegen oder gleich Null sind.

Diese Kontingente dürfen nicht so bemessen werden, daß eine Verlagerung wirtschaftlicher Tätigkeiten zum Nachteil anderer Mitgliedstaaten zu befürchten ist.

(2) Für Waren der Liste E und diejenigen Waren der Liste G, deren Sätze gemäß Artikel 20 Absatz (3) festgesetzt worden sind, gewährt die Kommission jedem betroffenen Mitgliedstaat auf dessen Antrag Zollkontingente, für welche die Zollsätze niedriger liegen oder gleich Null sind, wenn sich eine Änderung der Versorgungsquellen oder eine ungenügende Versorgung innerhalb der Gemeinschaft nachteilig auf die verarbeitenden Industrien des betroffenen Mitgliedstaaten auswirken könnte.

Diese Kontingente dürfen nicht so bemessen werden, daß eine Verlagerung wirtschaftlicher Tätigkeiten zum Nachteil anderer Mitgliedstaaten zu befürchten ist.

(3) Die Kommission kann jeden Mitgliedstaat ermächtigen, die Anwendung der geltenden Zollsätze auf die in Anhang II zu diesem Vertrag aufgeführten Waren ganz oder teilweise auszusetzen, oder ihm Zollkontingente gewähren, für welche die Sätze niedriger liegen oder gleich Null sind, sofern dies auf dem Markt der in Betracht kommenden Waren keine schwerwiegenden Störungen zur Folge hat.

(4) Die Kommission überprüft die gemäß diesem Artikel gewährten Zollkontingente in regelmäßigen Zeitabständen.

Art. 26 [Aufschiebung der Anpassung] Befindet sich ein Mitgliedstaat in besonderen Schwierigkeiten, so kann ihn die Kommission ermächtigen, die auf Grund des Artikels 23 vorzunehmende Herabsetzung oder Erhöhung der Sätze für bestimmte Positionen seines Zolltarifs aufzuschieben.

Die Ermächtigung darf nur für eine begrenzte Frist und lediglich für Positionen erteilt werden, die insgesamt höchstens 5 v.H. des Wertes der Einfuhren des betreffenden Staates aus dritten Ländern während des letzten Jahres betragen, für das statistische Angaben vorliegen.

Art. 27 [Angleichung der Rechts- und Verwaltungsvorschriften] Die Mitgliedstaaten nehmen vor Ende der ersten Stufe, soweit erforderlich, eine Angleichung ihrer Rechts- und Verwaltungsvorschriften auf dem Gebiet des Zollwesens vor. Die Kommission richtet alle hierzu erforderlichen Empfehlungen an die Mitgliedstaaten.

Art. 28 [Autonome Änderungen der Aussetzungen der Sätze des Gemeinsamen Zolltarifs] Über alle autonomen Änderungen der Aussetzungen der Sätze des Gemeinsamen Zolltarifs entscheidet der Rat mit qualifizierter Mehrheit auf Vorschlag der Kommission.

Art. 29 [Aufgaben der Kommission] Bei der Ausübung der ihr auf Grund dieses Abschnitts übertragenen Aufgaben geht die Kommission von folgenden Gesichtspunkten aus:

a) der Notwendigkeit, den Handelsverkehr zwischen den Mitgliedstaaten und dritten Ländern zu fördern;

b) der Entwicklung der Wettbewerbsbedingungen innerhalb der Gemeinschaft, soweit diese Entwicklung zu einer Zunahme der Wettbewerbsfähigkeit der Unternehmen führt;

c) dem Versorgungsbedarf der Gemeinschaft an Rohstoffen und Halbfertigwaren; hierbei achtet die Kommission darauf, zwischen den Mitgliedstaaten die Wettbewerbsbedingungen für Fertigwaren nicht zu verfälschen;

d) der Notwendigkeit, ernsthafte Störungen im Wirtschaftsleben der Mitgliedstaaten zu vermeiden und eine rationale Entwicklung der Erzeugung sowie eine Ausweitung des Verbrauchs innerhalb der Gemeinschaft zu gewährleisten.

Kapitel 2
Beseitigung der mengenmäßigen Beschränkungen zwischen den Mitgliedstaaten

Art. 30 [Verbot mengenmäßiger Einfuhrbeschränkungen] Mengenmäßige Einfuhrbeschränkungen sowie alle Maßnahmen gleicher Wirkung sind unbeschadet der nachstehenden Bestimmungen zwischen den Mitgliedstaaten verboten.

Art. 31 [Keine neuen mengenmäßigen Beschränkungen; Liberalisierungsliste] Die Mitgliedstaaten werden untereinander weder neue mengenmäßige Beschränkungen noch Maßnahmen gleicher Wirkung einführen.

Diese Verpflichtung gilt nur für den Liberalisierungsstand, der auf Grund der am 14. Januar 1955 gefaßten Beschlüsse des Rates der Europäischen Organisation für Wirtschaftliche Zusammenarbeit erreicht worden ist. Die Mitgliedstaaten notifizieren der Kommission binnen sechs Monaten nach Inkrafttreten dieses Vertrags ihre Listen der in Durchführung dieser Beschlüsse liberalisierten Waren. Diese Listen werden zwischen den Mitgliedstaaten konsolidiert.

Art. 32 [Keine weitere Einschränkung der Kontingente, sondern Aufhebung] Die Mitgliedstaaten werden in ihrem gegenseitigen Handelsverkehr die bei Inkrafttreten dieses Vertrags bestehenden Kontingente und Maßnahmen gleicher Wirkung nicht einschränkender gestalten.

Diese Kontingente werden bis zum Ende der Übergangszeit aufgehoben. Sie werden im Laufe der Übergangszeit nach Maßgabe der folgenden Bestimmungen schrittweise beseitigt.

Art. 33 [Schaffung und Erhöhung von Globalkontingenten] (1) Ein Jahr nach Inkrafttreten dieses Vertrags faßt jeder Mitgliedstaat die den anderen Mitgliedstaaten eröffneten bilateralen Kontingente zu Globalkontingenten zusammen, die allen anderen Mitgliedstaaten ohne Diskriminierung zugänglich sind.

Gleichzeitig erhöhen die Mitgliedstaaten diese Globalkontingente insgesamt gegenüber dem Vorjahr um mindestens 20 v.H. ihres Gesamtwertes. Dabei wird jedes für eine Ware festgesetzte Globalkontingent um mindestens 10 v.H. erhöht.

Die Kontingente werden jährlich gegenüber dem Vorjahr nach denselben Regeln und im gleichen Verhältnis erhöht.

Die vierte Erhöhung erfolgt am Ende des vierten Jahres nach Inkrafttreten dieses Vertrags, die fünfte ein Jahr nach Beginn der zweiten Stufe.

(2) Liegt das Globalkontingent für eine nicht liberalisierte Ware unter 3 v.H. ihrer Erzeugung in dem betreffenden Staat, so wird es binnen einem Jahr nach Inkrafttreten dieses Vertrags auf mindestens 3 v.h. dieser Erzeugung festgesetzt. Nach Ende des zweiten Jahres wird es auf 4 v.H. und nach Ende des dritten Jahres auf 5 v.H. erhöht.

Danach erhöht der betreffende Mitgliedstaat das Kontingent jährlich um mindestens 15 v.H.

Wird die Ware in dem betreffenden Staat nicht erzeugt, so setzt die Kommission durch eine Entscheidung ein angemessenes Kontingent fest.

(3) Am Ende des zehnten Jahres muß jedes Kontingent mindestens 20 v.H. der inländischen Erzeugung betragen.

(4) Stellt die Kommission in einer Entscheidung fest, daß die Einfuhr einer Ware während zweier aufeinander folgender Jahre geringer war als das eröffnete Kontingent, so wird dieses Globalkontingent bei der Berechnung des Gesamtwertes der Globalkontingente nicht mehr berücksichtigt. In diesem Fall hebt der Mitgliedstaat die Kontingentierung dieser Ware auf.

(5) Für Kontingente, die mehr als 20 v.H. der inländischen Erzeugung der betreffenden Ware betragen, kann der Rat mit qualifizierter Mehrheit auf Vorschlag der Kommission den in Absatz (1) vorgeschriebener Mindestsatz von 10 v.H. verringern. Durch diese Änderung wird jedoch die Verpflichtung zur jährlichen Erhöhung des Gesamtwertes der Globalkontingente um 20 v.H. nicht berührt.

(6) Die Mitgliedstaaten, die in Durchführung der am 14. Januar 1955 gefaßten Beschlüsse des Rates der Europäischen Organisation für Wirtschaftliche Zusammenarbeit hinsichtlich des Liberalisierungsstands über ihre Verpflichtungen hinausgegangen sind, können den Wert der autonom liberalisierten Einfuhren bei der Berechnung der in Absatz (1) vorgesehenen jährlichen Gesamterhöhung um 20 v.H. berücksichtigen. Diese Berechnung bedarf der vorherigen Zustimmung der Kommission.

(7) Die Kommission erläßt Richtlinien darüber, nach welchen Verfahren und in welcher Zeitfolge die bei Inkrafttreten dieses Vertrags bestehenden Maßnahmen, welche die gleiche Wirkung wie Kontingente haben, zwischen den Mitgliedstaaten zu beseitigen sind.

(8) Stellt die Kommission fest, daß bei Anwendung dieses Artikels, insbesondere der Bestimmungen über die Hundertsätze, die in Artikel 32 Absatz (2) vorgesehene Beseitigung der Kontingente in einer stetig fortschreitenden Weise nicht gewährleistet ist, so kann der Rat während der ersten Stufe einstimmig, danach mit qualifizierter Mehrheit auf Vorschlag der Kommission das im vorliegenden Artikel vorgesehene Verfahren ändern und insbesondere die festgelegten Hundertsätze erhöhen.

Art. 34 [Verbot mengenmäßiger Ausfuhrbeschränkungen] (1) Mengenmäßige Ausfuhrbeschränkungen sowie alle Maßnahmen gleicher Wirkung sind zwischen den Mitgliedstaaten verboten.

(2) Die Mitgliedstaaten beseitigen bis zum Ende der ersten Stufe die bei Inkrafttreten dieses Vertrags bestehenden mengenmäßigen Ausfuhrbeschränkungen sowie alle Maßnahmen gleicher Wirkung.

Art. 35 [Schnellere Beseitigung der Ein- und Ausfuhrbeschränkungen] Die Mitgliedstaaten sind bereit, gegenüber den anderen Mitgliedstaaten ihre mengenmäßigen Einfuhr-und Ausfuhrbeschränkungen rascher als in den vorstehenden Artikeln vorgesehen zu beseitigen, falls ihre wirtschaftliche Gesamtlage und die Lage des betreffenden Wirtschaftszweiges dies zulassen.

Die Kommission richtet entsprechende Empfehlungen an die beteiligten Staaten.

Art. 36 [Ausnahmen] Die Bestimmungen der Artikel 30 bis 34 stehen Einfuhr-, Ausfuhr- und Durchfuhrverboten oder -beschränkungen nicht entgegen, die aus Gründen der öffentlichen Sittlichkeit, Ordnung und Sicherheit, zum Schutz der Gesundheit und des Lebens von Menschen, Tieren oder Pflanzen, des nationalen Kulturguts von künstlerischem, geschichtlichem oder archäologischem Wert oder des gewerblichen und kommerziellen Eigentums gerechtfertigt sind. Diese Verbote oder Beschränkungen dürfen jedoch weder ein Mittel zur willkürlichen Diskriminierung noch eine verschleierte Beschränkung des Handels zwischen den Mitgliedstaaten darstellen.

Art. 37 [Behandlung staatlicher Handelsmonopole] (1) Die Mitgliedstaaten formen ihre staatlichen Handelsmonopole schrittweise derart um, daß am Ende der Übergangszeit jede Diskriminierung in den Versorgungs- und Absatzbedingungen zwischen den Angehörigen der Mitgliedstaaten ausgeschlossen ist.

Dieser Artikel gilt für alle Einrichtungen, durch die ein Mitgliedstaat unmittelbar oder mittelbar die Einfuhr oder die Ausfuhr zwischen den Mitgliedstaaten rechtlich oder tatsächlich kontrolliert, lenkt oder merklich beeinflußt. Er gilt auch für die von einem Staat auf andere Rechtsträger übertragenen Monopole.

(2) Die Mitgliedstaaten unterlassen jede neue Maßnahme, die den in Absatz (1) genannten Grundsätzen widerspricht oder die Tragweite der Artikel über die Abschaffung der Zölle und mengenmäßigen Beschränkungen zwischen den Mitgliedstaaten einengt.

(3) Die Zeitfolge der in Absatz (1) vorgesehenen Maßnahmen ist der in den Artikeln 30 bis 34 vorgesehenen Beseitigung der mengenmäßigen Beschränkungen für dieselben Waren anzupassen.

Unterliegt eine Ware nur in einem oder mehreren Mitgliedstaaten einem staatlichen Handelsmonopol, so kann die Kommission die anderen Mitgliedstaaten ermächtigen, bis zur Verwirklichung der in Absatz (1) vorgesehenen Anpassung Schutzmaßnahmen zu ergreifen, deren Bedingungen und Einzelheiten sie festlegt.

(4) Ist mit einem staatlichen Handelsmonopol eine Regelung zur Erleichterung des Absatzes oder der Verwertung landwirtschaftlicher Erzeugnisse verbunden, so sollen bei der Anwendung dieses Artikels gleichwertige Sicherheiten für die Beschäftigung und Lebenshaltung der betreffenden Erzeuger gewährleistet werden; hierbei sind die im Zeitablauf möglichen Anpassungen und erforderlichen Spezialisierungen zu berücksichtigen.

(5) Die Verpflichtungen der Mitgliedstaaten gelten nur insoweit, als sie mit bestehenden internationalen Abkommen vereinbar sind.

(6) Mit Beginn der ersten Stufe spricht die Kommission Empfehlungen aus über die Art und Weise und die Zeitfolge der in diesem Artikel vorgesehenen Anpassung.

Titel II
Die Landwirtschaft

Art. 38 [Anwendung des Gemeinsamen Marktes auf die Landwirtschaft] (1) Der Gemeinsame Markt umfaßt auch die Landwirtschaft und den Handel mit landwirtschaftlichen Erzeugnissen. Unter landwirtschaftlichen Erzeugnissen sind die Erzeugnisse des Bodens, der Viehzucht und der Fischerei sowie die mit diesen in unmittelbarem Zusammenhang stehenden Erzeugnisse der ersten Verarbeitungsstufe zu verstehen.

(2) Die Vorschriften für die Errichtung des Gemeinsamen Marktes finden auf die landwirtschaftlichen Erzeugnisse Anwendung, soweit in den Artikeln 39 bis 46 nicht etwas anderes bestimmt ist.

(3) Die Erzeugnisse, für welche die Artikel 39 bis 46 gelten, sind in der in diesem Vertrag als Anhang II beigefügten Liste aufgeführt. Binnen zwei Jahren nach Inkrafttreten dieses Vertrags entscheidet der

Rat mit qualifizierter Mehrheit auf Vorschlag der Kommission, welche Erzeugnisse noch in diese Liste aufzunehmen sind.

(4) Mit dem Funktionieren und der Entwicklung des Gemeinsamen Marktes für landwirtschaftliche Erzeugnisse muß die Gestaltung einer gemeinsamen Agrarpolitik der Mitgliedstaaten Hand in Hand gehen.

Art. 39 [Gemeinsame Agrarpolitik] (1) Ziel der gemeinsamen Agrarpolitik ist es,

a) die Produktivität der Landwirtschaft durch Förderung des technischen Fortschritts, Rationalisierung der landwirtschaftlichen Erzeugung und den bestmöglichen Einsatz der Produktionsfaktoren, insbesondere der Arbeitskräfte, zu steigern;

b) auf diese Weise der landwirtschaftlichen Bevölkerung, insbesondere durch Erhöhung des Pro-Kopf-Einkommens der in der Landwirtschaft tätigen Personen, eine angemessene Lebenshaltung zu gewährleisten;

c) die Märkte zu stabilisieren;

d) die Versorgung sicherzustellen;

e) für die Belieferung der Verbraucher zu angemessenen Preisen Sorge zu tragen.

(2) Bei der Gestaltung der gemeinsamen Agrarpolitik und der hierfür anzuwendenden besonderen Methoden ist folgendes zu berücksichtigen:

a) die besondere Eigenart der landwirtschaftlichen Tätigkeit, die sich aus dem sozialen Aufbau der Landwirtschaft und den strukturellen und naturbedingten Unterschieden der verschiedenen landwirtschaftlichen Gebiete ergibt;

b) die Notwendigkeit, die geeigneten Anpassungen stufenweise durchzuführen;

c) die Tatsache, daß die Landwirtschaft in den Mitgliedstaaten einen mit der gesamten Volkswirtschaft eng verflochtenen Wirtschaftsbereich darstellt.

Art. 40 [Gemeinsame Organisation der Agrarmärkte] (1) Die Mitgliedstaaten entwickeln die gemeinsame Agrarpolitik schrittweise während der Übergangszeit und legen sie noch vor deren Ende fest.

(2) Um die Ziele des Artikels 39 zu erreichen, wird eine gemeinsame Organisation der Agrarmärkte geschaffen.

Diese besteht je nach Erzeugnis aus einer der folgenden Organisationsformen:

a) gemeinsame Wettbewerbsregeln;
b) bindende Koordinierung der verschiedenen einzelstaatlichen Marktordnungen;
c) eine Europäische Marktordnung.

(3) Die nach Absatz (2) gestaltete gemeinsame Organisation kann alle zur Durchführung des Artikels 39 erforderlichen Maßnahmen einschließen, insbesondere Preisregelungen, Beihilfen für die Erzeugung und die Verteilung der verschiedenen Erzeugnisse, Einlagerungs- und Ausgleichsmaßnahmen, gemeinsame Einrichtungen zur Stabilisierung der Ein- oder Ausfuhr.

Die gemeinsame Organisation hat sich auf die Verfolgung der Ziele des Artikels 39 zu beschränken und jede Diskriminierung zwischen Erzeugern oder Verbrauchern innerhalb der Gemeinschaft auszuschließen.

Eine etwaige gemeinsame Preispolitik muß auf gemeinsamen Grundsätzen und einheitlichen Berechnungsmethoden beruhen.

(4) Um der in Absatz (2) genannten gemeinsamen Organisation die Erreichung ihrer Ziele zu ermöglichen, können ein oder mehrere Ausrichtungs- oder Garantiefonds für die Landwirtschaft geschaffen werden.

Art. 41 [Maßnahmen im Rahmen einer gemeinsamen Agrarpolitik]
Um die Ziele des Artikels 39 zu erreichen, können im Rahmen der gemeinsamen Agrarpolitik folgende Maßnahmen vorgesehen werden:

a) eine wirksame Koordinierung der Bestrebungen auf dem Gebiet der Berufsausbildung, der Forschung und der Verbreitung landwirtschaftlicher Fachkenntnisse; hierbei können Vorhaben oder Einrichtungen gemeinsam finanziert werden;
b) gemeinsame Maßnahmen zur Förderung des Verbrauchs bestimmter Erzeugnisse.

Art. 42 [Anwendung der Wettbewerbsregeln und Beihilfen] Das Kapitel über die Wettbewerbsregeln findet auf die Produktion landwirtschaftlicher Erzeugnisse und den Handel mit diesen nur insoweit Anwendung, als der Rat dies unter Berücksichtigung der Ziele des

Artikels 39 im Rahmen des Artikels 43 Absätze (2) und (3) und gemäß dem dort vorgesehenen Verfahren bestimmt.

Der Rat kann insbesondere genehmigen, daß Beihilfen gewährt werden

a) zum Schutz von Betrieben, die durch strukturelle oder naturgegebene Bedingungen benachteiligt sind, oder

b) im Rahmen wirtschaftlicher Entwicklungsprogramme.

Art. 43 [Erarbeitung der Grundlinien und Erlaß von Verordnungen]
(1) Zur Erarbeitung der Grundlinien für eine gemeinsame Agrarpolitik beruft die Kommission unmittelbar nach Inkrafttreten dieses Vertrags eine Konferenz der Mitgliedstaaten ein, um einen Vergleich ihrer Agrarpolitik, insbesondere durch Gegenüberstellung ihrer Produktionsmöglichkeiten und ihres Bedarfs, vorzunehmen.

(2) Unter Berücksichtigung der Arbeiten der in Absatz (1) vorgesehenen Konferenz legt die Kommission nach Anhörung des Wirtschafts- und Sozialausschusses binnen zwei Jahren nach Inkrafttreten dieses Verfahrens zur Gestaltung und Durchführung der gemeinsamen Agrarpolitik Vorschläge vor, welche unter anderem die Ablösung der einzelstaatlichen Marktordnungen durch eine der in Artikel 40 Absatz (2) vorgesehenen gemeinsamen Organisationsformen sowie die Durchführung der in diesem Titel bezeichneten Maßnahmen vorsehen.

Diese Vorschläge müssen dem inneren Zusammenhang der in diesem Titel aufgeführten landwirtschaftlichen Fragen Rechnung tragen.

Der Rat erläßt während der beiden ersten Stufen einstimmig und danach mit qualifizierter Mehrheit auf Vorschlag der Kommission und nach Anhörung des Europäischen Parlaments Verordnungen, Richtlinien oder Entscheidungen, unbeschadet seiner etwaigen Empfehlungen.

(3) Der Rat kann mit qualifizierter Mehrheit die einzelstaatlichen Marktordnungen nach Maßgabe des Absatzes (2) durch die in Artikel 40 Absatz (2) vorgesehene gemeinsame Organisation ersetzen,

a) wenn sie den Mitgliedstaaten, die sich gegen diese Maßnahme ausgesprochen haben und eine eigene Marktordnung für die in Betracht kommende Erzeugung besitzen, gleichwertige Sicherheiten für die Beschäftigung und Lebenshaltung der betreffenden Erzeuger bietet; hierbei sind die im Zeitablauf möglichen

Anpassungen und erforderlichen Spezialisierungen zu berücksichtigen;

b) und wenn die gemeinsame Organisation für den Handelsverkehr innerhalb der Gemeinschaft Bedingungen sicherstellt, die denen eines Binnenmarktes entsprechen.

(4) Wird eine gemeinsame Organisation für bestimmte Rohstoffe geschaffen, bevor eine gemeinsame Organisation für die entsprechenden weiterverarbeitenden Erzeugnisse besteht, so können die betreffenden Rohstoffe aus Ländern außerhalb der Gemeinschaft eingeführt werden, wenn sie für weiterverarbeitete Erzeugnisse verwendet werden, die zur Ausfuhr nach dritten Ländern bestimmt sind.

Art. 44 [Systeme von Mindestpreisen] (1) Soweit die schrittweise Beseitigung der Zölle und mengenmäßigen Beschränkungen zwischen den Mitgliedstaaten zu Preisen führen könnte, welche die Ziele des Artikels 39 gefährden würden, kann jeder Mitgliedstaat während der Übergangszeit in nichtdiskriminierender Weise und soweit dies die in Artikel 45 Absatz (2) vorgesehene Ausweitung des Handels nicht beeinträchtigt, für bestimmte Erzeugnisse anstelle von Kontingenten ein System von Mindestpreisen anwenden, bei deren Unterschreitung die Einfuhr

– entweder vorübergehend eingestellt oder eingeschränkt
– oder von der Bedingung abhängig gemacht werden kann, daß sie zu Preisen erfolgt, die über dem für das betreffende Erzeugnis festgesetzten Mindestpreis liegen.

Im zweiten Falle werden die Mindestpreise unter Ausschluß der Zollbelastung festgesetzt.

(2) Die Mindestpreise dürfen weder einen Rückgang des zwischen den Mitgliedstaaten bei Inkrafttreten dieses Vertrags bestehenden Handelsverkehrs bewirken noch dessen schrittweise Ausweitung hindern. Sie dürfen nicht in einer Weise angewendet werden, welche der Entwicklung einer natürlichen Präferenz zwischen den Mitgliedstaaten entgegensteht.

(3) Sobald dieser Vertrag in Kraft getreten ist, beschließt der Rat auf Vorschlag der Kommission objektive Grundsätze für die Aufstellung von Mindestpreis-Systemen und die Festsetzung von Mindestpreisen.

Diese Grundsätze berücksichtigen insbesondere die durchschnittlichen inländischen Gestehungskosten in dem Mitgliedstaat, der den

Mindestpreis anwendet, die Lage der einzelnen Betriebe in bezug auf diese Kosten und das Erfordernis, innerhalb des Gemeinsamen Marktes die landwirtschaftlichen Betriebsbedingungen schrittweise zu verbessern und die notwendigen Anpassungen und Spezialisierungen zu fördern.

Die Kommission schlägt ferner ein Verfahren zur Revision dieser Grundsätze vor, um dem technischen Fortschritt Rechnung zu tragen und ihn zu beschleunigen, und um die Preise innerhalb des Gemeinsamen Marktes schrittweise einander anzunähern.

Diese Grundsätze sowie das Revisionsverfahren werden vom Rat binnen drei Jahren nach Inkrafttreten dieses Vertrags einstimmig beschlossen.

(4) Bis zum Inkrafttreten der Entscheidung des Rates kann jeder Mitgliedstaat Mindestpreise festsetzen; er gibt der Kommission sowie den anderen Mitgliedstaaten vorher davon Kenntnis, damit diese sich dazu äußern können.

Sobald die Entscheidung des Rates ergangen ist, setzen die Mitgliedstaaten die Mindestpreise auf Grund der nach Maßgabe der vorstehenden Bestimmungen aufgestellten Grundsätze fest.

Der Rat kann mit qualifizierter Mehrheit auf Vorschlag der Kommission die von den Mitgliedstaaten getroffenen Entscheidungen berichtigen, wenn sie diesen Grundsätzen nicht entsprechen.

(5) Können für bestimmte Erzeugnisse die genannten objektiven Grundsätze bis zum Beginn der dritten Stufe nicht festgelegt werden, so kann der Rat von diesem Zeitpunkt an mit qualifizierter Mehrheit auf Vorschlag der Kommission die für diese Erzeugnisse angewandten Mindestpreise ändern.

(6) Am Ende der Übergangszeit wird ein Verzeichnis der noch bestehenden Mindestpreise aufgestellt. Der Rat bestimmt mit einer Mehrheit von 9 Stimmen gemäß der im Artikel 148 Absatz (2) erster Unterabsatz vorgesehenen Stimmenwägung auf Vorschlag der Kommission, welches System im Rahmen der gemeinsamen Agrarpolitik anzuwenden ist.

Art. 45 [Abkommen zur Beseitigung jeder Diskriminierung] (1) Bis zur Ersetzung der einzelstaatlichen Marktordnungen durch eine der in Artikel 40 Absatz (2) vorgesehenen gemeinsamen Organisationsformen wird der Handelsverkehr mit Erzeugnissen,

– für die in einzelnen Mitgliedstaaten Bestimmungen vorhanden sind, die darauf abzielen, den einheimischen Erzeugern den Absatz ihrer Erzeugnisse zu gewährleisten,
– und für die dort ein Einfuhrbedarf besteht,

durch den Abschluß langfristiger Abkommen oder Verträge zwischen Einfuhr- und Ausfuhrstaaten entwickelt.

Diese Abkommen oder Verträge müssen die schrittweise Beseitigung jeder Diskriminierung zwischen den verschiedenen Erzeugern der Gemeinschaft bei der Anwendung der genannten Bestimmungen zum Ziel haben.

Diese Abkommen oder Verträge werden während der ersten Stufe geschlossen; dabei ist dem Grundsatz der Gegenseitigkeit Rechnung zu tragen.

(2) Bei diesen Abkommen oder Verträgen wird hinsichtlich der Mengen von dem durchschnittlichen Handelsvolumen ausgegangen, das zwischen den Mitgliedstaaten während der letzten drei Jahre vor Inkrafttreten dieses Vertrags für die betreffenden Erzeugnisse bestanden hat; ferner wird darin unter Berücksichtigung der herkömmlichen Handelsströme die Steigerung des Volumens im Rahmen des bestehenden Bedarfs vorgesehen.

Diese Abkommen oder Verträge müssen den Erzeugern den Absatz der vereinbarten Mengen zu Preisen ermöglichen, die sich schrittweise den Preisen annähern, welche auf dem Binnenmarkt des Käuferstaates an inländische Erzeuger gezahlt werden.

Die Annäherung muß möglichst regelmäßig erfolgen und bis zum Ende der Übergangszeit vollständig durchgeführt sein.

Die beteiligten Parteien handeln die Preise im Rahmen von Richtlinien aus, welche die Kommission zur Anwendung der beiden vorstehenden Unterabsätze erläßt.

Wird die erste Stufe verlängert, so werden die Abkommen und Verträge entsprechend den am Ende des vierten Jahres nach Inkrafttreten dieses Vertrags geltenden Bedingungen durchgeführt; die Verpflichtungen zur Erhöhung der Mengen und zur Annäherung der Preise werden bis zum Übergang zur zweiten Stufe ausgesetzt.

Die Mitgliedstaaten nehmen alle Möglichkeiten wahr, die ihre Rechtsvorschriften ihnen – insbesondere auf dem Gebiet der Einfuhrpolitik – bieten, um den Abschluß und die Erfüllung dieser Abkommen oder Verträge sicherzustellen.

(3) Soweit die Mitgliedstaaten Rohstoffe zur Herstellung von Erzeugnissen benötigen, die im Wettbewerb mit Erzeugnissen dritter

Länder aus der Gemeinschaft ausgeführt werden sollen, dürfen die genannten Abkommen oder Verträge die zu diesem Zweck notwendigen Einfuhren dieser Rohstoffe aus dritten Ländern nicht beeinträchtigen. Diese Bestimmung findet keine Anwendung, wenn der Rat durch einstimmige Entscheidung beschließt, die erforderlichen Zahlungen zu gewähren, um den höheren Preis auszugleichen, der sich bei der Einfuhr auf Grund solcher Abkommen oder Verträge gegenüber dem Einstandspreis für gleichartige Bezüge zu Weltmarktbedingungen ergibt.

Art. 46 [Erhebung von Ausgleichsabgaben] Besteht in einem Mitgliedstaat für ein Erzeugnis eine innerstaatliche Marktordnung oder Regelung gleicher Wirkung und wird dadurch eine gleichartige Erzeugung in einem anderen Mitgliedstaat in ihrer Wettbewerbslage beeinträchtigt, so erheben die Mitgliedstaaten bei der Einfuhr des betreffenden Erzeugnisses aus dem Mitgliedstaat, in dem die genannte Marktordnung oder Regelung besteht, eine Ausgleichsabgabe, es sei denn, daß dieser Mitgliedstaat eine Ausgleichsabgabe bei der Ausfuhr erhebt.

Die Kommission setzt diese Abgaben in der zur Wiederherstellung des Gleichgewichts erforderlichen Höhe fest; sie kann auch andere Maßnahmen genehmigen, deren Bedingungen und Einzelheiten sie festlegt.

Art. 47 [Gruppe Landwirtschaft des Wirtschafts- und Sozialausschusses] Die fachliche Gruppe Landwirtschaft des Wirtschafts- und Sozialausschusses steht der Kommission zur Verfügung, um nach Maßgabe der Artikel 197 und 198 die Beratungen dieses Ausschusses hinsichtlich der ihm in diesem Titel übertragenen Aufgaben vorzubereiten.

Titel III
Die Freizügigkeit, der freie Dienstleistungs- und Kapitalverkehr

Kapitel 1
Die Arbeitskräfte

Art. 48 [Freizügigkeit der Arbeitnehmer] (1) Spätestens bis zum Ende der Übergangszeit wird innerhalb der Gemeinschaft die Freizügigkeit der Arbeitnehmer hergestellt.

(2) Sie umfaßt die Abschaffung jeder auf der Staatsangehörigkeit beruhenden unterschiedlichen Behandlung der Arbeitnehmer der Mitgliedstaaten in bezug auf Beschäftigung, Entlohnung und sonstige Arbeitsbedingungen.

(3) Sie gibt – vorbehaltlich der aus Gründen der öffentlichen Ordnung, Sicherheit und Gesundheit gerechtfertigten Beschränkungen – den Arbeitnehmern das Recht,

a) sich um tatsächlich angebotene Stellen zu bewerben;
b) sich zu diesem Zweck im Hoheitsgebiet der Mitgliedstaaten frei zu bewegen;
c) sich in einem Mitgliedstaat aufzuhalten, um dort nach dem für die Arbeitnehmer dieses Staates geltenden Rechts- und Verwaltungsvorschriften eine Beschäftigung auszuüben;
d) nach Beendigung einer Beschäftigung im Hoheitsgebiet eines Mitgliedstaates unter Bedingungen zu verbleiben, welche die Kommission in Durchführungsverordnungen festlegt.

(4) Dieser Artikel findet keine Anwendung auf die Beschäftigung in der öffentlichen Verwaltung.

Art. 49 [Maßnahmen zur Herstellung der Freizügigkeit] Unmittelbar nach Inkrafttreten dieses Vertrags trifft der Rat gemäß dem Verfahren des Artikels 189 b und nach Anhörung des Wirtschafts- und Sozialausschusses durch Richtlinien oder Verordnungen alle erforderlichen Maßnahmen, um die Freizügigkeit der Arbeitnehmer im Sinne des Artikels 48 fortschreitend herzustellen, insbesondere

a) durch Sicherstellung einer engen Zusammenarbeit zwischen den einzelstaatlichen Arbeitsverwaltungen;
b) durch die planmäßig fortschreitende Beseitigung der Verwaltungsverfahren und -praktiken sowie der für den Zugang zu verfügbaren Arbeitsplätzen vorgeschriebenen Fristen, die sich aus innerstaatlichen Rechtsvorschriften oder vorher zwischen den Mitgliedstaaten geschlossenen Übereinkünften ergeben und deren Beibehaltung die Herstellung der Freizügigkeit der Arbeitnehmer hindert;
c) durch die planmäßig fortschreitende Beseitigung aller Fristen und sonstigen Beschränkungen, die in innerstaatlichen Rechtsvorschriften oder vorher zwischen den Mitgliedstaaten geschlossenen Übereinkünften vorgesehen sind, und die den Arbeitnehmern der anderen Mitgliedstaaten für die freie Wahl des Arbeits-

platzes andere Bedingungen als den inländischen Arbeitnehmern auferlegen;

d) durch die Schaffung geeigneter Verfahren für die Zusammenführung und den Ausgleich von Angebot und Nachfrage auf dem Arbeitsmarkt zu Bedingungen, die eine ernstliche Gefährdung der Lebenshaltung und des Beschäftigungsstands in einzelnen Gebieten und Industrien ausschließen.

Art. 50 [Austausch junger Arbeitskräfte] Die Mitgliedstaaten fördern den Austausch junger Arbeitskräfte im Rahmen eines gemeinsamen Programms.

Art. 51 [System zur Sicherstellung der Ansprüche u. Leistungen] Der Rat beschließt einstimmig auf Vorschlag der Kommission die auf dem Gebiet der sozialen Sicherheit für die Herstellung der Freizügigkeit der Arbeitnehmer notwendigen Maßnahmen; zu diesem Zweck führt er insbesondere ein System ein, welches aus- und einwandernden Arbeitnehmern und deren anspruchsberechtigten Angehörigen folgendes sichert:

a) die Zusammenrechnung aller nach den verschiedenen innerstaatlichen Rechtsvorschriften berücksichtigten Zeiten für den Erwerb und die Aufrechterhaltung des Leistungsanspruchs sowie für die Berechnung der Leistungen;

b) die Zahlung der Leistungen an Personen, die in den Hoheitsgebieten der Mitgliedstaaten wohnen.

Kapitel 2
Das Niederlassungsrecht

Art. 52 [Abbau der Beschränkungen des freien Niederlassungsrechts] Die Beschränkungen der freien Niederlassung von Staatsangehörigen eines Mitgliedstaates im Hoheitsgebiet eines anderen Mitgliedstaates werden während der Übergangszeit nach Maßgabe der folgenden Bestimmungen schrittweise aufgehoben. Das gleiche gilt für Beschränkungen der Gründung von Agenturen, Zweigniederlassungen oder Tochtergesellschaften durch Angehörige eines Mitgliedstaates, die im Hoheitsgebiet eines Mitgliedstaates ansässig sind.

Vorbehaltlich des Kapitels über den Kapitalverkehr umfaßt die Niederlassungsfreiheit die Aufnahme und Ausübung selbständiger Erwerbstätigkeiten sowie die Gründung und Leitung von Unternehmen, insbesondere von Gesellschaften im Sinne des Artikels 58 Absatz (2), nach den Bestimmungen des Aufnahmestaates für seine eigenen Angehörigen.

Art. 53 [Keine neuen Niederlassungsbeschränkungen] Soweit in diesem Vertrag nicht etwas anderes bestimmt ist, führen die Mitgliedstaaten in ihrem Hoheitsgebiet für Angehörige der anderen Mitgliedstaaten keine neuen Niederlassungsbeschränkungen ein.

Art. 54 [Programm zur Aufhebung der Beschränkungen] (1) Vor dem Ende der ersten Stufe stellt der Rat einstimmig auf Vorschlag der Kommission und nach Anhörung des Wirtschafts- und Sozialausschusses und des Europäischen Parlaments ein allgemeines Programm zur Aufhebung der Beschränkungen der Niederlassungsfreiheit innerhalb der Gemeinschaft auf. Die Kommission unterbreitet ihren Vorschlag dem Rat während der beiden ersten Jahre der ersten Stufe.

Das Programm legt für jede Art von Tätigkeiten die allgemeinen Voraussetzungen und insbesondere die Stufen für die Verwirklichung der Niederlassungsfreiheit fest.

(2) Der Rat erläßt gemäß dem Verfahren des Artikels 189b und nach Anhörung des Wirtschafts- und Sozialausschusses Richtlinien zur Verwirklichung des allgemeinen Programms oder – falls ein solches nicht besteht – zur Durchführung einer Stufe der Niederlassungsfreiheit für eine bestimmte Tätigkeit.

(3) Der Rat und die Kommission erfüllen die Aufgaben, die ihnen auf Grund der obigen Bestimmungen übertragen sind, indem sie insbesondere

a) im allgemeinen diejenigen Tätigkeiten mit Vorrang behandeln, bei denen die Niederlassungsfreiheit die Entwicklung der Produktion und des Handels in besonderer Weise fördert;

b) eine enge Zusammenarbeit zwischen den zuständigen Verwaltungen der Mitgliedstaaten sicherstellen, um sich über die besondere Lage auf den verschiedenen Tätigkeitsgebieten innerhalb der Gemeinschaft zu unterrichten;

c) die aus innerstaatlichen Rechtsvorschriften oder vorher zwischen den Mitgliedstaaten geschlossenen Übereinkünften abgeleiteten Verwaltungsverfahren und -praktiken ausschalten, deren Beibehaltung der Niederlassungsfreiheit entgegensteht;

d) dafür Sorge tragen, daß Arbeitnehmer eines Mitgliedstaates, die im Hoheitsgebiet eines anderen Mitgliedstaates beschäftigt sind, dort verbleiben und eine selbständige Tätigkeit unter denselben Voraussetzungen ausüben können, die sie erfüllen müßten, wenn sie in diesem Staat erst zu dem Zeitpunkt einreisen würden, in dem sie diese Tätigkeit aufzunehmen beabsichtigen;

e) den Erwerb und die Nutzung von Grundbesitz im Hoheitsgebiet eines Mitgliedstaates durch Angehörige eines anderen Mitgliedstaates ermöglichen, soweit hierdurch die Grundsätze des Artikels 39 Absatz (2) nicht beeinträchtigt werden;

f) veranlassen, daß bei jedem in Betracht kommenden Wirtschaftszweig die Beschränkungen der Niederlassungsfreiheit in bezug auf die Voraussetzungen für die Errichtung von Agenturen, Zweigniederlassungen und Tochtergesellschaften im Hoheitsgebiet eines Mitgliedstaates sowie für den Eintritt des Personals der Hauptniederlassung in ihre Leitungs- oder Überwachungsorgane schrittweise aufgehoben werden;

g) soweit erforderlich die Schutzbestimmungen koordinieren, die in den Mitgliedstaaten den Gesellschaften im Sinne des Artikels 58 Absatz (2) im Interesse der Gesellschafter sowie Dritter vorgeschrieben sind, um diese Bestimmungen gleichwertig zu gestalten;

h) sicherstellen, daß die Bedingungen für die Niederlassung nicht durch Beihilfen der Mitgliedstaaten verfälscht werden.

Art. 55 [Ausnahmen, insbesondere bei Tätigkeiten in Ausübung öffentlicher Gewalt] Auf Tätigkeiten, die in einem Mitgliedstaat dauernd oder zeitweise mit der Ausübung öffentlicher Gewalt verbunden sind, findet dieses Kapitel in dem betreffenden Mitgliedstaat keine Anwendung.

Der Rat kann mit qualifizierter Mehrheit auf Vorschlag der Kommission beschließen, daß dieses Kapitel auf bestimmte Tätigkeiten keine Anwendung findet.

Art. 56 [Vorschriften betr. die öffentliche Ordnung und Koordinierungsrichtlinien] (1) Dieses Kapitel und die auf Grund desselben getroffenen Maßnahmen beeinträchtigen nicht die Anwendbarkeit der Rechts- und Verwaltungsvorschriften, die eine Sonderregelung für Ausländer vorsehen und aus Gründen der öffentlichen Ordnung, Sicherheit oder Gesundheit gerechtfertigt sind.

(2) Vor dem Ende der Übergangszeit erläßt der Rat einstimmig auf Vorschlag der Kommission und nach Anhörung des Europäischen Parlaments Richtlinien für die Koordinierung dieser Rechts- und Verwaltungsvorschriften. Hinsichtlich der Koordinierung der Rechtsverordnungen und Verwaltungsvorschriften der Mitgliedstaaten erläßt er jedoch die Richtlinien nach dem Ende der zweiten Stufe gemäß dem Verfahren des Artikels 189 b.

Art. 57 [Richtlinien zur gegenseitigen Anerkennung von Diplomen, Zeugnissen] (1) Um die Aufnahme und Ausübung selbständiger Tätigkeiten zu erleichtern, erläßt der Rat nach dem Verfahren des Artikels 189 b Richtlinien für die gegenseitige Anerkennung der Diplome, Prüfungszeugnisse und sonstigen Befähigungsnachweise.

(2) Zu dem gleichen Zweck erläßt der Rat vor dem Ende der Übergangszeit Richtlinien zur Koordinierung der Rechts- und Verwaltungsvorschriften der Mitgliedstaaten über die Aufnahme und Ausübung selbständiger Tätigkeiten. Der Rat beschließt einstimmig auf Vorschlag der Kommission und nach Anhörung des Europäischen Parlaments über Richtlinien, deren Durchführung in mindestens einem Mitgliedstaat eine Änderung bestehender gesetzlicher Grundsätze der Berufsordnung hinsichtlich der Ausbildung und der Bedingungen für den Zugang natürlicher Personen zum Beruf umfaßt. Im übrigen beschließt der Rat nach dem Verfahren des Artikels 189 b.

(3) Die schrittweise Aufhebung der Beschränkungen für die ärztlichen, arztähnlichen und pharmazeutischen Berufe setzt die Koordinierung der Bedingungen für die Ausübung dieser Berufe in den einzelnen Mitgliedstaaten voraus.

Art. 58 [Gleichstellung der Gesellschaften] Für die Anwendung dieses Kapitels stehen die nach den Rechtsvorschriften eines Mitgliedstaates gegründeten Gesellschaften, die ihren satzungsmäßigen Sitz, ihre Hauptverwaltung oder ihre Hauptniederlassung innerhalb der Gemeinschaft haben, den natürlichen Personen gleich, die Angehörige der Mitgliedstaaten sind.

Als Gesellschaften gelten die Gesellschaften des bürgerlichen und des Handelsrechts einschließlich der Genossenschaften und die sonstigen juristischen Personen des öffentlichen und privaten Rechts mit Ausnahme derjenigen, die keinen Erwerbszweck verfolgen.

Kapitel 3
Dienstleistungen

Art. 59 [Freier Dienstleistungsverkehr] Die Beschränkungen des freien Dienstleistungsverkehrs innerhalb der Gemeinschaft für Angehörige der Mitgliedstaaten, die in einem anderen Staat der Gemeinschaft als demjenigen des Leistungsempfängers ansässig sind, werden während der Übergangszeit nach Maßgabe der folgenden Bestimmungen schrittweise aufgehoben.

Der Rat kann mit qualifizierter Mehrheit auf Vorschlag der Kommission beschließen, daß dieses Kapitel auch auf Erbringer von Dienstleistungen Anwendung findet, welche die Staatsangehörigkeit eines dritten Landes besitzen und innerhalb der Gemeinschaft ansässig sind.

Art. 60 [Dienstleistungen] Dienstleistungen im Sinne dieses Vertrags sind Leistungen, die in der Regel gegen Entgelt erbracht werden, soweit sie nicht den Vorschriften über den freien Waren- und Kapitalverkehr und über die Freizügigkeit der Personen unterliegen.

Als Dienstleistungen gelten insbesondere:

a) gewerbliche Tätigkeiten,

b) kaufmännische Tätigkeiten,

c) handwerkliche Tätigkeiten,

d) freiberufliche Tätigkeiten.

Unbeschadet des Kapitels über die Niederlassungsfreiheit kann der Leistende zwecks Erbringung seiner Leistungen seine Tätigkeit vorübergehend in dem Staat ausüben, in dem die Leistung erbracht wird, und zwar unter den Voraussetzungen, welche dieser Staat für seine eigenen Angehörigen vorschreibt.

Art. 61 [Dienstleistungen im Verkehr und Kapitalverkehr] (1) Für den freien Dienstleistungsverkehr auf dem Gebiet des Verkehrs gelten die Bestimmungen des Titels über den Verkehr.

(2) Die Liberalisierung der mit dem Kapitalverkehr verbundenen Dienstleistungen der Banken und Versicherungen wird im Einklang mit der schrittweisen Liberalisierung des Kapitalverkehrs durchgeführt.

Art. 62 [Keine neuen Beschränkungen] Soweit in diesem Vertrag nicht etwas anderes bestimmt ist, unterwerfen die Mitgliedstaaten die bei seinem Inkrafttreten tatsächlich erreichte Freiheit des Dienstleistungsverkehrs keinen neuen Beschränkungen.

Art. 63 [Aufhebung der Beschränkungen und Liberalisierungen]
(1) Vor dem Ende der ersten Stufe stellt der Rat einstimmig auf Vorschlag der Kommission und nach Anhörung des Wirtschafts- und Sozialausschusses und des Europäischen Parlaments ein allgemeines Programm zur Aufhebung der Beschränkungen des freien Dienstleistungsverkehrs innerhalb der Gemeinschaft auf. Die Kommission unterbreitet ihren Vorschlag dem Rat während der beiden ersten Jahre der ersten Stufe.

Das Programm legt die allgemeinen Voraussetzungen und die Stufen der Liberalisierung für jede Art von Dienstleistungen fest.

(2) Der Rat erläßt bis zum Ende der ersten Stufe einstimmig und danach mit qualifizierter Mehrheit auf Vorschlag der Kommission und nach Anhörung des Wirtschafts- und Sozialausschusses und des Europäischen Parlaments Richtlinien zur Verwirklichund des allgemeinen Programms oder – falls ein solches nicht besteht – zur Durchführung einer Liberalisierungsstufe für eine bestimmte Dienstleistung.

(3) Bei den in den Absätzen (1) und (2) genannten Vorschlägen und Entscheidungen sind im allgemeinen mit Vorrang diejenigen Dienstleistungen zu berücksichtigen, welche die Produktionskosten unmittelbar beeinflussen oder deren Liberalisierung zur Förderung des Warenverkehrs beiträgt.

Art. 64 [Weitergehende Liberalisierung] Die Mitgliedstaaten sind bereit, über das Ausmaß der Liberalisierung der Dienstleistungen, zu dem sie auf Grund der Richtlinien gemäß Artikel 63 Absatz (2) verpflichtet sind, hinauszugehen, falls ihre wirtschaftliche Gesamtlage und die Lage des betreffenden Wirtschaftszweiges dies zulassen.

Die Kommission richtet entsprechende Empfehlungen an die betreffenden Staaten.

Art. 65 [Übergangsregelung] Solange die Beschränkungen des freien Dienstleistungsverkehrs nicht aufgehoben sind, wendet sie jeder Mitgliedstaat ohne Unterscheidung nach Staatsangehörigkeit oder Aufenthaltsort auf alle in Artikel 59 Absatz (1) bezeichneten Erbringer von Dienstleistungen an.

Art. 66 [Entsprechende Anwendung von Vorschriften des Niederlassungsrechts] Die Bestimmung der Artikel 55 bis 58 finden auf das in diesem Kapitel geregelte Sachgebiet Anwendung.

Kapitel 4
Der Kapital- und Zahlungsverkehr

Art. 67 [Freier Kapitalverkehr] (1) Soweit es für das Funktionieren des Gemeinsamen Marktes notwendig ist, beseitigen die Mitgliedstaaten untereinander während der Übergangszeit schrittweise alle Beschränkungen des Kapitalverkehrs in bezug auf Berechtigte, die in den Mitgliedstaaten ansässig sind, und heben alle Diskriminierungen auf Grund der Staatsangehörigkeit oder des Wohnorts der Parteien oder des Anlageorts auf.

(2) Die mit dem Kapitalverkehr zwischen den Mitgliedstaaten zusammenhängenden laufenden Zahlungen werden bis zum Ende der ersten Stufe von allen Beschränkungen befreit.

Art. 68 [Devisenrechtliche Genehmigungen, Kapitalmarkt] (1) Auf dem in diesem Kapitel behandelten Sachgebiet werden die Mitgliedstaaten bei der Erteilung der nach Inkrafttreten dieses Vertrags noch erforderlichen devisenrechtlichen Genehmigungen so großzügig wie möglich verfahren.

(2) Bei der Anwendung der innerstaatlichen Vorschriften für den Kapitalmarkt und das Kreditwesen auf die nach diesem Kapitel liberalisierten Kapitalbewegungen sehen die Mitgliedstaaten von Diskriminierungen ab.

(3) Anleihen zur mittelbaren oder unmittelbaren Finanzierung eines Mitgliedstaates oder seiner Gebietskörperschaften dürfen in einem anderen Mitgliedstaat nur aufgelegt oder untergebracht werden, wenn sich die beteiligten Staaten darüber verständigt haben. Diese Bestimmung steht der Anwendung des Artikels 22 des Protokolls über die Satzung der Europäischen Investitionsbank nicht entgegen.

Art. 69 [Erlaß von Richtlinien] Der Rat erläßt während der beiden ersten Stufen einstimmig und danach mit qualifizierter Mehrheit auf Vorschlag der Kommission, die zu diesem Zweck den in Artikel 105 vorgesehenen Währungsausschuß hört, die erforderlichen Richtlinien für die schrittweise Durchführung des Artikels 67.

Art. 70 [Koordinierung der Devisenpolitik] (1) Für den Kapitalverkehr zwischen den Mitgliedstaaten und dritten Ländern schlägt die Kommission dem Rat Maßnahmen zur schrittweisen Koordinierung der Devisenpolitik der Mitgliedstaaten vor. Der Rat erläßt mit qualifizierter Mehrheit Richtlinien hierfür. Er wird bemüht sein, ein Höchstmaß an Liberalisierung zu erreichen. Der Einstimmigkeit bedürfen Maßnahmen, die einen Rückschritt auf dem Gebiet der Liberalisierung des Kapitalverkehrs darstellen.

(2) Können durch Maßnahmen nach Absatz (1) die Unterschiede zwischen den Devisenvorschriften der Mitgliedstaaten nicht beseitigt werden und benutzen in einem Mitgliedstaat ansässige Personen infolgedessen die in Artikel 67 vorgesehenen Transfererleichterungen innerhalb der Gemeinschaft, um die für den Kapitalverkehr mit dritten Ländern geltenden Vorschriften eines Mitgliedstaates zu umgehen, so kann dieser Staat, nachdem er sich mit den anderen Mitgliedstaaten und der Kommission ins Benehmen gesetzt hat, geeignete Maßnahmen zur Behebung dieser Schwierigkeiten treffen.

Stellt der Rat fest, daß diese Maßnahmen den freien Kapitalverkehr innerhalb der Gemeinschaft stärker beschränken als zur Behebung dieser Schwierigkeiten notwendig ist, so kann er mit qualifizierter Mehrheit auf Vorschlag der Kommission entscheiden, daß der betreffende Staat diese Maßnahmen zu ändern oder aufzuheben hat.

Art. 71 [Weitere Liberalisierung des Kapitalverkehrs] Die Mitgliedstaaten werden bestrebt sein, weder neue devisenrechtliche Beschränkungen des Kapitalverkehrs und der damit zusammenhängenden laufenden Zahlungen innerhalb der Gemeinschaft einzuführen noch bestehende Vorschriften zu verschärfen.

Sie sind bereit, über das Ausmaß der in den vorstehenden Artikeln vorgesehenen Liberalisierung des Kapitalverkehrs hinauszugehen, soweit ihre Wirtschaftslage, insbesondere der Stand ihrer Zahlungsbilanz, dies zuläßt.

Die Kommission kann nach Anhörung des Währungsausschusses diesbezügliche Empfehlungen an die Mitgliedstaaten richten.

Art. 72 [Unterrichtung und Stellungnahme der Kommission] Die Mitgliedstaaten halten die Kommission über die zu ihrer Kenntnis gelangenden Kapitalbewegungen nach und aus dritten Ländern auf dem laufenden. Die Kommission kann die ihr zweckdienlich erscheinenden Stellungnahmen an die Mitgliedstaaten richten.

Art. 73 [Schutzmaßnahmen] (1) Haben Kapitalbewegungen Störungen im Funktionieren des Kapitalmarktes eines Mitgliedstaates zur Folge, so ermächtigt die Kommission diesen Staat nach Anhörung des Währungsausschusses, auf dem Gebiet des Kapitalverkehrs Schutzmaßnahmen zu treffen, deren Bedingungen und Einzelheiten sie festlegt.

Der Rat kann mit qualifizierter Mehrheit die Ermächtigung widerrufen sowie deren Bedingungen und Einzelheiten abändern.

(2) Der Mitgliedstaat, der sich in Schwierigkeiten befindet, kann jedoch Maßnahmen dieser Art, falls sie sich als notwendig erweisen, aus Gründen der Geheimhaltung oder Dringlichkeit von sich aus treffen. Die Kommission und die Mitgliedstaaten sind von diesen Maßnahmen spätestens bei ihrem Inkrafttreten zu unterrichten. In diesem Fall kann die Kommission nach Anhörung des Währungsausschusses entscheiden, daß der betreffende Mitgliedstaat diese Maßnahmen zu ändern oder aufzuheben hat.

Art. 73a [Zeitbestimmung] Mit Wirkung vom 1. Januar 1994 werden die Artikel 67 bis 73 durch die Artikel 73b bis 73g ersetzt.

Art. 73b [Beschränkungsverbot] (1) Im Rahmen der Bestimmungen dieses Kapitels sind alle Beschränkungen des Kapitalverkehrs zwischen den Mitgliedstaaten sowie zwischen den Mitgliedstaaten und dritten Ländern verboten.

(2) Im Rahmen der Bestimmungen dieses Kapitels sind alle Beschränkungen des Zahlungsverkehrs zwischen den Mitgliedstaaten sowie zwischen den Mitgliedstaaten und dritten Ländern verboten.

Art. 73c [Kapitalverkehr mit Drittländern] (1) Artikel 73b berührt ncht die Anwendung derjenigen Beschränkungen auf dritte Länder, die am 31. Dezember 1993 aufgrund einzelstaatlicher oder gemeinschaftlicher Rechtsvorschriften für den Kapitalverkehr mit dritten Ländern im Zusammenhang mit Direktinvestitionen einschließlich Anlagen in Immobilien, mit der Niederlassung, der Erbringung von Finanzdienstleistungen oder der Zulassung von Wertpapieren zu den Kapitalmärkten bestehen.

(2) Unbeschadet der anderen Kapitel dieses Vertrags sowie seiner Bemühungen um eine möglichst weitgehende Verwirklichung des Zieles eines freien Kapitalverkehrs zwischen den Mitgliedstaaten und dritten Ländern kann der Rat auf Vorschlag der Kommission mit

qualifizierter Mehrheit Maßnahmen für den Kapitalverkehr mit dritten Ländern im Zusammenhang mit Direktinvestitionen einschließlich Anlagen in Immobilien, mit der Niederlassung, der Erbringung von Finanzdienstleistungen oder der Zulassung von Wertpapieren zu den Kapitalmärkten beschließen. Maßnahmen nach diesem Absatz, die im Rahmen des Gemeinschaftsrechts für die Liberalisierung des Kapitalverkehrs mit dritten Ländern einen Rückschritt darstellen, bedürfen der Einstimmigkeit.

Art. 73 d [Ausnahmeregelungen] (1) Artikel 73 b berührt nicht das Recht der Mitgliedstaaten,

a) die einschlägigen Vorschriften ihres Steuerrechts anzuwenden, die Steuerpflichtige mit unterschiedlichem Wohnort oder Kapitalanlageort unterschiedlich behandeln,

b) die unerläßlichen Maßnahmen zu treffen, um Zuwiderhandlungen gegen innerstaatliche Rechts- und Verwaltungsvorschriften, insbesondere auf dem Gebiet des Steuerrechts und der Aufsicht über Finanzinstitute, zu verhindern, sowie Meldeverfahren über den Kapitalverkehr zwecks administrativer oder statistischer Information vorzusehen oder Maßnahmen zu ergreifen, die aus Gründen der öffentlichen Ordnung oder Sicherheit gerechtfertigt sind.

(2) Dieses Kapitel berührt nicht die Anwendbarkeit von Beschränkungen des Niederlassungsrechts, die mit diesem Vertrag vereinbar sind.

(3) Die in den Absätzen 1 und 2 genannten Maßnahmen und Verfahren dürfen weder ein Mittel zur willkürlichen Diskriminierung noch eine verschleierte Beschränkung des freien Kapital- und Zahlungsverkehrs im Sinne des Artikels 73 b darstellen.

Art. 73 e [Beibehaltungsfrist] Abweichend von Artikel 73 b können die Mitgliedstaaten, für die am 31. Dezember 1993 eine Ausnahmeregelung aufgrund des bestehenden Gemeinschaftsrechts gilt, Beschränkungen des Kapitalverkehrs aufgrund der zu dem genannten Zeitpunkt bestehenden Ausnahmeregelungen längstens bis 31. Dezember 1995 beibehalten.

Art. 73 f [Schutzmaßnahmen des Rates] Falls Kapitalbewegungen nach oder aus dritten Ländern unter außergewöhnlichen Umständen das Funktionieren der Wirtschafts- und Währungsunion schwerwiegend stören oder zu stören drohen, kann der Rat mit qualifizierter

Mehrheit auf Vorschlag der Kommission und nach Anhörung der EZB gegenüber dritten Ländern Schutzmaßnahmen mit einer Geltungsdauer von höchstens sechs Monaten treffen, wenn diese unbedingt erforderlich sind.

Art. 73g [Wirtschaftssanktionen gegenüber Dritten] (1) Falls ein Tätigwerden der Gemeinschaft in den in Artikel 228a vorgesehenen Fällen für erforderlich erachtet wird, kann der Rat nach dem Verfahren des Artikels 228a die notwendigen Sofortmaßnahmen auf dem Gebiet des Kapital- und Zahlungsverkehrs mit den betroffenen dritten Ländern ergreifen.

(2) Solange der Rat keine Maßnahmen nach Absatz 1 ergriffen hat, kann jeder Mitgliedstaat unbeschadet des Artikels 224 bei Vorliegen schwerwiegender politischer Umstände aus Gründen der Dringlichkeit gegenüber dritten Ländern einseitige Maßnahmen auf dem Gebiet des Kapital- und Zahlungsverkehrs treffen. Die Kommission und die anderen Mitgliedstaaten sind über diese Maßnahmen spätestens bei deren Inkrafttreten zu unterrichten.

Der Rat kann mit qualifizierter Mehrheit auf Vorschlag der Kommission entscheiden, daß der betreffende Mitgliedstaat diese Maßnahmen zu ändern oder aufzuheben hat. Der Präsident des Rates unterrichtet das Europäische Parlament über die betreffenden Entscheidungen des Rates.

Art. 73h [Liberalisierungsgebot; Übergangsmaßnahmen] Bis zum 1. Januar 1994 gelten folgende Bestimmungen:

1. Jeder Mitgliedstaat verpflichtet sich, in der Währung des Mitgliedstaats, in dem der Gläubiger oder der Begünstigte ansässig ist, die Zahlungen zu genehmigen, die sich auf den Waren-, Dienstleistungs- und Kapitalverkehr beziehen, sowie den Transfer von Kapitalbeträgen und Arbeitsentgelten zu gestatten, soweit der Waren-, Dienstleistungs-, Kapital- und Personenverkehr zwischen den Mitgliedstaaten nach diesem Vertrag liberalisiert ist.

    Die Mitgliedstaaten sind bereit, über die in vorstehendem Unterabsatz vorgesehene Liberalisierung des Zahlungsverkehrs hinauszugehen, soweit ihre Wirtschaftslage im allgemeinen und der Stand ihrer Zahlungsbilanz im besonderen dies zulassen.

2. Soweit der Waren-, Dienstleistungs- und Kapitalverkehr nur durch Beschränkungen der diesbezüglichen Zahlungen begrenzt ist, werden diese Beschränkungen durch entsprechende Anwendung

dieses Kapitels und der Kapitel über die Beseitigung der mengenmäßigen Beschränkungen und die Liberalisierung der Dienstleistungen schrittweise beseitigt.

3. Die Mitgliedstaaten führen untereinander keine neuen Beschränkungen für die Transferierung ein, die sich auf die in der Liste des Anhangs III zu diesem Vertrag aufgeführten unsichtbaren Transaktionen beziehen.

Die bestehenden Beschränkungen werden gemäß den Artikeln 63 bis 65 schrittweise beseitigt, soweit hierfür nicht die Nummern 1 und 2 oder die sonstigen Bestimmungen dieses Kapitels maßgebend sind.

4. Im Bedarfsfall verständigen sich die Mitgliedstaaten über die Maßnahmen, die zur Gewährleistung der in diesem Artikel vorgesehenen Zahlungen und Transferierungen zu treffen sind; diese Maßnahmen dürfen die in diesem Vertrag genannten Ziele nicht beeinträchtigen.

Titel IV
Der Verkehr

Art. 74 [Gemeinsame Verkehrspolitik] Auf dem in diesem Titel geregelten Sachgebiet verfolgen die Mitgliedstaaten die Ziele dieses Vertrags im Rahmen einer gemeinsamen Verkehrspolitik.

Art. 75 [Erlaß von erforderlichen Maßnahmen] (1) Zur Durchführung des Artikels 74 wird der Rat unter Berücksichtigung der Besonderheiten des Verkehrs gemäß dem Verfahren des Artikels 189 c und nach Anhörung des Wirtschafts- und Sozialausschusses

a) für den internationalen Verkehr aus oder nach dem Hoheitsgebiet eines Mitgliedstaats oder für den Durchgangsverkehr durch das Hoheitsgebiet eines oder mehrerer Mitgliedstaaten gemeinsame Regeln aufstellen;

b) für die Zulassung von Verkehrsunternehmern zum Verkehr innerhalb eines Mitgliedstaats, in dem sie nicht ansässig sind, die Bedingungen festlegen;

c) Maßnahmen zur Verbesserung der Verkehrssicherheit erlassen;

d) alle sonstigen zweckdienlichen Vorschriften erlassen.

(2) Die in Absatz 1 Buchstaben a und b genannten Vorschriften werden im Laufe der Übergangszeit erlassen.

(3) Abweichend von dem in Absatz 1 vorgesehenen Verfahren werden die Vorschriften über die Grundsätze der Verkehrsordnung, deren Anwendung die Lebenshaltung und die Beschäftigungslage in bestimmten Gebieten sowie den Betrieb der Verkehrseinrichtungen ernstlich beeinträchtigen könnte, vom Rat auf Vorschlag der Kommission und nach Anhörung des Europäischen Parlements und des Wirtschafts- und Sozialausschusses einstimmig erlassen; dabei berücksichtigt er die Notwendigkeit einer Anpassung an die sich aus der Errichtung des Gemeinsamen Marktes ergebende wirtschaftliche Entwicklung.

Art. 75 [Verbot der Schlechterstellung] Bis zum Erlaß der in Artikel 75 Absatz (1) genannten Vorschriften darf ein Mitgliedstaat die verschiedenen bei Inkrafttreten dieses Vertrags auf diesem Gebiet geltenden Vorschriften in ihren unmittelbaren oder mittelbaren Auswirkungen auf die Verkehrsunternehmer anderer Mitgliedstaaten im Vergleich zu den inländischen Verkehrsunternehmern nicht ungünstiger gestalten, es sei denn, daß der Rat einstimmig etwas anderes billigt.

Art. 77 [Beihilfen] Mit diesem Vertrag vereinbar sind Beihilfen, die den Erfordernissen der Koordinierung des Verkehrs oder der Abgeltung bestimmter mit dem Begriff des öffentlichen Dienstes zusammenhängender Leistungen entsprechen.

Art. 78 [Berücksichtigung der wirtschaftlichen Lage der Verkehrsunternehmer] Jede Maßnahme auf dem Gebiet der Beförderungsentgelte- und -bedingungen, die im Rahmen dieses Vertrags getroffen wird, hat der wirtschaftlichen Lage der Verkehrsunternehmer Rechnung zu tragen.

Art. 79 [Beseitigung von Diskriminierungen] (1) Im Verkehr innerhalb der Gemeinschaft werden spätestens vor dem Ende der zweiten Stufe die Diskriminierungen beseitigt, die darin bestehen, daß ein Verkehrsunternehmer auf denselben Verkehrsverbindungen für die gleichen Güter je nach ihrem Herkunfts- oder Bestimmungsland unterschiedliche Frachten und Beförderungsbedingungen anwendet.

(2) Absatz (1) schließt sogar Maßnahmen nicht aus, die der Rat gemäß Artikel 75 Absatz (1) treffen kann.

(3) Binnen zwei Jahren nach Inkrafttreten dieses Vertrags trifft der Rat mit qualifizierter Mehrheit auf Vorschlag der Kommission und nach Anhörung des Wirtschafts- und Sozialausschusses eine Regelung zur Durchführung des Absatzes (1).

Er kann insbesondere die erforderlichen Vorschriften erlassen, um es den Organen der Gemeinschaft zu ermöglichen, für die Beachtung des Absatzes (1) Sorge zu tragen, und um den Verkehrsnutzern die Vorteile dieser Bestimmung voll zukommen zu lassen.

(4) Die Kommission prüft von sich aus oder auf Antrag eines Mitgliedstaates die Diskriminierungsfälle des Absatzes (1) und erläßt nach Beratung mit jedem in Betracht kommenden Mitgliedstaat die erforderlichen Entscheidungen im Rahmen der gemäß Absatz (3) getroffenen Regelung.

Art. 80 [Verbot von Unterstützungsmaßnahmen, Ausnahmen]
(1) Mit Beginn der zweiten Stufe sind im Verkehr innerhalb der Gemeinschaft die von einem Mitgliedstaat auferlegten Frachten und Beförderungsbedingungen verboten, die in irgendeiner Weise der Unterstützung oder dem Schutz eines oder mehrerer bestimmter Unternehmen oder Industrien dienen, es sei denn, daß die Kommission die Genehmigung hierzu erteilt.

(2) Die Kommission prüft von sich aus oder auf Antrag eines Mitgliedstaates die in Absatz (1) bezeichneten Frachten und Beförderungsbedingungen; hierbei berücksichtigt sie insbesondere sowohl die Erfordernisse einer angemessenen Standortpolitik, die Bedürfnisse der unterentwickelten Gebiete und die Probleme der durch politische Umstände schwer betroffenen Gebiete als auch die Auswirkungen dieser Frachten und Beförderungsbedingungen auf den Wettbewerb zwischen den Verkehrsarten.

Die Kommission erläßt die erforderlichen Entscheidungen nach Beratung mit jedem in Betracht kommenden Mitgliedstaat.

(3) Das in Absatz (1) genannte Verbot betrifft nicht die Wettbewerbstarife.

Art. 81 [Abgaben und Gebühren bei Grenzübergang] Die Abgaben oder Gebühren, die ein Verkehrsunternehmer neben den Frachten beim Grenzübergang in Rechnung stellt, dürfen unter Berücksichtigung der hierdurch tatsächlich verursachten Kosten eine angemessene Höhe nicht übersteigen.

Die Mitgliedstaaten werden bemüht sein, diese Kosten schrittweise zu verringern.

Die Kommission kann zur Durchführung dieses Artikels Empfehlungen an die Mitgliedstaaten richten.

Art. 82 [Ausnahmen für gewisse deutsche Gebiete] Die Bestimmungen dieses Titels stehen Maßnahmen in der Bundesrepublik Deutschland nicht entgegen, soweit sie erforderlich sind, um die wirtschaftlichen Nachteile auszugleichen, die der Wirtschaft bestimmter von der Teilung Deutschlands betroffener Gebiete der Bundesrepublik aus dieser Teilung entstehen.

Art. 83 [Beratender Ausschuß bei der Kommission] Bei der Kommission wird ein beratender Ausschuß gebildet; er besteht aus Sachverständigen, die von den Regierungen der Mitgliedstaaten ernannt werden. Die Kommission hört den Ausschuß je nach Bedarf in Verkehrsfragen an; die Befugnisse der fachlichen Gruppe Verkehr des Wirtschafts- und Sozialausschusses bleiben unberührt.

Art. 84 [Betroffene Verkehrsmittel] (1) Dieser Titel gilt für Beförderungen im Eisenbahn-, Straßen- und Binnenschiffsverkehr.

(2) Der Rat kann mit qualifizierter Mehrheit darüber entscheiden, ob, inwieweit und nach welchen Verfahren geeignete Vorschriften für die Seeschiffahrt und Luftfahrt zu erlassen sind.

Die Verfahrensvorschriften des Artikels 75 Absätze (1) und (3) finden Anwendung.

Titel V
Gemeinsame Regeln
betreffend Wettbewerb, Steuerfragen und
Angleichung der Rechtsvorschriften

Kapitel 1
Wettbewerbsregeln

Abschnitt 1
Vorschriften für Unternehmen

Art. 85 [Verbot wettbewerbshindernder Vereinbarungen oder Beschlüsse] (1) Mit dem Gemeinsamen Markt unvereinbar und verboten sind alle Vereinbarungen zwischen Unternehmen, Beschlüsse von Unternehmensvereinigungen und aufeinander abgestimmte Verhaltensweisen, welche den Handel zwischen Mitgliedstaaten zu beeinträchtigen geeignet sind und eine Verhinderung, Einschränkung oder Verfälschung des Wettbewerbs innerhalb des Gemeinsamen Marktes bezwecken oder bewirken, insbesondere

a) die unmittelbare oder mittelbare Festsetzung der An- oder Verkaufspreise oder sonstiger Geschäftsbedingungen;
b) die Einschränkung oder Kontrolle der Erzeugung, des Absatzes, der technischen Entwicklung oder der Investitionen;
c) die Aufteilung der Märkte oder Versorgungsquellen;
d) die Anwendung unterschiedlicher Bedingungen bei gleichwertigen Leistungen gegenüber Handelspartnern, wodurch diese im Wettbewerb benachteiligt werden;
e) die an den Abschluß von Verträgen geknüpfte Bedingung, daß die Vertragspartner zusätzliche Leistungen annehmen, die weder sachlich noch nach Handelsbrauch in Beziehung zum Vertragsgegenstand stehen.

(2) Die nach diesem Artikel verbotenen Vereinbarungen oder Beschlüsse sind nichtig.

(3) Die Bestimmungen des Absatzes (1) können für nicht anwendbar erklärt werden auf

– Vereinbarungen oder Gruppen von Vereinbarungen zwischen Unternehmen,
– Beschlüsse oder Gruppen von Beschlüssen von Unternehmensvereinigungen,
– aufeinander abgestimmte Verhaltensweisen oder Gruppen von solchen,

die unter angemessener Beteiligung der Verbraucher an dem entstehenden Gewinn zur Verbesserung der Warenerzeugung oder -verteilung oder zur Förderung des technischen oder wirtschaftlichen Fortschritts beitragen, ohne daß den beteiligten Unternehmen

a) Beschränkungen auferlegt werden, die für die Verwirklichung dieser Ziele nicht unerläßlich sind, oder
b) Möglichkeiten eröffnet werden, für einen wesentlichen Teil der betreffenden Waren den Wettbewerb auszuschalten.

Art. 86 [Mißbrauch einer den Markt beherrschenden Stellung] Mit dem Gemeinsamen Markt unvereinbar und verboten ist die mißbräuchliche Ausnutzung einer beherrschenden Stellung auf dem Gemeinsamen Markt oder auf einem wesentlichen Teil desselben durch ein oder mehrere Unternehmen, soweit dies dazu führen kann, den Handel zwischen Mitgliedstaaten zu beeinträchtigen.

Dieser Mißbrauch kann insbesondere in folgendem bestehen:

a) der unmittelbaren oder mittelbaren Erzwingung von unangemessenen Einkaufs- oder Verkaufspreisen oder sonstigen Geschäftsbedingungen;
b) der Einschränkung der Erzeugung, des Absatzes oder der technischen Entwicklung zum Schaden der Verbraucher;
c) der Anwendung unterschiedlicher Bedingungen bei gleichwertigen Leistungen gegenüber Handelspartnern, wodurch diese im Wettbewerb benachteiligt werden;
d) der an den Abschluß von Verträgen geknüpften Bedingungen, daß die Vertragspartner zusätzliche Leistungen annehmen, die weder sachlich noch nach Handelsbrauch in Beziehung zum Vertragsgegenstand stehen.

Art. 87 [Erlaß von Verordnungen und Richtlinien] (1) Binnen drei Jahren nach Inkrafttreten dieses Vertrags erläßt der Rat einstimmig auf Vorschlag der Kommission und nach Anhörung des Europäischen Parlaments alle zweckdienlichen Verordnungen oder Richtlinien zur Verwirklichung der in den Artikeln 85 und 86 niedergelegten Grundsätze.

Sind innerhalb der genannten Frist diese Vorschriften nicht erlassen worden, so werden sie vom Rat mit qualifizierter Mehrheit auf Vorschlag der Kommission und nach Anhörung des Europäischen Parlaments beschlossen.

(2) Die in Absatz (1) vorgesehenen Vorschriften bezwecken insbesondere,

a) die Beachtung der in Artikel 85 Absatz (1) und Artikel 86 genannten Verbote durch die Einführung von Geldbußen und Zwangsgeldern zu gewährleisten;
b) die Einzelheiten der Anwendung des Artikels 85 Absatz (3) festzulegen; dabei ist dem Erfordernis einer wirksamen Überwachung bei möglichst einfacher Verwaltungskontrolle Rechnung zu tragen;
c) gegebenenfalls den Anwendungsbereich der Artikel 85 und 86 für die einzelnen Wirtschaftszweige näher zu bestimmen;

d) die Aufgaben der Kommission und des Gerichtshofs bei der Anwendung der in diesem Absatz vorgesehenen Vorschriften gegeneinander abzugrenzen;

e) das Verhältnis zwischen den innerstaatlichen Rechtsvorschriften einerseits und den in diesem Abschnitt enthaltenen oder auf Grund dieses Artikels getroffenen Bestimmungen andererseits festzulegen.

Art. 88 [Entscheidung über Zulässigkeit wettbewerbsrechtlicher Vereinbarungen] Bis zum Inkrafttreten der gemäß Artikel 87 erlassenen Vorschriften entscheiden die Behörden der Mitgliedstaaten im Einklang mit ihren eigenen Rechtsvorschriften und den Bestimmungen der Artikel 85, insbesondere Absatz (3), und 86 über die Zulässigkeit von Vereinbarungen, Beschlüssen und aufeinander abgestimmten Verhaltensweisen sowie über die mißbräuchliche Ausnutzung einer beherrschenden Stellung auf dem Gemeinsamen Markt.

Art. 89 [Verfahren bei Zuwiderhandlungen] (1) Unbeschadet des Artikels 88 achtet die Kommission, sobald sie ihre Tätigkeit aufgenommen hat, auf die Verwirklichung der in den Artikeln 85 und 86 niedergelegten Grundsätze. Sie untersucht auf Antrag eines Mitgliedstaates oder von Amts wegen in Verbindung mit den zuständigen Behörden der Mitgliedstaaten, die ihr Amtshilfe zu leisten haben, die Fälle, in denen Zuwiderhandlungen gegen diese Grundsätze vermutet werden. Stellt sie eine Zuwiderhandlung fest, so schlägt sie geeignete Mittel vor, um diese abzustellen.

(2) Wird die Zuwiderhandlung nicht abgestellt, so trifft die Kommission in einer mit Gründen versehenen Entscheidung die Feststellung, daß eine derartige Zuwiderhandlung vorliegt. Sie kann die Entscheidung veröffentlichen und die Mitgliedstaaten ermächtigen, die erforderlichen Abhilfemaßnahmen zu treffen, deren Bedingungen und Einzelheiten sie festlegt.

Art. 90 [Öffentliche und monopolartige Unternehmen] (1) Die Mitgliedstaaten werden in bezug auf öffentliche Unternehmen und auf Unternehmen, denen sie besondere oder ausschließliche Rechte gewähren, keine diesem Vertrag und insbesondere dessen Artikeln 7 und 85 bis 94 widersprechende Maßnahmen treffen oder beibehalten.

(2) Für Unternehmen, die mit Dienstleistungen von allgemeinem wirtschaftlichem Interesse betraut sind oder den Charakter eines Finanzmonopols haben, gelten die Vorschriften dieses Vertrags, insbe-

sondere die Wettbewerbsregeln, soweit die Anwendung dieser Vorschriften nicht die Erfüllung der ihnen übertragenen besonderen Aufgabe rechtlich oder tatsächlich verhindert. Die Entwicklung des Handelsverkehrs darf nicht in einem Ausmaß beeinträchtigt werden, das dem Interesse der Gemeinschaft zuwiderläuft.

(3) Die Kommission achtet auf die Anwendung dieses Artikels und richtet erforderlichenfalls geeignete Richtlinien oder Entscheidungen an die Mitgliedstaaten.

Abschnitt 2
Dumping

Art. 91 [Dumping] (1) Stellt die Kommission während der Übergangszeit auf Antrag eines Mitgliedstaates oder eines anderen Beteiligten Dumping-Praktiken innerhalb des Gemeinsamen Marktes fest, so richtet sie Empfehlungen an den oder die Urheber, um diese Praktiken abzustellen.

Werden sie trotzdem fortgesetzt, so ermächtigt die Kommission den geschädigten Mitgliedstaat, geeignete Schutzmaßnahmen zu treffen, deren Bedingungen und Einzelheiten sie festlegt.

(2) Nach Inkrafttreten dieses Vertrags dürfen Waren, die aus einem Mitgliedstaat stammen oder sich dort im freien Verkehr befanden und in einen anderen Mitgliedstaat ausgeführt worden sind, in den erstgenannten Staat wieder eingeführt werden, ohne hierbei einem Zoll, einer mengenmäßigen Beschränkung oder Maßnahmen gleicher Wirkung zu unterliegen. Die Kommission erläßt geeignete Regelungen zur Anwendung dieses Absatzes.

Abschnitt 3
Staatliche Beihilfen

Art. 92 [Mit dem Gemeinsamen Markt vereinbare und unvereinbare Beihilfen] (1) Soweit in diesem Vertrag nicht etwas anderes bestimmt ist, sind staatliche oder aus staatlichen Mitteln gewährte Beihilfen gleich welcher Art, die durch die Begünstigung bestimmter Unternehmen oder Produktionszweige den Wettbewerb verfälschen oder zu verfälschen drohen, mit dem Gemeinsamen Markt unvereinbar, soweit sie den Handel zwischen Mitgliedstaaten beeinträchtigen.

(2) Mit dem Gemeinsamen Markt vereinbar sind:

a) Beihilfen sozialer Art an einzelne Verbraucher, wenn sie ohne Diskriminierung nach der Herkunft der Waren gewährt werden;

b) Beihilfen zur Beseitigung von Schäden, die durch Naturkatastrophen oder sonstige außergewöhnliche Ereignisse entstanden sind;

c) Beihilfen für die Wirtschaft bestimmter durch die Teilung Deutschlands betroffener Gebiete der Bundesrepublik Deutschland, soweit sie zum Ausgleich der durch die Teilung verursachten wirtschaftlichen Nachteile erforderlich sind.

(3) Als mit dem Gemeinsamen Markt vereinbar können angesehen werden:

a) Beihilfen zur Förderung der wirtschaftlichen Entwicklung von Gebieten, in denen die Lebenshaltung außergewöhnlich niedrig ist oder eine erhebliche Unterbeschäftigung herrscht;

b) Beihilfen zur Förderung der Entwicklung gewisser Wirtschaftszweige oder Wirtschaftsgebiete, soweit sie Handelsbedingungen nicht in einer Weise verändern, die dem gemeinsamen Interesse zuwiderläuft. Beihilfen für den Schiffsbau, soweit sie am 1. Januar 1957 bestanden und lediglich einem fehlenden Zollschutz entsprechen, werden jedoch entsprechend den für die Abschaffung der Zölle geltenden Bestimmungen und vorbehaltlich der Vorschriften dieses Vertrags über die gemeinsame Handelspolitik gegenüber dritten Ländern schrittweise abgebaut;

c) Beihilfen zur Förderung wichtiger Vorhaben von gemeinsamem europäischem Interesse oder zur Behebung einer beträchtlichen Störung im Wirtschaftsleben eines Mitgliedstaates;

d) Beihilfen zur Förderung der Kultur und der Erhaltung des kulturellen Erbes, soweit sie die Handels- und Wettbewerbsbedingungen in der Gemeinschaft nicht in einem Maß beeinträchtigen, das dem gemeinsamen Interesse zuwiderläuft;

e) sonstige Arten von Beihilfen, die der Rat durch eine Entscheidung mit qualifizierter Mehrheit auf Vorschlag der Kommission bestimmt.

Art. 93 [Kontrolle und Maßnahmen gegen unstatthafte Beihilfen]

(1) Die Kommission überprüft fortlaufend in Zusammenarbeit mit den Mitgliedstaaten die in diesen bestehenden Beihilferegelungen. Sie schlägt ihnen die zweckdienlichen Maßnahmen vor, welche die fort-

schreitende Entwicklung und das Funktionieren des Gemeinsamen Marktes erfordern.

(2) Stellt die Kommission fest, nachdem sie den Beteiligten eine Frist zur Äußerung gesetzt hat, daß eine von einem Staat oder aus staatlichen Mitteln gewährte Beihilfe mit dem Gemeinsamen Markt nach Artikel 92 unvereinbar ist oder daß sie mißbräuchlich angewandt wird, so entscheidet sie, daß der betreffende Staat sie binnen einer von ihr bestimmten Frist aufzuheben oder umzugestalten hat.

Kommt der betreffende Staat dieser Entscheidung innerhalb der festgesetzten Frist nicht nach, so kann die Kommission oder jeder betroffene Staat in Abweichung von den Artikeln 169 und 170 den Gerichtshof unmittelbar anrufen.

Der Rat kann einstimmig auf Antrag eines Mitgliedstaates entscheiden, daß eine von diesem Staat gewährte oder geplante Beihilfe in Abweichung von Artikel 92 oder von den nach Artikel 94 erlassenen Verordnungen als mit dem Gemeinsamen Markt vereinbar gilt, wenn außergewöhnliche Umstände eine solche Entscheidung rechtfertigen. Hat die Kommission bezüglich dieser Beihilfe das in Unterabsatz 1 dieses Absatzes vorgesehene Verfahren bereits eingeleitet, so bewirkt der Antrag des betreffenden Staates an den Rat die Aussetzung dieses Verfahrens, bis der Rat sich geäußert hat.

Äußert sich der Rat nicht binnen drei Monaten nach Antragstellung, so entscheidet die Kommission.

(3) Die Kommission wird von jeder beabsichtigten Einführung oder Umgestaltung von Beihilfen so rechtzeitig unterrichtet, daß sie sich dazu äußern kann. Ist sie der Auffassung, daß ein derartiges Vorhaben nach Artikel 92 mit dem Gemeinsamen Markt unvereinbar ist, so leitet sie unverzüglich das in Absatz (2) vorgesehene Verfahren ein. Der betreffende Mitgliedstaat darf die beabsichtigte Maßnahme nicht durchführen, bevor die Kommission eine abschließende Entscheidung erlassen hat.

Art. 94 [Erlaß von Durchführungsverordnungen] Der Rat kann auf Vorschlag der Kommission und nach Anhörung des Europäischen Parlaments mit qualifizierter Mehrheit alle zweckdienlichen Durchführungsverordnungen zu den Artikeln 92 und 93 erlassen und insbesondere die Bedingungen für die Anwendung des Artikels 93 Absatz 3 sowie diejenigen Arten von Beihilfen festlegen, die von diesem Verfahren ausgenommen sind.

Kapitel 2
Steuerliche Vorschriften

Art. 95 [Keine höheren Abgaben für Waren aus dem Ausland]
Die Mitgliedstaaten erheben auf Waren aus anderen Mitgliedstaaten weder unmittelbar noch mittelbar höhere inländische Abgaben gleich welcher Art, als gleichartige inländische Waren unmittelbar oder mittelbar zu tragen haben.

Die Mitgliedstaaten erheben auf Waren aus anderen Mitgliedstaaten keine inländischen Abgaben, die geeignet sind, andere Produktionen mittelbar zu schützen.

Spätestens mit Beginn der zweiten Stufe werden die Mitgliedstaaten die bei Inkrafttreten dieses Vertrags geltenden Bestimmungen aufheben oder berichtigen, die den obengenannten Vorschriften entgegenstehen.

Art. 96 [Rückvergütung inländischer Abgaben bei Ausfuhr] Werden Waren in das Hoheitsgebiet eines Mitgliedstaates ausgeführt, so darf die Rückvergütung für inländische Abgaben nicht höher sein als die auf die ausgeführten Waren mittelbar oder unmittelbar erhobenen inländischen Abgaben.

Art. 97 [Verfahren bei kumulativer Mehrphasensteuer] Mitgliedstaaten, welche die Umsatzsteuer nach dem System der kumulativen Mehrphasensteuer erheben, können für inländische Abgaben, die sie von eingeführten Waren erheben, und für Rückvergütungen, die sie für ausgeführte Waren gewähren, unter Wahrung der in den Artikeln 95 und 96 aufgestellten Grundsätze Durchschnittssätze für Waren oder Gruppen von Waren festlegen.

Entsprechen diese Durchschnittssätze nicht den genannten Grundsätzen, so richtet die Kommission geeignete Richtlinien oder Entscheidungen an den betreffenden Staat.

Art. 98 [Genehmigung gewisser Rückvergütungen] Für Abgaben außer Umsatzsteuern, Verbrauchsabgaben und sonstigen indirekten Steuern sind Entlastungen und Rückvergütungen bei der Ausfuhr nach anderen Mitgliedstaaten sowie Ausgleichsabgaben bei der Einfuhr aus den Mitgliedstaaten nur zulässig, soweit der Rat sie vorher mit qualifizierter Mehrheit auf Vorschlag der Kommission für eine begrenzte Frist genehmigt hat.

Art. 99 [Harmonisierung der indirekten Steuern] Der Rat erläßt auf Vorschlag der Kommission und nach Anhörung des Europäischen Parlaments und des Wirtschafts- und Sozialausschusses einstimmig die Bestimmungen zur Harmonisierung der Rechtsvorschriften über die Umsatzsteuern, die Verbrauchsabgaben und sonstige indirekte Steuern, soweit diese Harmonisierung für die Errichtung und das Funktionieren des Binnenmarkts innerhalb der in Artikel 7a gesetzten Frist notwendig ist.

Kapitel 3
Angleichung der Rechtsvorschriften

Art. 100 [Richtlinien zur Angleichung gewisser Rechtsvorschriften] Der Rat erläßt einstimmig auf Vorschlag der Kommission und nach Anhörung des Europäischen Parlaments und des Wirtschafts- und Sozialausschusses Richtlinien für die Angleichung derjenigen Rechts- und Verwaltungsvorschriften der Mitgliedstaaten, die sich unmittelbar auf die Errichtung oder das Funktionieren des Gemeinsamen Marktes auswirken.

Art. 100a [Beschlußverfahren; einzelstaatliche Bestimmungen; Schutzklausel] (1) Soweit in diesem Vertrag nichts anderes bestimmt ist, gilt abweichend von Artikel 100 für die Verwirklichung der Ziele des Artikels 7a die nachstehende Regelung. Der Rat erläßt gemäß dem Verfahren des Artikels 189b und nach Anhörung des Wirtschafts- und Sozialausschusses die Maßnahmen zur Angleichung der Rechts- und Verwaltungsvorschriften der Mitgliedstaaten, welche die Errichtung und das Funktionieren des Binnenmarkts zum Gegenstand haben.

(2) Absatz 1 gilt nicht für die Bestimmungen über die Steuern, die Bestimmungen über die Freizügigkeit und die Bestimmungen über die Rechte und Interessen der Arbeitnehmer.

(3) Die Kommission geht in ihren Vorschlägen nach Absatz 1 in den Bereichen Gesundheit, Sicherheit, Umweltschutz und Verbraucherschutz von einem hohen Schutzniveau aus.

(4) Hält es ein Mitgliedstaat, wenn der Rat mit qualifizierter Mehrheit eine Harmonisierungsmaßnahme erlassen hat, für erforderlich, einzelstaatliche Bestimmungen anzuwenden, die durch wichtige Erfordernisse im Sinne des Artikels 36 oder in bezug auf den Schutz der

Arbeitsumwelt oder den Umweltschutz gerechtfertigt sind, so teilt er diese Bestimmungen der Kommission mit.

Die Kommission bestätigt die betreffenden Bestimmungen, nachdem sie sich vergewissert hat, daß sie kein Mittel zur willkürlichen Diskriminierung und keine verschleierte Beschränkung des Handels zwischen den Mitgliedstaaten darstellen.

In Abweichung von dem Verfahren der Artikel 169 und 170 kann die Kommission oder ein Mitgliedstaat den Gerichtshof unmittelbar anrufen, wenn die Kommission oder der Staat der Auffassung ist, daß ein anderer Mitgliedstaat die in diesem Artikel vorgesehenen Befugnisse mißbraucht.

(5) Die vorgenannten Harmonisierungsmaßnahmen sind in geeigneten Fällen mit einer Schutzklausel verbunden, die die Mitgliedstaaten ermächtigt, aus einem oder mehreren der in Artikel 36 genannten nichtwirtschaftlichen Gründen vorläufige Maßnahmen zu treffen, die einem gemeinschaftlichen Kontrollverfahren unterliegen.

Art. 100 b [Gleichwertigkeit einzelstaatlicher Vorschriften] (1) Die Kommission erfaßt im Laufe des Jahres 1992 gemeinsam mit jedem Mitgliedstaat dessen unter Artikel 100a fallende Rechts- und Verwaltungsvorschriften, für die keine Angleichung gemäß diesem Artikel erfolgt ist.

Der Rat kann gemäß Artikel 100 a beschließen, daß die in einem Mitgliedstaat geltenden Vorschriften als den Vorschriften eines anderen Mitgliedstaates gleichwertig anerkannt werden müssen.

(2) Artikel 100 a Absatz 4 findet entsprechende Anwendung

(3) Die Kommission führt die Erfassung nach Absatz 1 so rechtzeitig durch und legt die entsprechenden Vorschläge so rechtzeitig vor, daß der Rat vor Ende 1992 beschließen kann.

Art. 100 c [Visumzwang; einheitliche Visagestaltung] (1) Der Rat bestimmt auf Vorschlag der Kommission und nach Anhörung des Europäischen Parlaments einstimmig die dritten Länder, deren Staatsangehörige beim Überschreiten der Außengrenzen der Mitgliedstaaten im Besitz eines Visums sein müssen.

(2) Bei einer Notlage in einem dritten Land, die zu einem plötzlichen Zustrom von Staatsangehörigen dieses Landes in die Gemeinschaft zu führen droht, kann der Rat jedoch auf Empfehlung der Kommission mit qualifizierter Mehrheit für einen Zeitraum von höchstens

sechs Monaten den Visumzwang für Staatsangehörige des betreffenden Landes einführen. Der nach diesem Absatz eingeführte Visumzwang kann nach dem Verfahren des Absatzes 1 verlängert werden.

(3) Vom 1. Januar 1996 an trifft der Rat Entscheidungen im Sinne des Absatzes 1 mit qualifizierter Mehrheit. Vor diesem Zeitpunkt erläßt der Rat mit qualifizierter Mehrheit auf Vorschlag der Kommission und nach Anhörung des Europäischen Parlaments die Maßnahmen zur einheitlichen Visagestaltung.

(4) In den in diesem Artikel genannten Bereichen hat die Kommission jeden von einem Mitgliedstaat gestellten Antrag zu prüfen, in dem sie ersucht wird, dem Rat einen Vorschlag zu unterbreiten.

(5) Dieser Artikel läßt die Ausübung der Verantwortung der Mitgliedstaaten für die Aufrechterhaltung der öffentlichen Ordnung und den Schutz der inneren Sicherheit unberührt.

(6) Dieser Artikel gilt für weitere Bereiche, falls ein entsprechender Beschluß nach Artikel K.9 der für die Zusammenarbeit in den Bereichen Justiz und Inneres betreffenden Bestimmungen des Vertrags über die Europäische Union gefaßt wird; dies gilt vorbehaltlich des gleichzeitig festgelegten Abstimmungsverfahrens.

(7) Die Bestimmungen der zwischen den Mitgliedstaaten geltenden Abkommen, die durch diesen Artikel erfaßte Sachbereiche regeln, bleiben in Kraft, solange sie nicht durch Richtlinien oder Maßnahmen aufgrund dieses Artikels inhaltlich ersetzt worden sind.

Art. 100 d [Koordinierungsausschuß] Der aus hohen Beamten bestehende Koordinierungsausschuß, der durch Artikel K.4 des Vertrags über die Europäische Union eingesetzt wird, trägt unbeschadet des Artikels 151 zur Vorbereitung der Arbeiten des Rates in den in Artikel 100 c genannten Bereichen bei.

Art. 101 [Behandlung von den Wettbewerb verfälschenden Vorschriften] Stellt die Kommission fest, daß vorhandene Unterschiede in den Rechts- und Verwaltungsvorschriften der Mitgliedstaaten die Wettbewerbsbedingungen auf dem Gemeinsamen Markt verfälschen und dadurch eine Verzerrung hervorrufen, die zu beseitigen ist, so tritt sie mit den betreffenden Mitgliedstaaten in Beratungen ein.

Führen diese Beratungen nicht zur Beseitigung dieser Verzerrung, so erläßt der Rat während der ersten Stufe einstimmig und danach mit qualifizierter Mehrheit auf Vorschlag der Kommission die erforderlichen Richtlinien. Die Kommission und der Rat können alle sonstigen in diesem Vertrag vorgesehenen zweckdienlichen Maßnahmen treffen.

Art. 102 [Geplante, den Wettbewerb verzerrende Vorschriften]
(1) Ist zu befürchten, daß der Erlaß oder die Änderung einer Rechts- oder Verwaltungsvorschrift eine Verzerrung im Sinne des Artikels 101 verursacht, so setzt sich der Mitgliedstaat, der diese Maßnahme beabsichtigt, mit der Kommission ins Benehmen. Diese empfiehlt nach Beratung mit den Mitgliedstaaten den beteiligten Staaten die zur Vermeidung dieser Verzerrung geeigneten Maßnahmen.

(2) Kommt der Staat, der innerstaatliche Vorschriften erlassen oder ändern will, der an ihn gerichteten Empfehlung der Kommission nicht nach, so kann nicht gemäß Artikel 101 verlangt werden, daß die anderen Mitgliedstaaten ihre innerstaatlichen Vorschriften ändern, um die Verzerrung zu beseitigen. Verursacht ein Mitgliedstaat, der die Empfehlung der Kommission außer acht läßt, eine Verzerrung lediglich zu seinem eigenen Nachteil, so findet Artikel 101 keine Anwendung.

Titel VI
Die Wirtschafts- und Währungspolitik

Kapitel 1
Die Wirtschaftspolitik

Art. 102a [Ausrichtung der Wirtschaftspolitik] Die Mitgliedstaaten richten ihre Wirtschaftspolitik so aus, daß sie im Rahmen der in Artikel 103 Absatz 2 genannten Grundzüge zur Verwirklichung der Ziele der Gemeinschaft im Sinne des Artikels 2 beitragen. Die Mitgliedstaaten und die Gemeinschaft handeln im Einklang mit dem Grundsatz einer offenen Marktwirtschaft mit freiem Wettbewerb, wodurch ein effizienter Einsatz der Ressourcen gefördert wird, und halten sich dabei an die in Artikel 3a genannten Grundsätze.

Art. 103 [Koordinierung der Wirtschaftspolitik; Überwachung]
(1) Die Mitgliedstaaten betrachten ihre Wirtschaftspolitik als eine Angelegenheit von gemeinsamem Interesse und koordinieren sie im Rat nach Maßgabe des Artikels 102a.

(2) Der Rat erstellt mit qualifizierter Mehrheit auf Empfehlung der Kommission einen Entwurf für die Grundzüge der Wirtschaftspolitik

der Mitgliedstaaten und der Gemeinschaft und erstattet dem Europäischen Rat hierüber Bericht.

Der Europäische Rat erörtert auf der Grundlage dieses Berichts des Rates eine Schlußfolgerung zu den Grundzügen der Wirtschaftspolitik der Mitgliedstaaten und der Gemeinschaft.

Auf der Grundlage dieser Schlußfolgerung verabschiedet der Rat mit qualifizierter Mehrheit eine Empfehlung, in der diese Grundzüge dargelegt werden. Der Rat unterrichtet das Europäische Parlament über seine Empfehlung.

(3) Um eine engere Koordinierung der Wirtschaftspolitik und eine dauerhafte Konvergenz der Wirtschaftsleistungen der Mitgliedstaaten zu gewährleisten, überwacht der Rat anhand von Berichten der Kommission die wirtschaftliche Entwicklung in jedem Mitgliedstaat und in der Gemeinschaft sowie die Vereinbarkeit der Wirtschaftspolitik mit den in Absatz 2 genannten Grundzügen und nimmt in regelmäßigen Abständen eine Gesamtbewertung vor.

Zum Zwecke dieser multilateralen Überwachung übermitteln die Mitgliedstaaten der Kommission Angaben zu wichtigen einzelstaatlichen Maßnahmen auf dem Gebiet ihrer Wirtschaftspolitik sowie weitere von ihnen für erforderlich erachtete Angaben.

(4) Wird im Rahmen des Verfahrens nach Absatz 3 festgestellt, daß die Wirtschaftspolitik eines Mitgliedstaats nicht mit den in Absatz 2 genannten Grundzügen vereinbar ist oder das ordnungsgemäße Funktionieren der Wirtschafts- und Währungsunion zu gefährden droht, so kann der Rat mit qualifizierter Mehrheit auf Empfehlung der Kommission die erforderlichen Empfehlungen an den betreffenden Mitgliedstaat richten. Der Rat kann mit qualifizierter Mehrheit auf Vorschlag der Kommission beschließen, seine Empfehlungen zu veröffentlichen.

Der Präsident des Rates und die Kommission erstatten dem Europäischen Parlament über die Ergebnisse der multilateralen Überwachung Bericht. Der Präsident des Rates kann ersucht werden, vor dem zuständigen Ausschuß des Europäischen Parlaments zu erscheinen, wenn der Rat seine Empfehlungen veröffentlicht hat.

(5) Der Rat kann nach dem Verfahren des Artikels 189c die Einzelheiten des Verfahrens der multilateralen Überwachung im Sinne der Absätze 3 und 4 festlegen.

Art. 103a [Finanzieller Beistand] (1) Der Rat kann auf Vorschlag der Kommission unbeschadet der sonstigen in diesem Vertrag vorgesehenen Verfahren einstimmig über die der Wirtschaftslage angemessenen Maßnahmen entscheiden, insbesondere falls gravierende Schwierigkeiten in der Versorgung mit bestimmten Waren auftreten.

(2) Ist ein Mitgliedstaat aufgrund außergewöhnlicher Ereignisse, die sich seiner Kontrolle entziehen, von Schwierigkeiten betroffen oder von gravierenden Schwierigkeiten ernstlich bedroht, so kann der Rat einstimmig auf Vorschlag der Kommission beschließen, dem betreffenden Mitgliedstaat unter bestimmten Bedingungen einen finanziellen Beistand der Gemeinschaft zu gewähren. Sind die gravierenden Schwierigkeiten auf Naturkatastrophen zurückzuführen, so beschließt der Rat mit qualifizierter Mehrheit. Der Präsident des Rates unterrichtet das Europäische Parlament über den Beschluß.

Art. 104 [Überziehungsverbot] (1) Überziehungs- oder andere Kreditfazilitäten bei der EZB oder den Zentralbanken der Mitgliedstaaten (im folgenden als „nationale Zentralbanken" bezeichnet) für Organe oder Einrichtungen der Gemeinschaft, Zentralregierungen, regionale oder lokale Gebietskörperschaften oder andere öffentlich-rechtliche Körperschaften, sonstige Einrichtungen des öffentlichen Rechts oder öffentliche Unternehmen der Mitgliedstaaten sind ebenso verboten wie der unmittelbare Erwerb von Schuldtiteln von diesen durch die EZB oder die nationalen Zentralbanken.

(2) Die Bestimmungen des Absatzes 1 gelten nicht für Kreditinstitute im öffentlichen Eigentum; diese werden von der jeweiligen nationalen Zentralbank und der EZB, was die Bereitstellung von Zentralbankgeld betrifft, wie private Kreditinstitute behandelt.

Art. 104a [Aufsichtsrechtliche Maßnahmen] (1) Maßnahmen, die nicht aus aufsichtsrechtlichen Gründen getroffen werden und einen bevorrechtigten Zugang der Organe und Einrichtungen der Gemeinschaft, der Zentralregierungen, der regionalen oder lokalen Gebietskörperschaften oder anderen öffentlich-rechtlichen Körperschaften, sonstiger Einrichtungen des öffentlichen Rechts oder öffentlicher Unternehmen der Mitgliedstaaten zu den Finanzinstituten schaffen, sind verboten.

(2) Der Rat legt vor dem 1. Januar 1994 nach dem Verfahren des Artikels 189c die Begriffsbestimmungen für die Anwendung des in Absatz 1 vorgesehenen Verbots fest.

Art. 104b [Haftung der Gemeinschaft und der Mitgliedstaaten]
(1) Die Gemeinschaft haftet nicht für die Verbindlichkeiten der Zentralregierungen, der regionalen oder lokalen Gebietskörperschaf-

ten oder anderen öffentlich-rechtlichen Körperschaften, sonstiger Einrichtungen des öffentlichen Rechts oder öffentlicher Unternehmen von Mitgliedstaaten und tritt nicht für derartige Verbindlichkeiten ein; dies gilt unbeschadet der gegenseitigen finanziellen Garantien für die gemeinsame Durchführung eines bestimmten Vorhabens. Ein Mitgliedstaat haftet nicht für die Verbindlichkeiten der Zentralregierungen, der regionalen oder lokalen Gebietskörperschaften oder anderen öffentlich-rechtlichen Körperschaften, sonstiger Einrichtungen des öffentlichen Rechts oder öffentlicher Unternehmen eines anderen Mitgliedstaats und tritt nicht für derartige Verbindlichkeiten ein; dies gilt unbeschadet der gegenseitigen finanziellen Garantien für die gemeinsame Durchführung eines bestimmten Vorhabens.

(2) Der Rat kann erforderlichenfalls nach dem Verfahren des Artikels 189c Definitionen für die Anwendung der in Artikel 104 und in diesem Artikel vorgesehenen Verbote näher bestimmen.

Art. 104c [Überwachung der Haushaltslage in den Mitgliedstaaten] (1) Die Mitgliedstaaten vermeiden übermäßige öffentliche Defizite.

(2) Die Kommission überwacht die Entwicklung der Haushaltslage und der Höhe des öffentlichen Schuldenstands in den Mitgliedstaaten im Hinblick auf die Feststellung schwerwiegender Fehler. Insbesondere prüft sie die Einhaltung der Haushaltsdisziplin anhand von zwei Kriterien, nämlich daran,

a) ob das Verhältnis des geplanten oder tatsächlichen öffentlichen Defizits zum Bruttoinlandsprodukt einen bestimmten Referenzwert überschreitet, es sei denn, daß
   – entweder das Verhältnis erheblich und laufend zurückgegangen ist und einen Wert in der Nähe des Referenzwerts erreicht hat
   – oder der Referenzwert nur ausnahmsweise und vorübergehend überschritten wird und das Verhältnis in der Nähe des Referenzwerts bleibt;

b) ob das Verhältnis des öffentlichen Schuldenstands zum Bruttoinlandsprodukt einen bestimmten Referenzwert überschreitet, es sei denn, daß das Verhältnis hinreichend rückläufig ist und sich rasch genug dem Referenzwert nähert.

Die Referenzwerte werden in einem diesem Vertrag beigefügten Protokoll über das Verfahren bei einem übermäßigen Defizit im einzelnen festgelegt.

(3) Erfüllt ein Mitgliedstaat keines oder nur eines dieser Kriterien, so erstellt die Kommission einen Bericht. In diesem Bericht wird berücksichtigt, ob das öffentliche Defizit die öffentlichen Ausgaben für Investitionen übertrifft; berücksichtigt werden ferner alle sonstigen einschlägigen Faktoren, einschließlich der mittelfristigen Wirtschafts- und Haushaltslage des Mitgliedstaats.

Die Kommission kann ferner einen Bericht erstellen, wenn sie ungeachtet der Erfüllung der Kriterien der Auffassung ist, daß in einem Mitgliedstaat die Gefahr eines übermäßigen Defizits besteht.

(4) Der Ausschuß nach Artikel 109c gibt eine Stellungnahme zu dem Bericht der Kommission ab.

(5) Ist die Kommission der Auffassung, daß in einem Mitgliedstaat ein übermäßiges Defizit besteht oder sich ergeben könnte, so legt sie dem Rat eine Stellungnahme vor.

(6) Der Rat entscheidet mit qualifizierter Mehrheit auf Empfehlung der Kommission und unter Berücksichtigung der Bemerkungen, die der betreffende Mitgliedstaat gegebenenfalls abzugeben wünscht, nach Prüfung der Gesamtlage, ob ein übermäßiges Defizit besteht.

(7) Wird nach Absatz 6 ein übermäßiges Defizit festgestellt, so richtet der Rat an den betreffenden Mitgliedstaat Empfehlungen mit dem Ziel, dieser Lage innerhalb einer bestimmten Frist abzuhelfen. Vorbehaltlich des Absatzes 8 werden diese Empfehlungen nicht veröffentlicht.

(8) Stellt der Rat fest, daß seine Empfehlungen innerhalb der gesetzten Frist keine wirksamen Maßnahmen ausgelöst haben, so kann er seine Empfehlungen veröffentlichen.

(9) Falls ein Mitgliedstaat den Empfehlungen des Rates weiterhin nicht Folge leistet, kann der Rat beschließen, den Mitgliedstaat mit der Maßgabe in Verzug zu setzen, innerhalb einer bestimmten Frist Maßnahmen für den nach Auffassung des Rates zur Sanierung erforderlichen Defizitabbau zu treffen.

Der Rat kann in diesem Fall den betreffenden Mitgliedstaat ersuchen, nach einem konkreten Zeitplan Berichte vorzulegen, um die Anpassungsbemühungen des Mitgliedstaats überprüfen zu können.

(10) Das Recht auf Klageerhebung nach den Artikeln 169 und 170 kann im Rahmen der Absätze 1 bis 9 dieses Artikels nicht ausgeübt werden.

(11) Solange ein Mitgliedstaat einen Beschluß nach Absatz 9 nicht befolgt, kann der Rat beschließen, eine oder mehrere der

nachstehenden Maßnahmen anzuwenden oder gegebenenfalls zu verschärfen, nämlich
- von dem betreffenden Mitgliedstaat verlangen, vor der Emission von Schuldverschreibungen und sonstigen Wertpapieren vom Rat näher zu bezeichnende zusätzliche Angaben zu veröffentlichen,
- die Europäische Investitionsbank ersuchen, ihre Darlehenspolitik gegenüber dem Mitgliedstaat zu überprüfen,
- von dem Mitgliedstaat verlangen, eine unverzinsliche Einlage in angemessener Höhe bei der Gemeinschaft zu hinterlegen, bis das übermäßige Defizit nach Ansicht des Rates korrigiert worden ist,
- Geldbußen in angemessener Höhe verhängen.

Der Präsident des Rates unterrichtet das Europäische Parlament von den Beschlüssen.

(12) Der Rat hebt einige oder sämtliche Entscheidungen nach den Absätzen 6 bis 9 und 11 so weit auf, wie das übermäßige Defizit in dem betreffenden Mitgliedstaat nach Ansicht des Rates korrigiert worden ist. Hat der Rat zuvor Empfehlungen veröffentlicht, so stellt er, sobald die Entscheidung nach Absatz 8 aufgehoben worden ist, in einer öffentlichen Erklärung fest, daß in dem betreffenden Mitgliedstaat kein übermäßiges Defizit mehr besteht.

(13) Die Beschlußfassung des Rates nach den Absätzen 7 bis 9 sowie 11 und 12 erfolgt auf Empfehlung der Kommission mit einer Mehrheit von zwei Dritteln der gemäß Artikel 148 Absatz 2 gewogenen Stimmen der Mitgliedstaaten mit Ausnahme der Stimmen des Vertreters des betroffenen Mitgliedstaats.

(14) Weitere Bestimmungen über die Durchführung des in diesem Artikel beschriebenen Verfahrens sind in dem diesem Vertrag beigefügten Protokoll über das Verfahren bei einem übermäßigen Defizit enthalten.

Der Rat verabschiedet einstimmig auf Vorschlag der Kommission und nach Anhörung des Europäischen Parlaments sowie der EZB die geeigneten Bestimmungen, die sodann das genannte Protokoll ablösen.

Der Rat beschließt vorbehaltlich der sonstigen Bestimmungen dieses Absatzes vor dem 1. Januar 1994 mit qualifizierter Mehrheit auf Vorschlag der Kommission und nach Anhörung des Europäischen Parlaments nähere Einzelheiten und Begriffsbestimmungen für die Durchführung des genannten Protokolls.

Kapitel 2
Die Währungspolitik

Art. 105 [Ziele und Aufgaben des ESZB] (1) Das vorrangige Ziel des ESZB ist es, die Preisstabilität zu gewährleisten. Soweit dies ohne Beeinträchtigung des Zieles der Preisstabilität möglich ist, unterstützt das ESZB die allgemeine Wirtschaftspolitik in der Gemeinschaft, um zur Verwirklichung der in Artikel 2 festgelegten Ziele der Gemeinschaft beizutragen. Das ESZB handelt im Einklang mit dem Grundsatz einer offenen Marktwirtschaft mit freiem Wettbewerb, wodurch ein effizienter Einsatz der Ressourcen gefördert wird, und hält sich dabei an die in Artikel 3a genannten Grundsätze.

(2) Die grundlegenden Aufgaben des ESZB bestehen darin,
– die Geldpolitik der Gemeinschaft festzulegen und auszuführen,
– Devisengeschäfte im Einklang mit Artikel 109 durchzuführen,
– die offiziellen Währungsreserven der Mitgliedstaaten zu halten und zu verwalten,
– das reibungslose Funktionieren der Zahlungssysteme zu fördern.

(3) Absatz 2 dritter Gedankenstrich berührt nicht die Haltung und Verwaltung von Arbeitsguthaben in Fremdwährungen durch die Regierungen der Mitgliedstaaten.

(4) Die EZB wird gehört
– zu allen Vorschlägen für Rechtsakte der Gemeinschaft im Zuständigkeitsbereich der EZB,
– von den nationalen Behörden zu allen Entwürfen für Rechtsvorschriften im Zuständigkeitsbereich der EZB, und zwar innerhalb der Grenzen und unter den Bedingungen, die der Rat nach dem Verfahren des Artikels 106 Absatz 6 festlegt.

Die EZB kann gegenüber den zuständigen Organen und Einrichtungen der Gemeinschaft und gegenüber den nationalen Behörden Stellungnahmen zu in ihren Zuständigkeitsbereich fallenden Fragen abgeben.

(5) Das ESZB trägt zur reibungslosen Durchführung der von den zuständigen Behörden auf dem Gebiet der Aufsicht über die Kreditinstitute und der Stabilität des Finanzsystems ergriffenen Maßnahmen bei.

(6) Der Rat kann durch einstimmigen Beschluß auf Vorschlag der Kommission nach Anhörung der EZB und nach Zustimmung des

Europäischen Parlaments der EZB besondere Aufgaben im Zusammenhang mit der Aufsicht über Kreditinstitute und sonstige Finanzinstitute mit Ausnahme von Versicherungsunternehmen übertragen.

Art. 105a [Ausgabe von Banknoten und Münzen] (1) Die EZB hat das ausschließliche Recht, die Ausgabe von Banknoten innerhalb der Gemeinschaft zu genehmigen. Die EZB und die nationalen Zentralbanken sind zur Ausgabe von Banknoten berechtigt. Die von der EZB und den nationalen Zentralbanken ausgegebenen Banknoten sind die einzigen Banknoten, die in der Gemeinschaft als gesetzliches Zahlungsmittel gelten.

(2) Die Mitgliedstaaten haben das Recht zur Ausgabe von Münzen, wobei der Umfang dieser Ausgabe der Genehmigung durch die EZB bedarf. Der Rat kann nach dem Verfahren des Artikels 189c und nach Anhörung der EZB Maßnahmen erlassen, um die Stückelung und die technischen Merkmale aller für den Umlauf bestimmten Münzen so weit zu harmonisieren, wie dies für deren reibungslosen Umlauf innerhalb der Gemeinschaft erforderlich ist.

Art. 106 [Zusammensetzung des ESZB; Rechtspersönlichkeit]
(1) Das ESZB besteht aus der EZB und den nationalen Zentralbanken.

(2) Die EZB besitzt Rechtspersönlichkeit.

(3) Das ESZB wird von den Beschlußorganen der EZB, nämlich dem EZB-Rat und dem Direktorium, geleitet.

(4) Die Satzung des ESZB ist in einem diesem Vertrag beigefügten Protokoll festgelegt.

(5) Der Rat kann die Artikel 5.1, 5.2, 5.3, 17, 18, 19.1, 22, 23, 24, 26, 32.2, 32.3, 32.4, 32.6, 33.1.a und 36 der Satzung des ESZB entweder mit qualifizierter Mehrheit auf Empfehlung der EZB nach Anhörung der Kommission oder einstimmig auf Vorschlag der Kommission nach Anhörung der EZB ändern. Die Zustimmung des Europäischen Parlaments ist dabei jeweils erforderlich.

(6) Der Rat erläßt mit qualifizierter Mehrheit entweder auf Vorschlag der Kommission und nach Anhörung des Europäischen Parlaments und der EZB oder auf Empfehlung der EZB und nach Anhörung des Europäischen Parlaments und der Kommission die in den Artikeln 4, 5.4, 19.2, 20, 28.1, 29.2, 30.4 und 34.3 der Satzung des ESZB genannten Bestimmungen.

Art. 107 [Weisungsunabhängigkeit der EZB] Bei der Wahrnehmung der ihnen durch diesen Vertrag und die Satzung des ESZB übertragenen Befugnisse, Aufgaben und Pflichten darf weder die EZB noch eine nationale Zentralbank noch ein Mitglied ihrer Beschlußorgane Weisungen von Organen oder Einrichtungen der Gemeinschaft, Regierungen der Mitgliedstaaten oder anderen Stellen einholen oder entgegennehmen. Die Organe und Einrichtungen der Gemeinschaft sowie die Regierungen der Mitgliedstaaten verpflichten sich, diesen Grundsatz zu beachten und nicht zu versuchen, die Mitglieder der Beschlußorgane der EZB oder der nationalen Zentralbanken bei der Wahrnehmung ihrer Aufgaben zu beeinflussen.

Art. 108 [Anpassung innerstaatlicher Rechtsvorschriften] Jeder Mitgliedstaat stellt sicher, daß spätestens zum Zeitpunkt der Errichtung des ESZB seine innerstaatlichen Rechtsvorschriften einschließlich der Satzung seiner Zentralbank mit diesem Vertrag sowie mit der Satzung des ESZB im Einklang stehen.

Art. 108a [Handlungsbefugnisse der EZB; Veröffentlichung und Bekanntgabe; Zwangsmittel] (1) Zur Erfüllung der dem ESZB übertragenen Aufgaben werden von der EZB gemäß diesem Vertrag und unter den in der Satzung des ESZB vorgesehenen Bedingungen

- Verordnungen erlassen, insoweit dies für die Erfüllung der in Artikel 3.1 erster Gedankenstrich, Artikel 19.1, Artikel 22 oder Artikel 25.2 der Satzung des ESZB festgelegten Aufgaben erforderlich ist; sie erläßt Verordnungen ferner in den Fällen, die in den Rechtsakten des Rates nach Artikel 106 Absatz 6 vorgesehen werden,
- Entscheidungen erlassen, die zur Erfüllung der dem ESZB nach diesem Vertrag und der Satzung des ESZB übertragenen Aufgaben erforderlich sind,
- Empfehlungen und Stellungnahmen abgegeben.

(2) Die Verordnung hat allgemeine Geltung. Sie ist in allen ihren Teilen verbindlich und gilt unmittelbar in jedem Mitgliedstaat.

Die Empfehlungen und Stellungnahmen sind nicht verbindlich.

Die Entscheidung ist in allen ihren Teilen für diejenigen verbindlich, an die sie gerichtet ist.

Die Artikel 190, 191 und 192 des Vertrags gelten für die Verordnungen und Entscheidungen der EZB.

Die EZB kann die Veröffentlichung ihrer Entscheidungen, Empfehlungen und Stellungnahmen beschließen.

(3) Innerhalb der Grenzen und unter den Bedingungen, die der Rat nach dem Verfahren des Artikels 106 Absatz 6 festlegt, ist die EZB befugt, Unternehmen bei Nichteinhaltung der Verpflichtungen, die sich aus ihren Verordnungen und Entscheidungen ergeben, mit Geldbußen oder in regelmäßigen Abständen zu zahlenden Zwangsgeldern zu belegen.

Art. 109 [Vereinbarungen mit Dritten; Währungsabkommen]

(1) Abweichend von Artikel 228 kann der Rat einstimmig auf Empfehlung der EZB oder der Kommission und nach Anhörung der EZB in dem Bemühen, zu einem mit dem Ziel der Preisstabilität im Einklang stehenden Konsens zu gelangen, nach Anhörung des Europäischen Parlaments gemäß den in Absatz 3 für die Festlegung von Modalitäten vorgesehenen Verfahren förmliche Vereinbarungen über ein Wechselkurssystem für die ECU gegenüber Drittlandswährungen treffen. Der Rat kann mit qualifizierter Mehrheit auf Empfehlung der EZB oder der Kommission und nach Anhörung der EZB in dem Bemühen, zu einem mit dem Ziel der Preisstabilität im Einklang stehenden Konsens zu gelangen, die ECU-Leitkurse innerhalb des Wechselkurssystems festlegen, ändern oder aufgeben. Der Präsident des Rates unterrichtet das Europäische Parlament von der Festlegung, Änderung oder Aufgabe der ECU-Leitkurse.

(2) Besteht gegenüber einer oder mehreren Drittlandswährungen kein Wechselkurssystem nach Absatz 1, so kann der Rat mit qualifizierter Mehrheit entweder auf Empfehlung der Kommission und nach Anhörung der EZB oder auf Empfehlung der EZB allgemeine Orientierungen für die Wechselkurspolitik gegenüber diesen Währungen aufstellen. Diese allgemeinen Orientierungen dürfen das vorrangige Ziel des ESZB, die Preisstabilität zu gewährleisten, nicht beeinträchtigen.

(3) Wenn von der Gemeinschaft mit einem oder mehreren Staaten oder internationalen Organisationen Vereinbarungen im Zusammenhang mit Währungsfragen oder Devisenregelungen auszuhandeln sind, beschließt der Rat abweichend von Artikel 228 mit qualifizierter Mehrheit auf Empfehlung der Kommission und nach Anhörung der EZB die Modalitäten für die Aushandlung und den Abschluß solcher Vereinbarungen. Mit diesen Modalitäten wird gewährleistet, daß die

Gemeinschaft einen einheitlichen Standpunkt vertritt. Die Kommission wird an den Verhandlungen in vollem Umfang beteiligt.

Die nach diesem Absatz getroffenen Vereinbarungen sind für die Organe der Gemeinschaft, die EZB und die Mitgliedstaaten verbindlich.

(4) Vorbehaltlich des Absatzes 1 befindet der Rat auf Vorschlag der Kommission und nach Anhörung der EZB mit qualifizierter Mehrheit über den Standpunkt der Gemeinschaft auf internationaler Ebene zu Fragen, die von besonderer Bedeutung für die Wirtschafts- und Währungsunion sind, sowie einstimmig über ihre Vertretung unter Einhaltung der in den Artikeln 103 und 105 vorgesehenen Zuständigkeitsverteilung.

(5) Die Mitgliedstaaten haben das Recht, unbeschadet der Gemeinschaftszuständigkeit und der Gemeinschaftsvereinbarungen über die Wirtschafts- und Währungsunion in internationalen Gremien Verhandlungen zu führen und internationale Vereinbarungen zu treffen.

Kapitel 3
Institutionelle Bestimmungen

Art. 109a [EZB-Rat] (1) Der EZB-Rat besteht aus den Mitgliedern des Direktoriums der EZB und den Präsidenten der nationalen Zentralbanken.

(2) a) Das Direktorium besteht aus dem Präsidenten, dem Vizepräsidenten und vier weiteren Mitgliedern.

b) Der Präsident, der Vizepräsident und die weiteren Mitglieder des Direktoriums werden von den Regierungen der Mitgliedstaaten auf der Ebene der Staats- und Regierungschefs auf Empfehlung des Rates, der hierzu das Europäische Parlament und den EZB-Rat anhört, aus dem Kreis der in Währungs- oder Bankfragen anerkannten und erfahrenen Persönlichkeiten einvernehmlich ausgewählt und ernannt.

Ihre Amtszeit beträgt acht Jahre; Wiederernennung ist nicht zulässig.

Nur Staatsangehörige der Mitgliedstaaten können Mitglieder des Direktoriums werden.

Art. 109 b [Beratungen, Teilnahme; Jahresbericht] (1) Der Präsident des Rates und ein Mitglied der Kommission können ohne Stimmrecht an den Sitzungen des EZB-Rates teilnehmen.

Der Präsident des Rates kann dem EZB-Rat einen Antrag zur Beratung vorlegen.

(2) Der Präsident der EZB wird zur Teilnahme an den Tagungen des Rates eingeladen, wenn dieser Fragen im Zusammenhang mit den Zielen und Aufgaben des ESZB erörtert.

(3) Die EZB unterbreitet dem Europäischen Parlament, dem Rat und der Kommission sowie auch dem Europäischen Rat einen Jahresbericht über die Tätigkeit des ESZB und die Geld- und Währungspolitik im vergangenen und im laufenden Jahr. Der Präsident der EZB legt den Bericht dem Rat und dem Europäischen Parlament vor, das auf dieser Grundlage eine allgemeine Aussprache durchführen kann.

Der Präsident der EZB und die anderen Mitglieder des Direktoriums können auf Ersuchen des Europäischen Parlaments oder auf ihre Initiative hin von den zuständigen Ausschüssen des Europäischen Parlaments gehört werden.

Art. 109 c [Beratender Währungsausschuß; Wirtschafts- und Finanzausschuß] (1) Um die Koordinierung der Politiken der Mitgliedstaaten in dem für das Funktionieren des Binnenmarkts erforderlichen Umfang zu fördern, wird ein Beratender Währungsausschuß eingesetzt.

Dieser hat die Aufgabe,

- die Währungs- und Finanzlage der Mitgliedstaaten und der Gemeinschaft sowie den allgemeinen Zahlungsverkehr der Mitgliedstaaten zu beobachten und dem Rat und der Kommission regelmäßig darüber Bericht zu erstatten,

- auf Ersuchen des Rates oder der Kommission oder von sich aus Stellungnahmen an diese Organe abzugeben,

- unbeschadet des Artikels 151 an der Vorbereitung der in Artikel 73 f, Artikel 73 g, Artikel 103 Absätze 2, 3, 4 und 5, Artikel 103 a, Artikel 104 a, Artikel 104 b, Artikel 104 c, Artikel 109 e Absatz 2, Artikel 109 f Absatz 6, Artikel 109 h, Artikel 109 i, Artikel 109 j Absatz 2 sowie Artikel 109 k Absatz 1 genannten Arbeiten des Rates mitzuwirken,

- mindestens einmal jährlich die Lage hinsichtlich des Kapitalverkehrs und der Freiheit des Zahlungsverkehrs, wie sie sich aus der

Anwendung dieses Vertrags und der Maßnahmen des Rates ergeben, zu prüfen; die Prüfung erstreckt sich auf alle Maßnahmen im Zusammenhang mit dem Kapital- und Zahlungsverkehr; der Ausschuß erstattet der Kommission und dem Rat Bericht über das Ergebnis dieser Prüfung.

Jeder Mitgliedstaat sowie die Kommission ernennen zwei Mitglieder des Währungsausschusses.

(2) Mit Beginn der dritten Stufe wird ein Wirtschafts- und Finanzausschuß eingesetzt.

Der in Absatz 1 vorgesehene Währungsausschuß wird aufgelöst.

Der Wirtschafts- und Finanzausschuß hat die Aufgabe,

- auf Ersuchen des Rates oder der Kommission oder von sich aus Stellungnahmen an diese Organe abzugeben,
- die Wirtschafts- und Finanzlage der Mitgliedstaaten und der Gemeinschaft zu beobachten und dem Rat und der Kommission regelmäßig darüber Bericht zu erstatten, insbesondere über die finanziellen Beziehungen zu dritten Ländern und internationalen Einrichtungen,
- unbeschadet des Artikels 151 an der Vorbereitung der in Artikel 73f, Artikel 73g, Artikel 103 Absätze 2, 3, 4 und 5, Artikel 103a, Artikel 104a, Artikel 104b, Artikel 104c, Artikel 105 Absatz 6, Artikel 105a Absatz 2, Artikel 106 Absätze 5 und 6, Artikel 109, Artikel 109h, Artikel 109i Absätze 2 und 3, Artikel 109k Absatz 2, Artikel 109l Absätze 4 und 5 genannten Arbeiten des Rates mitzuwirken und die sonstigen ihm vom Rat übertragenen Beratungsaufgaben und vorbereitenden Arbeiten auszuführen,
- mindestens einmal jährlich die Lage hinsichtlich des Kapitalverkehrs und der Freiheit des Zahlungsverkehrs, wie sie sich aus der Anwendung dieses Vertrags und der Maßnahmen des Rates ergeben, zu prüfen; die Prüfung erstreckt sich auf alle Maßnahmen im Zusammenhang mit dem Kapital- und Zahlungsverkehr; der Ausschuß erstattet der Kommission und dem Rat Bericht über das Ergebnis dieser Prüfung.

Jeder Mitgliedstaat sowie die Kommission und die EZB ernennen jeweils höchstens zwei Mitglieder des Ausschusses.

(3) Der Rat legt mit qualifizierter Mehrheit auf Vorschlag der Kommission und nach Anhörung der EZB und des in diesem Artikel genannten Ausschusses im einzelnen fest, wie sich der Wirtschafts-

und Finanzausschuß zusammensetzt. Der Präsident des Rates unterrichtet das Europäische Parlament über diesen Beschluß.

(4) Sofern und solange es Mitgliedstaaten gibt, für die eine Ausnahmeregelung nach den Artikeln 109k und 109l gilt, hat der Ausschuß zusätzlich zu den in Absatz 2 beschriebenen Aufgaben die Währungs- und Finanzlage sowie den allgemeinen Zahlungsverkehr der betreffenden Mitgliedstaaten zu beobachten und dem Rat und der Kommission regelmäßig darüber Bericht zu erstatten.

Art. 109d [Ersuchen an die Kommission] Bei Fragen, die in den Geltungsbereich von Artikel 103 Absatz 4, Artikel 104c mit Ausnahme von Absatz 14, Artikel 109, Artikel 109j, Artikel 109k und Artikel 109l Absätze 4 und 5 fallen, kann der Rat oder ein Mitgliedstaat die Kommission ersuchen, je nach Zweckmäßigkeit eine Empfehlung oder einen Vorschlag zu unterbreiten. Die Kommission prüft dieses Ersuchen und unterbreitet dem Rat umgehend ihre Schlußfolgerungen.

Kapitel 4
Übergangsbestimmungen

Art. 109e [Übergang zur zweiten Stufe] (1) Die zweite Stufe für die Verwirklichung der Wirtschafts- und Währungsunion beginnt am 1. Januar 1994.

(2) Vor diesem Zeitpunkt wird

a) jeder Mitgliedstaat
- soweit erforderlich, geeignete Maßnahmen erlassen, um die Beachtung der Verbote sicherzustellen, die in Artikel 73b – unbeschadet des Artikels 73e – sowie Artikel 104 und Artikel 104a Absatz 1 niedergelegt sind,
- erforderlichenfalls im Hinblick auf die unter Buchstabe b vorgesehene Bewertung mehrjährige Programme festlegen, die die für die Verwirklichung der Wirtschafts- und Währungsunion notwendige dauerhafte Konvergenz, insbesondere hinsichtlich der Preisstabilität und gesunder öffentlicher Finanzen, gewährleisten sollen,

b) der Rat auf der Grundlage eines Berichts der Kommission die Fortschritte bei der Konvergenz im Wirtschafts- und Währungsbereich, insbesondere hinsichtlich der Preisstabilität und gesunder öffentlicher Finanzen, sowie bei der Umsetzung der gemeinschaftlichen Rechtsvorschriften über den Binnenmarkt bewerten.

(3) Artikel 104, Artikel 104a Absatz 1, Artikel 104b Absatz 1 und Artikel 104c mit Ausnahme der Absätze 1, 9, 11 und 14 gelten ab Beginn der zweiten Stufe.

Artikel 103a Absatz 2, Artikel 104c Absätze 1, 9 und 11, Artikel 105, Artikel 105a, Artikel 107, Artikel 109, Artikel 109a, Artikel 109b und Artikel 109c Absätze 2 und 4 gelten ab Beginn der dritten Stufe.

(4) In der zweiten Stufe sind die Mitgliedstaaten bemüht, übermäßige öffentliche Defizite zu vermeiden.

(5) In der zweiten Stufe leitet jeder Mitgliedstaat, soweit angezeigt, nach Artikel 108 das Verfahren ein, mit dem die Unabhängigkeit seiner Zentralbank herbeigeführt wird.

Art. 109f [Europäisches Währungsinstitut, Aufgaben, Satzung; Stellungnahmen und Empfehlungen; Veröffentlichung] (1) Zu Beginn der zweiten Stufe wird ein Europäisches Währungsinstitut (im folgenden als „EWI" bezeichnet) errichtet und nimmt seine Tätigkeit auf; es besitzt Rechtspersönlichkeit und wird von einem Rat geleitet und verwaltet; dieser besteht aus einem Präsidenten und den Präsidenten der nationalen Zentralbanken, von denen einer zum Vizepräsidenten bestellt wird.

Der Präsident wird von den Regierungen der Mitgliedstaaten auf der Ebene der Staats- und Regierungschefs auf Empfehlung des Ausschusses der Präsidenten der Zentralbanken der Mitgliedstaaten (im folgenden als „Ausschuß der Präsidenten der Zentralbanken" bezeichnet) bzw. des Rates des EWI und nach Anhörung des Europäischen Parlaments und des Rates einvernehmlich ernannt. Der Präsident wird aus dem Kreis der in Währungs- und Bankfragen anerkannten und erfahrenen Persönlichkeiten ausgewählt. Nur Staatsangehörige der Mitgliedstaaten können Präsident des EWI sein. Der Rat des EWI ernennt den Vizepräsidenten.

Die Satzung des EWI ist in einem diesem Vertrag beigefügten Protokoll festgelegt.

Der Ausschuß der Präsidenten der Zentralbanken wird mit Beginn der zweiten Stufe aufgelöst.

(2) Das EWI hat die Aufgabe,

- die Zusammenarbeit zwischen den nationalen Zentralbanken zu verstärken;
- die Koordinierung der Geldpolitiken der Mitgliedstaaten mit dem Ziel zu verstärken, die Preisstabilität aufrechtzuerhalten;

- das Funktionieren des Europäischen Währungssystems zu überwachen;
- Konsultationen zu Fragen durchzuführen, die in die Zuständigkeit der nationalen Zentralbanken fallen und die Stabilität der Finanzinstitute und -märkte berühren;
- die Aufgaben des Europäischen Fonds für währungspolitische Zusammenarbeit, der aufgelöst wird, zu übernehmen; die Einzelheiten der Auflösung werden in der Satzung des EWI festgelegt;
- die Verwendung der ECU zu erleichtern und deren Entwicklung einschließlich des reibungslosen Funktionierens des ECU-Verrechnungssystems zu überwachen.

(3) Bei der Vorbereitung der dritten Stufe hat das EWI die Aufgabe,

- die Instrumente und Verfahren zu entwickeln, die zur Durchführung einer einheitlichen Geld- und Währungspolitik in der dritten Stufe erforderlich sind;
- bei Bedarf die Harmonisierung der Bestimmungen und Gepflogenheiten auf dem Gebiet der Erhebung, Zusammenstellung und Weitergabe statistischer Daten in seinem Zuständigkeitsbereich zu fördern;
- die Regeln für die Geschäfte der nationalen Zentralbanken im Rahmen des ESZB auszuarbeiten;
- die Effizienz des grenzüberschreitenden Zahlungsverkehrs zu fördern;
- die technischen Vorarbeiten für die ECU-Banknoten zu überwachen.

Das EWI legt bis zum 31. Dezember 1996 in regulatorischer, organisatorischer und logistischer Hinsicht den Rahmen fest, den das ESZB zur Erfüllung seiner Aufgaben in der dritten Stufe benötigt. Dieser wird der EZB zum Zeitpunkt ihrer Errichtung zur Beschlußfassung unterbreitet.

(4) Das EWI kann mit der Mehrheit von zwei Dritteln der Mitglieder seines Rates

- Stellungnahmen oder Empfehlungen zu der allgemeinen Orientierung der Geld- und der Wechselkurspolitik der einzelnen Mitgliedstaaten sowie zu deren diesbezüglichen Maßnahmen abgeben;
- den Regierungen und dem Rat Stellungnahmen oder Empfehlungen zu Maßnahmen unterbreiten, die die interne oder externe Währungssituation in der Gemeinschaft und insbesondere das

Funktionieren des Europäischen Währungssystems beeinflussen könnten;
– den Währungsbehörden der Mitgliedstaaten Empfehlungen zur Durchführung ihrer Währungspolitik geben.

(5) Das EWI kann einstimmig beschließen, seine Stellungnahmen und Empfehlungen zu veröffentlichen.

(6) Das EWI wird vom Rat zu allen Vorschlägen für Rechtsakte der Gemeinschaft in seinem Zuständigkeitsbereich angehört.

Innerhalb der Grenzen und unter den Bedingungen, die der Rat mit qualifizierter Mehrheit auf Vorschlag der Kommission und nach Anhörung des Europäischen Parlaments und des EWI festlegt, wird das EWI von den Behörden der Mitgliedstaaten zu allen Entwürfen für Rechtsvorschriften in seinem Zuständigkeitsbereich angehört.

(7) Der Rat kann auf Vorschlag der Kommission und nach Anhörung des Europäischen Parlaments und des EWI diesem durch einstimmigen Beschluß weitere Aufgaben im Rahmen der Vorbereitung der dritten Stufe übertragen.

(8) In den Fällen, in denen dieser Vertrag eine beratende Funktion für die EZB vorsieht, ist vor der Errichtung der EZB unter dieser das EWI zu verstehen.

In den Fällen, in denen dieser Vertrag eine beratende Funktion für das EWI vorsieht, ist vor dem 1. Januar 1994 unter diesem der Ausschuß der Präsidenten der Zentralbanken zu verstehen.

(9) Für die Dauer der zweiten Stufe bezeichnet der Ausdruck „EZB" in den Artikeln 173, 175, 176, 177, 180 und 215 das EWI.

Art. 109 g [ECU-Währungskorb] Die Zusammensetzung des ECU-Währungskorbs wird nicht geändert.

Mit Beginn der dritten Stufe wird der Wert der ECU nach Artikel 109 I Absatz 4 unwiderruflich festgesetzt.

Art. 109 h [Verfahren bei Zahlungsbilanzschwierigkeiten] (1) Ist ein Mitgliedstaat hinsichtlich seiner Zahlungsbilanz von Schwierigkeiten betroffen oder ernstlich bedroht, die sich entweder aus einem Ungleichgewicht seiner Gesamtzahlungsbilanz oder aus der Art der ihm zur Verfügung stehenden Devisen ergeben, und sind diese Schwierigkeiten geeignet, insbesondere das Funktionieren des Gemeinsamen Marktes oder die schrittweise Verwirklichung der gemeinsamen Handelspolitik zu gefährden, so prüft die Kommission unverzüglich die Lage dieses Staates sowie die Maßnahmen, die er getroffen hat oder unter Einsatz aller ihm zur Verfügung stehenden Mittel nach diesem Vertrag treffen kann. Die Kommission gibt die Maßnahmen an, die sie dem betreffenden Staat empfiehlt.

Erweisen sich die von einem Mitgliedstaat ergriffenen und die von der Kommission angeregten Maßnahmen als unzureichend, die aufgetretenen oder drohenden Schwierigkeiten zu beheben, so empfiehlt die Kommission dem Rat nach Anhörung des in Artikel 109 c bezeichneten Ausschusses einen gegenseitigen Beistand und die dafür geeigneten Methoden.

Die Kommission unterrichtet den Rat regelmäßig über die Lage und ihre Entwicklung.

(2) Der Rat gewährt den gegenseitigen Beistand mit qualifizierter Mehrheit; er erläßt Richtlinien oder Entscheidungen, welche die Bedingungen und Einzelheiten hierfür festlegen. Der gegenseitige Beistand kann insbesondere erfolgen

a) durch ein abgestimmtes Vorgehen bei anderen internationalen Organisationen, an die sich die Mitgliedstaaten wenden können;

b) durch Maßnahmen, die notwendig sind, um Verlagerungen von Handelsströmen zu vermeiden, falls der in Schwierigkeiten befindliche Staat mengenmäßige Beschränkungen gegenüber dritten Ländern beibehält oder wieder einführt;

c) durch Bereitstellung von Krediten in begrenzter Höhe seitens anderer Mitgliedstaaten; hierzu ist ihr Einverständnis erforderlich.

(3) Stimmt der Rat dem von der Kommission empfohlenen gegenseitigen Beistand nicht zu oder sind der gewährte Beistand und die getroffenen Maßnahmen unzureichend, so ermächtigt die Kommission den in Schwierigkeiten befindlichen Staat, Schutzmaßnahmen zu treffen, deren Bedingungen und Einzelheiten sie festlegt.

Der Rat kann mit qualifizierter Mehrheit diese Ermächtigung aufheben und die Bedingungen und Einzelheiten ändern.

(4) Unbeschadet des Artikels 109 k Absatz 6 endet die Geltungsdauer dieses Artikels zum Zeitpunkt des Beginns der dritten Stufe.

Art. 109 i [Verfahren bei plötzlicher Zahlungsbilanzkrise] (1) Gerät ein Mitgliedstaat in eine plötzliche Zahlungsbilanzkrise und wird eine Entscheidung im Sinne des Artikels 109 h Absatz 2 nicht unverzüglich getroffen, so kann der betreffende Staat vorsorglich die erforderlichen Schutzmaßnahmen ergreifen. Sie dürfen nur ein Mindestmaß an Störungen im Funktionieren des Gemeinsamen Marktes hervorrufen und nicht über das zur Behebung der plötzlich aufgetretenen Schwierigkeiten unbedingt erforderliche Ausmaß hinausgehen.

(2) Die Kommission und die anderen Mitgliedstaaten werden über die Schutzmaßnahmen spätestens bei deren Inkrafttreten unterrichtet. Die Kommission kann dem Rat den gegenseitigen Beistand nach Artikel 109 h empfehlen.

(3) Nach Stellungnahme der Kommission und nach Anhörung des in Artikel 109 c bezeichneten Ausschusses kann der Rat mit qualifizierter Mehrheit entscheiden, daß der betreffende Staat diese Schutzmaßnahmen zu ändern, auszusetzen oder aufzuheben hat.

(4) Unbeschadet des Artikels 109 k Absatz 6 endet die Geltungsdauer dieses Artikels zum Zeitpunkt des Beginns der dritten Stufe.

Art. 109 j [Konvergenzkriterien; Eintritt in die dritte Stufe] (1) Die Kommission und das EWI berichten dem Rat, inwieweit die Mitgliedstaaten bei der Verwirklichung der Wirtschafts- und Währungsunion ihren Verpflichtungen bereits nachgekommen sind. In ihren Berichten wird auch die Frage geprüft, inwieweit die innerstaatlichen Rechtsvorschriften der einzelnen Mitgliedstaaten einschließlich der Satzung der jeweiligen nationalen Zentralbank mit Artikel 107 und Artikel 108 dieses Vertrags sowie der Satzung des ESZB vereinbar sind. Ferner wird darin geprüft, ob ein hoher Grad an dauerhafter Konvergenz erreicht ist; Maßstab hierfür ist, ob die einzelnen Mitgliedstaaten folgende Kriterien erfüllen:

– Erreichung eines hohen Grades an Preisstabilität, ersichtlich aus einer Inflationsrate, die der Inflationsrate jener – höchstens drei – Mitgliedstaaten nahe kommt, die auf dem Gebiet der Preisstabilität das beste Ergebnis erzielt haben;

– eine auf Dauer tragbare Finanzlage der öffentlichen Hand, ersichtlich aus einer öffentlichen Haushaltslage ohne übermäßiges Defizit im Sinne des Artikels 104 c Absatz 6;

– Einhaltung der normalen Bandbreiten des Wechselkursmechanismus des Europäischen Währungssystems seit mindestens zwei Jahren ohne Abwertung gegenüber der Währung eines anderen Mitgliedstaats;

– Dauerhaftigkeit der von dem Mitgliedstaat erreichten Konvergenz und seiner Teilnahme am Wechselkursmechanismus des Europäischen Währungssystems, die im Niveau der langfristigen Zinssätze zum Ausdruck kommt.

EG-Vertrag 109j

Die vier Kriterien in diesem Absatz sowie die jeweils erforderliche Dauer ihrer Einhaltung sind in einem diesem Vertrag beigefügten Protokoll näher festgelegt. Die Berichte der Kommission und des EWI berücksichtigen auch die Entwicklung der ECU, die Ergebnisse bei der Integration der Märkte, den Stand und die Entwicklung der Leistungsbilanzen, die Entwicklung bei den Lohnstückkosten und andere Preisindizes.

(2) Der Rat beurteilt auf der Grundlage dieser Berichte auf Empfehlung der Kommission mit qualifizierter Mehrheit,
- ob die einzelnen Mitgliedstaaten die notwendigen Voraussetzungen für die Einführung einer einheitlichen Währung erfüllen,
- ob eine Mehrheit der Mitgliedstaaten die notwendigen Voraussetzungen für die Einführung einer einheitlichen Währung erfüllt,

und empfiehlt seine Feststellungen dem Rat, der in der Zusammensetzung der Staats- und Regierungschefs tagt. Das Europäische Parlament wird angehört und leitet seine Stellungnahme dem Rat in der Zusammensetzung der Staats- und Regierungschefs zu.

(3) Unter gebührender Berücksichtigung der Berichte nach Absatz 1 sowie der Stellungnahme des Europäischen Parlaments nach Absatz 2 verfährt der Rat, der in der Zusammensetzung der Staats- und Regierungschefs tagt, spätestens am 31. Dezember 1996 mit qualifizierter Mehrheit wie folgt:
- er entscheidet auf der Grundlage der in Absatz 2 genannten Empfehlungen des Rates, ob eine Mehrheit der Mitgliedstaaten die notwendigen Voraussetzungen für die Einführung einer einheitlichen Währung erfüllt;
- er entscheidet, ob es für die Gemeinschaft zweckmäßig ist, in die dritte Stufe einzutreten;

sofern dies der Fall ist,
- bestimmt er den Zeitpunkt für den Beginn der dritten Stufe.

(4) Ist bis Ende 1997 der Zeitpunkt für den Beginn der dritten Stufe nicht festgelegt worden, so beginnt die dritte Stufe am 1. Januar 1999. Vor dem 1. Juli 1998 bestätigt der Rat, der in der Zusammensetzung der Staats- und Regierungschefs tagt, nach einer Wiederholung des in den Absätzen 1 und 2 – mit Ausnahme von Absatz 2 zweiter Gedankenstrich – vorgesehenen Verfahrens unter Berücksichtigung der Berichte nach Absatz 1 sowie der Stellungnahme des Europäischen Parlaments mit qualifizierter Mehrheit auf der Grundlage der Empfeh-

lungen des Rates nach Absatz 2, welche Mitgliedstaaten die notwendigen Voraussetzungen für die Einführung einer einheitlichen Währung erfüllen.

Art. 109k [Entscheidung über Ausnahmeregelung; Berichtspflicht; Stimmrecht] (1) Falls der Zeitpunkt nach Artikel 109j Absatz 3 bestimmt wurde, entscheidet der Rat auf der Grundlage der in Artikel 109j Absatz 2 genannten Empfehlungen mit qualifizierter Mehrheit auf Empfehlung der Kommission, ob – und gegebenenfalls welchen – Mitgliedstaaten eine Ausnahmeregelung im Sinne des Absatzes 3 gewährt wird. Die betreffenden Mitgliedstaaten werden in diesem Vertrag als „Mitgliedstaaten, für die eine Ausnahmeregelung gilt" bezeichnet.

Falls der Rat nach Artikel 109j Absatz 4 bestätigt hat, welche Mitgliedstaaten die notwendigen Voraussetzungen für die Einführung einer einheitlichen Währung erfüllen, wird den Mitgliedstaaten, die die Voraussetzungen nicht erfüllen, eine Ausnahmeregelung im Sinne des Absatzes 3 gewährt. Die betreffenden Mitgliedstaaten werden in diesem Vertrag ebenfalls als „Mitgliedstaaten, für die eine Ausnahmeregelung gilt" bezeichnet.

(2) Mindestens einmal alle zwei Jahre bzw. auf Antrag eines Mitgliedstaats, für den eine Ausnahmeregelung gilt, berichten die Kommission und die EZB dem Rat nach dem Verfahren des Artikels 109j Absatz 1. Der Rat entscheidet nach Anhörung des Europäischen Parlaments und nach Aussprache im Rat, der in der Zusammensetzung der Staats- und Regierungschefs tagt, auf Vorschlag der Kommission mit qualifizierter Mehrheit, welche der Mitgliedstaaten, für die eine Ausnahmeregelung gilt, die auf den Kriterien des Artikels 109j Absatz 1 beruhenden Voraussetzungen erfüllen, und hebt die Ausnahmeregelungen der betreffenden Mitgliedstaaten auf.

(3) Eine Ausnahmeregelung nach Absatz 1 hat zur Folge, daß die nachstehenden Artikel für den betreffenden Mitgliedstaat nicht gelten: Artikel 104c Absätze 9 und 11, Artikel 105 Absätze 1, 2, 3 und 5, Artikel 105a, Artikel 108a, Artikel 109 sowie Artikel 109a Absatz 2 Buchstabe b. Der Ausschluß des betreffenden Mitgliedstaats und seiner Zentralbank von den Rechten und Verpflichtungen im Rahmen des ESZB wird in Kapitel IX der Satzung des ESZB geregelt.

(4) In Artikel 105 Absätze 1, 2 und 3, Artikel 105a, Artikel 108a, Artikel 109 sowie Artikel 109a Absatz 2 Buchstabe b bezeichnet der Aus-

druck „Mitgliedstaaten" die Mitgliedstaaten, für die keine Ausnahmeregelung gilt.

(5) Das Stimmrecht der Mitgliedstaaten, für die eine Ausnahmeregelung gilt, ruht bei Beschlüssen des Rates gemäß den in Absatz 3 genannten Artikeln. In diesem Fall gelten abweichend von Artikel 148 und Artikel 189a Absatz 1 zwei Drittel der gemäß Artikel 148 Absatz 2 gewogenen Stimmen der Vertreter der Mitgliedstaaten, für die keine Ausnahmeregelung gilt, als qualifizierte Mehrheit; ist für die Änderung eines Rechtsakts Einstimmigkeit vorgeschrieben, so ist die Einstimmigkeit dieser Mitgliedstaaten erforderlich.

(6) Artikel 109h und Artikel 109i finden weiterhin auf Mitgliedstaaten Anwendung, für die eine Ausnahmeregelung gilt.

Art. 109l [Beginn der dritten Stufe; Ernennung des Direktoriums der EZB] (1) Unmittelbar nach dem gemäß Artikel 109j Absatz 3 gefaßten Beschluß über den Zeitpunkt für den Beginn der dritten Stufe bzw. unmittelbar nach dem 1. Juli 1998
- verabschiedet der Rat die in Artikel 106 Absatz 6 genannten Bestimmungen;
- ernennen die Regierungen der Mitgliedstaaten, für die keine Ausnahmeregelung gilt, nach dem Verfahren des Artikels 50 der Satzung des ESZB den Präsidenten, den Vizepräsidenten und die weiteren Mitglieder des Direktoriums der EZB. Bestehen für Mitgliedstaaten Ausnahmeregelungen, so kann sich das Direktorium aus weniger Mitgliedern als in Artikel 11.1 der Satzung des ESZB vorgesehen zusammensetzen; auf keinen Fall darf es jedoch aus weniger als 4 Mitgliedern bestehen.

Unmittelbar nach Ernennung des Direktoriums werden das ESZB und die EZB errichtet und von diesen Vorkehrungen für die Aufnahme ihrer vollen Tätigkeit im Sinne dieses Vertrags und der Satzung des ESZB getroffen. Sie nehmen ihre Befugnisse ab dem ersten Tag der dritten Stufe in vollem Umfang wahr.

(2) Unmittelbar nach Errichtung der EZB übernimmt diese erforderlichenfalls die Aufgaben des EWI. Dieses wird nach Errichtung der EZB liquidiert; die entsprechenden Einzelheiten der Liquidation werden in der Satzung des EWI geregelt.

(3) Sofern und solange es Mitgliedstaaten gibt, für die eine Ausnahmeregelung gilt, wird unbeschadet des Artikels 106 Absatz 3 der

in Artikel 45 der Satzung des ESZB bezeichnete Erweiterte Rat der EZB als drittes Beschlußorgan der EZB errichtet.

(4) Am ersten Tag der dritten Stufe nimmt der Rat aufgrund eines einstimmigen Beschlusses der Mitgliedstaaten, für die keine Ausnahmeregelung gilt, auf Vorschlag der Kommission und nach Anhörung der EZB die Umrechnungskurse, auf die ihre Währungen unwiderruflich festgelegt werden, sowie die unwiderruflich festen Kurse, zu denen diese Währungen durch die ECU ersetzt werden, an und wird die ECU zu einer eigenständigen Währung. Diese Maßnahme ändert als solche nicht den Außenwert der ECU. Der Rat trifft ferner nach dem gleichen Verfahren alle sonstigen Maßnahmen, die für die rasche Einführung der ECU als einheitlicher Währung dieser Mitgliedstaaten erforderlich sind.

(5) Wird nach dem Verfahren des Artikels 109 k Absatz 2 beschlossen, eine Ausnahmeregelung aufzuheben, so legt der Rat aufgrund eines einstimmigen Beschlusses der Mitgliedstaaten, für die keine Ausnahmeregelung gilt, und des betreffenden Mitgliedstaats auf Vorschlag der Kommission und nach Anhörung der EZB den Kurs, zu dem dessen Währung durch die ECU ersetzt wird, fest und ergreift die sonstigen erforderlichen Maßnahmen zur Einführung der ECU als einheitlicher Währung in dem betreffenden Mitgliedstaat.

Art. 109 m [Wechselkurspolitik] (1) Bis zum Beginn der dritten Stufe behandelt jeder Mitgliedstaat seine Wechselkurspolitik als eine Angelegenheit von gemeinsamem Interesse. Er berücksichtigt dabei die Erfahrungen, die bei der Zusammenarbeit im Rahmen des Europäischen Währungssystems (EWS) und bei der Entwicklung der ECU gesammelt worden sind, und respektiert die bestehenden Zuständigkeiten.

(2) Mit Beginn der dritten Stufe sind die Bestimmungen des Absatzes 1 auf die Wechselkurspolitik eines Mitgliedstaats, für den eine Ausnahmeregelung gilt, für die Dauer dieser Ausnahmeregelung sinngemäß anzuwenden.

Titel VII
Gemeinsame Handelspolitik

Art. 110 [Ziele der Handelspolitik] Durch die Schaffung einer Zollunion beabsichtigen die Mitgliedstaaten, im gemeinsamen Interesse zur harmonischen Entwicklung des Welthandels, zur schrittweisen

Beseitigung der Beschränkungen im internationalen Handelsverkehr und zum Abbau der Zollschranken beizutragen.

Bei der gemeinsamen Handelspolitik werden die günstigen Auswirkungen berücksichtigt, welche die Abschaffung der Zölle zwischen den Mitgliedstaaten auf die Steigerung der Wettbewerbsfähigkeit der Unternehmen dieser Staaten haben kann.

Art. 111 [Übergangsvorschrift][6]

Art. 112 [Vereinheitlichung von Ausfuhrbeihilfen] (1) Unbeschadet der von den Mitgliedstaaten im Rahmen anderer internationaler Organisationen eingegangenen Verpflichtungen werden die Systeme der von den Mitgliedstaaten für die Ausfuhr nach dritten Ländern gewährten Beihilfen vor dem Ende der Übergangszeit schrittweise vereinheitlicht, soweit dies erforderlich ist, um eine Verfälschung des Wettbewerbs zwischen den Unternehmen der Gemeinschaft zu vermeiden.

Auf Vorschlag der Kommission erläßt der Rat die hierzu erforderlichen Richtlinien, und zwar bis zum Ende der zweiten Stufe einstimmig, danach mit qualifizierter Mehrheit.

(2) Die vorstehenden Bestimmungen gelten nicht für die Rückvergütung von Zöllen oder Abgaben gleicher Wirkung sowie von indirekten Abgaben, einschließlich der Umsatzsteuer, der Verbrauchsabgaben und der sonstigen indirekten Steuern bei der Ausfuhr einer Ware eines Mitgliedstaates nach einem dritten Land, soweit derartige Rückvergütungen nicht höher sind als die Belastungen, welche die ausgeführten Waren mittelbar oder unmittelbar treffen.

Art. 113 [Gemeinsame Handelspolitik] (1) Die gemeinsame Handelspolitik wird nach einheitlichen Grundsätzen gestaltet; dies gilt insbesondere für die Änderung von Zollsätzen, den Abschluß von Zoll- und Handelsabkommen, die Vereinheitlichung der Liberalisierungsmaßnahmen, die Ausfuhrpolitik und die handelspolitischen Schutzmaßnahmen, zum Beispiel im Fall von Dumping und Subventionen.

(2) Die Kommission unterbreitet dem Rat Vorschläge für die Durchführung der gemeinsamen Handelspolitik.

---

[6] Aufgehoben durch Titel II, Ziff. 27 des Vertrags über die Europäische Union v. 7. Februar 1992.

(3) Sind mit einem oder mehreren Staaten oder internationalen Organisationen Abkommen auszuhandeln, so legt die Kommission dem Rat Empfehlungen vor; dieser ermächtigt die Kommission zur Einleitung der erforderlichen Verhandlungen.

Die Kommission führt diese Verhandlungen im Benehmen mit einem zu ihrer Unterstützung vom Rat bestellten besonderen Ausschuß nach Maßgabe der Richtlinien, die ihr der Rat erteilen kann.

Die einschlägigen Bestimmungen des Artikels 228 finden Anwendung.

(4) Bei der Ausübung der ihm in diesem Artikel übertragenen Befugnisse beschließt der Rat mit qualifizierter Mehrheit.

Art. 114 [Abkommen im Namen der Gemeinschaft][7]

Art. 115 [Maßnahmen zur Behebung von Schwierigkeiten]
Um sicherzustellen, daß die Durchführung der von den Mitgliedstaaten im Einklang mit diesem Vertrag getroffenen handelspolitischen Maßnahmen nicht durch Verlagerungen von Handelsströmen verhindert wird, oder wenn Unterschiede zwischen diesen Maßnahmen zu wirtschaftlichen Schwierigkeiten in einem oder mehreren Staaten führen, empfiehlt die Kommission die Methoden für die erforderliche Zusammenarbeit der Mitgliedstaaten. Genügt dies nicht, so kann sie die Mitgliedstaaten ermächtigen, die notwendigen Schutzmaßnahmen zu treffen, deren Bedingungen und Einzelheiten sie festlegt.

Im Dringlichkeitsfall ersuchen die Mitgliedstaaten die Kommission, die umgehend entscheidet, um die Ermächtigung, selbst die erforderlichen Maßnahmen zu treffen, und setzen sodann die anderen Mitgliedstaaten davon in Kenntnis. Die Kommission kann jederzeit entscheiden, daß die betreffenden Mitgliedstaaten diese Maßnahmen zu ändern oder aufzuheben haben.

Es sind mit Vorrang solche Maßnahmen zu wählen, die das Funktionieren des Gemeinsamen Marktes am wenigsten stören.

Art. 116 [Gemeinsames Vorgehen in internationalen Organisationen][8]

---

[7] Aufgehoben durch Titel II, Ziff. 29 des Vertrags über die Europäische Union v. 7. Februar 1992.

[8] Aufgehoben durch Titel II, Ziff. 31 des Vertrags über die Europäische Union v. 7. Februar 1992.

Titel VIII
Sozialpolitik, allgemeine und berufliche Bildung und Jugend

Kapitel 1
Sozialvorschriften

Art. 117 [Abstimmung der Sozialordnungen] Die Mitgliedstaaten sind sich über die Notwendigkeit einig, auf eine Verbesserung der Lebens- und Arbeitsbedingungen der Arbeitskräfte hinzuwirken und dadurch auf dem Wege des Fortschritts ihre Angleichung zu ermöglichen.

Sie sind der Auffassung, daß sich eine solche Entwicklung sowohl aus dem eine Abstimmung der Sozialordnungen begünstigenden Wirken des Gemeinsamen Marktes als auch aus den in diesem Vertrag vorgesehenen Verfahren sowie aus der Angleichung ihrer Rechts- und Verwaltungsvorschriften ergeben wird.

Art. 118 [Zusammenarbeit in sozialen Fragen] Unbeschadet der sonstigen Bestimmungen dieses Vertrags hat die Kommission entsprechend seinen allgemeinen Zielen die Aufgabe, eine enge Zusammenarbeit zwischen den Mitgliedstaaten in sozialen Fragen zu fördern, insbesondere auf dem Gebiet

– der Beschäftigung,
– des Arbeitsrechts und der Arbeitsbedingungen,
– der beruflichen Ausbildung und Fortbildung,
– der sozialen Sicherheit,
– der Verhütung von Berufsunfällen und Berufskrankheiten,
– des Gesundheitsschutzes bei der Arbeit,
– des Koalitionsrechts und der Kollektivverhandlungen zwischen Arbeitgebern und Arbeitnehmern.

Zu diesem Zweck wird die Kommission in enger Verbindung mit den Mitgliedstaaten durch Untersuchungen, Stellungnahmen und die Vorbereitung von Beratungen tätig, gleichviel ob es sich um innerstaatliche oder um internationalen Organisationen gestellte Probleme handelt.

Vor Abgabe der in diesem Artikel vorgesehenen Stellungnahmen hört die Kommission den Wirtschafts- und Sozialausschuß.

Art. 118a [Verbesserung der Arbeitsumwelt; Mindestvorschriften]
(1) Die Mitgliedstaaten bemühen sich, die Verbesserung insbesondere der Arbeitsumwelt zu fördern, um die Sicherheit und die Gesundheit der Arbeitnehmer zu schützen und setzen sich die Harmonisierung der in diesem Bereich bestehenden Bedingungen bei gleichzeitigem Fortschritt zum Ziel.

(2) Als Beitrag zur Verwirklichung des Ziels gemäß Absatz 1 erläßt der Rat gemäß dem Verfahren des Artikels 189c und nach Anhörung des Wirtschafts- und Sozialausschusses unter Berücksichtigung der in den einzelnen Mitgliedstaaten bestehenden Bedingungen und technischen Regelungen durch Richtlinien Mindestvorschriften, die schrittweise anzuwenden sind.

Diese Richtlinien sollen keine verwaltungsmäßigen, finanziellen oder rechtlichen Auflagen vorschreiben, die der Gründung und Entwicklung von Klein- und Mittelbetrieben entgegenstehen.

(3) Die auf Grund dieses Artikels erlassenen Bestimmungen hindern die einzelnen Mitgliedstaaten nicht daran, Maßnahmen zum verstärkten Schutz der Arbeitsbedingungen beizubehalten oder zu ergreifen, die mit diesem Vertrag vereinbar sind.

Art. 118b [Dialog zwischen den Sozialpartnern] Die Kommission bemüht sich darum, den Dialog zwischen den Sozialpartnern auf europäischer Ebene zu entwickeln, der, wenn diese es für wünschenswert halten, zu vertraglichen Beziehungen führen kann.

Art. 119 [Gleiches Entgelt für Männer und Frauen] Jeder Mitgliedstaat wird während der ersten Stufe den Grundsatz des gleichen Entgelts für Männer und Frauen bei gleicher Arbeit anwenden und in der Folge beibehalten.

Unter „Entgelt" im Sinne dieses Artikels sind die üblichen Grund- oder Mindestlöhne und -gehälter sowie alle sonstigen Vergünstigungen zu verstehen, die der Arbeitgeber auf Grund des Dienstverhältnisses dem Arbeitnehmer mittelbar oder unmittelbar in bar oder in Sachleistungen zahlt.

Gleichheit des Arbeitsentgelts ohne Diskriminierung auf Grund des Geschlechts bedeutet,

a) daß das Entgelt für eine gleiche nach Akkord bezahlte Arbeit auf Grund der gleichen Maßeinheit festgesetzt wird;
b) daß für eine nach Zeit bezahlte Arbeit das Entgelt bei gleichem Arbeitsplatz gleich ist.

Art. 120 [Bezahlte Freizeit] Die Mitgliedstaaten werden bestrebt sein, die bestehende Gleichwertigkeit der Ordnungen über die bezahlte Freizeit beizubehalten.

Art. 121 [Übertragung von Aufgaben auf die Kommission] Nach Anhörung des Wirtschafts- und Sozialausschusses kann der Rat einstimmig der Kommission Aufgaben übertragen, welche die Durchführung gemeinsamer Maßnahmen insbesondere auf dem Gebiet der sozialen Sicherheit der in den Artikeln 48 bis 51 erwähnten aus- oder einwandernden Arbeitskräfte betreffen.

Art. 122 [Bericht über die soziale Lage] Der Jahresbericht der Kommission an das Europäische Parlament hat stets ein besonderes Kapitel über die Entwicklung der sozialen Lage in der Gemeinschaft zu enthalten.

Das Europäische Parlament kann die Kommission auffordern, Berichte über besondere, die soziale Lage betreffende Fragen auszuarbeiten.

Kapitel 2
Der Europäische Sozialfonds

Art. 123 [Errichtung und Zweck des Europäischen Sozialfonds] Um die Beschäftigungsmöglichkeiten der Arbeitskräfte im Binnenmarkt zu verbessern und damit zur Hebung der Lebenshaltung beizutragen, wird nach Maßgabe der folgenden Bestimmungen ein Europäischer Sozialfonds errichtet, dessen Zweck es ist, innerhalb der Gemeinschaft die berufliche Verwendbarkeit und die örtliche und berufliche Mobilität der Arbeitskräfte zu fördern sowie die Anpassung an die industriellen Wandlungsprozesse und an Veränderungen der Produktionssysteme insbesondere durch berufliche Bildung und Umschulung zu erleichtern.

Art. 124 [Verwaltung des Fonds] Die Verwaltung des Fonds obliegt der Kommission.

Die Kommission wird hierbei von einem Ausschuß unterstützt, der aus Vertretern der Regierungen sowie der Arbeitgeber- und der Arbeitnehmerverbände besteht; den Vorsitz führt ein Mitglied der Kommission.

Art. 125 [Durchführungsbeschlüsse] Der Rat erläßt gemäß dem Verfahren des Artikels 189c und nach Anhörung des Wirtschafts- und Sozialausschusses die den Europäischen Sozialfonds betreffenden Durchführungsbeschlüsse.

Kapitel 3
Allgemeine und berufliche Bildung und Jugend

Art. 126 [Ziele; europäische Dimension] (1) Die Gemeinschaft trägt zur Entwicklung einer qualitativ hochstehenden Bildung dadurch bei, daß sie die Zusammenarbeit zwischen den Mitgliedstaaten fördert und die Tätigkeit der Mitgliedstaaten unter strikter Beachtung der Verantwortung der Mitgliedstaaten für die Lehrinhalte und die Gestaltung des Bildungssystems sowie der Vielfalt ihrer Kulturen und Sprachen erforderlichenfalls unterstützt und ergänzt.

(2) Die Tätigkeit der Gemeinschaft hat folgende Ziele:
– Entwicklung der europäischen Dimension im Bildungswesen, insbesondere durch Erlernen und Verbreitung der Sprachen der Mitgliedstaaten;
– Förderung der Mobilität von Lernenden und Lehrenden, auch durch die Förderung der akademischen Anerkennung der Diplome und Studienzeiten;
– Förderung der Zusammenarbeit zwischen den Bildungseinrichtungen;
– Ausbau des Informations- und Erfahrungsaustausches über gemeinsame Probleme im Rahmen der Bildungssysteme der Mitgliedstaaten;
– Förderung des Ausbaus des Jugendaustausches und des Austausches sozialpädagogischer Betreuer;
– Förderung der Entwicklung der Fernlehre.

(3) Die Gemeinschaft und die Mitgliedstaaten fördern die Zusammenarbeit mit dritten Ländern und den für den Bildungsbereich zuständigen internationalen Organisationen, insbesondere dem Europarat.

(4) Als Beitrag zur Verwirklichung der Ziele dieses Artikels erläßt der Rat
– gemäß dem Verfahren des Artikels 189b und nach Anhörung des Wirtschafts- und Sozialausschusses und des Ausschusses der Re-

gionen Fördermaßnahmen unter Ausschluß jeglicher Harmonisierung der Rechts- und Verwaltungsvorschriften der Mitgliedstaaten;
— mit qualifizierter Mehrheit auf Vorschlag der Kommission Empfehlungen.

Art. 127 [Berufliche Bildung] (1) Die Gemeinschaft führt eine Politik der beruflichen Bildung, welche die Maßnahmen der Mitgliedstaaten unter strikter Beachtung der Verantwortung der Mitgliedstaaten für Inhalt und Gestaltung der beruflichen Bildung unterstützt und ergänzt.

(2) Die Tätigkeit der Gemeinschaft hat folgende Ziele:
— Erleichterung der Anpassung an die industriellen Wandlungsprozesse, insbesondere durch berufliche Bildung und Umschulung;
— Verbesserung der beruflichen Erstausbildung und Weiterbildung zur Erleichterung der beruflichen Eingliederung und Wiedereingliederung in den Arbeitsmarkt;
— Erleichterung der Aufnahme einer beruflichen Bildung sowie Förderung der Mobilität der Ausbilder und der in beruflicher Bildung befindlichen Personen, insbesondere der Jugendlichen;
— Förderung der Zusammenarbeit in Fragen der beruflichen Bildung zwischen Unterrichtsanstalten und Unternehmen;
— Ausbau des Informations- und Erfahrungsaustausches über gemeinsame Probleme im Rahmen der Berufsbildungssysteme der Mitgliedstaaten.

(3) Die Gemeinschaft und die Mitgliedstaaten fördern die Zusammenarbeit mit dritten Ländern und den für die berufliche Bildung zuständigen internationalen Organisationen.

(4) Der Rat erläßt gemäß dem Verfahren des Artikels 189c und nach Anhörung des Wirtschafts- und Sozialausschusses Maßnahmen, die zur Verwirklichung der Ziele dieses Artikels beitragen, unter Ausschluß jeglicher Harmonisierung der Rechts- und Verwaltungsvorschriften der Mitgliedstaaten.

Titel IX
Kultur

Art. 128 [Beitrag der Gemeinschaft] (1) Die Gemeinschaft leistet einen Beitrag zur Entfaltung der Kulturen der Mitgliedstaaten unter Wahrung ihrer nationalen und regionalen Vielfalt sowie gleichzeitiger Hervorhebung des gemeinsamen kulturellen Erbes.

(2) Die Gemeinschaft fördert durch ihre Tätigkeit die Zusammenarbeit zwischen den Mitgliedstaaten und unterstützt und ergänzt erforderlichenfalls deren Tätigkeit in folgenden Bereichen:
- Verbesserung der Kenntnis und Verbreitung der Kultur und Geschichte der europäischen Völker,
- Erhaltung und Schutz des kulturellen Erbes von europäischer Bedeutung,
- nichtkommerzieller Kulturaustausch,
- künstlerisches und literarisches Schaffen, einschließlich im audiovisuellen Bereich.

(3) Die Gemeinschaft und die Mitgliedstaaten fördern die Zusammenarbeit mit dritten Ländern und den für den Kulturbereich zuständigen internationalen Organisationen, insbesondere mit dem Europarat.

(4) Die Gemeinschaft trägt den kulturellen Aspekten bei ihrer Tätigkeit aufgrund anderer Bestimmungen dieses Vertrags Rechnung.

(5) Als Beitrag zur Verwirklichung der Ziele dieses Artikels erläßt der Rat
- gemäß dem Verfahren des Artikels 189 b und nach Anhörung des Ausschusses der Regionen Fördermaßnahmen unter Ausschluß jeglicher Harmonisierung der Rechts- und Verwaltungsvorschriften der Mitgliedstaaten. Der Rat beschließt im Rahmen des Verfahrens des Artikels 189 b einstimmig;
- einstimmig auf Vorschlag der Kommission Empfehlungen.

Titel X
Gesundheitswesen

Art. 129 [Gesundheitsschutz; Koordinierung] (1) Die Gemeinschaft leistet durch Förderung der Zusammenarbeit zwischen den Mitgliedstaaten und erforderlichenfalls durch Unterstützung ihrer Tätigkeit einen Beitrag zur Sicherstellung eines hohen Gesundheitsschutzniveaus.

Die Tätigkeit der Gemeinschaft ist auf die Verhütung von Krankheiten, insbesondere der weitverbreiteten schwerwiegenden Krankheiten einschließlich der Drogenabhängigkeit, gerichtet; dabei werden die Erforschung der Ursachen und der Übertragung dieser Krankheiten sowie die Gesundheitsinformation und -erziehung gefördert.

Die Erfordernisse im Bereich des Gesundheitsschutzes sind Bestandteil der übrigen Politiken der Gemeinschaft.

(2) Die Mitgliedstaaten koordinieren untereinander im Benehmen mit der Kommission ihre Politiken und Programme in den in Absatz 1 genannten Bereichen. Die Kommission kann in enger Fühlungnahme mit den Mitgliedstaaten alle Initiativen ergreifen, die dieser Koordinierung förderlich sind.

(3) Die Gemeinschaft und die Mitgliedstaaten fördern die Zusammenarbeit mit dritten Ländern und den für das Gesundheitswesen zuständigen internationalen Organisationen.

(4) Als Beitrag zur Verwirklichung der Ziele dieses Artikels erläßt der Rat

— gemäß dem Verfahren des Artikels 189b und nach Anhörung des Wirtschafts- und Sozialausschusses und des Ausschusses der Regionen Fördermaßnahmen unter Ausschluß jeglicher Harmonisierung der Rechts- und Verwaltungsvorschriften der Mitgliedstaaten;

— mit qualifizierter Mehrheit auf Vorschlag der Kommission Empfehlungen.

Titel XI
Verbraucherschutz

129a [Beitrag der Gemeinschaft] (1) Die Gemeinschaft leistet einen Beitrag zur Erreichung eines hohen Verbraucherschutzniveaus durch

a) Maßnahme, die sie im Rahmen der Verwirklichung des Binnenmarkts nach Artikel 100a erläßt;

b) spezifische Aktionen, welche die Politik der Mitgliedstaaten zum Schutz der Gesundheit, der Sicherheit und der wirtschaftlichen Interessen der Verbraucher und zur Sicherstellung einer angemessenen Information der Verbraucher unterstützen und ergänzen.

(2) Der Rat beschließt gemäß dem Verfahren des Artikels 189b und nach Anhörung des Wirtschafts- und Sozialausschusses die spezifischen Aktionen im Sinne des Absatzes 1 Buchstabe b.

(3) Die nach Absatz 2 beschlossenen Aktionen hindern die einzelnen Mitgliedstaaten nicht daran, strengere Schutzmaßnahmen beizubehalten oder zu ergreifen. Diese Maßnahmen müssen mit diesem Vertrag vereinbar sein. Sie werden der Kommission notifiziert.

Titel XII
Transeuropäische Netze

Art. 129 b [Ziele] (1) Um einen Beitrag zur Verwirklichung der Ziele der Artikel 7a und 130a zu leisten und den Bürgern der Union, den Wirtschaftsbeteiligten sowie den regionalen und lokalen Gebietskörperschaften in vollem Umfang die Vorteile zugute kommen zu lassen, die sich aus der Schaffung eines Raumes ohne Binnengrenzen ergeben, trägt die Gemeinschaft zum Auf- und Ausbau transeuropäischer Netze in den Bereichen der Verkehrs-, Telekommunikations- und Energieinfrastruktur bei.

(2) Die Tätigkeit der Gemeinschaft zielt im Rahmen eines Systems offener und wettbewerbsorientierter Märkte auf die Förderung des Verbunds und der Interoperabilität der einzelstaatlichen Netze sowie des Zugangs zu diesen Netzen ab. Sie trägt insbesondere der Notwendigkeit Rechnung, insulare, eingeschlossene und am Rande gelegene Gebiete mit den zentralen Gebieten der Gemeinschaft zu verbinden.

Art. 129 c [Leitlinien u. Aktionen] (1) Zur Erreichung der Ziele des Artikels 129 b geht die Gemeinschaft wie folgt vor:
- Sie stellt eine Reihe von Leitlinien auf, in denen die Ziele, die Prioritäten und die Grundzüge der im Bereich der transeuropäischen Netze in Betracht gezogenen Aktionen erfaßt werden; in diesen Leitlinien werden Vorhaben von gemeinsamem Interesse ausgewiesen;
- sie führt jede Aktion durch, die sich gegebenenfalls als notwendig erweist, um die Interoperabilität der Netze zu gewährleisten, insbesondere im Bereich der Harmonisierung der technischen Normen;
- sie kann die finanziellen Anstrengungen der Mitgliedstaaten für von ihnen finanzierte Vorhaben von gemeinsamem Interesse, die im Rahmen der Leitlinien gemäß dem ersten Gedankenstrich ausgewiesen sind, insbesondere in Form von Durchführbarkeitsstudien, Anleihebürgschaften oder Zinszuschüssen unterstützen; die

Gemeinschaft kann auch über den Kohäsionsfonds, der nach Artikel 130d bis zum 31. Dezember 1993 zu errichten ist, zu spezifischen Verkehrsinfrastrukturvorhaben in den Mitgliedstaaten finanziell beitragen.

Die Gemeinschaft berücksichtigt bei ihren Maßnahmen die potentielle wirtschaftliche Lebensfähigkeit der Vorhaben.

(2) Die Mitgliedstaaten koordinieren untereinander in Verbindung mit der Kommission die einzelstaatlichen Politiken, die sich erheblich auf die Verwirklichung der Ziele des Artikels 129b auswirken können. Die Kommission kann in enger Zusammenarbeit mit den Mitgliedstaaten alle Initiativen ergreifen, die dieser Koordinierung förderlich sind.

(3) Die Gemeinschaft kann beschließen, mit dritten Ländern zur Förderung von Vorhaben von gemeinsamem Interesse sowie zur Sicherstellung der Interoperabilität der Netze zusammenzuarbeiten.

Art. 129d [Verfahren] Die Leitlinien nach Artikel 129c Absatz 1 werden vom Rat gemäß dem Verfahren des Artikels 189b und nach Anhörung des Wirtschafts- und Sozialausschusses und des Ausschusses der Regionen festgelegt.

Leitlinien und Vorhaben von gemeinsamem Interesse, die das Hoheitsgebiet eines Mitgliedstaats betreffen, bedürfen der Billigung des betroffenen Mitgliedstaats.

Der Rat erläßt gemäß dem Verfahren des Artikels 189c und nach Anhörung des Wirtschafts- und Sozialausschusses und des Ausschusses der Regionen die übrigen Maßnahmen nach Artikel 129c Absatz 1.

Titel XIII
Industrie

Art. 130 [Ziele; Verfahren] (1) Die Gemeinschaft und die Mitgliedstaaten sorgen dafür, daß die notwendigen Voraussetzungen für die Wettbewerbsfähigkeit der Industrie der Gemeinschaft gewährleistet sind.

Zu diesem Zweck zielt ihre Tätigkeit entsprechend einem System offener und wettbewerbsorientierter Märkte auf folgendes ab:

– Erleichterung der Anpassung der Industrie an die strukturellen Veränderungen;

- Förderung eines für die Initiative und Weiterentwicklung der Unternehmen in der gesamten Gemeinschaft, insbesondere der kleinen und mittleren Unternehmen, günstigen Umfelds;
- Förderung eines für die Zusammenarbeit zwischen Unternehmen günstigen Umfelds;
- Förderung einer besseren Nutzung des industriellen Potentials der Politik in den Bereichen Innovation, Forschung und technologische Entwicklung.

(2) Die Mitgliedstaaten konsultieren einander in Verbindung mit der Kommission und koordinieren, soweit erforderlich, ihre Maßnahmen. Die Kommission kann alle Initiativen ergreifen, die dieser Koordinierung förderlich sind.

(3) Die Gemeinschaft trägt durch die Politik und die Maßnahmen, die sie aufgrund anderer Bestimmungen dieses Vertrags durchführt, zur Erreichung der Ziele des Absatzes 1 bei. Der Rat kann auf Vorschlag der Kommission und nach Anhörung des Europäischen Parlaments und des Wirtschafts- und Sozialausschusses einstimmig spezifische Maßnahmen zur Unterstützung der in den Mitgliedstaaten durchgeführten Maßnahmen im Hinblick auf die Verwirklichung der Ziele des Absatzes 1 beschließen.

Dieser Titel bietet keine Grundlage dafür, daß die Gemeinschaft irgendeine Maßnahme einführt, die zu Wettbewerbsverzerrungen führen könnte.

Titel XIV
Wirtschaftlicher und sozialer Zusammenhalt

Art. 130a [Ziele der Gemeinschaft] Die Gemeinschaft entwickelt und verfolgt weiterhin ihre Politik zur Stärkung ihres wirtschaftlichen und sozialen Zusammenhalts, um eine harmonische Entwicklung der Gemeinschaft als Ganzes zu fördern.

Die Gemeinschaft setzt sich insbesondere zum Ziel, die Unterschiede im Entwicklungsstand der verschiedenen Regionen und den Rückstand der am stärksten benachteiligten Gebiete, einschließlich der ländlichen Gebiete, zu verringern.

Art. 130b [Aufgabe der Mitgliedstaaten und der Gemeinschaft] Die Mitgliedstaaten führen und koordinieren ihre Wirtschaftspolitik in der Weise, daß auch die in Artikel 130a genannten Ziele erreicht werden. Die Festlegung und Durchführung der Politiken und Aktionen der Gemeinschaft sowie die Errichtung des Binnenmarkts berücksichtigen die Ziele des Artikels 130a und tragen zu deren Verwirklichung bei. Die Gemeinschaft unterstützt auch diese Bemühungen durch die Politik, die sie mit Hilfe der Strukturfonds (Europäischer Ausrichtungs- und Garantiefonds für die Landwirtschaft – Abteilung Ausrichtung, Europäischer Sozialfonds, Europäischer Fonds für regionale Entwicklung), der Europäischen Investitionsbank und der sonstigen vorhandenen Finanzierungsinstrumente führt.

Die Kommission erstattet dem Europäischen Parlament, dem Rat, dem Wirtschafts- und Sozialausschuß und dem Ausschuß der Regionen alle drei Jahre Bericht über die Fortschritte bei der Verwirklichung des wirtschaftlichen und sozialen Zusammenhalts und über die Art und Weise, in der die in diesem Artikel vorgesehenen Mittel hierzu beigetragen haben. Diesem Bericht werden erforderlichenfalls entsprechende Vorschläge beigefügt.

Falls sich spezifische Aktionen außerhalb der Fonds und unbeschadet der im Rahmen der anderen Politiken der Gemeinschaft beschlossenen Maßnahmen als erforderlich erweisen, so können sie vom Rat auf Vorschlag der Kommission und nach Anhörung des Europäischen Parlaments, des Wirtschafts- und Sozialausschusses und des Ausschusses der Regionen einstimmig beschlossen werden.

Art. 130c [Europäischer Regionalfonds] Aufgabe des Europäischen Fonds für regionale Entwicklung ist es, durch Beteiligung an der Entwicklung und an der strukturellen Anpassung der rückständigen Gebiete und an der Umstellung der Industriegebiete mit rückläufiger Entwicklung zum Ausgleich der wichtigsten regionalen Ungleichgewichte in der Gemeinschaft beizutragen.

Art. 130d [Effizienz der Strukturfonds; Kohäsionsfonds] Unbeschadet des Artikels 130e legt der Rat auf Vorschlag der Kommission und nach Zustimmung des Europäischen Parlaments sowie nach Anhörung des Wirtschafts- und Sozialausschusses und des Ausschusses der Regionen einstimmig die Aufgaben, die vorrangigen Ziele und die Organisation der Strukturfonds fest, was ihre Neuordnung einschließen kann. Nach demselben Verfahren legt der Rat ferner die für die Fonds geltenden allgemeinen Regeln sowie die Bestimmungen fest, die zur Gewährleistung einer wirksamen Arbeitsweise und zur

Koordinierung der Fonds sowohl untereinander als auch mit den anderen vorhandenen Finanzierungsinstrumenten erforderlich sind.

Der Rat errichtet nach demselben Verfahren vor dem 31. Dezember 1993 einen Kohäsionsfonds, durch den zu Vorhaben in den Bereichen Umwelt und transeuropäische Netze auf dem Gebiet der Verkehrsinfrastruktur finanziell beigetragen wird.

Art. 130 e [Durchführungsbeschlüsse des Rates] Die den Europäischen Fonds für regionale Entwicklung betreffenden Durchführungsbeschlüsse werden vom Rat gemäß dem Verfahren des Artikels 189 c und nach Anhörung des Wirtschafts- und Sozialausschusses und des Ausschusses der Regionen gefaßt.

Für den Europäischen Ausrichtungs- und Garantiefonds für die Landwirtschaft, Abteilung Ausrichtung, und den Europäischen Sozialfonds sind die Artikel 43 bzw. 125 weiterhin anwendbar.

Titel XV
Forschung und technologische Entwicklung

Art. 130 f [Ziele der Gemeinschaft] (1) Die Gemeinschaft hat zum Ziel, die wissenschaftlichen und technologischen Grundlagen der Industrie der Gemeinschaft zu stärken und die Entwicklung ihrer internationalen Wettbewerbsfähigkeit zu fördern sowie alle Forschungsmaßnahmen zu unterstützen, die aufgrund anderer Kapitel dieses Vertrags für erforderlich gehalten werden.

(2) In diesem Sinne unterstützt sie in der gesamten Gemeinschaft die Unternehmen – einschließlich der kleinen und mittleren Unternehmen –, die Forschungszentren und die Hochschulen bei ihren Bemühungen auf dem Gebiet der Forschung und technologischen Entwicklung von hoher Qualität; sie fördert ihre Zusammenarbeitsbestrebungen, damit die Unternehmen vor allem die Möglichkeiten des Binnenmarkts voll nutzen können, und zwar insbesondere durch Öffnung des einzelstaatlichen öffentlichen Auftragswesens, Festlegung gemeinsamer Normen und Beseitigung der dieser Zusammenarbeit entgegenstehenden rechtlichen und steuerlichen Hindernisse.

(3) Alle Maßnahmen der Gemeinschaft aufgrund dieses Vertrags auf dem Gebiet der Forschung und der technologischen Entwicklung, einschließlich der Demonstrationsvorhaben, werden nach Maßgabe dieses Titels beschlossen und durchgeführt.

Art. 130 g [Maßnahmen der Gemeinschaft] Zur Erreichung dieser Ziele trifft die Gemeinschaft folgende Maßnahmen, welche die in den Mitgliedstaaten durchgeführten Aktionen ergänzen:

a) Durchführung von Programmen für Forschung, technologische Entwicklung und Demonstration unter Förderung der Zusammenarbeit mit und zwischen Unternehmen, Forschungszentren und Hochschulen;

b) Förderung der Zusammenarbeit mit dritten Ländern und internationalen Organisationen auf dem Gebiet der gemeinschaftlichen Forschung, technologischen Entwicklung und Demonstration;

c) Verbreitung und Auswertung der Ergebnisse der Tätigkeiten auf dem Gebiet der gemeinschaftlichen Forschung, technologischen Entwicklung und Demonstration;

d) Förderung der Ausbildung und der Mobilität der Forscher aus der Gemeinschaft.

Art. 130 h [Koordinierung der einzelstaatlichen Politiken und Programme] (1) Die Gemeinschaft und die Mitgliedstaaten koordinieren ihre Tätigkeiten auf dem Gebiet der Forschung und der technologischen Entwicklung, um die Kohärenz der einzelstaatlichen Politiken und der Politik der Gemeinschaft sicherzustellen.

(2) Die Kommission kann in enger Zusammenarbeit mit den Mitgliedstaaten alle Initiativen ergreifen, die der Koordinierung nach Absatz 1 förderlich sind.

Art. 130 i [Mehrjähriges Rahmenprogramm; spezifische Programme] (1) Der Rat stellt gemäß dem Verfahren des Artikels 189 b und nach Anhörung des Wirtschafts- und Sozialausschusses ein mehrjähriges Rahmenprogramm auf, in dem alle Aktionen der Gemeinschaft zusammengefaßt werden. Der Rat beschließt im Rahmen des Verfahrens des Artikels 189 b einstimmig.

In dem Rahmenprogramm werden

– die wissenschaftlichen und technologischen Ziele, die mit den Maßnahmen nach Artikel 130 g erreicht werden sollen, sowie die jeweiligen Prioritäten festgelegt;

– die Grundzüge dieser Maßnahmen angegeben;

– der Gesamthöchstbetrag und die Einzelheiten der finanziellen Beteiligung der Gemeinschaft am Rahmenprogramm sowie die jeweiligen Anteile der vorgesehenen Maßnahmen festgelegt.

(2) Das Rahmenprogramm wird je nach Entwicklung der Lage angepaßt oder ergänzt.

(3) Die Durchführung des Rahmenprogramms erfolgt durch spezifische Programme, die innerhalb einer jeden Aktion entwickelt werden. In jedem spezifischen Programm werden die Einzelheiten seiner Durchführung, seine Laufzeit und die für notwendig erachteten Mittel festgelegt. Die Summe der in den spezifischen Programmen für notwendig erachteten Beträge darf den für das Rahmenprogramm und für jede Aktion festgesetzten Gesamthöchstbetrag nicht überschreiten.

(4) Die spezifischen Programme werden vom Rat mit qualifizierter Mehrheit auf Vorschlag der Kommission und nach Anhörung des Europäischen Parlaments und des Wirtschafts- und Sozialausschusses beschlossen.

Art. 130j [Durchführung des Rahmenprogramms] Zur Durchführung des mehrjährigen Rahmenprogramms legt der Rat folgendes fest:
- die Regeln für die Beteiligung der Unternehmen, der Forschungszentren und der Hochschulen;
- die Regeln für die Verbreitung der Forschungsergebnisse.

Art. 130k [Zusatzprogramme] Bei der Durchführung des mehrjährigen Rahmenprogramms können Zusatzprogramme beschlossen werden, an denen nur bestimmte Mitgliedstaaten teilnehmen, die sie vorbehaltlich einer etwaigen Beteiligung der Gemeinschaft auch finanzieren.

Der Rat legt die Regeln für die Zusatzprogramme fest, insbesondere hinsichtlich der Verbreitung der Kenntnisse und des Zugangs anderer Mitgliedstaaten.

Art. 130l [Beteiligung der Gemeinschaft] Die Gemeinschaft kann im Einvernehmen mit den betreffenden Mitgliedstaaten bei der Durchführung des mehrjährigen Rahmenprogramms eine Beteiligung an Forschungs- und Entwicklungsprogrammen mehrerer Mitgliedstaaten, einschließlich der Beteiligung an den zu ihrer Durchführung geschaffenen Strukturen, vorsehen.

Art. 130m [Zusammenarbeit mit Drittländern, internationalen Organisationen] Die Gemeinschaft kann bei der Durchführung des mehrjährigen Rahmenprogramms eine Zusammenarbeit auf dem

Gebiet der gemeinschaftlichen Forschung, technologischen Entwicklung und Demonstration mit dritten Ländern oder internationalen Organisationen vorsehen.

Die Einzelheiten dieser Zusammenarbeit können Gegenstand von Abkommen zwischen der Gemeinschaft und den betreffenden dritten Parteien sein, die nach Artikel 228 ausgehandelt und geschlossen werden.

Art. 130 n [Gemeinsame Unternehmen] Die Gemeinschaft kann gemeinsame Unternehmen gründen oder andere Strukturen schaffen, die für die ordnungsgemäße Durchführung der Programme für gemeinschaftliche Forschung, technologische Entwicklung und Demonstration erforderlich sind.

Art. 130 o [Beschlußverfahren] Der Rat legt auf Vorschlag der Kommission und nach Anhörung des Europäischen Parlaments und des Wirtschafts- und Sozialausschusses einstimmig die in Artikel 130 n vorgesehenen Bestimmungen fest.

Der Rat legt gemäß dem Verfahren des Artikels 189 c und nach Anhörung des Wirtschafts- und Sozialausschusses die in den Artikeln 130 j, 130 k und 130 l vorgesehenen Bestimmungen fest. Für die Verabschiedung der Zusatzprogramme ist die Zustimmung der daran beteiligten Mitgliedstaaten erforderlich.

Art. 130 p [Jahresbericht der Kommission] Zu Beginn jedes Jahres unterbreitet die Kommission dem Europäischen Parlament und dem Rat einen Bericht. Dieser Bericht erstreckt sich insbesondere auf die Tätigkeiten auf dem Gebiet der Forschung und technologischen Entwicklung und der Verbreitung der Ergebnisse dieser Tätigkeiten während des Vorjahrs sowie auf das Arbeitsprogramm des laufenden Jahres.

Titel XVI
Umwelt

Art. 130 r [Ziele der Gemeinschaft, Zusammenarbeit mit Drittländern, internationalen Organisationen] (1) Die Umweltpolitik der Gemeinschaft trägt zur Verfolgung der nachstehenden Ziele bei:
- Erhaltung und Schutz der Umwelt sowie Verbesserung ihrer Qualität;

– Schutz der menschlichen Gesundheit;
– umsichtige und rationale Verwendung der natürlichen Ressourcen;
– Förderung von Maßnahmen auf internationaler Ebene zur Bewältigung regionaler oder globaler Umweltprobleme.

(2) Die Umweltpolitik der Gemeinschaft zielt unter Berücksichtigung der unterschiedlichen Gegebenheiten in den einzelnen Regionen der Gemeinschaft auf ein hohes Schutzniveau ab. Sie beruht auf den Grundsätzen der Vorsorge und Vorbeugung, auf dem Grundsatz, Umweltbeeinträchtigungen mit Vorrang an ihrem Ursprung zu bekämpfen, sowie auf dem Verursacherprinzip. Die Erfordernisse des Umweltschutzes müssen bei der Festlegung und Durchführung anderer Gemeinschaftspolitiken einbezogen werden.

Im Hinblick hierauf umfassen die derartigen Erfordernissen entsprechenden Harmonisierungsmaßnahmen gegebenenfalls eine Schutzklausel, mit der die Mitgliedstaaten ermächtigt werden, aus nicht wirtschaftlich bedingten umweltpolitischen Gründen vorläufige Maßnahmen zu treffen, die einem gemeinschaftlichen Kontrollverfahren unterliegen.

(3) Bei der Erarbeitung ihrer Umweltpolitik berücksichtigt die Gemeinschaft
– die verfügbaren wissenschaftlichen und technischen Daten;
– die Umweltbedingungen in den einzelnen Regionen der Gemeinschaft;
– die Vorteile und die Belastung aufgrund des Tätigwerdens bzw. eines Nichttätigwerdens;
– die wirtschaftliche und soziale Entwicklung der Gemeinschaft insgesamt sowie die ausgewogene Entwicklung ihrer Regionen.

(4) Die Gemeinschaft und die Mitgliedstaaten arbeiten im Rahmen ihrer jeweiligen Befugnisse mit dritten Ländern und den zuständigen internationalen Organisationen zusammen. Die Einzelheiten der Zusammenarbeit der Gemeinschaft können Gegenstand von Abkommen zwischen dieser und den betreffenden dritten Parteien sein, die nach Artikel 228 ausgehandelt und geschlossen werden.

Unterabsatz 1 berührt nicht die Zuständigkeit der Mitgliedstaaten, in internationalen Gremien zu verhandeln und internationale Abkommen zu schließen.

Art. 130 s [Beschlußverfahren; Ausnahmeregelungen] (1) Der Rat beschließt gemäß dem Verfahren des Artikels 189c und nach Anhörung des Wirtschafts- und Sozialausschusses über das Tätigwerden der Gemeinschaft zur Erreichung der in Artikel 130r genannten Ziele.

(2) Abweichend von dem Beschlußverfahren des Absatzes 1 und unbeschadet des Artikels 100a erläßt der Rat auf Vorschlag der Kommission und nach Anhörung des Europäischen Parlaments und des Wirtschafts- und Sozialausschusses einstimmig
- Vorschriften überwiegend steuerlicher Art,
- Maßnahmen im Bereich der Raumordnung, der Bodennutzung – mit Ausnahme der Abfallbewirtschaftung und allgemeiner Maßnahmen – sowie der Bewirtschaftung der Wasserressourcen,
- Maßnahmen, welche die Wahl eines Mitgliedstaats zwischen verschiedenen Energiequellen und die allgemeine Struktur seiner Energieversorgung erheblich berühren.

Der Rat kann nach dem Verfahren des Unterabsatzes 1 festlegen, in welchen der in diesem Absatz genannten Bereiche mit qualifizierter Mehrheit beschlossen wird.

(3) Der Rat beschließt gemäß dem Verfahren des Artikels 189b und nach Anhörung des Wirtschafts- und Sozialausschusses in anderen Bereichen allgemeine Aktionsprogramme, in denen die vorrangigen Ziele festgelegt werden.

Der Rat legt nach Absatz 1 bzw. Absatz 2 die zur Durchführung dieser Programme erforderlichen Maßnahmen fest.

(4) Unbeschadet bestimmter Maßnahmen gemeinschaftlicher Art tragen die Mitgliedstaaten für die Finanzierung und Durchführung der Umweltpolitik Sorge.

(5) Sofern eine Maßnahme nach Absatz 1 mit unverhältnismäßig hohen Kosten für die Behörden eines Mitgliedstaats verbunden ist, sieht der Rat unbeschadet des Verursacherprinzips in dem Rechtsakt zur Annahme dieser Maßnahme geeignete Bestimmungen in folgender Form vor:
- vorübergehende Ausnahmeregelungen und/oder
- eine finanzielle Unterstützung aus dem Kohäsionsfonds, der nach Artikel 130d bis zum 31. Dezember 1993 zu errichten ist.

Art. 130t [Schutzmaßnahmen der Mitgliedstaaten] Die Schutzmaßnahmen, die aufgrund des Artikels 130s getroffen werden, hindern die einzelnen Mitgliedstaaten nicht daran, verstärkte Schutzmaßnahmen beizubehalten oder zu ergreifen. Die betreffenden Maßnahmen müssen mit diesem Vertrag vereinbar sein. Sie werden der Kommission notifiziert.

Titel XVII
Entwicklungszusammenarbeit

Art. 130u [Ziele der Gemeinschaft] (1) Die Politik der Gemeinschaft auf dem Gebiet der Entwicklungszusammenarbeit, die eine Ergänzung der entsprechenden Politik der Mitgliedstaaten darstellt, fördert
- die nachhaltige wirtschaftliche und soziale Entwicklung der Entwicklungsländer, insbesondere der am meisten benachteiligten Entwicklungsländer;
- die harmonische, schrittweise Eingliederung der Entwicklungsländer in die Weltwirtschaft;
- die Bekämpfung der Armut in den Entwicklungsländern.

(2) Die Politik der Gemeinschaft in diesem Bereich trägt dazu bei, das allgemeine Ziele einer Fortentwicklung und Festigung der Demokratie und des Rechtsstaats sowie das Ziel der Wahrung der Menschenrechte und Grundfreiheiten zu verfolgen.

(3) Die Gemeinschaft und die Mitgliedstaaten kommen den im Rahmen der Vereinten Nationen und anderer zuständiger internationaler Organisationen gegebenen Zusagen nach und berücksichtigen die in diesem Rahmen gebilligten Zielsetzungen.

Art. 130v [Ausstrahlung auf andere Politiken] Die Gemeinschaft berücksichtigt die Ziele des Artikels 130u bei den von ihr verfolgten Politiken, welche die Entwicklungsländer berühren können.

Art. 130w [Beschlußfassung; Mehrjahresprogramme] (1) Unbeschadet der übrigen Bestimmungen dieses Vertrags erläßt der Rat nach dem Verfahren des Artikels 189c die zur Verfolgung der Ziele des Artikels 130u erforderlichen Maßnahmen. Diese Maßnahmen können die Form von Mehrjahresprogrammen annehmen.

(2) Die Europäische Investitionsbank trägt nach Maßgabe ihrer Satzung zur Durchführung der Maßnahmen im Sinne des Absatzes 1 bei.

(3) Dieser Artikel berührt nicht die Zusammenarbeit mit den Ländern Afrikas, des Karibischen Raumes und des Pazifischen Ozeans im Rahmen des AKP-EWG-Abkommens.

Art. 130 x [Abstimmung innerhalb der Gemeinschaft; internationale Zusammenarbeit] (1) Die Gemeinschaft und die Mitgliedstaaten koordinieren ihre Politik auf dem Gebiet der Entwicklungszusammenarbeit und stimmen ihre Hilfsprogramme, auch in internationalen Organisationen und auf internationalen Konferenzen, ab. Sie können gemeinsame Maßnahmen ergreifen. Die Mitgliedstaaten tragen erforderlichenfalls zur Durchführung der Hilfsprogramme der Gemeinschaft bei.

(2) Die Kommission kann alle Initiativen ergreifen, die der in Absatz 1 genannten Koordinierung förderlich sind.

Art. 130 y [Kooperationsabkommen] Die Gemeinschaft und die Mitgliedstaaten arbeiten im Rahmen ihrer jeweiligen Befugnisse mit dritten Ländern und den zuständigen internationalen Organisationen zusammen. Die Einzelheiten der Zusammenarbeit der Gemeinschaft können Gegenstand von Abkommen zwischen dieser und den betreffenden dritten Parteien sein, die nach Artikel 228 ausgehandelt und geschlossen werden.

Absatz 1 berührt nicht die Zuständigkeit der Mitgliedstaaten, in internationalen Gremien zu verhandeln und internationale Abkommen zu schließen.

Vierter Teil
Die Assoziierung der überseeischen Länder und Hoheitsgebiete

Art. 131 [Ziele der Assoziierung] Die Mitgliedstaaten kommen überein, die außereuropäischen Länder und Hoheitsgebiete, die mit Belgien, Dänemark, Frankreich, Italien, den Niederlanden und dem Vereinigten Königreich besondere Beziehungen unterhalten, der Gemeinschaft zu assoziieren. Diese Länder und Hoheitsgebiete, im folgenden als „Länder und Hoheitsgebiete" bezeichnet, sind im Anhang IV zu diesem Vertrag aufgeführt.

Ziel der Assoziierung ist die Förderung der wirtschaftlichen und sozialen Entwicklung der Länder und Hoheitsgebiete und die Herstellung enger Wirtschaftsbeziehungen zwischen ihnen und der gesamten Gemeinschaft.

Entsprechend den in der Präambel dieses Vertrags aufgestellten Grundsätzen soll die Assoziierung in erster Linie den Interessen der Einwohner dieser Länder und Hoheitsgebiete dienen und ihren Wohlstand fördern, um sie der von ihnen erstrebten wirtschaftlichen, sozialen und kulturellen Entwicklung entgegenzuführen.

Art. 132 [Zweck der Assoziierung] Mit der Assoziierung werden folgende Zwecke verfolgt:

1. Die Mitgliedstaaten wenden auf ihren Handelsverkehr mit den Ländern und Hoheitsgebieten das System an, das sie auf Grund dieses Vertrags untereinander anwenden.

2. Jedes Land oder Hoheitsgebiet wendet auf seinen Handelsverkehr mit den Mitgliedstaaten und den anderen Ländern und Hoheitsgebieten das System an, das es auf den europäischen Staat anwendet, mit dem es besondere Beziehungen unterhält.

3. Die Mitgliedstaaten beteiligen sich an den Investitionen, welche die fortschreitende Entwicklung dieser Länder und Hoheitsgebiete erfordert.

4. Bei Ausschreibungen und Lieferungen für Investitionen, die von der Gemeinschaft finanziert werden, steht die Beteiligung zu gleichen Bedingungen allen natürlichen und juristischen Personen offen, welche die Staatsangehörigkeit der Mitgliedstaaten oder der Länder oder Hoheitsgebiete besitzen.

5. Soweit auf Grund des Artikels 136 nicht Sonderregelungen getroffen werden, gelten zwischen den Mitgliedstaaten und den Ländern und Hoheitsgebieten für das Niederlassungsrecht ihrer Staatsangehörigen und Gesellschaften die Bestimmungen und Verfahrensregeln des Kapitels Niederlassungsfreiheit, und zwar unter Ausschluß jeder Diskriminierung.

Art. 133 [Abschaffung der Zölle] (1) Die Zölle bei der Einfuhr von Waren aus den Ländern und Hoheitsgebieten in die Mitgliedstaaten werden vollständig abgeschafft; dies geschieht nach Maßgabe der in diesem Vertrag vorgesehenen schrittweisen Abschaffung der Zölle zwischen den Mitgliedstaaten.

(2) In jedem Land und Hoheitsgebiet werden die Zölle bei der Einfuhr von Waren aus den Mitgliedstaaten und den anderen Ländern und Hoheitsgebieten nach Maßgabe der Artikel 12, 13, 14, 15 und 17 schrittweise abgeschafft.

(3) Die Länder und Hoheitsgebiete können jedoch Zölle erheben, die den Erfordernissen ihrer Entwicklung und Industrialisierung entsprechen oder als Finanzzölle der Finanzierung ihres Haushalts dienen.

Die in Unterabsatz 1 genannten Zölle werden schrittweise auf den Stand der Sätze gesenkt, die für die Einfuhr von Waren aus dem Mitgliedstaat gelten, mit dem das entsprechende Land oder Hoheitsgebiet besondere Beziehungen unterhält. Hinsichtlich dieser Herabsetzungen beziehen sich die Hundertsätze und die Zeitfolge, die in diesem Vertrag vorgesehen sind, auf den Unterschied zwischen den Zollsätzen für Waren aus dem Mitgliedstaat, der mit dem betreffenden Land oder Hoheitsgebiet besondere Beziehungen unterhält, und den Zollsätzen, die für die gleichen Waren bei ihrer Einfuhr aus den anderen Staaten der Gemeinschaft in das einführende Land oder Hoheitsgebiet gelten.

(4) Absatz (2) gilt nicht für die Länder und Hoheitsgebiete, die auf Grund besonderer internationaler Verpflichtungen bereits bei inkrafttreten dieses Vertrags einen nichtdiskriminierenden Zolltarif anwenden.

(5) Die Festlegung oder Änderung der Zollsätze für Waren, die in die Länder und Hoheitsgebiete eingeführt werden, darf weder rechtlich noch tatsächlich zu einer mittelbaren oder unmittelbaren Diskriminierung zwischen den Einfuhren aus den einzelnen Mitgliedstaaten führen.

Art. 134 [Abhilfe bei nachteiliger Verkehrsverlagerung] Ist die Höhe der Zollsätze, die bei der Einfuhr in ein Land oder Hoheitsgebiet für Waren aus einem dritten Land gelten, bei Anwendung des Artikels 133 Absatz (1) geeignet, Verkehrsverlagerungen zum Nachteil eines Mitgliedstaates hervorzurufen, so kann dieser die Kommission ersuchen, den anderen Mitgliedstaaten die erforderlichen Abhilfemaßnahmen vorzuschlagen.

Art. 135 [Regelung der Freizügigkeit der Arbeitskräfte] Vorbehaltlich der Bestimmungen über die Volksgesundheit und die öffentliche Sicherheit und Ordnung wird die Freizügigkeit der Arbeitskräfte aus den Ländern und Hoheitsgebieten in den Mitgliedstaaten und der Arbeitskräfte aus den Mitgliedstaaten in den Ländern und Hoheitsgebieten durch später zu schließende Abkommen geregelt; diese bedürfen der einstimmigen Billigung aller Mitgliedstaaten.

Art. 136 [Durchführungsabkommen] Für einen ersten Zeitabschnitt von fünf Jahren nach Inkrafttreten dieses Vertrags werden in einem dem Vertrag beigefügten Durchführungsabkommen die Einzelheiten und das Verfahren für die Assoziierung der Länder und Hoheitsgebiete an die Gemeinschaft festgelegt.

Vor Ablauf der Geltungsdauer des in Absatz (1) genannten Abkommens legt der Rat auf Grund der erzielten Ergebnisse und der Grundsätze dieses Vertrags die Bestimmungen für einen neuen Zeitabschnitt einstimmig fest.

Art. 136a [Anwendung auf Grönland] Die Artikel 131 bis 136 sind auf Grönland anwendbar, vorbehaltlich der spezifischen Bestimmungen für Grönland in dem Protokoll über die Sonderregelung für Grönland im Anhang[9] zu diesem Vertrag.

Fünfter Teil
Die Organe der Gemeinschaft

Titel I
Vorschriften über die Organe

Kapitel 1
Die Organe

Abschnitt 1
Das Europäische Parlament

Art. 137 [Das Europäische Parlament] Das Europäische Parlament besteht aus Vertretern der Völker der in der Gemeinschaft zusammengeschlossenen Staaten; es übt die Befugnisse aus, die ihm nach diesem Vertrag zustehen.

---

[9] Siehe BGBl. 1985 II S. 75.

Art. 138 [Zahl der Abgeordneten; Wahlverfahren][10] *(1) Die Abgeordneten der Völker der in der Gemeinschaft vereinigten Staaten im Europäischen Parlament werden in allgemeiner, unmittelbarer Wahl gewählt.*

(2) Die Zahl der in jedem Mitgliedstaat gewählten Abgeordneten wird wie folgt festgesetzt:

Belgien	*25*
Dänemark	*16*
Deutschland	*99*
Finnland	*16*
Griechenland	*25*
Spanien	*64*
Frankreich	*87*
Irland	*15*
Italien	*87*
Luxemburg	*6*
Niederlande	*31*
Österreich	*21*
Portugal	*25*
Schweden	*22*
Vereinigtes Königreich	*87*

Die Abgeordneten werden auf fünf Jahre gewählt. Diese fünfjährige Wahlperiode beginnt mit der Eröffnung der ersten Sitzung nach jeder Wahl.

(3) Das Europäische Parlament arbeitet Entwürfe für allgemeine unmittelbare Wahlen nach einem einheitlichen Verfahren in allen Mitgliedstaaten aus.

Der Rat erläßt nach Zustimmung des Europäischen Parlaments, die mit der Mehrheit seiner Mitglieder erteilt wird, einstimmig die entsprechenden Bestimmungen und empfiehlt sie den Mitgliedstaaten zur Annahme gemäß ihren verfassungsrechtlichen Vorschriften.

Art. 138 a [Europäische Parteien] Politische Parteien auf europäischer Ebene sind wichtig als Faktor der Integration in der Union. Sie tragen dazu bei, ein europäisches Bewußtsein herauszubilden und den politischen Willen der Bürger der Union zum Ausdruck zu bringen.

---

[10] Abs. 1 u. 2 der ursprünglichen Fassung von 1957, die sich auf die Zusammensetzung des EP vor Einführung der Direktwahl bezogen, sind aufgehoben. Mit Wirkung v. 17. Juli 1979 (Konstituierung des ersten direkt gewählten EP) gilt die hier abgedruckte Regelung der Art. 1–3 des Akts zur Einführung allgemeiner unmittelbarer Wahlen der Abgeordneten des Europäischen Parlaments v. 20. September 1976 (BGBl. 1978 II S. 1003), geändert durch Art. 11 des Beitrittsvertrages v. 24. Juni 1994 (BGBl. 1994 II S. 2024) idF. des Änderungsbeschlusses des Rates Nr. 95/1/EG, Euratom, EGKS v. 1. Januar 1995 (ABl. EG Nr. L 1/1995, S. 1).

Art. 138 b [Beteiligung an der Rechtsetzung] Das Europäische Parlament ist an dem Prozeß, der zur Annahme der Gemeinschaftsakte führt, in dem in diesem Vertrag vorgesehenen Umfang durch die Ausübung seiner Befugnisse im Rahmen der Verfahren der Artikel 189 b und 189 c sowie durch die Erteilung seiner Zustimmung oder die Abgabe von Stellungnahmen beteiligt.

Das Europäische Parlament kann mit der Mehrheit seiner Mitglieder die Kommission auffordern, geeignete Vorschläge zu Fragen zu unterbreiten, die nach seiner Auffassung die Ausarbeitung eines Gemeinschaftsakts zur Durchführung dieses Vertrags erfordern.

Art. 138 c [Untersuchungsrecht] Das Europäische Parlament kann bei der Erfüllung seiner Aufgaben auf Antrag eines Viertels seiner Mitglieder die Einsetzung eines nichtständigen Untersuchungsausschusses beschließen, der unbeschadet der Befugnisse, die anderen Organen oder Institutionen durch diesen Vertrag übertragen sind, behauptete Verstöße gegen das Gemeinschaftsrecht oder Mißstände bei der Anwendung desselben prüft; dies gilt nicht, wenn ein Gericht mit den behaupteten Sachverhalten befaßt ist, solange das Gerichtsverfahren nicht abgeschlossen ist.

Mit der Vorlage seines Berichts hört der nichtständige Untersuchungsausschuß auf zu bestehen.

Die Einzelheiten der Ausübung des Untersuchungsrechts werden vom Europäischen Parlament, vom Rat und von der Kommission im gegenseitigen Einvernehmen festgelegt.

Art. 138 d [Petitionsrecht] Jeder Bürger der Union sowie jede natürliche oder juristische Person mit Wohnort oder satzungsmäßigem Sitz in einem Mitgliedstaat kann allein oder zusammen mit anderen Bürgern oder Personen in Angelegenheiten, die in die Tätigkeitsbereiche der Gemeinschaft fallen und die ihn oder sie unmittelbar betreffen, eine Petition an das Europäische Parlament richten.

Art. 138 e [Bürgerbeauftragter; Jahresbericht] (1) Das Europäische Parlament ernennt einen Bürgerbeauftragten, der befugt ist, Beschwerden von jedem Bürger der Union oder von jeder natürlichen oder juristischen Person mit Wohnort oder satzungsmäßigem Sitz in einem Mitgliedstaat über Mißstände bei der Tätigkeit der Organe oder Institutionen der Gemeinschaft, mit Ausnahme des Gerichtshofs und des Gerichts erster Instanz in Ausübung ihrer Rechtsprechungsbefugnisse, entgegenzunehmen.

Der Bürgerbeauftragte führt im Rahmen seines Auftrags von sich aus oder aufgrund von Beschwerden, die ihm unmittelbar oder über ein Mitglied des Europäischen Parlaments zugehen, Untersuchungen durch, die er für gerechtfertigt hält; dies gilt nicht, wenn die behaupteten Sachverhalte Gegenstand eines Gerichtsverfahrens sind oder waren. Hat der Bürgerbeauftragte einen Mißstand festgestellt, so befaßt er das betreffende Organ, das über eine Frist von drei Monaten verfügt, um ihm seine Stellungnahme zu übermitteln. Der Bürgerbeauftragte legt anschließend dem Europäischen Parlament und dem betreffenden Organ einen Bericht vor. Der Beschwerdeführer wird über das Ergebnis dieser Untersuchungen unterrichtet.

Der Bürgerbeauftragte legt dem Europäischen Parlament jährlich einen Bericht über die Ergebnisse seiner Untersuchungen vor.

(2) Der Bürgerbeauftragte wird nach jeder Wahl des Europäischen Parlaments für die Dauer der Wahlperiode ernannt. Wiederernennung ist zulässig.

Der Bürgerbeauftragte kann auf Antrag des Europäischen Parlaments vom Gerichtshof seines Amtes enthoben werden, wenn er die Voraussetzungen für die Ausübung seines Amtes nicht mehr erfüllt oder eine schwere Verfehlung begangen hat.

(3) Der Bürgerbeauftragte übt sein Amt in völliger Unabhängigkeit aus. Er darf bei der Erfüllung seiner Pflichten von keiner Stelle Anweisungen anfordern oder entgegennehmen. Der Bürgerbeauftragte darf während seiner Amtszeit keine andere entgeltliche oder unentgeltliche Berufstätigkeit ausüben.

(4) Das Europäische Parlament legt nach Stellungnahme der Kommission und nach mit qualifizierter Mehrheit erteilter Zustimmung des Rates die Regelungen und allgemeinen Bedingungen für die Ausübung der Aufgaben des Bürgerbeauftragten fest.

Art. 139 [Jährliche und außerordentliche Sitzungsperiode] Das Europäische Parlament hält jährlich eine Sitzungsperiode ab. Es tritt, ohne daß es einer Einberufung bedarf, am zweiten Dienstag des Monats März zusammen.

Das Europäische Parlament kann auf Antrag der Mehrheit seiner Mitglieder sowie auf Antrag des Rates oder der Kommission zu einer außerordentlichen Sitzungsperiode zusammentreten.

Art. 140 [Präsidium, Rechte der Kommissions- und Ratsmitglieder] Das Europäische Parlament wählt aus seiner Mitte seinen Präsidenten und sein Präsidium.

Die Mitglieder der Kommission können an allen Sitzungen teilnehmen und müssen auf ihren Antrag im Namen der Kommission jederzeit gehört werden.

Die Kommission antwortet mündlich oder schriftlich auf die ihr vom Europäischen Parlament oder von dessen Mitgliedern gestellten Fragen.

Der Rat wird nach Maßgabe seine Geschäftsordnung vom Europäischen Parlament jederzeit gehört.

Art. 141 [Beschlußfassung durch absolute Mehrheit, Beschlußfähigkeit] Soweit dieser Vertrag nichts anderes bestimmt, beschließt das Europäische Parlament mit der absoluten Mehrheit der abgegebenen Stimmen.

Die Geschäftsordnung legt die Beschlußfähigkeit fest.

Art. 142 [Geschäftsordnung, Verhandlungsniederschriften] Das Europäische Parlament gibt sich seine Geschäftsordnung; hierzu sind die Stimmen der Mehrheit seiner Mitglieder erforderlich.

Die Verhandlungsniederschriften des Europäischen Parlaments werden nach den Bestimmungen dieser Geschäftsordnung veröffentlicht.

Art. 143 [Jährlicher Gesamtbericht] Das Europäische Parlament erörtert in öffentlicher Sitzung den jährlichen Gesamtbericht, der ihm von der Kommission vorgelegt wird.

Art. 144 [Mißtrauensantrag wegen Tätigkeit der Kommission] Wird wegen der Tätigkeit der Kommission ein Mißtrauensantrag eingebracht, so darf das Europäische Parlament nicht vor Ablauf von drei Tagen nach seiner Einbringung und nur in offener Abstimmung darüber entscheiden.

Wird der Mißtrauensantrag mit der Mehrheit von zwei Dritteln der abgegebenen Stimmen und mit der Mehrheit der Mitglieder des Europäischen Parlaments angenommen, so müssen die Mitglieder der Kommission geschlossen ihr Amt niederlegen. Sie führen die laufenden Geschäfte bis zur Ernennung ihrer Nachfolger gemäß Artikel 158 weiter. In diesem Fall endet die Amtszeit der als Nachfolger ernannten Mitglieder der Kommission zu dem Zeitpunkt, zu dem die Amtszeit der geschlossen zur Amtsniederlegung verpflichteten Mitglieder der Kommission geendet hätte.

Abschnitt 2
Der Rat

Art. 145 [Pflichten und Rechte des Rates] Zur Verwirklichung der Ziele und nach Maßgabe dieses Vertrags

- sorgt der Rat für die Abstimmung der Wirtschaftspolitik der Mitgliedstaaten;
- besitzt der Rat eine Entscheidungsbefugnis;
- überträgt der Rat der Kommission in den von ihm angenommenen Rechtsakten die Befugnisse zur Durchführung der Vorschriften, die er erläßt. Der Rat kann bestimmte Modalitäten für die Ausübung dieser Befugnisse festlegen. Er kann sich in spezifischen Fällen außerdem vorbehalten, Durchführungsbefugnisse selbst auszuüben. Die obengenannten Modalitäten müssen den Grundsätzen und Regeln entsprechen, die der Rat auf Vorschlag der Kommission nach Stellungnahme des Europäischen Parlaments vorher einstimmig festgelegt hat.

Art. 146 [Zusammensetzung des Rates, Vorsitz] Der Rat besteht aus je einem Vertreter jedes Mitgliedstaats auf Ministerebene, der befugt ist, für die Regierung des Mitgliedstaats verbindlich zu handeln.

Der Vorsitz im Rat wird von den Mitgliedstaaten nacheinander für je sechs Monate wahrgenommen, und zwar in einer vom Rat einstimmig festgelegten Reihenfolge.

Art. 147 [Einberufung des Rates] Der Rat wird von seinem Präsidenten aus eigenem Entschluß oder auf Antrag eines seiner Mitglieder oder der Kommission einberufen.

Art. 148 [Beschlußfassung des Rates] (1) Soweit in diesem Vertrag nichts anderes bestimmt ist, beschließt der Rat mit der Mehrheit seiner Mitglieder.

(2) Ist zu einem Beschluß des Rates die qualifizierte Mehrheit erforderlich, so werden die Stimmen der Mitglieder wie folgt gewogen:

Belgien	5
Dänemark	3
Deutschland	10

Griechenland	5
Spanien	8
Frankreich	10
Irland	3
Italien	10
Luxemburg	2
Niederlande	5
Österreich	4
Portugal	5
Finnland	3
Schweden	4
Vereinigtes Königreich	10

Beschlüsse kommen zustande mit einer Mindeststimmenzahl von

– zweiundsechzig Stimmen in den Fällen, in denen die Beschlüsse nach diesem Vertrag auf Vorschlag der Kommission zu fassen sind;

– zweiundsechzig Stimmen, welche die Zustimmung von mindestens zehn Mitgliedern umfassen, in allen anderen Fällen.

(3) Die Stimmenthaltung von anwesenden oder vertretenen Mitgliedern steht dem Zustandekommen von Beschlüssen des Rates, zu denen Einstimmigkeit erforderlich ist, nicht entgegen.

Art. 149 [Vorschlag der Kommission; Verfahren der Zusammenarbeit mit dem Parlament][11]

Art. 150 [Stimmrechtsübertragung] Jedes Mitglied kann sich das Stimmrecht höchstens eines anderen Mitglieds übertragen lassen.

Art. 151 [Ständige Vertreter; Geschäftsordnung] (1) Ein Ausschuß, der sich aus den Ständigen Vertretern der Mitgliedstaaten zusammensetzt, hat die Aufgabe, die Arbeiten des Rates vorzubereiten und die ihm vom Rat übertragenen Aufträge auszuführen.

(2) Der Rat wird von einem Generalsekretariat unterstützt, das einem Generalsekretär untersteht. Der Generalsekretär wird vom Rat durch einstimmigen Beschluß ernannt.

---

[11] Aufgehoben durch Titel II, Ziff. 45 des Vertrags über die Europäische Union v. 7. Februar 1992. Siehe jetzt Art. 189a u. 189c neu EG-Vertrag.

Der Rat entscheidet über die Organisation des Generalsekretariats.

(3) Der Rat gibt sich eine Geschäftsordnung.

Art. 152 [Anforderungen an die Kommission] Der Rat kann die Kommission auffordern, die nach seiner Ansicht zur Verwirklichung der gemeinsamen Ziele geeigneten Untersuchungen vorzunehmen und ihm entsprechende Vorschläge zu unterbreiten.

Art. 153 [Regelung der Rechtsstellung der Ausschüsse] Der Rat regelt nach Stellungnahme der Kommission die rechtliche Stellung der in diesem Vertrag vorgesehenen Ausschüsse.

Art. 154 [Amtsgehälter und Vergütungen] Der Rat setzt mit qualifizierter Mehrheit die Gehälter, Vergütungen und Ruhegehälter für den Präsidenten und die Mitglieder der Kommission sowie für den Präsidenten, die Richter, die Generalanwälte und den Kanzler des Gerichtshofs fest. Er setzt mit derselben Mehrheit alle sonstigen als Entgelt gezahlten Vergütungen fest.

Abschnitt 3
Die Kommission

Art. 155 [Aufgaben der Kommission] Um das ordnungsgemäße Funktionieren und die Entwicklung des Gemeinsamen Marktes zu gewährleisten, erfüllt die Kommission folgende Aufgaben:
- für die Anwendung dieses Vertrags sowie der von den Organen auf Grund dieses Vertrags getroffenen Bestimmungen Sorge zu tragen;
- Empfehlungen oder Stellungnahmen auf den in diesem Vertrag bezeichneten Gebieten abzugeben, soweit der Vertrag dies ausdrücklich vorsieht oder soweit sie es für notwendig erachtet;
- nach Maßgabe dieses Vertrags in eigener Zuständigkeit Entscheidungen zu treffen und am Zustandekommen der Handlungen des Rates und des Europäischen Parlaments mitzuwirken;
- die Befugnisse auszuüben, die ihr der Rat zur Durchführung der von ihm erlassenen Vorschriften überträgt.

Art. 156 [Gesamtbericht] Die Kommission veröffentlicht jährlich, und zwar spätestens einen Monat vor Beginn der Sitzungsperiode des Europäischen Parlaments, einen Gesamtbericht über die Tätigkeit der Gemeinschaft.

Art. 157 [Zusammensetzung der Kommission] (1) Die Kommission besteht aus zwanzig Mitgliedern, die aufgrund ihrer allgemeinen Befähigung ausgewählt werden und volle Gewähr für ihre Unabhängigkeit bieten müssen.

Die Zahl der Mitglieder der Kommission kann vom Rat einstimmig geändert werden.

Nur Staatsangehörige der Mitgliedstaaten können Mitglieder der Kommission sein.

Der Kommission muß mindestens ein Staatsangehöriger jedes Mitgliedstaats angehören, jedoch dürfen nicht mehr als zwei Mitglieder der Kommission dieselbe Staatsangehörigkeit besitzen.

(2) Die Mitglieder der Kommission üben ihre Tätigkeit in voller Unabhängigkeit zum allgemeinen Wohl der Gemeinschaft aus.

Sie dürfen bei der Erfüllung ihrer Pflichten Anweisungen von einer Regierung oder einer anderen Stelle weder anfordern noch entgegennehmen. Sie haben jede Handlung zu unterlassen, die mit ihren Aufgaben unvereinbar ist. Jeder Mitgliedstaat verpflichtet sich, diesen Grundsatz zu achten und nicht zu versuchen, die Mitglieder der Kommission bei der Erfüllung ihrer Aufgaben zu beeinflussen.

Die Mitglieder der Kommission dürfen während ihrer Amtszeit keine andere entgeltliche oder unentgeltliche Berufstätigkeit ausüben. Bei der Aufnahme ihrer Tätigkeit übernehmen sie die feierliche Verpflichtung, während der Ausübung und nach Ablauf ihrer Amtstätigkeit die sich aus ihrem Amt ergebenden Pflichten zu erfüllen, insbesondere die Pflicht, bei der Annahme gewisser Tätigkeiten oder Vorteile nach Ablauf dieser Tätigkeit ehrenhaft und zurückhaltend zu sein. Werden diese Pflichten verletzt, so kann der Gerichtshof auf Antrag des Rates oder der Kommission das Mitglied je nach Lage des Falles gemäß Artikel 160 seines Amtes entheben oder ihm seine Ruhegehaltsansprüche oder andere an ihrer Stelle gewährte Vergünstigungen aberkennen.

Art. 158 [Ernennung der Kommission; Zustimmungsvotum des Parlaments] (1) Die Mitglieder der Kommission werden, gegebenenfalls vorbehaltlich des Artikels 144, nach dem Verfahren des Absatzes 2 für eine Amtszeit von fünf Jahren ernannt.

Wiederernennung ist zulässig.

(2) Die Regierungen der Mitgliedstaaten benennen nach Anhörung des Europäischen Parlaments im gegenseitigen Einvernehmen die Persönlichkeit, die sie zum Kommissionspräsidenten zu ernennen beabsichtigen.

Die Regierungen der Mitgliedstaaten benennen in Konsultation mit dem benannten Präsidenten die übrigen Persönlichkeiten, die sie zu Mitgliedern der Kommission zu ernennen beabsichtigen.

Der Präsident und die übrigen Mitglieder der Kommission, die auf diese Weise benannt worden sind, stellen sich als Kollegium einem Zustimmungsvotum des Europäischen Parlaments. Nach Zustimmung des Europäischen Parlaments werden der Präsident und die übrigen Mitglieder der Kommission von den Regierungen der Mitgliedstaaten im gegenseitigen Einvernehmen ernannt.

(3) Die Absätze 1 und 2 finden erstmals auf den Präsidenten und die übrigen Mitglieder der Kommission Anwendung, deren Amtszeit am 7. Januar 1995 beginnt.

Der Präsident und die übrigen Mitglieder der Kommission, deren Amtszeit am 7. Januar 1993 beginnt, werden von den Regierungen der Mitgliedstaaten im gegenseitigen Einvernehmen ernannt. Ihre Amtszeit endet am 6. Januar 1995.

Art. 159 [Beendigung der Amtszeit, Nachfolge] Abgesehen von den regelmäßigen Neubesetzungen und von Todesfällen endet das Amt eines Mitglieds der Kommission durch Rücktritt oder Amtsenthebung.

Für das ausscheidende Mitglied wird für die verbleibende Amtszeit von den Regierungen der Mitgliedstaaten im gegenseitigen Einvernehmen ein neues Mitglied ernannt. Der Rat kann einstimmig entscheiden, für diese Zeit einen Nachfolger nicht zu ernennen.

Bei Rücktritt, Amtsenthebung oder Tod des Präsidenten wird für die verbleibende Amtszeit ein Nachfolger ernannt. Für die Ersetzung findet das Verfahren des Artikels 158 Absatz 2 Anwendung.

Außer im Fall der Amtsenthebung nach Artikel 160 bleiben die Mitglieder der Kommission bis zur Neubesetzung ihres Sitzes im Amt.

Art. 160 [Amtsenthebung] Jedes Mitglied der Kommission, das die Voraussetzungen für die Ausübung seines Amtes nicht mehr erfüllt oder eine schwere Verfehlung begangen hat, kann auf Antrag des Rates oder der Kommission durch den Gerichtshof seines Amtes enthoben werden.

Art. 161 [Vizepräsidenten] Die Kommission kann aus ihrer Mitte einen oder zwei Vizepräsidenten ernennen.

Art. 162 [Zusammenarbeit mit dem Rat; Geschäftsordnung]
(1) Der Rat und die Kommission ziehen einander zu Rate und regeln einvernehmlich die Art und Weise ihrer Zusammenarbeit.

(2) Die Kommission gibt sich eine Geschäftsordnung, um ihr ordnungsgemäßes Arbeiten und das ihrer Dienststellen nach Maßgabe dieses Vertrags zu gewährleisten. Sie sorgt für die Veröffentlichung dieser Geschäftsordnung.

Art. 163 [Beschlußfassung] Die Beschlüsse der Kommission werden mit der Mehrheit der in Artikel 157 bestimmten Anzahl ihrer Mitglieder gefaßt.

Die Kommission kann nur dann wirksam tagen, wenn die in ihrer Geschäftsordnung festgesetzte Anzahl von Mitgliedern anwesend ist.

Abschnitt 4
Der Gerichtshof

Art. 164 [Aufgaben][12] Der Gerichtshof sichert die Wahrung des Rechts bei der Auslegung und Anwendung dieses Vertrags.

Art. 165 [Zusammensetzung des Gerichtshofs] Der Gerichtshof besteht aus fünfzehn Richtern.

Der Gerichtshof tagt in Vollsitzungen. Er kann jedoch aus seiner Mitte Kammern mit je drei, fünf oder sieben Richtern bilden, die bestimmte vorbereitende Aufgaben erledigen oder bestimmte Gruppen von Rechtssachen entscheiden; hierfür gelten die Vorschriften einer besonderen Regelung.

Der Gerichtshof tagt in Vollsitzungen, wenn ein Mitgliedstaat oder ein Organ der Gemeinschaft als Partei des Verfahrens dies verlangt.

Auf Antrag des Gerichtshofs kann der Rat einstimmig die Zahl der Richter erhöhen und die erforderlichen Anpassungen der Absätze 2 und 3 des Artikels 167 Absatz 2 vornehmen.

Art. 166 [Generalanwälte] Der Gerichtshof wird von acht Generalan-

---

[12] Ergänzend das Protokoll über die Satzung des Gerichtshofs der EWG v. 17. April 1957 (BGBl. 1957 II S. 1166) idF. v. 1. Januar 1995 u. die Verfahrensordnung v. 4. Dezember 1974 (ABl. EG Nr. L 350/1974, S. 1) idF. v. 8. Juni 1993.

wälten unterstützt. Für die Zeit vom Beitritt bis zum 6. Oktober 2000 wird jedoch ein neunter Generalanwalt ernannt.

Der Generalanwalt hat in völliger Unparteilichkeit und Unabhängigkeit begründete Schlußanträge zu den dem Gerichtshof unterbreiteten Rechtssachen öffentlich zu stellen, um den Gerichtshof bei der Erfüllung seiner in Artikel 164 bestimmten Aufgabe zu unterstützen.

Auf Antrag des Gerichtshofs kann der Rat einstimmig die Anzahl der Generalanwälte erhöhen und die erforderlichen Anpassungen des Artikels 167 Absatz 3 vornehmen.

Art. 167 [Ernennung der Richter und Generalanwälte; Amtsdauer] Zu Richtern und Generalanwälten sind Persönlichkeiten auszuwählen, die jede Gewähr für Unabhängigkeit bieten und in ihrem Staat die für die höchsten richterlichen Ämter erforderlichen Voraussetzungen erfüllen oder Juristen von anerkannt hervorragender Befähigung sind; sie werden von den Regierungen der Mitgliedstaaten im gegenseitigen Einvernehmen auf sechs Jahre ernannt.

Alle drei Jahre findet eine teilweise Neubesetzung der Richterstellen statt. Sie betrifft abwechselnd je acht und sieben Richter.

Alle drei Jahre findet eine teilweise Neubesetzung der Stellen der Generalanwälte statt. Sie betrifft jedesmal vier Generalanwälte.

Die Wiederernennung ausscheidender Richter und Generalanwälte ist zulässig.

Die Richter wählen aus ihrer Mitte den Präsidenten des Gerichtshofs für die Dauer von drei Jahren. Wiederwahl ist zulässig.

Art. 168 [Kanzler] Der Gerichtshof ernennt seinen Kanzler und bestimmt dessen Stellung.

Art. 168a [Instanzgericht; Mitglieder; Verfahrensordnung] (1) Dem Gerichtshof wird ein Gericht beigeordnet, das für Entscheidungen über einzelne, nach Absatz 2 festgelegte Gruppen von Klagen im ersten Rechtszug zuständig ist und gegen dessen Entscheidungen ein auf Rechtsfragen beschränktes Rechtsmittel beim Gerichtshof nach Maßgabe der Satzung eingelegt werden kann. Das Gericht erster Instanz ist nicht für Vorabentscheidungen nach Artikel 177 zuständig.

(2) Auf Antrag des Gerichtshofs und nach Anhörung des Europäischen Parlaments und der Kommission legt der Rat einstimmig die Gruppen von Klagen im Sinne des Absatzes 1 und die Zusammensetzung des Gerichts erster Instanz fest und beschließt die Anpassungen

und ergänzenden Bestimmungen, die in bezug auf die Satzung des Gerichtshofs notwendig werden.[13] Wenn der Rat nichts anderes beschließt, finden die den Gerichtshof betreffenden Bestimmungen dieses Vertrags und insbesondere die Bestimmungen des Protokolls über die Satzung des Gerichtshofs auf das Gericht erster Instanz Anwendung.

(3) Zu Mitgliedern des Gerichts erster Instanz sind Personen auszuwählen, die jede Gewähr für Unabhängigkeit bieten und über die Befähigung zur Ausübung richterlicher Tätigkeiten verfügen; sie werden von den Regierungen der Mitgliedstaaten im gegenseitigen Einvernehmen für sechs Jahre ernannt. Alle drei Jahre wird das Gericht teilweise neu besetzt. Die Wiederernennung ausscheidender Mitglieder ist zulässig.

(4) Das Gericht erster Instanz erläßt seine Verfahrensordnung im Einvernehmen mit dem Gerichtshof. Sie bedarf der einstimmigen Genehmigung des Rates.

Art. 169 [Klage wegen Vertragsverletzung eines Mitgliedstaates]

Hat nach Auffassung der Kommission ein Mitgliedstaat gegen eine Verpflichtung aus diesem Vertrag verstoßen, so gibt sie eine mit Gründen versehene Stellungnahme hierzu ab; sie hat dem Staat zuvor Gelegenheit zur Äußerung zu geben.

Kommt der Staat dieser Stellungnahme innerhalb der von der Kommission gesetzten Frist nicht nach, so kann die Kommission den Gerichtshof anrufen.

Art. 170 [Anrufung durch einen Mitgliedstaat; Vorverfahren]

Jeder Mitgliedstaat kann den Gerichtshof anrufen, wenn er der Auffassung ist, daß ein anderer Mitgliedstaat gegen eine Verpflichtung aus diesem Vertrag verstoßen hat.

Bevor ein Mitgliedstaat wegen einer angeblichen Verletzung der Verpflichtungen aus diesem Vertrag gegen einen anderen Staat Klage erhebt, muß er die Kommission damit befassen.

Die Kommission erläßt eine mit Gründen versehene Stellungnahme; sie gibt den beteiligten Staaten zuvor Gelegenheit zu schriftlicher und mündlicher Äußerung in einem kontradiktorischen Verfahren.

---

[13] Siehe Beschluß des Rates v. 24. Oktober 1988 (ABl. EG Nr. L 319/1988, S. 1) idF. des Änderungsbeschlusses v. 1. Januar 1995 (ABl. EG Nr. L 1/1995, S. 1). Das Gericht besteht aus fünfzehn Mitgliedern.

Gibt die Kommission binnen drei Monaten nach dem Zeitpunkt, in dem ein entsprechender Antrag gestellt wurde, keine Stellungnahme ab, so kann ungeachtet des Fehlens der Stellungnahme vor dem Gerichtshof geklagt werden.

Art. 171 [Feststellung; Handlungspflicht des verurteilten Staates; Zwangsgeld] (1) Stellt der Gerichtshof fest, daß ein Mitgliedstaat gegen eine Verpflichtung aus diesem Vertrag verstoßen hat, so hat dieser Staat die Maßnahmen zu ergreifen, die sich aus dem Urteil des Gerichtshofs ergeben.

(2) Hat nach Auffassung der Kommission der betreffende Mitgliedstaat diese Maßnahmen nicht ergriffen, so gibt sie, nachdem sie ihm Gelegenheit zur Äußerung gegeben hat, eine mit Gründen versehene Stellungnahme ab, in der sie aufführt, in welchen Punkten der betreffende Mitgliedstaat dem Urteil des Gerichtshofs nicht nachgekommen ist.

Hat der betreffende Mitgliedstaat die Maßnahmen, die sich aus dem Urteil des Gerichtshofs ergeben, nicht innerhalb der von der Kommission gesetzten Frist getroffen, so kann die Kommission den Gerichtshof anrufen. Hierbei benennt sie die Höhe des von dem betreffenden Mitgliedstaat zu zahlenden Pauschalbetrags oder Zwangsgelds, die sie den Umständen nach für angemessen hält.

Stellt der Gerichtshof fest, daß der betreffende Mitgliedstaat seinem Urteil nicht nachgekommen ist, so kann er die Zahlung eines Pauschalbetrags oder Zwangsgelds verhängen.

Dieses Verfahren läßt den Artikel 170 unberührt.

Art. 172 [Zuständigkeitsübertragung durch Verordnung] Aufgrund dieses Vertrags vom Europäischen Parlament und vom Rat gemeinsam sowie vom Rat erlassene Verordnungen können hinsichtlich der darin vorgesehenen Zwangsmaßnahmen dem Gerichtshof eine Zuständigkeit übertragen, welche die Befugnis zu unbeschränkter Ermessungsnachprüfung und zur Änderung oder Verhängung solcher Maßnahmen umfaßt.

Art. 173 [Nichtigkeitsklage] Der Gerichtshof überwacht die Rechtmäßigkeit der gemeinsamen Handlungen des Europäischen Parlaments und des Rates sowie der Handlungen des Rates, der Kommission und der EZB, soweit es sich nicht um Empfehlungen oder Stellungnahmen handelt, und der Handlungen des Europäischen Parlaments mit Rechtswirkung gegenüber Dritten.

Zu diesem Zweck ist der Gerichtshof für Klagen zuständig, die ein Mitgliedstaat, der Rat oder die Kommission wegen Unzuständigkeit, Verletzung wesentlicher Formvorschriften, Verletzung dieses Vertrags oder einer bei seiner Durchführung anzuwendenden Rechtsnorm oder wegen Ermessensmißbrauchs erhebt.

Der Gerichtshof ist unter den gleichen Voraussetzungen zuständig für Klagen des Europäischen Parlaments und der EZB, die auf die Wahrung ihrer Rechte abzielen.

Jede natürliche oder juristische Person kann unter den gleichen Voraussetzungen gegen die an sie ergangenen Entscheidungen sowie gegen diejenigen Entscheidungen Klage erheben, die, obwohl sie als Verordnung oder als eine an eine andere Person gerichtete Entscheidung ergangen sind, sie unmittelbar und individuell betreffen.

Die in diesem Artikel vorgesehenen Klagen sind binnen zwei Monaten zu erheben; diese Frist läuft je nach Lage des Falles von der Bekanntgabe der betreffenden Handlung, ihrer Mitteilung an den Kläger oder in Ermangelung dessen von dem Zeitpunkt an, zu dem der Kläger von dieser Handlung Kenntnis erlangt hat.

Art. 174 [Nichtigerklärung angefochtener Handlungen] Ist die Klage begründet, so erklärt der Gerichtshof die angefochtene Handlung für nichtig.

Erklärt der Gerichtshof eine Verordnung für nichtig, so bezeichnet er, falls er dies für notwendig hält, diejenigen ihrer Wirkungen, die als fortgeltend zu betrachten sind.

Art. 175 [Untätigkeitsklage] Unterläßt es das Europäische Parlament, der Rat oder die Kommission unter Verletzung dieses Vertrags, einen Beschluß zu fassen, so können die Mitgliedstaaten und die anderen Organe der Gemeinschaft beim Gerichtshof Klage auf Feststellung dieser Vertragsverletzung erheben.

Diese Klage ist nur zulässig, wenn das in Frage stehende Organ zuvor aufgefordert worden ist, tätig zu werden. Hat es binnen zwei Monaten nach dieser Aufforderung nicht Stellung genommen, so kann die Klage innerhalb einer weiteren Frist von zwei Monaten erhoben werden.

Jede natürliche oder juristische Person kann nach Maßgabe der Absätze 1 und 2 vor dem Gerichtshof Beschwerde darüber führen, daß ein Organ der Gemeinschaft es unterlassen hat, einen anderen Akt als eine Empfehlung oder eine Stellungnahme an sie zu richten.

Der Gerichtshof ist unter den gleichen Voraussetzungen zuständig für Klagen, die von der EZB in ihrem Zuständigkeitsbereich erhoben oder gegen sie angestrengt werden.

Art. 176 [Verpflichtung aus dem Urteil] Das oder die Organe, denen das für nichtig erklärte Handeln zur Last fällt oder deren Untätigkeit als vertragswidrig erklärt worden ist, haben die sich aus dem Urteil des Gerichtshofs ergebenden Maßnahmen zu ergreifen.

Diese Verpflichtung besteht unbeschadet der Verpflichtungen, die sich aus der Anwendung des Artikels 215 Absatz 2 ergeben.

Dieser Artikel gilt auch für die EZB.

Art. 177 [Vorabentscheidung] Der Gerichtshof entscheidet im Weg der Vorabentscheidung

a) über die Auslegung dieses Vertrags,
b) über die Gültigkeit und die Auslegung der Handlungen der Organe der Gemeinschaft und der EZB,
c) über die Auslegung der Satzungen der durch den Rat geschaffenen Einrichtungen, soweit diese Satzungen dies vorsehen.

Wird eine derartige Frage einem Gericht eines Mitgliedstaats gestellt und hält dieses Gericht eine Entscheidung darüber zum Erlaß seines Urteils für erforderlich, so kann es diese Frage dem Gerichtshof zur Entscheidung vorlegen.

Wird eine derartige Frage in einem schwebenden Verfahren bei einem einzelstaatlichen Gericht gestellt, dessen Entscheidungen selbst nicht mehr mit Rechtsmitteln des innerstaatlichen Rechts angefochten werden können, so ist dieses Gericht zur Anrufung des Gerichtshofs verpflichtet.

Art. 178 [Zuständigkeit bei Schadensersatzforderungen] Der Gerichtshof ist für Streitsachen über den in Artikel 215 Absatz 2 vorgesehenen Schadensersatz zuständig.

Art. 179 [Zuständigkeit bei Streitsachen zwischen Gemeinschaft und Bediensteten] Der Gerichtshof ist für alle Streitsachen zwischen der Gemeinschaft und deren Bediensteten innerhalb der Grenzen und nach Maßgabe der Bedingungen zuständig, die im Statut der Beamten festgelegt sind oder sich aus den Beschäftigungsbedingungen für die Bediensteten ergeben.

Art. 180 [Zuständigkeit bei Streitigkeiten der EIB u. des ESZB]
Der Gerichtshof ist nach Maßgabe der folgenden Bestimmungen zuständig in Streitsachen über

a) die Erfüllung der Verpflichtungen der Mitgliedstaaten aus der Satzung der Europäischen Investitionsbank. Der Verwaltungsrat der Bank besitzt hierbei die der Kommission in Artikel 169 übertragenen Befugnisse;

b) die Beschlüsse des Rates der Gouverneure der Europäischen Investitionsbank. Jeder Mitgliedstaat, die Kommission und der Verwaltungsrat der Bank können hierzu nach Maßgabe des Artikels 173 Klage erheben;

c) die Beschlüsse des Verwaltungsrats der Europäischen Investitionsbank. Diese können nach Maßgabe des Artikels 173 nur von Mitgliedstaaten oder der Kommission und lediglich wegen Verletzung der Formvorschriften des Artikels 21 Absätze 2 und 5 bis 7 der Satzung der Investitionsbank angefochten werden;

d) die Erfüllung der sich aus diesem Vertrag und der Satzung des ESZB ergebenden Verpflichtungen durch die nationalen Zentralbanken. Der Rat der EZB besitzt hierbei gegenüber den nationalen Zentralbanken die Befugnisse, die der Kommission in Artikel 169 gegenüber den Mitgliedstaaten eingeräumt werden. Stellt der Gerichtshof fest, daß eine nationale Zentralbank gegen eine Verpflichtung aus diesem Vertrag verstoßen hat, so hat diese Bank die Maßnahmen zu ergreifen, die sich aus dem Urteil des Gerichtshofs ergeben.

Art. 181 [Zuständigkeit auf Grund einer Schiedsklausel] Der Gerichtshof ist für Entscheidungen auf Grund einer Schiedsklausel zuständig, die in einem von der Gemeinschaft oder für ihre Rechnung abgeschlossenen öffentlich-rechtlichen oder privatrechtlichen Vertrag enthalten ist.

Art. 182 [Zuständigkeit auf Grund Schiedsvertrags] Der Gerichtshof ist für jede mit dem Gegenstand dieses Vertrags in Zusammenhang stehende Streitigkeit zwischen Mitgliedstaaten zuständig, wenn diese bei ihm auf Grund eines Schiedsvertrags anhängig gemacht wird.

Art. 183 [Zuständigkeit einzelstaatlicher Gerichte] Soweit keine Zuständigkeit des Gerichtshofs auf Grund dieses Vertrags besteht, sind Streitsachen, bei denen die Gemeinschaft Partei ist, der Zuständigkeit der einzelstaatlichen Gerichte nicht entzogen.

Art. 184 [Geltendmachung der Unanwendbarkeit einer VO] Ungeachtet des Ablaufs der in Artikel 173 Absatz 5 genannten Frist kann jede Partei in einem Rechtsstreit, bei dem es auf die Geltung einer vom Europäischen Parlament und vom Rat gemeinsam erlassenen Verordnung oder einer Verordnung des Rates, der Kommission oder der EZB ankommt, vor dem Gerichtshof die Unanwendbarkeit dieser Verordnung aus den in Artikel 173 Absatz 2 genannten Gründen geltend machen.

Art. 185 [Keine aufschiebende Wirkung der Klage; Aussetzung angefochtener Handlungen] Klagen bei dem Gerichtshof haben keine aufschiebende Wirkung. Der Gerichtshof kann jedoch, wenn er es den Umständen nach für nötig hält, die Durchführung der angefochtenen Handlung aussetzen.

Art. 186 [Einstweilige Anordnungen] Der Gerichtshof kann in den bei ihm anhängenden Sachen die erforderlichen einstweiligen Anordnungen treffen.

Art. 187 [Vollstreckbarkeit der Urteile] Die Urteile des Gerichtshofs sind gemäß Artikel 192 vollstreckbar.

Art. 188 [Satzung und Verfahrensordnung][14] (1) Die Satzung des Gerichtshofs wird in einem besonderen Protokoll festgelegt.

Der Gerichtshof erläßt seine Verfahrensordnung. Sie bedarf der einstimmigen Genehmigung des Rates.

(2) Der Rat kann auf Antrag des Gerichtshofs und nach Anhörung der Kommission und des Europäischen Parlaments einstimmig die Bestimmungen des Titels III der Satzung ändern.

Abschnitt 5
Der Rechnungshof

Art. 188a [Aufgabe] Der Rechnungshof nimmt die Rechnungsprüfung wahr.

---

[14] Siehe hierzu die Anmerkung zu Art. 164.

Art. 188 b [Zusammensetzung; Ernennung; Rechtsstellung der Mitglieder] (1) Der Rechnungshof besteht aus fünfzehn Mitgliedern.

(2) Zu Mitgliedern des Rechnungshofs sind Persönlichkeiten auszuwählen, die in ihren Ländern Rechnungsprüfungsorganen angehören oder angehört haben oder die für dieses Amt besonders geeignet sind. Sie müssen jede Gewähr für Unabhängigkeit bieten.

(3) Die Mitglieder des Rechnungshofs werden vom Rat nach Anhörung des Europäischen Parlaments einstimmig auf sechs Jahre ernannt.

Vier Mitglieder des Rechnungshofs, die durch Los bestimmt werden, erhalten jedoch bei der ersten Ernennung ein auf vier Jahre begrenztes Mandat.

Die Mitglieder des Rechnungshofs können wiederernannt werden.

Sie wählen aus ihrer Mitte den Präsidenten des Rechnungshofs für drei Jahre. Wiederwahl ist zulässig.

(4) Die Mitglieder des Rechnungshofs üben ihre Tätigkeit in voller Unabhängigkeit zum allgemeinen Wohl der Gemeinschaft aus.

Sie dürfen bei der Erfüllung ihrer Pflichten Anweisungen von einer Regierung oder einer anderen Stelle weder anfordern noch entgegennehmen. Sie haben jede Handlung zu unterlassen, die mit ihren Aufgaben unvereinbar ist.

(5) Die Mitglieder des Rechnungshofs dürfen während ihrer Amtszeit keine andere entgeltliche oder unentgeltliche Berufstätigkeit ausüben. Bei der Aufnahme ihrer Tätigkeit übernehmen sie die feierliche Verpflichtung, während der Ausübung und nach Ablauf ihrer Amtstätigkeit die sich aus ihrem Amt ergebenden Pflichten zu erfüllen, insbesondere die Pflicht, bei der Annahme gewisser Tätigkeiten oder Vorteile nach Ablauf dieser Tätigkeit ehrenhaft und zurückhaltend zu sein.

(6) Abgesehen von regelmäßigen Neubesetzungen und von Todesfällen endet das Amt eines Mitglieds des Rechnungshofs durch Rücktritt oder durch Amtsenthebung durch den Gerichtshof gemäß Absatz 7.

Für das ausscheidende Mitglied wird für die verbleibende Amtszeit ein Nachfolger ernannt.

Außer im Fall der Amtsenthebung bleiben die Mitglieder des Rechnungshofs bis zur Neubesetzung ihres Sitzes im Amt.

(7) Ein Mitglied des Rechnungshofs kann nur dann seines Amtes enthoben oder seiner Ruhegehaltsansprüche oder anderer an ihrer Stelle gewährter Vergünstigungen für verlustig erklärt werden, wenn der Gerichtshof auf Antrag des Rechnungshofs feststellt, daß es nicht mehr die erforderlichen Voraussetzungen erfüllt oder den sich aus seinem Amt ergebenden Verpflichtungen nicht mehr nachkommt.

(8) Der Rat setzt mit qualifizierter Mehrheit die Beschäftigungsbedingungen für den Präsidenten und die Mitglieder des Rechnungshofs fest, insbesondere die Gehälter, Vergütungen und Ruhegehälter. Er setzt mit derselben Mehrheit alle sonstigen als Entgelt gezahlten Vergütungen fest.

(9) Die für die Richter des Gerichtshofs geltenden Bestimmungen des Protokolls über die Vorrechte und Befreiungen der Europäischen Gemeinschaften gelten auch für die Mitglieder des Rechnungshofs.

Art. 188c [Umfang der Rechnungsprüfung] (1) Der Rechnungshof prüft die Rechnung über alle Einnahmen und Ausgaben der Gemeinschaft. Er prüft ebenfalls die Rechnung über alle Einnahmen und Ausgaben jeder von der Gemeinschaft geschaffenen Einrichtung, soweit der Gründungsakt dies nicht ausschließt.

Der Rechnungshof legt dem Europäischen Parlament und dem Rat eine Erklärung über die Zuverlässigkeit der Rechnungsführung sowie die Rechtmäßigkeit und Ordnungsmäßigkeit der zugrundeliegenden Vorgänge vor.

(2) Der Rechnungshof prüft die Rechtmäßigkeit und Ordnungsmäßigkeit der Einnahmen und Ausgaben und überzeugt sich von der Wirtschaftlichkeit der Haushaltsführung.

Die Prüfung der Einnahmen erfolgt anhand der Feststellungen und der Zahlungen der Einnahmen an die Gemeinschaft.

Die Prüfung der Ausgaben erfolgt anhand der Mittelbindungen und der Zahlungen.

Diese Prüfungen können vor Abschluß der Rechnung des betreffenden Haushaltsjahrs durchgeführt werden.

(3) Die Prüfung wird anhand der Rechnungsunterlagen und erforderlichenfalls an Ort und Stelle bei den anderen Organen der Gemeinschaft und in den Mitgliedstaaten durchgeführt. Die Prüfung in den Mitgliedstaaten erfolgt in Verbindung mit den einzelstaatlichen Rechnungsprüfungsorganen oder, wenn diese nicht über die erforderliche Zuständigkeit verfügen, mit den zuständigen einzelstaatlichen

Dienststellen. Diese Organe oder Dienststellen teilen dem Rechnungshof mit, ob sie an der Prüfung teilzunehmen beabsichtigen.

Die anderen Organe der Gemeinschaft und die einzelstaatlichen Rechnungsprüfungsorgane oder, wenn diese nicht über die erforderliche Zuständigkeit verfügen, die zuständigen einzelstaatlichen Dienststellen übermitteln dem Rechnungshof auf seinen Antrag jede für die Erfüllung seiner Aufgabe erforderliche Unterlage oder Information.

(4) Der Rechnungshof erstattet nach Abschluß eines jeden Haushaltsjahrs einen Jahresbericht. Dieser Bericht wird den anderen Organen der Gemeinschaft vorgelegt und im Amtsblatt der Europäischen Gemeinschaften zusammen mit den Antworten dieser Organe auf die Bemerkungen des Rechnungshofs veröffentlicht.

Der Rechnungshof kann ferner jederzeit seine Bemerkungen zu besonderen Fragen vorlegen, insbesondere in Form von Sonderberichten, und auf Antrag eines der anderen Organe der Gemeinschaft Stellungnahmen abgeben.

Er nimmt seine jährlichen Berichte, Sonderberichte oder Stellungnahmen mit der Mehrheit seiner Mitglieder an.

Er unterstützt das Europäische Parlament und den Rat bei der Kontrolle der Ausführung des Haushaltsplans.

Kapitel 2
Gemeinsame Vorschriften für mehrere Organe

Art. 189 [Verordnung, Richtlinie, Entscheidung, Empfehlung und Stellungnahme] Zur Erfüllung ihrer Aufgaben und nach Maßgabe dieses Vertrags erlassen das Europäische Parlament und der Rat gemeinsam, der Rat und die Kommission Verordnungen, Richtlinien und Entscheidungen, sprechen Empfehlungen aus oder geben Stellungnahmen ab.

Die Verordnung hat allgemeine Geltung. Sie ist in allen ihren Teilen verbindlich und gilt unmittelbar in jedem Mitgliedstaat.

Die Richtlinie ist für jeden Mitgliedstaat, an den sie gerichtet wird, hinsichtlich des zu erreichenden Zieles verbindlich, überläßt jedoch den innerstaatlichen Stellen die Wahl der Form und der Mittel.

Die Entscheidung ist in allen ihren Teilen für diejenigen verbindlich, die sie bezeichnet.

Die Empfehlungen und Stellungnahmen sind nicht verbindlich.

Art. 189a [Vorschlag der Kommission; Änderungen des Rates]
(1) Wird der Rat kraft dieses Vertrags auf Vorschlag der Kommission tätig, so kann er vorbehaltlich des Artikels 189b Absätze 4 und 5 Änderungen dieses Vorschlags nur einstimmig beschließen.

(2) Solange ein Beschluß des Rates nicht ergangen ist, kann die Kommission ihren Vorschlag jederzeit im Verlauf der Verfahren zur Annahme eines Rechtsakts der Gemeinschaft ändern.

Art. 189b [Mitentscheidung des Parlaments; Vermittlungsausschuß; Evolutivklausel] (1) Wird in diesem Vertrag hinsichtlich der Annahme eines Rechtsakts auf diesen Artikel Bezug genommen, so gilt das nachstehende Verfahren.

(2) Die Kommission unterbreitet dem Europäischen Parlament und dem Rat einen Vorschlag.

Der Rat legt mit qualifizierter Mehrheit und nach Stellungnahme des Europäischen Parlaments einen gemeinsamen Standpunkt fest. Dieser gemeinsame Standpunkt wird dem Europäischen Parlament zugeleitet. Der Rat unterrichtet das Europäische Parlament in allen Einzelheiten über die Gründe, aus denen er seinen gemeinsamen Standpunkt festgelegt hat. Die Kommission unterrichtet das Europäische Parlament in allen Einzelheiten über ihren Standpunkt.

Hat das Europäische Parlament binnen drei Monaten nach der Übermittlung

a) den gemeinsamen Standpunkt gebilligt, so erläßt der Rat den betreffenden Rechtsakt endgültig entsprechend diesem gemeinsamen Standpunkt;

b) nicht Stellung genommen, so erläßt der Rat den betreffenden Rechtsakt entsprechend seinem gemeinsamen Standpunkt;

c) mit der absoluten Mehrheit seiner Mitglieder die Absicht geäußert, den gemeinsamen Standpunkt abzulehnen, so unterrichtet es den Rat unverzüglich hiervon. Der Rat kann den in Absatz 4 genannten Vermittlungsausschuß einberufen, um seinen Standpunkt ausführlicher darzulegen. Daraufhin bestätigt das Europäische Parlament mit der absoluten Mehrheit seiner Mitglieder die Ablehnung des gemeinsamen Standpunkts, womit der vorgeschlagene Rechtsakt als nicht angenommen gilt, oder es schlägt nach Buchstabe d Abänderungen vor;

d) mit der absoluten Mehrheit seiner Mitglieder Abänderungen an dem gemeinsamen Standpunkt vorgeschlagen, so wird die abgeänderte Fassung dem Rat und der Kommission zugleitet; die Kommission gibt eine Stellungnahme zu diesen Abänderungen ab.

(3) Billigt der Rat mit qualifizierter Mehrheit binnen drei Monaten nach Eingang der Abänderungen des Europäischen Parlaments alle diese Abänderungen, so ändert er seinen gemeinsamen Standpunkt entsprechend und erläßt den betreffenden Rechtsakt; über Abänderungen, zu denen die Kommission eine ablehnende Stellungnahme abgegeben hat, beschließt der Rat jedoch einstimmig. Erläßt der Rat den betreffenden Rechtsakt nicht, so beruft der Präsident des Rates im Einvernehmen mit dem Präsidenten des Europäischen Parlaments unverzüglich den Vermittlungsausschuß ein.

(4) Der Vermittlungsausschuß, der aus den Mitgliedern des Rates oder deren Vertretern und ebenso vielen Vertretern des Europäischen Parlaments besteht, hat die Aufgabe, mit der qualifizierten Mehrheit der Mitglieder des Rates oder deren Vertretern und der Mehrheit der Vertreter des Europäischen Parlaments eine Einigung über einen gemeinsamen Entwurf zu erzielen. Die Kommission nimmt an den Arbeiten des Vermittlungsausschusses teil und ergreift alle erforderlichen Initiativen, um auf eine Annäherung der Standpunkte des Europäischen Parlaments und des Rates hinzuwirken.

(5) Billigt der Vermittlungsausschuß binnen sechs Wochen nach seiner Einberufung einen gemeinsamen Entwurf, so verfügen das Europäische Parlament und der Rat ab dieser Billigung über eine Frist von sechs Wochen, um den betreffenden Rechtsakt entsprechend dem gemeinsamen Entwurf zu erlassen, wobei im Europäischen Parlament die absolute Mehrheit der abgegebenen Stimmen und im Rat die qualifizierte Mehrheit erforderlich ist. Nimmt eines der beiden Organe den vorgeschlagenen Rechtsakt nicht an, so gilt er als nicht angenommen.

(6) Billigt der Vermittlungsausschuß keinen gemeinsamen Entwurf, so gilt der vorgeschlagene Rechtsakt als nicht angenommen, sofern nicht der Rat binnen sechs Wochen nach Ablauf der dem Vermittlungsausschuß gesetzten Frist mit qualifizierter Mehrheit den gemeinsamen Standpunkt, den er vor Eröffnung des Vermittlungsverfahrens gebilligt hatte, gegebenenfalls mit vom Europäischen Parlament vorgeschlagenen Abänderungen bestätigt. In diesem Fall ist der betreffende Rechtsakt endgültig erlassen, sofern nicht das Europäische Parlament die Vorlage binnen sechs Wochen nach dem Zeitpunkt der Bestätigung durch den Rat mit der absoluten Mehrheit sei-

ner Mitglieder ablehnt; der vorgeschlagene Rechtsakt gilt dann als nicht angenommen.

(7) Die in diesem Artikel genannten Fristen von drei Monaten bzw. sechs Wochen können im gegenseitigen Einvernehmen zwischen dem Europäischen Parlament und dem Rat um höchstens einen Monat bzw. zwei Wochen verlängert werden. Die in Absatz 2 genannte Dreimonatsfrist verlängert sich im Fall der Anwendbarkeit des Absatzes 2 Buchstabe c automatisch um zwei Monate.

(8) Der Anwendungsbereich des in diesem Artikel beschriebenen Verfahrens kann nach dem Verfahren des Artikels N Absatz 2 des Vertrags über die Europäische Union auf der Grundlage eines dem Rat von der Kommission spätestens 1996 zu unterbreitenden Berichts erweitert werden.

Art. 189c [Verfahren der Zusammenarbeit mit dem Parlament]
Wird in diesem Vertrag hinsichtlich der Annahme eines Rechtsakts auf diesen Artikel Bezug genommen, so gilt folgendes Verfahren:

a) Der Rat legt mit qualifizierter Mehrheit auf Vorschlag der Kommission und nach Stellungnahme des Europäischen Parlaments einen gemeinsamen Standpunkt fest.

b) Der gemeinsame Standpunkt des Rates wird dem Europäischen Parlament zugeleitet. Der Rat und die Kommission unterrichten das Europäische Parlament in allen Einzelheiten über die Gründe, aus denen der Rat seinen gemeinsamen Standpunkt festgelegt hat, sowie über den Standpunkt der Kommission.

Hat das Europäische Parlament diesen gemeinsamen Standpunkt binnen drei Monaten nach der Übermittlung gebilligt oder hat es sich innerhalb dieser Frist nicht geäußert, so erläßt der Rat den betreffenden Rechtsakt endgültig entsprechend dem gemeinsamen Standpunkt.

c) Das Europäische Parlament kann innerhalb der unter Buchstabe b vorgesehenen Dreimonatsfrist mit der absoluten Mehrheit seiner Mitglieder Abänderungen an dem gemeinsamen Standpunkt des Rates vorschlagen. Es kann ferner den gemeinsamen Standpunkt des Rates mit der gleichen Mehrheit ablehnen. Das Ergebnis der Beratungen wird dem Rat und der Kommission zugeleitet.

Hat das Europäische Parlament den gemeinsamen Standpunkt des Rates abgelehnt, so kann der Rat in zweiter Lesung nur einstimmig beschließen.

d) Die Kommission überprüft innerhalb einer Frist von einem Monat den Vorschlag, aufgrund dessen der Rat seinen gemeinsamen Standpunkt festgelegt hat, unter Berücksichtigung der vom Europäischen Parlament vorgeschlagenen Abänderungen.

Die Kommission übermittelt dem Rat zusammen mit dem von ihr überprüften Vorschlag die von ihr nicht übernommenen Abänderungen des Europäischen Parlaments und nimmt dazu Stellung. Der Rat kann diese Abänderungen einstimmig annehmen.

e) Der Rat verabschiedet mit qualifizierter Mehrheit den von der Kommission überprüften Vorschlag.

Der Rat kann den von der Kommission überprüften Vorschlag nur einstimmig ändern.

f) In den unter den Buchstaben c, d und e genannten Fällen muß der Rat binnen drei Monaten beschließen. Ergeht innerhalb dieser Frist kein Beschluß, so gilt der Vorschlag der Kommission als nicht angenommen.

g) Die unter den Buchstaben b und f genannten Fristen können im gegenseitigen Einvernehmen zwischen dem Europäischen Parlament und dem Rat um höchstens einen Monat verlängert werden.

Art. 190 [Begründungspflicht] Die Verordnungen, Richtlinien und Entscheidungen, die vom Europäischen Parlament und vom Rat gemeinsam oder vom Rat oder von der Kommission angenommen werden, sind mit Gründen zu versehen und nehmen auf die Vorschläge oder Stellungnahmen Bezug, die nach diesem Vertrag eingeholt werden müssen.

Art. 191 [Veröffentlichung und Bekanntgabe; Inkrafttreten]
(1) Die nach dem Verfahren des Artikels 189b angenommenen Verordnungen, Richtlinien und Entscheidungen werden vom Präsidenten des Europäischen Parlaments und vom Präsidenten des Rates unterzeichnet und im Amtsblatt der Gemeinschaft veröffentlicht. Sie treten zu dem durch sie festgelegten Zeitpunkt oder andernfalls am zwanzigsten Tag nach ihrer Veröffentlichung in Kraft.

(2) Die Verordnungen des Rates und der Kommission sowie die an alle Mitgliedstaaten gerichteten Richtlinien dieser Organe werden im Amtsblatt der Gemeinschaft veröffentlicht. Sie treten zu dem durch sie festgelegten Zeitpunkt oder andernfalls am zwanzigsten Tag nach ihrer Veröffentlichung in Kraft.

(3) Die anderen Richtlinien sowie die Entscheidungen werden denjenigen, für die sie bestimmt sind, bekanntgegeben und werden durch diese Bekanntgabe wirksam.

Art. 192 [Entscheidungen als vollstreckbare Titel; Zwangsvollstreckung] Die Entscheidungen des Rates oder der Kommission, die eine Zahlung auferlegen, sind vollstreckbare Titel; dies gilt nicht gegenüber Staaten.

Die Zwangsvollstreckung erfolgt nach den Vorschriften des Zivilprozeßrechts des Staates, in dessen Hoheitsgebiet sie stattfindet. Die Vollstreckungsklausel wird nach einer Prüfung, die sich lediglich auf die Echtheit des Titels erstrecken darf, von der staatlichen Behörde erteilt, welche die Regierung jedes Mitgliedstaates zu diesem Zweck bestimmt und der Kommission und dem Gerichtshof benennt.

Sind diese Formvorschriften auf Antrag der die Vollstreckung betreibenden Partei erfüllt, so kann diese die Zwangsvollstreckung nach innerstaatlichem Recht betreiben, indem sie die zuständige Stelle unmittelbar anruft.

Die Zwangsvollstreckung kann nur durch eine Entscheidung des Gerichtshofs ausgesetzt werden. Für die Prüfung der Ordnungsmäßigkeit der Vollstreckungsmaßnahmen sind jedoch die einzelstaatlichen Rechtsprechungsorgane zuständig.

Kapitel 3
Der Wirtschafts- und Sozialausschuß

Art. 193 [Aufgabe] Es wird ein Wirtschafts- und Sozialausschuß mit beratender Aufgabe errichtet.

Der Ausschuß besteht aus Vertretern der verschiedenen Gruppen des wirtschaftlichen und sozialen Lebens, insbesondere der Erzeuger, der Landwirte, der Verkehrsunternehmer, der Arbeitnehmer, der Kaufleute und Handwerker, der freien Berufe und der Allgemeinheit.

Art. 194 [Anzahl und Ernennung der Mitglieder] Die Zahl der Mitglieder des Wirtschafts- und Sozialausschusses wird wie folgt festgesetzt:

Belgien	12
Dänemark	9
Deutschland	24
Griechenland	12

Spanien	21
Frankreich	24
Irland	9
Italien	24
Luxemburg	6
Niederlande	12
Österreich	12
Portugal	12
Finnland	9
Schweden	12
Vereinigtes Königreich	24

Die Mitglieder des Ausschusses werden vom Rat durch einstimmigen Beschluß auf vier Jahre ernannt. Wiederernennung ist zulässig.

Die Mitglieder des Ausschusses sind an keine Weisungen gebunden. Sie üben ihre Tätigkeit in voller Unabhängigkeit zum allgemeinen Wohl der Gemeinschaft aus.

Der Rat setzt mit qualifizierter Mehrheit die Vergütungen für die Mitglieder des Ausschusses fest.

Art. 195 [Kandidatenliste, Zusammensetzung des Ausschusses]

(1) Zur Ernennung der Mitglieder des Ausschusses legt jeder Mitgliedstaat dem Rat eine Liste vor, die doppelt so viel Kandidaten enthält wie seinen Staatsangehörigen Sitze zugewiesen sind.

Die Zusammensetzung des Ausschusses muß der Notwendigkeit Rechnung tragen, den verschiedenen Gruppen des wirtschaftlichen und sozialen Lebens eine angemessene Vertretung zu sichern.

(2) Der Rat hört die Kommission. Er kann die Meinung der maßgeblichen europäischen Organisationen der verschiedenen Zweige des Wirtschafts- und Soziallebens einholen, die an der Tätigkeit der Gemeinschaft interessiert sind.

Art. 196 [Präsidium, Geschäftsordnung, Einberufung]
Der Ausschuß wählt aus seiner Mitte seinen Präsidenten und sein Präsidium auf zwei Jahre.

Er gibt sich eine Geschäftsordnung.

Der Ausschuß wird von seinem Präsidenten auf Antrag des Rates oder der Kommission einberufen. Er kann auch von sich aus zusammentreten.

Art. 197 [Fachgruppen und Unterausschüsse] Der Ausschuß umfaßt fachliche Gruppen für die Hauptsachgebiete dieses Vertrags.

Er enthält insbesondere je eine fachliche Gruppe für die Landwirtschaft und für den Verkehr; auf diese finden die Sonderbestimmungen der Titel über die Landwirtschaft und den Verkehr Anwendung.

Die fachlichen Gruppen werden im Rahmen des allgemeinen Zuständigkeitsbereichs des Ausschusses tätig. Sie können nicht unabhängig vom Ausschuß gehört werden.

Innerhalb des Ausschusses können ferner Unterausschüsse eingesetzt werden; diese haben über bestimmte Fragen oder auf bestimmten Gebieten Entwürfe von Stellungnahmen zur Beratung im Ausschuß auszuarbeiten.

Die Geschäftsordnung bestimmt die Art und Weise der Zusammensetzung und regelt die Zuständigkeit der fachlichen Gruppen und Unterausschüsse.

Art. 198 [Rechte des Ausschusses] Der Ausschuß muß vom Rat oder der Kommission in den in diesem Vertrag vorgesehenen Fällen gehört werden. Er kann von diesen Organen in allen Fällen gehört werden, in denen diese es für zweckmäßig erachten. Er kann von sich aus eine Stellungnahme in den Fällen abgeben, in denen er dies für zweckmäßig erachtet.

Wenn der Rat oder die Kommission es für notwendig erachten, setzen sie dem Ausschuß für die Vorlage seiner Stellungnahme eine Frist; diese beträgt mindestens einen Monat, vom Eingang der Mitteilung beim Präsidenten des Ausschusses an gerechnet. Nach Ablauf der Frist kann das Fehlen einer Stellungnahme unberücksichtigt bleiben.

Die Stellungnahmen des Ausschusses und der zuständigen fachlichen Gruppe sowie ein Bericht über die Beratungen werden dem Rat und der Kommission übermittelt.

Kapitel 4
Der Ausschuß der Regionen

Art. 198 a [Zusammensetzung; Sitzverteilung] Es wird ein beratender Ausschuß aus Vertretern der regionalen und lokalen Gebietskörperschaften, nachstehend „Ausschuß der Regionen" genannt, errichtet.

Die Zahl der Mitglieder des Ausschusses der Regionen wird wie folgt festgesetzt:

Belgien	12
Dänemark	9
Deutschland	24
Griechenland	12
Spanien	21
Frankreich	24
Irland	9
Italien	24
Luxemburg	6
Niederlande	12
Österreich	12
Portugal	12
Finnland	9
Schweden	12
Vereinigtes Königreich	24

Die Mitglieder des Ausschusses sowie eine gleiche Anzahl von Stellvertretern werden vom Rat auf Vorschlag der jeweiligen Mitgliedstaaten durch einstimmigen Beschluß auf vier Jahre ernannt. Wiederernennung ist zulässig.

Die Mitglieder des Ausschusses sind an keine Weisungen gebunden. Sie üben ihre Tätigkeit in voller Unabhängigkeit zum allgemeinen Wohl der Gemeinschaft aus.

Art. 198 b [Präsident und Präsidium; Geschäftsordnung] Der Ausschuß der Regionen wählt aus seiner Mitte seinen Präsidenten und sein Präsidium auf zwei Jahre.

Er gibt sich eine Geschäftsordnung und legt sie dem Rat zur Genehmigung vor; der Rat beschließt einstimmig.

Der Ausschuß wird von seinem Präsidenten auf Antrag des Rates oder der Kommission einberufen. Er kann auch von sich aus zusammentreten.

Art. 198 c [Rechte des Ausschusses] Der Ausschuß der Regionen wird vom Rat oder von der Kommission in den in diesem Vertrag vorgesehenen Fällen und in allen anderen Fällen gehört, in denen eines dieser beiden Organe dies für zweckmäßig erachtet.

Wenn der Rat oder die Kommission es für notwendig erachten, setzen sie dem Ausschuß für die Vorlage seiner Stellungnahme eine Frist; diese beträgt mindestens einen Monat, vom Eingang der diesbezüglichen Mitteilung beim Präsidenten des Ausschusses an gerechnet. Nach Ablauf der Frist kann das Fehlen einer Stellungnahme unberücksichtigt bleiben.

Wird der Wirtschafts- und Sozialausschuß nach Artikel 198 gehört, so wird der Ausschuß der Regionen vom Rat oder von der Kommission über dieses Ersuchen um Stellungnahme unterrichtet. Der Ausschuß der Regionen kann, wenn er der Auffassung ist, daß spezifische regionale Interessen berührt werden, eine entsprechende Stellungnahme abgeben.

Er kann, wenn er dies für zweckdienlich erachtet, von sich aus eine Stellungnahme abgeben.

Die Stellungnahme des Ausschusses sowie ein Bericht über die Beratungen werden dem Rat und der Kommission übermittelt.

Kapitel 5
Die Europäische Investitionsbank

Art. 198 d [Mitglieder; Satzung] Die Europäische Investitionsbank besitzt Rechtspersönlichkeit.

Mitglieder der Europäischen Investitionsbank sind die Mitgliedstaaten.

Die Satzung der Europäischen Investitionsbank ist diesem Vertrag als Protokoll beigefügt.

Art. 198 e [Aufgabe] Aufgabe der Europäischen Investitionsbank ist es, zu einer ausgewogenen und reibungslosen Entwicklung des Gemeinsamen Marktes im Interesse der Gemeinschaft beizutragen; hierbei bedient sie sich des Kapitalmarkts sowie ihrer eigenen Mittel. In diesem Sinne erleichtert sie ohne Verfolgung eines Erwerbszwecks durch Gewährung von Darlehen und Bürgschaften die Finanzierung der nachstehend bezeichneten Vorhaben in allen Wirtschaftszweigen:

a) Vorhaben zur Erschließung der weniger entwickelten Gebiete;

b) Vorhaben zur Modernisierung oder Umstellung von Unternehmen oder zur Schaffung neuer Arbeitsmöglichkeiten, die sich aus der schrittweisen Errichtung des Gemeinsamen Marktes ergeben und wegen ihres Umfangs oder ihrer Art mit den in den einzelnen Mitgliedstaaten vorhandenen Mitteln nicht vollständig finanziert werden können;

c) Vorhaben von gemeinsamem Interesse für mehrere Mitgliedstaaten, die wegen ihres Umfangs oder ihrer Art mit den in den einzelnen Mitgliedstaaten vorhandenen Mitteln nicht vollständig finanziert werden können.

In Erfüllung ihrer Aufgabe erleichtert die Bank die Finanzierung von Investitionsprogrammen in Verbindung mit der Unterstützung aus den Strukturfonds und anderen Finanzierungsinstrumenten der Gemeinschaft.

Titel II
Finanzvorschriften

Art. 199 [Haushaltsplan] Alle Einnahmen und Ausgaben der Gemeinschaft einschließlich derjenigen des Europäischen Sozialfonds werden für jedes Haushaltsjahr veranschlagt und in den Haushaltsplan eingesetzt.

Die für die Organe anfallenden Verwaltungsausgaben im Zusammenhang mit den die Gemeinsame Außen- und Sicherheitspolitik und die Zusammenarbeit in den Bereichen Justiz und Inneres betreffenden Bestimmungen des Vertrags über die Europäische Union gehen zu Lasten des Haushalts. Die aufgrund der Durchführung dieser Bestimmungen entstehenden operativen Ausgaben können unter den in diesen Bestimmungen vorgesehenen Voraussetzungen dem Haushalt angelastet werden.

Der Haushaltsplan ist in Einnahmen und Ausgaben auszugleichen.

Art. 200 [Finanzbeiträge der Mitgliedstaaten][15]

Art. 201 [Eigenmittel der Gemeinschaft] Der Haushalt wird unbeschadet der sonstigen Einnahmen vollständig aus Eigenmitteln finanziert.

Der Rat legt auf Vorschlag der Kommission und nach Anhörung des Europäischen Parlaments einstimmig die Bestimmungen über das System der Eigenmittel der Gemeinschaft fest und empfiehlt sie den Mitgliedstaaten zur Annahme gemäß ihren verfassungsrechtlichen Vorschriften.

Art. 201 a [Haushaltsdisziplin] Damit die Haushaltsdisziplin gewährleistet wird, unterbreitet die Kommission keine Vorschläge für Rechts-

---

[15] Art. 200 ist seit dem 1. Januar 1971 außer Kraft und inzwischen durch Titel II, Ziff. 70 des Vertrags über die Europäische Union v. 7. Februar 1992 auch förmlich aufgehoben worden. Z. Zt. gilt der Beschluß des Rates v. 31. Oktober 1994 über das System der Eigenmittel der EG.

akte der Gemeinschaft, ändert nicht ihre Vorschläge und erläßt keine Durchführungsmaßnahme, die erhebliche Auswirkungen auf den Haushaltsplan haben könnte, ohne die Gewähr zu bieten, daß der betreffende Vorschlag bzw. die betreffende Maßnahme im Rahmen der Eigenmittel der Gemeinschaft finanziert werden kann, die sich aufgrund der vom Rat nach Artikel 201 festgelegten Bestimmungen ergeben.

Art. 202 [Bewilligung der Ausgaben] Die in den Haushaltsplan eingesetzten Ausgaben werden für ein Haushaltsjahr bewilligt, soweit die gemäß Artikel 209 festgelegte Haushaltsordnung nicht etwas anderes bestimmt.

Nach Maßgabe der auf Grund des Artikels 209 erlassenen Vorschriften dürfen die nicht für Personalausgaben vorgesehenen Mittel, die bis zum Ende der Durchführungszeit eines Haushaltsplans nicht verbraucht worden sind, lediglich auf das nächste Haushaltsjahr übertragen werden.

Die vorgesehenen Mittel werden nach Kapiteln gegliedert, in denen die Ausgaben nach Art oder Bestimmung zusammengefaßt sind; soweit erforderlich, werden die Kapitel nach der gemäß Artikel 209 festgelegten Haushaltsordnung unterteilt.

Die Ausgaben des Europäischen Parlaments, des Rates, der Kommission und des Gerichtshofs werden unbeschadet einer besonderen Regelung für bestimmte gemeinsame Ausgaben in gesonderten Teilen des Haushaltsplans aufgeführt.

Art. 203 [Haushaltsjahr, Haushaltsentwurf, Feststellung] (1) Das Haushaltsjahr beginnt am 1. Januar und endet am 31. Dezember.

(2) Jedes Organ der Gemeinschaft stellt vor dem 1. Juli einen Haushaltsvoranschlag für seine Ausgaben auf. Die Kommission faßt diese Voranschläge in einem Vorentwurf für den Haushaltsplan zusammen. Sie fügt eine Stellungnahme bei, die abweichende Voranschläge enthalten kann.

Dieser Vorentwurf umfaßt den Ansatz der Einnahmen und den Ansatz der Ausgaben.

(3) Die Kommission legt dem Rat den Vorentwurf des Haushaltsplans spätestens am 1. September des Jahres vor, das dem entsprechenden Haushaltsjahr vorausgeht.

Der Rat setzt sich mit der Kommission und gegebenenfalls den anderen beteiligten Organen ins Benehmen, wenn er von dem Vorentwurf abweichen will.

Der Rat stellt den Entwurf des Haushaltsplans mit qualifizierter Mehrheit auf und leitet ihn dem Europäischen Parlament zu.

(4) Der Entwurf des Haushaltsplans ist dem Europäische Parlament spätestens am 5. Oktober des Jahres vorzulegen, das dem entsprechenden Haushaltsjahr vorausgeht.

Das Europäische Parlament ist berechtigt, den Entwurf des Haushaltsplans mit der Mehrheit der Stimmen seiner Mitglieder abzuändern und mit der absoluten Mehrheit der abgegebenen Stimmen dem Rat Änderungen dieses Entwurfs in bezug auf die Ausgaben vorzuschlagen, die sich zwingend aus dem Vertrag oder den auf Grund des Vertrages erlassenen Rechtsakten ergeben.

Hat das Europäische Parlament binnen fünfundvierzig Tagen nach Vorlage des Entwurfs des Haushaltsplans seine Zustimmung erteilt, so ist der Haushaltsplan endgültig festgestellt. Hat es innerhalb dieser Frist den Entwurf des Haushaltsplans weder abgeändert noch Änderungen dazu vorgeschlagen, so gilt der Haushaltsplan als endgültig festgestellt.

Hat das Europäische Parlament innerhalb dieser Frist Abänderungen vorgenommen oder Änderungen vorgeschlagen, so wird der Entwurf des Haushaltsplans mit den entsprechenden Abänderungen oder Änderungsvorschlägen dem Rat zugeleitet.

(5) Nachdem der Rat über den Entwurf des Haushaltsplans mit der Kommission und gegebenenfalls mit den anderen beteiligten Organen beraten hat, beschließt er unter folgenden Bedingungen:

a) Der Rat kann mit qualifizierter Mehrheit jede der vom Europäischen Parlament vorgenommenen Abänderungen ändern;

b) hinsichtlich der Änderungsvorschläge:

- Führt eine vom Europäischen Parlament vorgeschlagene Änderung nicht zu einer Erhöhung des Gesamtbetrags der Ausgaben eines Organs, und zwar insbesondere deswegen, weil die daraus erwachsende Erhöhung der Ausgaben ausdrücklich durch eine oder mehrere vorgeschlagene Änderungen ausgeglichen wird, die eine entsprechende Senkung der Ausgaben bewirken, so kann der Rat diesen Änderungsvorschlag mit qualifizierter Mehrheit ablehnen. Ergeht kein Ablehnungsbeschluß, so ist der Änderungsvorschlag angenommen;

– führt eine vom Europäischen Parlament vorgeschlagene Änderung zu einer Erhöhung des Gesamtbetrags der Ausgaben eines Organs, so kann der Rat mit qualifizierter Mehrheit diesen Änderungsvorschlag annehmen. Ergeht kein Annahmebeschluß, so ist der Änderungsvorschlag abgelehnt;
– hat der Rat nach einem der beiden vorstehenden Unterabsätze einen Änderungsvorschlag abgelehnt, so kann er mit qualifizierter Mehrheit entweder den im Entwurf des Haushaltsplans stehenden Betrag beibehalten oder einen anderen Betrag festsetzen.

Der Entwurf des Haushaltsplans wird nach Maßgabe der vom Rat angenommenen Änderungsvorschläge geändert.

Hat der Rat binnen fünfzehn Tagen nach Vorlage des Entwurfs des Haushaltsplans keine der vom Europäischen Parlament vorgenommenen Abänderungen geändert und sind die Änderungsvorschläge des Europäischen Parlaments angenommen worden, so gilt der Haushaltsplan als endgültig festgestellt. Der Rat teilt dem Europäischen Parlament mit, daß er keine der Abänderungen geändert hat und daß die Änderungsvorschläge angenommen worden sind.

Hat der Rat innerhalb dieser Frist eine oder mehrere der vom Europäischen Parlament vorgenommenen Abänderungen geändert oder sind die Änderungsvorschläge des Europäischen Parlaments abgelehnt oder geändert worden, so wird der geänderte Entwurf des Haushaltsplans erneut dem Europäischen Parlament zugeleitet. Der Rat legt dem Europäischen Parlament das Ergebnis seiner Beratungen dar.

(6) Das Europäische Parlament, das über das Ergebnis der Behandlung seiner Änderungsvorschläge unterrichtet ist, kann binnen fünfzehn Tagen nach Vorlage des Entwurfs des Haushaltsplans mit der Mehrheit der Stimmen seiner Mitglieder und mit drei Fünfteln der abgegebenen Stimmen die vom Rat an den Abänderungen des Europäischen Parlaments vorgenommenen Änderungen ändern oder ablehnen und stellt demzufolge den Haushaltsplan fest. Hat das Europäische Parlament innerhalb dieser Frist keinen Beschluß gefaßt, so gilt der Haushaltsplan als endgültig festgestellt.

(7) Nach Abschluß des Verfahrens dieses Artikels stellt der Präsident des Europäischen Parlaments fest, daß der Haushaltsplan endgültig festgestellt ist.

(8) Das Europäische Parlament kann jedoch mit der Mehrheit der Stimmen seiner Mitglieder und mit zwei Dritteln der abgegebenen

Stimmen aus wichtigen Gründen den Entwurf des Haushaltsplans ablehnen und die Vorlage eines neuen Entwurfs verlangen.

(9) Für alle Ausgaben, die sich nicht zwingend aus dem Vertrag oder den auf Grund des Vertrages erlassenen Rechtsakten ergeben, wird jedes Jahr ein Höchstsatz festgelegt, um den die gleichartigen Ausgaben des laufenden Haushaltsjahres erhöht werden können.

Die Kommission stellt nach Anhörung des Ausschusses für Wirtschaftspolitik diesen Höchstsatz fest, der sich aus

– der Entwicklung des in Volumen ausgedrückten Bruttosozialprodukts in der Gemeinschaft,

– der durchschnittenen Veränderung der Haushaltspläne der Mitgliedstaaten

und

– der Entwicklung der Lebenshaltungskosten während des letzten Haushaltsjahres

ergibt.

Der Höchstsatz wird vor dem 1. Mai allen Organen der Gemeinschaft mitgeteilt. Diese haben ihn bei dem Haushaltsverfahren vorbehaltlich der Vorschriften der Unterabsätze 4 und 5 einzuhalten.

Liegt bei den Ausgaben, die sich nicht zwingend aus dem Vertrag oder den auf Grund des Vertrages erlassenen Rechtsakten ergeben, der Erhöhungssatz, der aus dem vom Rat aufgestellten Entwurf des Haushaltsplans hervorgeht, über der Hälfte des Höchstsatzes, so kann das Europäische Parlament in Ausübung seines Abänderungsrechts den Gesamtbetrag dieser Ausgaben noch bis zur Hälfte des Höchstsatzes erhöhen.

Ist das Europäische Parlament, der Rat oder die Kommission der Ansicht, daß die Tätigkeiten der Gemeinschaften eine Überschreitung des nach dem Verfahren dieses Absatzes aufgestellten Satzes erforderlich machen, so kann in Übereinstimmung zwischen dem Rat und dem Europäischen Parlament ein neuer Satz festgelegt werden; der Rat entscheidet mit qualifizierter Mehrheit, das Europäische Parlament mit der Mehrheit der Stimmen seiner Mitglieder und mit drei Fünfteln der abgegebenen Stimmen.

(10) Jedes Organ übt die ihm durch diesen Artikel übertragenen Befugnisse unter Beachtung der Vorschriften des Vertrages und der auf Grund des Vertrages erlassenen Rechtsakte aus, namentlich der Vorschriften, die die eigenen Mittel der Gemeinschaften und den Ausgleich von Einnahmen und Ausgaben betreffen.

Art. 203 a [Übergangsvorschrift][16]

Art. 204 [Nothaushaltsrecht] Ist zu Beginn eines Haushaltsjahres der Haushaltsplan noch nicht verabschiedet, so können nach der gemäß Artikel 209 festgelegten Haushaltsordnung für jedes Kapitel oder jede sonstige Untergliederung monatliche Ausgaben bis zur Höhe eines Zwölftels der im abgelaufenen Haushaltsplan bereitgestellten Mittel vorgenommen werden; die Kommission darf jedoch monatlich höchstens über ein Zwölftel der Mittel verfügen, die in dem in Vorbereitung befindlichen Entwurf des Haushaltsplans vorgesehen sind.

Der Rat kann mit qualifizierter Mehrheit unter Beachtung der sonstigen Bestimmungen des Absatzes 1 Ausgaben genehmigen, die über dieses Zwölftel hinausgehen.

Betrifft dieser Beschluß Ausgaben, die sich nicht zwingend aus dem Vertrag oder den auf Grund des Vertrages erlassenen Rechtsakten ergeben, so leitet der Rat ihn unverzüglich dem Europäischen Parlament zu; das Europäische Parlament kann binnen dreißig Tagen mit der Mehrheit der Stimmen seiner Mitglieder und mit drei Fünfteln der abgegebenen Stimmen einen abweichenden Bschluß über diese Ausgaben hinsichtlich des Teils fassen, der über das in Absatz 1 genannte Zwölftel hinausgeht. Dieser Teil des Ratsbeschlusses ist bis zu einer Entscheidung des Europäischen Parlaments ausgesetzt. Hat das Europäische Parlament nicht innerhalb der genannten Fristen anders als der Rat entschieden, so gilt der Beschluß des Rates als endgültig erlassen.

In den Beschlüssen der Absätze 2 und 3 werden die zur Durchführung dieses Artikels erforderlichen Maßnahmen betreffend die Mittel vorgesehen.

Art. 205 [Ausführung des Haushaltsplans] Die Kommission führt den Haushaltsplan nach der gemäß Artikel 209 festgelegten Haushaltsordnung in eigener Verantwortung im Rahmen der zugewiesenen Mittel entsprechend den Grundsätzen der Wirtschaftlichkeit der Haushaltsführung aus.

Die Beteiligung der einzelnen Organe bei der Vornahme ihrer Ausgaben wird in der Haushaltsordnung im einzelnen geregelt.

---

[16] Art. 203 a regelte das Haushaltsverfahren für die Haushaltspläne vor 1975 und ist inzwischen gegenstandslos.

Die Kommission kann nach der gemäß Artikel 209 festgelegten Haushaltsordnung Mittel von Kapitel zu Kapitel oder von Untergliederung zu Untergliederung übertragen.

Art. 205a [Rechnungslegung] Die Kommission legt dem Rat und dem Europäischen Parlament jährlich die Rechnung des abgelaufenen Haushaltsjahres für die Rechnungsvorgänge des Haushaltsplans vor. Sie übermittelt ihnen ferner eine Übersicht über das Vermögen und die Schulden der Gemeinschaft.

Art. 206 [Entlastung] (1) Auf Empfehlung des Rates, der mit qualifizierter Mehrheit beschließt, erteilt das Europäische Parlament der Kommission Entlastung zur Ausführung des Haushaltsplans. Zu diesem Zweck prüft es nach dem Rat die in Artikel 205a genannte Rechnung und Übersicht sowie den Jahresbericht des Rechnungshofs zusammen mit den Antworten der kontrollierten Organe auf dessen Bemerkungen und die einschlägigen Sonderberichte des Rechnungshofs.

(2) Das Europäische Parlament kann vor der Entlastung der Kommission sowie auch zu anderen Zwecken im Zusammenhang mit der Ausübung ihrer Haushaltsbefugnisse die Kommission auffordern, Auskunft über die Vornahme der Ausgaben oder die Arbeitsweise der Finanzkontrollsysteme zu erteilen. Die Kommission legt dem Europäischen Parlament auf dessen Ersuchen alle notwendigen Informationen vor.

(3) Die Kommission trifft alle zweckdienlichen Maßnahmen, um den Bemerkungen in den Entlastungsbeschlüssen und anderen Bemerkungen des Europäischen Parlaments zur Vornahme der Ausgaben sowie den Erläuterungen, die den Entlastungsempfehlungen des Rates beigefügt sind, nachzukommen.

Auf Ersuchen des Europäischen Parlaments oder des Rates erstattet die Kommission Bericht über die Maßnahmen, die aufgrund dieser Bemerkungen und Erläuterungen getroffen wurden, insbesondere über die Weisungen, die den für die Ausführung des Haushaltsplans zuständigen Dienststellen erteilt worden sind. Diese Berichte sind auch dem Rechnungshof zuzuleiten.

Art. 206a [Aufgaben des Rechnungshofs][17]

Art. 206b [Entlastung][18]

[17-18] Aufgehoben durch Titel II, Ziff. 75 des Vertrags über die Europäische Union v. 7. Februar 1992. Siehe jetzt w.o., Art. 188a ff. EG-Vertrag.

Art. 207 [Rechnungseinheit, Bereitstellung, Hinterlegung, Anlage der Finanzmittel] Der Haushaltsplan wird in der Rechnungseinheit aufgestellt, die in der gemäß Artikel 209 festgelegten Haushaltsordnung bestimmt wird.

Die Mitgliedstaaten stellen der Gemeinschaft die in Artikel 200 Absatz 1 vorgesehenen Finanzbeiträge in ihrer Landeswährung zur Verfügung.

Die einstweilen nicht benötigten Mittel aus diesen Beiträgen werden bei den Schatzämtern der Mitgliedstaaten oder den von diesen bezeichneten Stellen hinterlegt. Während der Hinterlegungszeit behalten diese Mittel den am Tag der Hinterlegung geltenden Pariwert gegenüber der in Absatz 1 genannten Rechnungseinheit.

Diese einstweilen nicht benötigten Mittel können zu Bedingungen angelegt werden, welche die Kommission mit dem betreffenden Mitgliedstaat vereinbart.

Die gemäß Artikel 209 festgelegte Haushaltsordnung bezeichnet die technischen Bedingungen für die Durchführung der Finanzgeschäfte des Europäischen Sozialfonds.

Art. 208 [Transferierungen, Finanzgeschäfte] Die Kommission kann vorbehaltlich der Unterrichtung der zuständigen Behörden der betreffenden Mitgliedstaaten ihre Guthaben in der Währung eines dieser Staaten in die Währung eines anderen Mitgliedstaates transferieren, soweit dies erforderlich ist, um diese Guthaben für die in diesem Vertrag vorgesehenen Zwecke zu verwenden. Besitzt die Kommission verfügbare oder flüssige Guthaben in der benötigten Währung, so vermeidet sie soweit möglich derartige Transferierungen.

Die Kommission verkehrt mit jedem Mitgliedstaat über die von diesem bezeichnete Behörde. Bei der Durchführung ihrer Finanzgeschäfte nimmt sie die Notenbank des betreffenden Mitgliedstaates oder ein anderes von diesem genehmigtes Finanzinstitut in Anspruch.

Art. 209 [Haushaltsordnung und andere Haushaltsvorschriften] Der Rat legt einstimmig auf Vorschlag der Kommission und nach Anhörung des Europäischen Parlaments und Stellungnahme des Rechnungshofes folgendes fest:

a) Die Haushaltsordnung, in der insbesondere die Aufstellung und Ausführung des Haushaltsplans sowie die Rechnungslegung und Rechnungsprüfung im einzelnen geregelt werden;

b) die Einzelheiten und das Verfahren, nach denen die Haushaltseinnahmen, die in der Regelung über die Eigenmittel der Gemeinschaft vorgesehen sind, der Kommission zur Verfügung gestellt werden, sowie die Maßnahmen, die zu treffen sind, um gegebenenfalls die erforderlichen Kassenmittel bereitzustellen;

c) die Vorschriften über die Verantwortung der Finanzkontrolleure, der anweisungsbefugten Personen und der Rechnungsführer sowie die entsprechenden Kontrollmaßnahmen.

Art. 209 a [Betrugsbekämpfung] Zur Bekämpfung von Betrügereien, die sich gegen die finanziellen Interessen der Gemeinschaft richten, ergreifen die Mitgliedstaaten die gleichen Maßnahmen, die sie auch zur Bekämpfung von Betrügereien ergreifen, die sich gegen ihre eigenen finanziellen Interessen richten.

Die Mitgliedstaaten koordinieren unbeschadet der sonstigen Vertragsbestimmungen ihre Tätigkeit zum Schutz der finanziellen Interessen der Gemeinschaft vor Betrügereien. Sie sorgen zu diesem Zweck mit Unterstützung der Kommission für eine enge, regelmäßige Zusammenarbeit zwischen den zuständigen Dienststellen ihrer Behörden.

Sechster Teil
Allgemeine und Schlußbestimmungen

Art. 210 [Rechtspersönlichkeit der Gemeinschaft] Die Gemeinschaft besitzt Rechtspersönlichkeit.

Art. 211 [Rechts- und Geschäftsfähigkeit] Die Gemeinschaft besitzt in jedem Mitgliedstaat die weitestgehende Rechts- und Geschäftsfähigkeit, die juristische Personen nach dessen Rechtsvorschriften zuerkannt ist; sie kann insbesondere bewegliches und unbewegliches Vermögen erwerben und veräußern sowie vor Gericht stehen. Zu diesem Zweck wird sie von der Kommission vertreten.

Art. 212 [Beamte und sonstige Bedienstete] *(ursprünglicher Wortlaut wurde aufgehoben; es gilt folgende Regelung:)*[19]

---

[19] Aufgehoben durch Art. 24 Abs. 2 des Fusionsvertrages (FusV). Neu: Art. 24 Abs. 1 FusV.

Die Beamten und sonstigen Bediensteten der Europäischen Gemeinschaft für Kohle und Stahl, der Europäischen Wirtschaftsgemeinschaft und der Europäischen Atomgemeinschaft werden beim Inkrafttreten dieses Vertrags (FusV)[20] Beamte und sonstige Bedienstete der Europäischen Gemeinschaften und gehören der einzigen Verwaltung dieser Gemeinschaften an.

Der Rat erläßt auf Vorschlag der Kommission und nach Anhörung der anderen beteiligten Organe mit qualifizierter Mehrheit das Statut der Beamten der Europäischen Gemeinschaften und die Beschäftigungsbedingungen für die sonstigen Bediensteten dieser Gemeinschaften.

Art. 213 [Recht zur Einholung von Auskünften] Zur Erfüllung der ihr übertragenen Aufgaben kann die Kommission alle erforderlichen Auskünfte einholen und alle erforderlichen Nachprüfungen vornehmen; der Rahmen und die nähere Maßgabe hierfür werden vom Rat gemäß den Bestimmungen dieses Vertrags festgelegt.

Art. 214 [Geheimhaltungspflicht] Die Mitglieder der Organe der Gemeinschaft, die Mitglieder der Ausschüsse sowie die Beamten und sonstigen Bediensteten der Gemeinschaft sind verpflichtet, auch nach Beendigung ihrer Amtstätigkeit Auskünfte, die ihrem Wesen nach unter das Berufsgeheimnis fallen, nicht preiszugeben; dies gilt insbesondere für Auskünfte über Unternehmen sowie deren Geschäftsbeziehungen oder Kostenelemente.

Art. 215 [Haftung der Gemeinschaft und der Bediensteten] Die vertragliche Haftung der Gemeinschaft bestimmt sich nach dem Recht, das auf den betreffenden Vertrag anzuwenden ist.

Im Bereich der außervertraglichen Haftung ersetzt die Gemeinschaft den durch ihre Organe oder Bediensteten in Ausübung ihrer Amtstätigkeit verursachten Schaden nach den allgemeinen Rechtsgrundsätzen, die den Rechtsordnungen der Mitgliedstaaten gemeinsam sind.

Absatz 2 gilt in gleicher Weise für den durch die EZB oder ihre Bediensteten in Ausübung ihrer Amtstätigkeit verursachten Schaden.

Die persönliche Haftung der Bediensteten gegenüber der Gemeinschaft bestimmt sich nach den Vorschriften ihres Statuts oder der für sie geltenden Beschäftigungsbedingungen.

---

[20] Der FusV ist am 1. Juli 1967 in Kraft getreten (BGBl. 1967 II S. 2156).

Art. 216 [Sitz der Organe der Gemeinschaft] Der Sitz der Organe der Gemeinschaft wird im Einvernehmen zwischen den Regierungen der Mitgliedstaaten bestimmt.[21]

Art. 217 [Sprachenfrage] Die Regelung der Sprachenfrage für die Organe der Gemeinschaft wird unbeschadet der Verfahrensordnung des Gerichtshofs vom Rat einstimmig getroffen.[22]

Art. 218 [Vorrechte und Befreiungen] *(ursprünglicher Wortlaut wurde aufgehoben; es gilt folgende Regelung:)*[23]

Die Europäischen Gemeinschaften genießen im Hoheitsgebiet der Mitgliedstaaten die zur Erfüllung ihrer Aufgabe erforderlichen Vorrechte und Befreiungen nach Maßgabe des Protokolls im Anhang zu diesem Vertrag (FusV).[24] *Das gleiche gilt für die Europäische Investitionsbank.*

Art. 219 [Regelung von Streitigkeiten] Die Mitgliedstaaten verpflichten sich, Streitigkeiten über die Auslegung oder Anwendung dieses Vertrags nicht anders als hierin vorgesehen zu regeln.

Art. 220 [Verhandlungen über Gleichstellung der Staatsangehörigen] Soweit erforderlich, leiten die Mitgliedstaaten untereinander Verhandlungen ein, um zugunsten ihrer Staatsangehörigen folgendes sicherzustellen:
- Den Schutz der Personen sowie den Genuß und den Schutz der Rechte zu den Bedingungen, die jeder Staat seinen eigenen Angehörigen einräumt;
- die Beseitigung der Doppelbesteuerung innerhalb der Gemeinschaft;
- die gegenseitige Anerkennung der Gesellschaften im Sinne des Artikels 58 Absatz 2, die Beibehaltung der Rechtspersönlichkeit bei Verlegung des Sitzes von einem Staat in einen anderen und die Möglichkeit der Verschmelzung von Gesellschaften, die den Rechtsvorschriften verschiedener Mitgliedstaaten unterstehen;

---

[21] Gegenwärtig gilt der Beschluß der Vertreter der Regierungen der Mitgliedstaaten über die Festlegung der Sitze der Organe und bestimmter Einrichtungen und Dienststellen der EG v. 12. Dezember 1992 (ABl. EG Nr. C 341/1992, S. 1).
[22] Amtssprachen sind: Dänisch, Deutsch, Englisch, Finnisch, Französisch, Griechisch, Italienisch, Niederländisch, Portugiesisch, Schwedisch und Spanisch.
[23] Aufgehoben durch Art. 28 Abs. 2 des Fusionsvertrags (FusV). Neu: Art. 28 Abs. 1 FusV.
[24] Protokoll über die Vorrechte und Befreiungen der Europäischen Gemeinschaften v. 8. April 1965 (ABl. EG Nr. 152/1967, S. 13).

— die Vereinfachung der Förmlichkeiten für die gegenseitige Anerkennung und Vollstreckung richterlicher Entscheidungen und Schiedssprüche.

Art. 221 [Gleichstellung aller Staatsangehörigen bei Kapitalbeteiligungen] Unbeschadet der sonstigen Bestimmungen dieses Vertrags stellen die Mitgliedstaaten binnen drei Jahren nach seinem Inkrafttreten die Staatsangehörigen der anderen Mitgliedstaaten hinsichtlich ihrer Beteiligung am Kapital von Gesellschaften im Sinne des Artikels 58 den eigenen Staatsangehörigen gleich.

Art. 222 [Eigentumsordnung] Dieser Vertrag läßt die Eigentumsordnung in den verschiedenen Mitgliedstaaten unberührt.

Art. 223 Dem Vertrag nicht entgegenstehende Bestimmungen]
(1) Die Vorschriften dieses Vertrags stehen folgenden Bestimmungen nicht entgegen:
a) Ein Mitgliedstaat ist nicht verpflichtet, Auskünfte zu erteilen, deren Preisgabe seines Erachtens seinen wesentlichen Sicherheitsinteressen widerspricht;
b) jeder Mitgliedstaat kann die Maßnahmen ergreifen, die seines Erachtens für die Wahrung seiner wesentlichen Sicherheitsinteressen erforderlich sind, soweit sie die Erzeugung von Waffen, Munition und Kriegsmaterial oder den Handel damit betreffen; diese Maßnahmen dürfen auf dem Gemeinsamen Markt die Wettbewerbsbedingungen hinsichtlich der nicht eigens für militärische Zwecke bestimmten Waren nicht beeinträchtigen.

(2) Während des ersten Jahres nach Inkrafttreten dieses Vertrags legt der Rat einstimmig die Liste der Waren fest, auf welche Absatz 1 Buchstabe b Anwendung findet.

(3) Der Rat kann diese Liste einstimmig auf Vorschlag der Kommission ändern.

Art. 224 [Gemeinsames Vorgehen bei Beeinträchtigung des Marktes durch innerstaatliche Störungen] Die Mitgliedstaaten setzen sich miteinander ins Benehmen, um durch gemeinsames Vorgehen zu verhindern, daß das Funktionieren des Gemeinsamen Marktes durch Maßnahmen beeinträchtigt wird, die ein Mitgliedstaat bei einer schwerwiegenden innerstaatlichen Störung der öffentlichen Ordnung, im Kriegsfall, bei einer ernsten, eine Kriegsgefahr darstellenden internationalen Spannung oder in Erfüllung der Verpflichtungen trifft, die er im Hinblick auf die Aufrechterhaltung des Friedens und der internationalen Sicherheit übernommen hat.

Art. 225 [Verfälschung der Wettbewerbsbedingungen, Anrufung des Gerichtshofs] Werden auf dem Gemeinsamen Markt die Wettbewerbsbedingungen durch Maßnahmen auf Grund der Artikel 223 und 224 verfälscht, so prüft die Kommission gemeinsam mit dem beteiligten Staat, wie diese Maßnahmen den Vorschriften dieses Vertrags angepaßt werden können.

In Abweichung von dem in den Artikeln 169 und 170 vorgesehenen Verfahren kann die Kommission oder ein Mitgliedstaat den Gerichtshof unmittelbar anrufen, wenn die Kommission oder der Staat der Auffassung ist, daß ein anderer Mitgliedstaat die in den Artikeln 223 und 224 vorgesehenen Befugnisse mißbraucht. Der Gerichtshof entscheidet unter Ausschluß der Öffentlichkeit.

Art. 226 [Schutzmaßnahmen während der Übergangszeit]
(1) Während der Übergangszeit kann ein Mitgliedstaat bei Schwierigkeiten, welche einen Wirtschaftszweig erheblich und voraussichtlich anhaltend treffen oder welche die wirtschaftliche Lage eines bestimmten Gebietes beträchtlich verschlechtern können, die Genehmigung zur Anwendung von Schutzmaßnahmen beantragen, um die Lage wieder auszugleichen oder den betreffenden Wirtschaftszweig an die Wirtschaft des Gemeinsamen Marktes anzupassen.

(2) Auf Antrag des betreffenden Staates bestimmt die Kommission unverzüglich in einem Dringlichkeitsverfahren die ihres Erachtens erforderlichen Schutzmaßnahmen und legt gleichzeitig die Bedingungen und Einzelheiten ihrer Anwendung fest.

(3) Die nach Absatz 2 genehmigten Maßnahmen können von den Vorschriften dieses Vertrags abweichen, soweit und solange dies unbedingt erforderlich ist, um die in Absatz 1 genannten Ziele zu erreichen. Es sind mit Vorrang solche Maßnahmen zu wählen, die das Funktionieren des Gemeinsamen Marktes am wenigsten stören.

Art. 227 [Geltungsbereich des Vertrages] (1) Dieser Vertrag gilt für das Königreich Belgien, das Königreich Dänemark, die Bundesrepublik Deutschland, die Republik Griechenland, das Königreich Spanien, die Französische Republik, Irland, die Italienische Republik, das Großherzogtum Luxemburg, das Königreich der Niederlande, die Republik Österreich, die Portugiesische Republik, die Republik Finnland, das Königreich Schweden und das Vereinigte Königreich Großbritannien und Nordirland.

(2) Für die französischen überseeischen Departements gelten mit Inkrafttreten dieses Vertrags seine besonderen und allgemeinen Bestimmungen über

– den freien Warenverkehr,
– die Landwirtschaft, mit Ausnahme des Artikels 40 Absatz 4,
– den freien Dienstleistungsverkehr,
– die Wettbewerbsregeln,
– die in den Artikeln 109 h, 109 i und 226 vorgesehenen Schutzmaßnahmen,
– die Organe.

Die Bedingungen für die Anwendung der anderen Bestimmungen dieses Vertrags werden binnen zwei Jahren nach seinem Inkrafttreten durch einstimmige Entscheidungen des Rates auf Vorschlag der Kommission beschlossen.

Die Organe der Gemeinschaft sorgen im Rahmen der in diesem Vertrag, insbesondere in Artikel 226, vorgesehenen Verfahren für die wirtschaftliche und soziale Entwicklung dieser Gebiete.

(3) Für die in Anhang IV zu diesem Vertrag aufgeführten überseeischen Länder und Hoheitsgebiete gilt das besondere Assoziierungssystem, das im Vierten Teil dieses Vertrags festgelegt ist.

Dieser Vertrag findet keine Anwendung auf die überseeischen Länder und Hoheitsgebiete, die besondere Beziehungen zum Vereinigten Königreich Großbritannien und Nordirland unterhalten und die in dem genannten Anhang nicht aufgeführt sind.

(4) Dieser Vertrag findet auf die europäischen Hoheitsgebiete Anwendung, deren auswärtige Beziehungen ein Mitgliedstaat wahrnimmt.

(5) Abweichend von den Absätzen 1 bis 4 gilt:

a) Dieser Vertrag findet auf die Färöer keine Anwendung.

b) Dieser Vertrag findet auf die Hoheitszonen des Vereinigten Königreichs Großbritannien und Nordirland auf Zypern keine Anwendung.

c) Dieser Vertrag findet auf die Kanalinseln und die Insel Man nur insoweit Anwendung, als dies erforderlich ist, um die Anwendung der

Regelung sicherzustellen, die in dem am 22. Januar 1972 unterzeichneten Vertrag über den Beitritt neuer Mitgliedstaaten zur Europäischen Wirtschaftsgemeinschaft und zur Europäischen Atomgemeinschaft für diese Inseln vorgesehen ist.

d) Dieser Vertrag findet auf die Ålandsinseln keine Anwendung. Die Regierung Finnlands kann jedoch durch eine Erklärung, die sie bei Ratifikation dieses Vertrags bei der Regierung der Italienischen Republik hinterlegt, notifizieren, daß der Vertrag entsprechend den Bestimmungen in Protokoll Nr. 2 zur Akte über die Bedingungen des Beitritts der Republik Österreich, der Republik Finnland und des Königreichs Schweden und die Anpassungen der die Europäische Union begründenden Verträge auf die Ålandsinseln Anwendung findet. Die Regierung der Italienischen Republik übermittelt den Mitgliedstaaten eine beglaubigte Abschrift jeder Erklärung.

Art. 228 [Abkommen mit dritten Staaten oder Organisationen]

(1) Soweit dieser Vertrag den Abschluß von Abkommen zwischen der Gemeinschaft und einem oder mehreren Staaten oder internationalen Organisationen vorsieht, legt die Kommission dem Rat Empfehlungen vor; dieser ermächtigt die Kommission zur Einleitung der erforderlichen Verhandlungen. Die Kommission führt diese Verhandlungen im Benehmen mit den zu ihrer Unterstützung vom Rat bestellten besonderen Ausschüssen nach Maßgabe der Richtlinien, die ihr der Rat erteilen kann.

Bei der Ausübung der ihm in diesem Absatz übertragenen Zuständigkeiten beschließt der Rat, außer in den Fällen des Absatzes 2 Satz 2, in denen er einstimmig beschließt, mit qualifizierter Mehrheit.

(2) Vorbehaltlich der Zuständigkeiten, welche die Kommission auf diesem Gebiet besitzt, werden die Abkommen vom Rat mit qualifizierter Mehrheit auf Vorschlag der Kommission geschlossen. Der Rat beschließt einstimmig, wenn das Abkommen einen Bereich betrifft, in dem für die Annahme interner Vorschriften die Einstimmigkeit erforderlich ist, sowie im Fall der in Artikel 238 genannten Abkommen.

(3) Mit Ausnahme der Abkommen im Sinne des Artikels 113 Absatz 3 schließt der Rat die Abkommen nach Anhörung des Europäischen Parlaments, und zwar auch in den Fällen, in denen das Abkommen einen Bereich betrifft, bei dem für die Annahme interner Vorschriften das Verfahren des Artikels 189 b oder des Artikels 189 c anzuwenden ist. Das Europäische Parlament gibt seine Stellungnahme innerhalb einer Frist ab, die der Rat entsprechend der Dringlichkeit festlegen

kann. Ergeht innerhalb dieser Frist keine Stellungnahme, so kann der Rat einen Beschluß fassen.

Abweichend von Unterabsatz 1 bedarf der Abschluß von Abkommen im Sinne des Artikels 238 sowie sonstiger Abkommen, die durch Einführung von Zusammenarbeitsverfahren einen besonderen institutionellen Rahmen schaffen, von Abkommen mit erheblichen finanziellen Folgen für die Gemeinschaft und von Abkommen, die eine Änderung eines nach dem Verfahren des Artikels 189 b angenommenen Rechtsakts bedingen, der Zustimmung des Europäischen Parlaments.

Der Rat und das Europäische Parlament können in dringenden Fällen eine Frist für die Zustimmung vereinbaren.

(4) Abweichend von Absatz 2 kann der Rat die Kommission bei Abschluß eines Abkommens ermächtigen, Änderungen, die nach jenem Abkommen im Weg eines vereinfachten Verfahrens oder durch ein durch das Abkommen geschaffenes Organ anzunehmen sind, im Namen der Gemeinschaft zu billigen; der Rat kann diese Ermächtigung gegebenenfalls mit besonderen Bedingungen verbinden.

(5) Beabsichtigt der Rat, ein Abkommen zu schließen, das Änderungen dieses Vertrags bedingt, so sind diese Änderungen zuvor nach dem Verfahren des Artikels N des Vertrags über die Europäische Union anzunehmen.

(6) Der Rat, die Kommission oder ein Mitgliedstaat kann ein Gutachten des Gerichtshofs über die Vereinbarkeit eines geplanten Abkommens mit diesem Vertrag einholen. Ist dieses Gutachten ablehnend, so kann das Abkommen nur nach Maßgabe des Artikels N des Vertrags über die Europäische Union in Kraft treten.

(7) Die nach Maßgabe dieses Artikels geschlossenen Abkommen sind für die Organe der Gemeinschaft und für die Mitgliedstaaten verbindlich.

Art. 228 a [Wirtschaftssanktionen, Kohärenz mit der GASP] Ist in gemeinsamen Standpunkten oder gemeinsamen Aktionen, die nach den Bestimmungen des Vertrags über die Europäische Union betreffend die Gemeinsame Außen- und Sicherheitspolitik angenommen worden sind, ein Tätigwerden der Gemeinschaft vorgesehen, um die Wirtschaftsbeziehungen zu einem oder mehreren dritten Ländern auszusetzen, einzuschränken oder vollständig einzustellen, so trifft der Rat die erforderlichen Sofortmaßnahmen; der Rat beschließt auf Vorschlag der Kommission mit qualifizierter Mehrheit.

Art. 229 [Beziehungen zu internationalen Organisationen] Die Kommission unterhält alle zweckdienlichen Beziehungen zu den Organen der Vereinten Nationen, ihrer Fachorganisationen und des Allgemeinen Zoll- und Handelsabkommens.

Sie unterhält ferner, soweit zweckdienlich, Beziehungen zu allen internationalen Organisationen.

Art. 230 [Zusammenarbeit mit dem Europarat] Die Gemeinschaft führt jede zweckdienliche Zusammenarbeit mit dem Europarat herbei.

Art. 231 [Zusammenwirken mit der Europäischen Organisation für Wirtschaftliche Zusammenarbeit] Die Gemeinschaft führt ein enges Zusammenwirken mit der Organisation für Wirtschaftliche Zusammenarbeit und Entwicklung herbei; die Einzelheiten werden im gegenseitigen Einvernehmen festgelegt.

Art. 232 [Verhältnis zum EGKS- und zum EAG-Vertrag] (1) Dieser Vertrag ändert nicht die Bestimmungen des Vertrags über die Gründung der Europäischen Gemeinschaft für Kohle und Stahl, insbesondere hinsichtlich der Rechte und Pflichten der Mitgliedstaaten, der Befugnisse der Organe dieser Gemeinschaft und der Vorschriften des genannten Vertrags für das Funktionieren des Gemeinsamen Marktes für Kohle und Stahl.

(2) Dieser Vertrag beeinträchtigt nicht die Vorschriften des Vertrags zur Gründung der Europäischen Atomgemeinschaft.

Art. 233 [Zusammenschluß der Benelux-Staaten] Dieser Vertrag steht dem Bestehen und der Durchführung der regionalen Zusammenschlüsse zwischen Belgien und Luxemburg sowie zwischen Belgien, Luxemburg und den Niederlanden nicht entgegen, soweit die Ziele dieser Zusammenschlüsse durch Anwendung dieses Vertrags nicht erreicht sind.

Art. 234 [Verhältnis zu anderen internationalen Verträgen] Die Rechte und Pflichten aus Übereinkünften, die vor Inkrafttreten dieses Vertrags zwischen einem oder mehreren Mitgliedstaaten einerseits und einem oder mehreren dritten Ländern andererseits geschlossen wurden, werden durch diesen Vertrag nicht berührt.

Soweit diese Übereinkünfte mit diesem Vertrag nicht vereinbar sind, wenden der oder die betreffenden Mitgliedstaaten alle geeigneten Mittel an, um die festgestellten Unvereinbarkeiten zu beheben.

Erforderlichenfalls leisten die Mitgliedstaaten zu diesem Zweck einander Hilfe; sie nehmen gegebenenfalls eine gemeinsame Haltung ein.

Bei Anwendung der in Absatz 1 bezeichneten Übereinkünfte tragen die Mitgliedstaaten dem Umstand Rechnung, daß die in diesem Vertrag von jedem Mitgliedstaat gewährten Vorteile Bestandteil der Errichtung der Gemeinschaft sind und daher in untrennbarem Zusammenhang stehen mit der Schaffung gemeinsamer Organe, der Übertragung von Zuständigkeiten auf diese und der Gewährung der gleichen Vorteile durch alle anderen Mitgliedstaaten.

Art. 235 [Generalermächtigung] Erscheint ein Tätigwerden der Gemeinschaft erforderlich, um im Rahmen des Gemeinsamen Marktes eines ihrer Ziele zu verwirklichen, und sind in diesem Vertrag die hierfür erforderlichen Befugnisse nicht vorgesehen, so erläßt der Rat einstimmig auf Vorschlag der Kommission und nach Anhörung des Europäischen Parlaments die geeigneten Vorschriften.

Art. 236 [Änderung des Vertrags][25]

Art. 237 [Aufnahme weiterer Mitglieder][26]

Art. 238 [Assoziierung mit dritten Staaten und Organisationen] Die Gemeinschaft kann mit einem oder mehreren Staaten oder einer oder mehreren internationalen Organisationen Abkommen schließen, die eine Assoziierung mit gegenseitigen Rechten und Pflichten, gemeinsamem Vorgehen und besonderen Verfahren herstellen.

Art. 239 [Protokolle als Bestandteil des Vertrags] Die diesem Vertrag im gegenseitigen Einvernehmen der Mitgliedstaaten beigefügten Protokolle sind Bestandteil dieses Vertrags.

Art. 240 [Geltungsdauer] Dieser Vertrag gilt auf unbegrenzte Zeit.

Einsetzung der Organe

Art. 241 [Zusammentritt des Rates] Der Rat tritt binnen einem Monat nach Inkrafttreten dieses Vertrags zusammen.

[25-26] Aufgehoben durch Titel II, Ziff. 83 des Vertrags über die Europäische Union v. 7. Februar 1992. Siehe jetzt Art. N u. O dieses Vertrags, w. o. S. 187 f.

Art. 242 [Einsetzung des Wirtschafts- und Sozialausschusses] Der Rat trifft alle zweckdienlichen Maßnahmen, um binnen drei Monaten nach seinem ersten Zusammentreten den Wirtschafts- und Sozialausschuß einzusetzen.

Art. 243 [Zusammentritt des Europäischen Parlaments][27] Das Europäische Parlament tritt binnen zwei Monaten nach der ersten Sitzung des Rates auf Einberufung durch dessen Präsidenten zusammen, um sein Präsidium zu wählen und seine Geschäftsordnung auszuarbeiten. Bis zur Wahl des Präsidiums führt der Alterspräsident den Vorsitz.

Art. 244 [Gerichtshof] Der Gerichtshof nimmt seine Tätigkeit mit Ernennung seiner Mitglieder auf. Die Ernennung des ersten Präsidenten erfolgt nach dem für die Ernennung der Mitglieder geltenden Verfahren für die Dauer von drei Jahren.

Der Gerichtshof legt binnen drei Monaten nach Aufnahme seiner Tätigkeit seine Verfahrensordnung fest.

Der Gerichtshof kann nicht vor der Veröffentlichung der Verfahrensordnung angerufen werden. Die Fristen für die Klageerhebung laufen erst von diesem Zeitpunkt an.

Der Präsident des Gerichtshofs übt von seiner Ernennung an die ihm durch diesen Vertrag übertragenen Befugnisse aus.

Art. 245 [Kommission] Mit Ernennung ihrer Mitglieder nimmt die Kommission ihre Tätigkeit auf und übernimmt gleichzeitig die ihr in diesem Vertrag übertragenen Aufgaben.

Mit Aufnahme ihrer Tätigkeit leitet die Kommission die Untersuchungen ein und stellt die Verbindungen her, die für die Erstellung einer Übersicht über die wirtschaftliche Lage der Gemeinschaft erforderlich sind.

Art. 246 [Das 1. Haushaltsjahr; Übergangsregelungen] (1) Das erste Haushaltsjahr beginnt mit dem Inkrafttreten dieses Vertrags und endet am 31. Dezember desselben Jahres. Tritt der Vertrag in der zweiten Jahreshälfte in Kraft, so endet das Haushaltsjahr am 31. Dezember des folgenden Jahres.

(2) Bis zur Aufstellung des Haushaltsplans für das erste Haushaltsjahr zahlen die Mitgliedstaaten der Gemeinschaft unverzinsliche Vor-

---

[27] In der ursprünglichen Fassung dieses Vertrags bezeichnet als „Versammlung".

schüsse; diese werden von den Finanzbeiträgen für die Durchführung dieses Haushaltsplans abgezogen.

(3) Bis zur Aufstellung des Statuts der Beamten und der für die sonstigen Bediensteten der Gemeinschaft geltenden Beschäftigungsbedingungen gemäß Artikel 212 stellt jedes Organ das erforderliche Personal ein und schließt zu diesem Zweck befristete Verträge.

Jedes Organ prüft gemeinsam mit dem Rat die mit der Anzahl, der Vergütung und der Verteilung der Stellen zusammenhängenden Fragen.

Schlußbestimmungen

Art. 247 [Ratifizierung und Inkrafttreten] Dieser Vertrag bedarf der Ratifizierung durch die Hohen Vertragsparteien gemäß ihren verfassungsrechtlichen Vorschriften. Die Ratifikationsurkunden werden bei der Regierung der Italienischen Republik hinterlegt.

Dieser Vertrag tritt am ersten Tag des auf die Hinterlegung der letzten Ratifikationsurkunde folgenden Monats in Kraft.[28] Findet diese Hinterlegung weniger als fünfzehn Tage vor Beginn des folgenden Monats statt, so tritt der Vertrag am ersten Tag des zweiten Monats nach dieser Hinterlegung in Kraft.

Art. 248 [Verbindlichkeit des Wortlautes][29] Dieser Vertrag ist in einer Urschrift in deutscher, französischer, italienischer und niederländischer Sprache abgefaßt, wobei jeder Wortlaut gleichermaßen verbindlich ist; er wird im Archiv der Regierung der Italienischen Republik hinterlegt; diese übermittelt der Regierung jedes anderen Unterzeichnerstaates eine beglaubigte Abschrift.

Zu URKUND DESSEN haben die unterzeichneten Bevollmächtigten ihre Unterschriften unter diesen Vertrag gesetzt.

GESCHEHEN zu Rom am fünfundzwanzigsten März neunzehnhundertsiebenundfünfzig.

(Es folgen die Unterschriften der Bevollmächtigten).

---

[28] in Kraft getreten am 1. Januar 1958 gem. Bek. v. 27. Dezember 1957 (BGBl. 1958 II S. 1).
[29] Art. 248 ist inzwischen durch den Beitritt von weiteren sechs Staaten seit 1973 (Dänemark, Irland, Vereinigtes Königreich Großbritannien und Nordirland, Griechenland, Portugal und Spanien) sowie von weiteren drei Staaten seit 1995 (Österreich, Schweden und Finnland) inhaltlich ergänzt worden, ohne daß es bisher zu einer formellen Änderung dieser Bestimmung kam. Verbindliche Sprachfassungen sind auch der dänische, englische, finnische, irische (gälische), griechische, portugiesische und spanische Wortlaut dieses Vertrags. Vgl. auch Art. S des Vertrags über die Europäische Union v. 7. Februar 1992, w. o. S. 35.

2. Fundstellenverzeichnis

Lfd. Nr.	Ändernder Vertrag	Fundstelle	Zeitpunkt des Inkrafttretens
1.	Vertrag v. 8. April 1965 (FusV)	BGBl. 1965 II S. 1454	1. Juli 1967 (BGBl. 1967 II S. 2156)
2.	Vertrag v. 22. April 1970	BGBl. 1970 II S. 1282	1. Januar 1971 (BGBl. 1971 II S. 8)
3.	Beitritts- und Anpassungsakte v. 22. Januar 1972	BGBl. 1972 II S. 1127/1144	1. Januar 1973 (BGBl. 1973 II S. 175)
4.	Vertrag v. 22. Juli 1975	BGBl. 1976 II S. 1326	1. Juni 1977 (BGBl. 1977 II S. 656)
5.	Vertrag v. 28. Mai 1979 über den Beitritt Griechenlands	BGBl. 1980 II S. 229/236	1. Januar 1981 (BGBl. 1981 II S. 15)
6.	Vertrag v. 13. März 1984	BGBl. 1985 II S. 74	1. Februar 1985 (BGBl. 1985 II S. 589)
7.	Vertrag v. 12. Juni 1985 über den Beitritt Spaniens und Portugals	BGBl. 1985 II S. 1251/1264	1. Januar 1986 (BGBl. 1986 II S. 422)
8.	Einheitliche Europäische Akte (EEA) v. 28. Februar 1986	BGBl. 1986 II S. 1104	1. Juli 1987 (BGBl. 1987 II S. 451)
9.	Vertrag über die Europäische Union v. 7. Februar 1992	BGBl. 1992 II S. 1253	1. November 1993 (BGBl. 1993 II S. 1947)
10.	Beitritts- und Anpassungsakte v. 24. Juni 1994 (idF. ÄndBeschluß v. 1. Januar 1995)	BGBl. 1994 II S. 2024 (ABl. EG Nr. L 1/1995, S. 1)	1. Januar 1995 (Bek. noch ausstehend)

III. Bundesrepublik Deutschland

1. Europaartikel des Grundgesetzes vom 23. Mai 1949

In der Fassung vom 21. Dezember 1992[1]

Art. 23 [Europäische Union] (1) Zur Verwirklichung eines vereinten Europas wirkt die Bundesrepublik Deutschland bei der Entwicklung der Europäischen Union mit, die demokratischen, rechtsstaatlichen, sozialen und föderativen Grundsätzen und dem Grundsatz der Subsidiarität verpflichtet ist und einen diesem Grundgesetz im wesentlichen vergleichbaren Grundrechtsschutz gewährleistet. Der Bund kann hierzu durch Gesetz mit Zustimmung des Bundesrates Hoheitsrechte übertragen. Für die Begründung der Europäischen Union sowie für Änderungen ihrer vertraglichen Grundlagen und vergleichbare Regelungen, durch die dieses Grundgesetz seinem Inhalt nach geändert oder ergänzt wird oder solche Änderungen oder Ergänzungen ermöglicht werden, gilt Artikel 79 Abs. 2 und 3.

(2) In Angelegenheiten der Europäischen Union wirken der Bundestag und durch den Bundesrat die Länder mit. Die Bundesregierung hat den Bundestag und den Bundesrat umfassend und zum frühestmöglichen Zeitpunkt zu unterrichten.

(3) Die Bundesregierung gibt dem Bundestag Gelegenheit zur Stellungnahme vor ihrer Mitwirkung an Rechtsetzungsakten der Europäischen Union. Die Bundesregierung berücksichtigt die Stellungnahme des Bundestages bei den Verhandlungen. Das Nähere regelt ein Gesetz.

(4) Der Bundesrat ist an der Willensbildung des Bundes zu beteiligen, soweit er an einer entsprechenden innerstaatlichen Maßnahme mitzuwirken hätte oder soweit die Länder innerstaatlich zuständig wären.

---

[1] Gesetz zur Änderung des Grundgesetzes v. 21. Dezember 1992, BGBl. 1992 I S. 2086.

(5) Soweit in einem Bereich ausschließlicher Zuständigkeiten des Bundes Interessen der Länder berührt sind oder soweit im übrigen der Bund das Recht zur Gesetzgebung hat, berücksichtigt die Bundesregierung die Stellungnahme des Bundesrates. Wenn im Schwerpunkt Gesetzgebungsbefugnisse der Länder, die Einrichtung ihrer Behörden oder ihre Verwaltungsverfahren betroffen sind, ist bei der Willensbildung des Bundes insoweit die Auffassung des Bundesrates maßgeblich zu berücksichtigen; dabei ist die gesamtstaatliche Verantwortung des Bundes zu wahren. In Angelegenheiten, die zu Ausgabenerhöhungen oder Einnahmeminderungen für den Bund führen können, ist die Zustimmung der Bundesregierung erforderlich.

(6) Wenn im Schwerpunkt ausschließliche Gesetzgebungsbefugnisse der Länder betroffen sind, soll die Wahrnehmung der Rechte, die der Bundesrepublik Deutschland als Mitgliedstaat der Europäischen Union zustehen, vom Bund auf einen vom Bundesrat benannten Vertreter der Länder übertragen werden. Die Wahrnehmung der Rechte erfolgt unter Beteiligung und in Abstimmung mit der Bundesregierung; dabei ist die gesamtstaatliche Verantwortung des Bundes zu wahren.

(7) Das Nähere zu den Absätzen 4 bis 6 regelt ein Gesetz, das der Zustimmung des Bundesrates bedarf.

Art. 24 [Zwischenstaatliche Einrichtungen] (1) Der Bund kann durch Gesetz Hoheitsrechte auf zwischenstaatliche Einrichtungen übertragen.

(1a) Soweit die Länder für die Ausübung der staatlichen Befugnisse und die Erfüllung der staatlichen Aufgaben zuständig sind, können sie mit Zustimmung der Bundesregierung Hoheitsrechte auf grenznachbarschaftliche Einrichtungen übertragen.

(2) Der Bund kann sich zur Wahrung des Friedens einem System gegenseitiger kollektiver Sicherheit einordnen; er wird hierbei in die Beschränkungen seiner Hoheitsrechte einwilligen, die eine friedliche und dauerhafte Ordnung in Europa und zwischen den Völkern der Welt herbeiführen und sichern.

(3) Zur Regelung zwischenstaatlicher Streitigkeiten wird der Bund Vereinbarungen über eine allgemeine, umfassende, obligatorische, internationale Schiedsgerichtsbarkeit beitreten.

Art. 28 [Bundesgarantie für die Landesverfassungen; Gewährleistung der kommunalen Selbstverwaltung] (1) Die verfassungsmäßige Ordnung in den Ländern muß den Grundsätzen des republikanischen, demokratischen und sozialen Rechtsstaates im Sinne dieses Grundgesetzes entsprechen. In den Ländern, Kreisen und Gemeinden muß das Volk eine Vertretung haben, die aus allgemeinen, unmittelbaren, freien, gleichen und geheimen Wahlen hervorgegangen ist. Bei Wahlen in Kreisen und Gemeinden sind auch Personen, die die Staatsangehörigkeit eines Mitgliedstaates der Europäischen Gemeinschaft besitzen, nach Maßgabe von Recht der Europäischen Gemeinschaft wahlberechtigt und wählbar. In Gemeinden kann an die Stelle einer gewählten Körperschaft die Gemeindeversammlung treten.

(2) Den Gemeinden muß das Recht gewährleistet sein, alle Angelegenheiten der örtlichen Gemeinschaft im Rahmen der Gesetze in eigener Verantwortung zu regeln. Auch die Gemeindeverbände haben im Rahmen ihres gesetzlichen Aufgabenbereiches nach Maßgabe der Gesetze das Recht der Selbstverwaltung.

(3) Der Bund gewährleistet, daß die verfassungsmäßige Ordnung der Länder den Grundrechten und den Bestimmungen der Absätze 1 und 2 entspricht.

Art. 45 [Ausschuß für die Europäische Union] Der Bundestag bestellt einen Ausschuß für die Angelegenheiten der Europäischen Union. Er kann ihn ermächtigen, die Rechte des Bundestages gemäß Artikel 23 gegenüber der Bundesregierung wahrzunehmen.

Art. 50 [Aufgabe des Bundesrates] Durch den Bundesrat wirken die Länder bei der Gesetzgebung und Verwaltung des Bundes und in Angelegenheiten der Europäischen Union mit.

Art. 52 [Präsident, Geschäftsordnung] (1) Der Bundesrat wählt seinen Präsidenten auf ein Jahr.

(2) Der Präsident beruft den Bundesrat ein. Er hat ihn einzuberufen, wenn die Vertreter von mindestens zwei Ländern oder die Bundesregierung es verlangen.

(3) Der Bundesrat faßt seine Beschlüsse mit mindestens der Mehrheit seiner Stimmen. Er gibt sich eine Geschäftsordnung. Er verhandelt öffentlich. Die Öffentlichkeit kann ausgeschlossen werden.

(3a) Für Angelegenheiten der Europäischen Union kann der Bundesrat eine Europakammer bilden, deren Beschlüsse als Beschlüsse des Bundesrates gelten; Artikel 51 Abs. 2 und 3 Satz 2 gilt entsprechend.

(4) Den Ausschüssen des Bundesrates können andere Mitglieder oder Beauftragte der Regierungen der Länder angehören.

Art. 88 [Bundesbank] Der Bund errichtet eine Währungs- und Notenbank als Bundesbank. Ihre Aufgaben und Befugnisse können im Rahmen der Europäischen Union der Europäischen Zentralbank übertragen werden, die unabhängig ist und dem vorrangigen Ziel der Sicherung der Preisstabilität verpflichtet.

Art. 115e [Befugnisse des Gemeinsamen Ausschusses] (1) Stellt der Gemeinsame Ausschuß im Verteidigungsfalle mit einer Mehrheit von zwei Dritteln der abgegebenen Stimmen, mindestens mit der Mehrheit seiner Mitglieder fest, daß dem rechtzeitigen Zusammentritt des Bundestages unüberwindliche Hindernisse entgegenstehen oder daß dieser nicht beschlußfähig ist, so hat der Gemeinsame Ausschuß die Stellung von Bundestag und Bundesrat und nimmt deren Rechte einheitlich wahr.

(2) Durch ein Gesetz des Gemeinsamen Ausschusses darf das Grundgesetz weder geändert noch ganz oder teilweise außer Kraft oder außer Anwendung gesetzt werden. Zum Erlaß von Gesetzen nach Artikel 23 Abs. 1 Satz 2, Artikel 24 Abs. 1 oder Artikel 29 ist der Gemeinsame Ausschuß nicht befugt.

2. Gesetz
zum Vertrag vom 7. Februar 1992
über die Europäische Union

Vom 28. Dezember 1992[1]

Der Bundestag hat mit Zustimmung des Bundesrates das folgende Gesetz beschlossen; Artikel 79 Abs. 2 des Grundgesetzes ist eingehalten:

Artikel 1

Dem in Maastricht am 7. Februar 1992 von der Bundesrepublik Deutschland unterzeichneten Vertrag über die Europäische Union einschließlich der 17 Protokolle sowie den Erklärungen, wie sie in der Schlußakte vom selben Tage aufgeführt sind, wird zugestimmt. Der Vertrag, die Protokolle und die Schlußakte einschließlich der Erklärungen werden nachstehend veröffentlicht.

Artikel 2

Verpflichtungen der Bundesrepublik Deutschland aus Rechtsakten der Europäischen Gemeinschaft nach Artikel 104c des Vertrags zur Gründung der Europäischen Gemeinschaft sind in den Haushalten von Bund und Ländern unter Beachtung des Artikels 109 Abs. 1 des Grundgesetzes und gemäß der ihnen nach Artikel 109 Abs. 2 des Grundgesetzes obliegenden Berücksichtigung der Erfordernisse des gesamtwirtschaftlichen Gleichgewichts auf der Grundlage einer Abstimmung zwischen Bund und Ländern zu erfüllen.

Artikel 3

(1) Dieses Gesetz tritt am Tage nach seiner Verkündung in Kraft.

(2) Der Tag, an dem der Vertrag über die Europäische Union nach seinem Artikel R Abs. 2 für die Bundesrepublik Deutschland in Kraft tritt, ist im Bundesgesetzblatt bekanntzugeben.[2]

---

[1] Quelle: BGBl. 1992 I S. 1251.

[2] Der Vertrag über die Europäische Union ist am 1. November 1993 in Kraft getreten. Siehe dazu w.o., S. 17 Anm. 1.

3. Gesetz
über die Zusammenarbeit von Bundesregierung und Deutschem Bundestag in Angelegenheiten der Europäischen Union

Vom 12. März 1993[1]

Der Bundestag hat das folgende Gesetz beschlossen:

§ 1

In Angelegenheiten der Europäischen Union wirkt der Bundestag an der Willensbildung des Bundes mit.

§ 2

Der Bundestag bestellt einen Ausschuß für Angelegenheiten der Europäischen Union. Der Bundestag kann den Ausschuß ermächtigen, für ihn Stellungnahmen abzugeben.

§ 3

Die Bundesregierung unterrichtet den Bundestag umfassend zum frühestmöglichen Zeitpunkt über alle Vorhaben im Rahmen der Europäischen Union, die für die Bundesrepublik Deutschland von Interesse sein könnten.

§ 4

Die Bundesregierung übersendet dem Bundestag insbesondere die Entwürfe von Richtlinien und Verordnungen der Europäischen Union und unterrichtet den Bundestag zugleich über den wesentlichen Inhalt und die Zielsetzung, über das beim Erlaß des geplanten Rechtsetzungsakts innerhalb der Europäischen Union anzuwendende Verfahren und den voraussichtlichen Zeitpunkt der Befassung des Rates, insbesondere den voraussichtlichen Zeitpunkt der Beschlußfassung im Rat. Sie unterrichtet den Bundestag unverzüglich über ihre Willensbildung, über den Verlauf der Beratungen, über die Stellung-

---

[1] Quelle: BGBl. 1993 I S. 311.

nahmen des Europäischen Parlaments und der Europäischen Kommission, über die Stellungnahmen der anderen Mitgliedstaaten sowie über die getroffenen Entscheidungen.

§ 5

Die Bundesregierung gibt vor ihrer Zustimmung zu Rechtsetzungsakten der Europäischen Union dem Bundestag Gelegenheit zur Stellungnahme. Die Frist zur Stellungnahme muß so bemessen sein, daß der Bundestag ausreichend Gelegenheit hat, sich mit der Vorlage zu befassen. Die Bundesregierung legt die Stellungnahme ihren Verhandlungen zugrunde.

§ 6

Für den Bereich des Artikels 235 EWG-Vertrag gelten die Vorschriften dieses Gesetzes bereits vor Gründung der Europäischen Union entsprechend.

§ 7

Dieses Gesetz tritt mit dem Tage der Gründung der Europäischen Union in Kraft. Dieser Tag ist im Bundesgesetzblatt bekanntzugeben.[2] Abweichend von Satz 1 tritt § 6 am 1. Januar 1993 in Kraft.

---

[2] Der Vertrag über die Europäische Union ist am 1. November 1993 in Kraft getreten. Siehe dazu w.o., S. 17 Anm. 1.

4. Gesetz über die Zusammenarbeit von Bund und Ländern in Angelegenheiten der Europäischen Union

Vom 12. März 1993[1]

Der Bundestag hat mit Zustimmung des Bundesrates das folgende Gesetz beschlossen:

§ 1

In Angelegenheiten der Europäischen Union wirken die Länder durch den Bundesrat mit.

§ 2

Die Bundesregierung unterrichtet den Bundesrat unbeschadet des Artikels 2 des Gesetzes zu den Verträgen vom 25. März 1957 zur Gründung der Europäischen Wirtschaftsgemeinschaft und der Europäischen Atomgemeinschaft vom 27. Juli 1957 (BGBl. II S. 753) umfassend und zum frühestmöglichen Zeitpunkt über alle Vorhaben im Rahmen der Europäischen Union, die für die Länder von Interesse sein könnten.

§ 3

Vor der Festlegung der Verhandlungsposition zu einem Vorhaben der Europäischen Union gibt die Bundesregierung dem Bundesrat rechtzeitig Gelegenheit zur Stellungnahme binnen angemessener Frist, soweit Interessen der Länder berührt sind.

§ 4

(1) Soweit der Bundesrat an einer entsprechenden innerstaatlichen Maßnahme mitzuwirken hätte oder soweit die Länder innerstaatlich zuständig wären, beteiligt die Bundesregierung vom Bundesrat benannte Vertreter der Länder an Beratungen zur Festlegung der Verhandlungsposition zu dem Vorhaben.

---

[1] Quelle: BGBl. 1993 I S. 313.

(2) Gegenstand der Beratungen nach Absatz 1 ist auch die Anwendung der §§ 5 und 6 auf das Vorhaben. Dabei ist zwischen Bund und Ländern ein Einvernehmen anzustreben.

§ 5

(1) Soweit in einem Bereich ausschließlicher Zuständigkeiten des Bundes Interessen der Länder berührt sind oder soweit im übrigen der Bund das Recht zur Gesetzgebung hat, berücksichtigt die Bundesregierung die Stellungnahme des Bundesrates bei der Festlegung der Verhandlungsposition zu dem Vorhaben.

(2) Wenn bei einem Vorhaben im Schwerpunkt Gesetzgebungsbefugnisse der Länder betroffen sind und der Bund kein Recht zur Gesetzgebung hat oder ein Vorhaben im Schwerpunkt die Einrichtung der Behörden der Länder oder ihre Verwaltungsverfahren betrifft, ist insoweit bei Festlegung der Verhandlungsposition durch die Bundesregierung die Stellungnahme des Bundesrates maßgeblich zu berücksichtigen; im übrigen gilt Absatz 1. Die gesamtstaatliche Verantwortung des Bundes, einschließlich außen-, verteidigungs- und integrationspolitisch zu bewertender Fragen, ist zu wahren. Stimmt die Auffassung der Bundesregierung nicht mit der Stellungnahme des Bundesrates überein, ist ein Einvernehmen anzustreben. Zur Herbeiführung dieses Einvernehmens erfolgt erneute Beratung der Bundesregierung mit Vertretern der Länder. Kommt ein Einvernehmen nicht zustande und bestätigt der Bundesrat daraufhin seine Auffassung mit einem mit zwei Dritteln seiner Stimmen gefaßten Beschluß, so ist die Auffassung des Bundesrates maßgebend. Die Zustimmung der Bundesregierung ist erforderlich, wenn Entscheidungen zu Ausgabenerhöhungen oder Einnahmeminderungen für den Bund führen können.

(3) Vor der Zustimmung zu Vorhaben, die auf Artikel 235 EWG-Vertrag gestützt werden, stellt die Bundesregierung das Einvernehmen mit dem Bundesrat her, soweit dessen Zustimmung nach innerstaatlichem Recht erforderlich wäre oder soweit die Länder innerstaatlich zuständig wären.

§ 6

(1) Bei einem Vorhaben, bei dem der Bundesrat an einer entsprechenden innerstaatlichen Maßnahme mitzuwirken hätte oder bei dem die Länder innerstaatlich zuständig wären oder das sonst wesentliche Interessen der Länder berührt, zieht die Bundesregierung auf Ver-

langen Vertreter der Länder zu den Verhandlungen in den Beratungsgremien der Kommission und des Rates hinzu, soweit ihr dies möglich ist. Die Verhandlungsführung liegt bei der Bundesregierung; Vertreter der Länder können mit Zustimmung der Verhandlungsführung Erklärungen abgeben.

(2) Bei einem Vorhaben, das im Schwerpunkt ausschließliche Gesetzgebungsbefugnisse der Länder betrifft, soll die Bundesregierung die Verhandlungsführung in den Beratungsgremien der Kommission und des Rates und bei Ratstagungen in der Zusammensetzung der Minister auf einen Vertreter der Länder übertragen. Für diese Ratstagungen kann vom Bundesrat nur ein Mitglied einer Landesregierung im Ministerrang benannt werden. Die Ausübung der Rechte durch den Vertreter der Länder erfolgt unter Teilnahme von und in Abstimmung mit dem Vertreter der Bundesregierung. Die Abstimmung der Verhandlungsposition mit dem Vertreter der Bundesregierung im Hinblick auf eine sich ändernde Verhandlungslage erfolgt entsprechend den für die interne Willensbildung geltenden Regeln und Kriterien.

(3) Absatz 2 gilt nicht für die Rechte, die der Bundesrepublik Deutschland als Vorsitz im Rat zustehen. Bei der Ausübung dieser Rechte setzt sich die Bundesregierung, soweit Vorhaben im Sinne des Absatzes 2 Satz 1 betroffen sind, mit dem Vertreter der Länder ins Benehmen.

(4) Auf Tagesordnungspunkte der Ratstagungen, die der Rat ohne Aussprache genehmigt, findet Absatz 2 keine Anwendung, wenn diese Behandlung mit dem Vertreter der Länder abgestimmt worden ist.

§ 7

(1) Die Bundesregierung macht auf Verlangen des Bundesrates unbeschadet eigener Klagerechte der Länder von den im Vertrag über die Europäische Union vorgesehenen Klagemöglichkeiten Gebrauch, soweit die Länder durch ein Handeln oder Unterlassen von Organen der Union in Bereichen ihrer Gesetzgebungsbefugnisse betroffen sind und der Bund kein Recht zur Gesetzgebung hat. Dabei ist die gesamtstaatliche Verantwortung des Bundes, einschließlich außen-, verteidigungs- und integrationspolitisch zu bewertender Fragen, zu wahren.

(2) Absatz 1 gilt entsprechend, wenn die Bundesregierung in Verfahren vor dem Europäischen Gerichtshof Gelegenheit zur Stellungnahme hat.

(3) Hinsichtlich der Prozeßführung vor dem Europäischen Gerichtshof stellt die Bundesregierung in den in den Absätzen 1 und 2 genannten Fällen sowie für Vertragsverletzungsverfahren, in denen die Bundesrepublik Deutschland Partei ist, mit dem Bundesrat Einvernehmen her, soweit Gesetzgebungsbefugnisse der Länder betroffen sind und der Bund kein Recht zur Gesetzgebung hat.

§ 8

Die Länder können unmittelbar zu Einrichtungen der Europäischen Union ständige Verbindungen unterhalten, soweit dies zur Erfüllung ihrer staatlichen Befugnisse und Aufgaben nach dem Grundgesetz dient. Die Länderbüros erhalten keinen diplomatischen Status. Stellung und Aufgaben der Ständigen Vertretung in Brüssel als Vertretung der Bundesrepublik Deutschland bei den Europäischen Gemeinschaften gelten uneingeschränkt auch in den Fällen, in denen die Wahrnehmung der Rechte, die der Bundesrepublik Deutschland als Mitgliedstaat der Europäischen Union zustehen, auf einen Vertreter der Länder übertragen wird.

§ 9

Einzelheiten der Unterrichtung und Beteiligung der Länder nach diesem Gesetz bleiben einer Vereinbarung zwischen Bund und Ländern vorbehalten.[2]

§ 10

Bei Vorhaben der Europäischen Union ist das Recht der Gemeinden und Gemeindeverbände zur Regelung der Angelegenheiten der örtlichen Gemeinschaft zu wahren und sind ihre Belange zu schützen.

§ 11

Dieses Gesetz gilt nicht für den Bereich der Gemeinsamen Außen- und Sicherheitspolitik der Europäischen Union.

---

[2] Abgedruckt im folgenden, w.u. S. 285 ff.

§ 12

Dieses Gesetz gilt auch für Vorhaben, die auf Beschlüsse des Rates und der im Rat vereinigten Vertreter der Regierungen der Mitgliedstaaten gerichtet sind.

§ 13

Die in § 9 genannte Vereinbarung kann weitere Fälle vorsehen, in denen die Länder entsprechend diesem Gesetz mitwirken.

§ 14

Die Bundesregierung schlägt dem Rat als Mitglied des Ausschusses der Regionen und deren Stellvertreter die von den Ländern benannten Vertreter vor. Die Länder regeln ein Beteiligungsverfahren für die Gemeinden und Gemeindeverbände, das sichert, daß diese auf Vorschlag der kommunalen Spitzenverbände mit drei gewählten Vertretern im Regionalausschuß vertreten sind.

§ 15

Artikel 2 des Gesetzes vom 19. Dezember 1986 zur Einheitlichen Europäischen Akte vom 28. Februar 1986 (BGBl. II S. 1102) tritt mit Inkrafttreten dieses Gesetzes außer Kraft.

§ 16

Dieses Gesetz tritt mit dem Tage der Gründung der Europäischen Union in Kraft. Dieser Tag ist im Bundesgesetzblatt bekanntzugeben.[3] Abweichend von Satz 1 tritt § 5 Abs. 3 am 1. Januar 1993 in Kraft.

---

[3] Der Vertrag über die Europäische Union ist am 1. November 1993 in Kraft getreten. Siehe dazu w.o., S. 17 Anm. 1.

5. Vereinbarung
zwischen der Bundesregierung
und den Regierungen der Länder über
die Zusammenarbeit in Angelegenheiten
der Europäischen Union in Ausführung
von § 9 des Gesetzes über
die Zusammenarbeit von Bund und Ländern
in Angelegenheiten der Europäischen Union

Vom 29. Oktober 1993[1]

Bundesregierung und Regierungen der Länder bekennen sich zur Verwirklichung eines vereinten Europas und der Entwicklung der Europäischen Union auf der Grundlage der Verträge über die Gründung der Europäischen Gemeinschaften einschließlich deren Folgerecht und des Vertrages über die Europäische Union sowie zu den sich daraus ergebenden Informations- und Handlungspflichten in wechselseitigem bundesstaatlichen Treueverhältnis. Sie arbeiten auf der Grundlage von Art. 23 GG und des dazu ergangenen Gesetzes über die Zusammenarbeit von Bund und Ländern in Angelegenheiten der Europäischen Union (EUZBLG) eng und vertrauensvoll zusammen. Zur Durchführung der diese Zusammenarbeit regelnden Bestimmungen vereinbaren sie folgendes:

I. Unterrichtung des Bundesrates

1. Die Bundesregierung unterrichtet den Bundesrat laufend und in der Regel schriftlich über alle Vorhaben im Rahmen der Europäischen Union, die für die Länder von Interesse sein könnten. Dies geschieht insbesondere durch Übersendung von der Bundesregierung vorliegenden

---

[1] Quelle: Bundesanzeiger Nr. 226/1993, S. 10425.

a) Dokumenten
   - der Kommission und ihrer Dienststellen, soweit sie an den Rat gerichtet oder der Bundesregierung auf sonstige Weise offiziell zugänglich gemacht worden sind;
   - des Europäischen Rates, des Rates, der informellen Ministertreffen und der Ratsgremien.

b) Berichten und Mitteilungen von Organen der Europäischen Union über Sitzungen
   - des Europäischen Rates, des Rates und der informellen Ministertreffen;
   - des Ausschusses der Ständigen Vertreter und sonstiger Ausschüsse oder Arbeitsgruppen des Rates;
   - der Beratungsgremien bei der Kommission.

c) Berichten der Ständigen Vertretung über
   - Sitzungen des Rates und der Ratsgruppen,[2] der informellen Ministertreffen und des Ausschusses der Ständigen Vertreter;
   - Sitzungen des Europäischen Parlaments und seiner Ausschüsse;
   - Entscheidungen der Kommission,
   wobei die Empfänger dafür Sorge tragen, daß diese Berichte nur an einen begrenzten Personenkreis in den jeweils zuständigen obersten Landesbehörden weitergeleitet werden.

d) Dokumenten und Informationen über förmliche Initiativen, Stellungnahmen und Erläuterungen der Bundesregierung für Organe der Europäischen Union.[3]

Die Unterrichtung bezieht sich auch auf Vorhaben, die auf Beschlüsse der im Rat vereinigten Vertreter der Regierungen der Mitgliedstaaten gerichtet sind.

Im übrigen oder ergänzend erfolgt die Unterrichtung mündlich in ständigen Kontakten.

---

[2] Darunter fallen auch Berichte über Sitzungen der Freunde der Präsidentschaft sowie der Antici-Gruppe.

[3] Die Unterrichtung bezieht sich auch auf die Sammelweisung für den Ausschuß der Ständigen Vertreter sowie auf förmliche Initiativen der Regierungen anderer Mitgliedstaaten gegenüber Rat und Kommission, die der Bundesregierung offiziell zugänglich gemacht wurden und die für die Meinungsbildung der Länder von Bedeutung sind.

2. Die Bundesregierung übersendet die Unterlagen dem Bundesrat zum frühestmöglichen Zeitpunkt und auf dem kürzesten Weg.
3. Die Ministerien des Bundes und der Länder eröffnen sich untereinander und dem Bundesrat im Rahmen der geltenden Datenschutzvorschriften Zugang zu ressortübergreifenden Datenbanken zu Vorhaben im Rahmen der Europäischen Union. Die Bundesregierung wird sich bemühen, daß EG-Datenbanken, die den Regierungen der Mitgliedstaaten zugänglich sind, auch dem Bundesrat und den Regierungen der Länder zugänglich gemacht werden. Einzelheiten müssen gesondert geregelt werden.

II. Vorbereitende Beratungen

1. Das innerhalb der Bundesregierung federführende Bundesressort lädt die Ländervertreter zu Beratungen zur Festlegung der Verhandlungsposition zu Vorhaben ein, soweit der Bundesrat an einer entsprechenden innerstaatlichen Maßnahme mitzuwirken hätte oder soweit die Länder innerstaatlich zuständig wären. Dabei soll auch Einvernehmen über die Anwendung von §§ 5 und 6 EUZBLG auf ein Vorhaben angestrebt werden.[4]
2. Bei der Einordnung eines Vorhabens unter die Regelungen des EUZBLG ist auf den konkreten Inhalt der EG-Vorlage abzustellen. Die Zuordnung zur Zuständigkeit des Bundes oder der Länder folgt aus der innerstaatlichen Kompetenzordnung.

   Bei Beurteilung der Frage, ob bei einem Vorhaben der Bund im nationalen Bereich das Recht zur Gesetzgebung hat, ist in Fällen der konkurrierenden und der Rahmengesetzgebung auch darauf abzustellen, ob ein Bedürfnis nach bundesgesetzlicher Regelung im Sinne von Art. 72 Abs. 2 GG bestehen würde.

   Hinsichtlich des Regelungsschwerpunkts des Vorhabens ist darauf abzustellen, ob eine Materie im Mittelpunkt des Vorhabens steht oder ganz überwiegend Regelungsgegenstand

---

[4] Die Länder weisen darauf hin, daß es sich hier nur um vorläufige Festlegungen handeln kann, die gegebenenfalls unter den Vorbehalt einer Beschlußfassung des Bundesrates zu stellen sind.

ist. Das ist nicht quantitativ bestimmbar, sondern das Ergebnis einer qualitativen Beurteilung.

3. In den Fällen, in denen innerstaatlich eine Zusammenarbeit von Bund und Ländern vorgesehen ist, ist – unbeschadet der Bestimmungen des EUZBLG im einzelnen – bei Festlegung der Verhandlungsposition – auch auf Gemeinschaftsebene – ein gemeinsames Vorgehen anzustreben.[5]

III. Stellungnahme des Bundesrates

1. Um die rechtzeitige Abgabe einer Stellungnahme zu ermöglichen, informiert die Bundesregierung den Bundesrat unbeschadet der Unterrichtung nach Teil I dieser Vereinbarung bei allen Vorhaben, die Interessen der Länder berühren, über den zeitlichen Rahmen der Behandlung in den Ratsgremien.

   Je nach Verhandlungslage teilt die Bundesregierung dem Bundesrat auch mit, bis zu welchem Zeitpunkt eine Stellungnahme wegen der sich aus dem Verfahrensablauf der Europäischen Union ergebenden zeitlichen Vorgaben noch berücksichtigt werden kann.

2. Der Bundesrat kann seine Stellungnahme im Verlauf der Beratung des Vorhabens in den Gremien der Europäischen Union anpassen und ergänzen. Zu diesem Zweck unterrichtet die Bundesregierung den Bundesrat durch ständige Kontakte – in einer der Sache jeweils angemessenen Form – über wesentliche Änderungen bei diesen Vorhaben.

3. Beschlüsse des Bundesrates sind auch solche, die von der Europakammer des Bundesrates (Art. 52 Abs. 3 a GG) abgegeben werden.

4. Stimmt in den Fällen von § 5 Abs. 2 EUZBLG die Auffassung der Bundesregierung nicht mit der Stellungnahme des Bundesrates überein, unterrichtet sie den Bundesrat und lädt unverzüglich die vom Bundesrat benannten Ländervertreter zur erneuten Beratung ein, um möglichst Einvernehmen[6] zu

---

[5] Entsprechend wird bei Festlegung der Verhandlungsposition verfahren, wenn der Regelungsschwerpunkt des Vorhabens nur schwer feststellbar ist.

[6] Die Länder weisen darauf hin, daß das Einvernehmen gegebenenfalls unter den Vorbehalt einer Beschlußfassung des Bundesrates zu stellen ist.

erzielen. Kommt ein Einvernehmen nicht zustande, beschließt der Bundesrat unverzüglich darüber, ob seine Stellungnahme aufrechterhalten wird.
5. Weicht die Bundesregierung von einer Stellungnahme des Bundesrates ab, so teilt sie auf Verlangen des Bundesrates nach Abschluß eines Vorhabens die maßgeblichen Gründe mit.

IV. Hinzuziehung von Ländervertretern zu Verhandlungen in Gremien der Europäischen Union

1. Werden in Gremien des Rates oder der Kommission Vorhaben behandelt, zu denen dem Bundesrat vor Festlegung der Verhandlungsposition Gelegenheit zur Stellungnahme zu geben ist, so unterrichtet die Bundesregierung den Bundesrat unverzüglich über den Ort, den Zeitpunkt und die Beratungsgegenstände der Sitzungen dieser Gremien. Dasselbe gilt soweit möglich für vorbereitende Aktivitäten der Kommission der Europäischen Gemeinschaft wie formelle Anhörungen, Konsultationen und Expertengespräche.
2. Unbeschadet der gesetzlichen Regelungen des § 6 Abs. 1 EUZBLG führen die Bundesregierung und die Regierungen der Länder gemeinsam eine Liste der Beratungsgremien[7] bei Kommission und Rat, in denen Vorhaben behandelt werden, bei denen der Bundesrat an einer entsprechenden innerstaatlichen Maßnahme mitzuwirken hätte, bei denen die Länder innerstaatlich zuständig wären oder bei denen wesentliche Interessen der Länder betroffen sind. Diese Liste kann einvernehmlich geändert werden, ohne daß es einer förmlichen Änderung dieser Vereinbarung bedarf.
3. Der Bundesrat benennt der Bundesregierung die Ländervertreter bzw. das die Vertreter entsendende Ressort einer Landesregierung. Für die in der Liste erfaßten Gremien kann dies ebenfalls listenmäßig für einen bestimmten Zeitraum erfolgen. Werden Ländervertreter im Einzelfall außerhalb oder

---

[7] Darunter fallen auch die Gremien nach dem Beschluß des Rates vom 13. Juli 1987 zur Festlegung der Modalitäten für die Ausübung der der Kommission übertragenen Durchführungsbefugnisse sowie der Koordinierungsausschuß nach Art. K.4 EU-V. Beim Ausschuß der Ständigen Vertreter sowie beim Sonderausschuß Landwirtschaft werden die Länder durch Teilnahme von Ländervertretern an den Sitzungen zur Vorbereitung der Weisungen beteiligt.

in Änderung der listenmäßig benannten Vertreter bestellt, teilt dies der Bundesrat vor den Verhandlungen mit.
Die Bundesregierung wird dem Verlangen auf Hinzuziehung mindestens eines Ländervertreters, bei Vorliegen der Voraussetzungen von § 5 Abs. 2 EUZBLG von zwei Ländervertretern, entsprechen, soweit ihr das möglich ist.
Die Bundesregierung wird sich im Einzelfall jeweils bemühen, die Hinzuziehung eines Ländervertreters zu ermöglichen.
Nimmt in den Fällen des § 6 Abs. 1 EUZBLG kein benannter Ländervertreter teil oder ist noch kein Ländervertreter vom Bundesrat benannt, kann im Einzelfall die Sitzung von einem Vertreter wahrgenommen werden.

4. Über die Hinzuziehung von Ländervertretern zu informellen Treffen, soweit im Schwerpunkt ausschließliche Gesetzgebungsbefugnisse der Länder betroffen sind, verständigen sich Bundesregierung und Länder im Einzelfall.

5. Für Ratstagungen in der Zusammensetzung der Minister, bei denen Vorhaben behandelt werden, die im Schwerpunkt ausschließliche Gesetzgebungsbefugnisse der Länder betreffen, benennt der Bundesrat gem. § 6 Abs. 2 EUZBLG Mitglieder von Landesregierungen im Ministerrang, auf die die Bundesregierung für diese Vorhaben die Verhandlungsführung übertragen soll. Die Länder stellen eine den Anforderungen von Art. 146 EG-V entsprechende Vertretung bei diesen Ratstagungen sicher. Bei Verhinderung der Ländervertreter nimmt ein Vertreter der Bundesregierung oder der Ständige Vertreter die Verhandlungsführung wahr.

6. Vertreter der Länder sind Mitglieder der deutschen Delegation. Sie nehmen an Delegationsbesprechungen vor Ort teil, die zur Vorbereitung während der Sitzungen durchgeführt werden. Vorausgehende gemeinsame Vorbereitungen, die auch von den Ländervertretern angeregt werden können, bleiben unberührt.

7. Die Delegationsleitung liegt bei der Bundesregierung. Sie wird – unbeschadet der Verhandlungsführung zu einzelnen Vorhaben – vom Vertreter der Bundesregierung im Benehmen mit dem Vertreter der Länder wahrgenommen. Soweit die Verhandlungsführung nicht auf einen Ländervertreter übertragen ist, kann dieser in Arbeitsausschüssen und -gruppen mit Zustimmung des Delegationsleiters Erklärungen abgeben.

V. Verfahren vor den Europäischen Gerichten

1. Im Hinblick auf die hier zu wahrenden Verfahrensfristen unterrichtet die Bundesregierung den Bundesrat unverzüglich von allen Dokumenten und Informationen über Verfahren vor dem Europäischen Gerichtshof und dem Gericht erster Instanz, an denen die Bundesregierung beteiligt ist. Dies gilt auch für Urteile zu Verfahren, an denen sich die Bundesregierung beteiligt.
2. Macht die Bundesregierung bei Vorliegen der Voraussetzungen von § 7 Abs. 1 EUZBLG auf Beschluß des Bundesrates von den im Vertrag über die Europäische Union vorgesehenen Klagemöglichkeiten Gebrauch, so fertigt sie die entsprechende Klageschrift. Von den Ländern wird hierfür rechtzeitig eine ausführliche Stellungnahme zur Sache zur Verfügung gestellt.
3. Nr. 2 gilt entsprechend, wenn die Bundesregierung in Verfahren vor dem Europäischen Gerichtshof Gelegenheit zur Stellungnahme hat.

VI. Zusammenarbeit zwischen Ständiger Vertretung und Länderbüros

Die Bundesregierung unterstützt über die Ständige Vertretung und gegebenenfalls die bilaterale Botschaft im Rahmen der gegebenen Möglichkeiten und soweit erforderlich die Länderbüros in Einzelfragen im Hinblick auf ihre Aufgaben. Einzelheiten sind in direktem Kontakt zwischen der Ständigen Vertretung und den Länderbüros zu klären.

VII. Anwendung dieser Vereinbarung

1. Die Regelungen dieser Vereinbarung gelten für alle Vorhaben im Rahmen des Vertrages über die Europäische Union – einschließlich sog. „Gemischter Beschlüsse" und der Vorbereitung und dem Abschluß völkerrechtlicher Abkommen[8] – sowie für Vorhaben, die in dem „Abkommen zwischen 11 Mitgliedstaaten über die Sozialpolitik" ihre Grundlage haben.

---

[8] In der Frage, ob und inwieweit darüber hinaus gegebenenfalls innerstaatlich eine Zustimmung der Länder nach der Lindauer Absprache erforderlich ist, bestehen bei Bund und Ländern unterschiedliche Rechtsauffassungen. Das Verfahren in diesen Fällen bleibt einer besonderen Absprache überlassen.

2. Hinsichtlich der Regierungskonferenzen nach Art. N EU-V gilt:
   - Der Bundesrat wird über die Verhandlungen unterrichtet, soweit Länderinteressen betroffen sein könnten.[9]
   - Die Bundesregierung berücksichtigt die Stellungnahme des Bundesrates bei den Verhandlungen in entsprechender Anwendung von § 5 EUZBLG.
   - Die Länder können mit einem Beobachter – maximal zwei Beobachtern, falls ausschließliche Länderkompetenzen betroffen sind – an Ressortgesprächen zur Vorbereitung der Regierungskonferenzen sowie – soweit möglich von Fall zu Fall – an den Regierungskonferenzen selbst teilnehmen.
3. Hinsichtlich der Erweiterungsverhandlungen nach Art. O EU-V gilt:
   - Der Bundesrat wird über die Verhandlungen unterrichtet, soweit Länderinteressen betroffen sein könnten.
   - Die Bundesregierung berücksichtigt die Stellungnahme des Bundesrates bei den Verhandlungen in entsprechender Anwendung von § 5 EUZBLG.
   - Die Länder können mit einem Ländervertreter an Ressortabstimmungen der Verhandlungsposition sowie – soweit möglich – an der Ad-hoc-Gruppe „Erweiterung" des Rates teilnehmen, wenn der konkret zu behandelnde Fragenbereich die ausschließliche Gesetzgebungskompetenz der Länder oder deren wesentliche Interessen berührt.
4. Hinsichtlich der Assoziierungsverhandlungen nach Art. 238 EG-V sowie für die Abkommen nach Art. 113 Abs. 3 EG-V gelten die Regelungen des EUZBLG und dieser Vereinbarung mit der Ausnahme, daß sich die Teilnahme des Ländervertreters auf die Verhandlungen in der Ratsgruppe zur Aushandlung des Mandats für die Kommission beschränkt.

VIII. Schlußbestimmungen

1. Das Gesetz über die Zusammenarbeit von Bund und Ländern in Angelegenheiten der Europäischen Union und diese

---

[9] Das gilt auch für den Fall, daß die Verhandlungen wiederum von Persönlichen Beauftragten geführt werden sollten.

Vereinbarung Bund – Länder 293

Vereinbarung ersetzen das Verfahren nach Art. 2 des Gesetzes vom 19. Dezember 1986 zur Einheitlichen Europäischen Akte und die dazu getroffene Vereinbarung zwischen Bundesregierung und den Regierungen der Länder.
2. Die Regierungen von Bund und Ländern werden durch geeignete institutionelle und organisatorische Vorkehrungen sicherstellen, daß die Handlungsfähigkeit der Bundesrepublik Deutschland und eine flexible Verhandlungsführung auf EG-Ebene gewährleistet bleiben.
3. Ergänzende Formen der fachlichen Zusammenarbeit und Fachkontakte zwischen Bund und Ländern – z.B. auch im Bildungs- und Kulturbereich – werden nach Maßgabe von Art. 23 GG und des EUZBLG fortgeführt.
4. In Fällen des § 5 Abs. 2 EUZBLG ist die Zustimmung der Bundesregierung erforderlich, wenn Entscheidungen zu Ausgabenerhöhungen oder Einnahmeminderungen für den Bund führen können.
5. Der Beobachter der Länder hat die Aufgabe, die Länder bei der Wahrnehmung ihrer Rechte nach dem EUZBLG zu unterstützen. Seine Informations- und Beteiligungsmöglichkeiten gegenüber den Institutionen und Gremien der Europäischen Gemeinschaft sowie der Bundesregierung bleiben bestehen.[10]
6. Die Länder übermitteln der Bundesregierung ihre Vorschläge für die Besetzung des Ausschusses der Regionen rechtzeitig vor Ablauf der jeweiligen Mandatsperiode.
7. Die Vereinbarung gilt gem. § 11 EUZBLG nicht für den Bereich der Gemeinsamen Außen- und Sicherheitspolitik der Europäischen Union.
8. Die Vereinbarung tritt mit dem Tage der Gründung der Europäischen Union in Kraft.[11] Bund und Länder überprüfen diese Vereinbarung zum 01. Juli 1996 im Lichte der bis dahin gesammelten Erfahrungen, insbesondere im Hinblick auf die Anwendung der §§ 5 und 6 EUZBLG im Bereich der konkurrierenden und der Rahmengesetzgebung.

---

[10] Der Bund ist bereit, die Möglichkeit der Abordnung von Beamten aus dem Länderbereich in die Ständige Vertretung einzuräumen. Einzelheiten werden zwischen Bund – vertreten durch AA – und Ländern einvernehmlich festgelegt. Im Zuge einer solchen Regelung werden Bund und Länder den Inhalt der derzeitigen Ziffer 5 überprüfen.
[11] Der Vertrag über die Europäische Union ist am 1. November 1993 in Kraft getreten. Siehe dazu w.o., S. 17 Anm. 1.

Protokollnotizen zu der Vereinbarung

1. Die Unterlagen der Europäischen Gemeinschaften werden im allgemeinen offen weitergegeben. Mitteilungen der EG-Organe über eine besondere Vertraulichkeit werden vom Bundesrat beachtet.
   Eine eventuell nach Abschnitt I Nr. 1 des Rundschreibens des Bundesministers des Innern vom 10. Oktober 1985 vorzunehmende nationale VS-Einstufung wird vor Versendung an den Bundesrat vom Bundesministerium für Wirtschaft – oder den sonst zuleitenden Ministerien – vorgenommen.

2. Das jeweils federführende Ressort in der Bundesregierung trägt dafür Sorge, daß bei Vorhaben, die ausschließliche Gesetzgebungsmaterien der Länder betreffen oder deren wesentliche Interessen berühren, dem Bundesrat auch dem Ressort vorliegende vorbereitende Papiere der Kommission zur Verfügung gestellt werden, die für die Meinungsbildung der Länder von Bedeutung sein können. Dies gilt auch für inoffizielle Dokumente (sog. „non papers").

Protokollerklärung zu der Vereinbarung[12]

Im Zusammenhang mit der Unterzeichnung der Bund-Länder-Vereinbarung über die Zusammenarbeit in Angelegenheiten der Europäischen Union geben die Länder zu Protokoll:

1. Die Länder sind der Auffassung, daß – unbeschadet der Beteiligung des Bundesrates im Einzelfall – den unter I. Nr. 1 aufgeführten „Beschlüssen der im Rat vereinigten Vertreter der Regierungen" und den unter VII. Nr. 1 genannten sog. „Gemischten Beschlüssen" angesichts der im Vertrag über die Europäische Union enthaltenen klar abgegrenzten neuen Kompetenzen in Zukunft keine Bedeutung mehr zukommen kann und diese Handlungsformen, die zur Verwischung von Kompetenzabgrenzungen führen, zukünftig vermieden werden sollten.

2. Die Länder bekräftigen ihre Rechtsauffassung, daß zu einem Vorhaben nach § 5 Abs. 3 EUZBLG das Einvernehmen des Bundesrates auch für die Stimmenthaltung im Rat hergestellt werden muß.

3. Zu der unter IV. Nr. 3 letzter Absatz getroffenen Regelung ist aus Ländersicht klarzustellen, daß für den Fall, daß vom Bundesrat noch kein Ländervertreter benannt ist, der Länderbeobachter, nach Benennung eines Ländervertreters durch den Bundesrat im Verhinderungsfall andere Bedienstete des benannten Landes sowie hilfsweise der Länderbeobachter die Sitzungen wahrnehmen kann.

4. Zu VIII. Nr. 3 ist auf das gemeinsame Verständnis aus der Ministerpräsidentenkonferenz und der Besprechung der Regierungschefs von Bund und Ländern am 17. Juni 1993 hinzuweisen, wonach auf der Grundlage der Regelungen der Vereinbarung die bestehende Praxis der Zusammenarbeit zwischen Bund und Ländern im Bereich der Kultusministerkonferenz unberührt bleibt.

5. Die Länder gehen davon aus, daß länderinterne Verfahren über die Beteiligung der Landtage in EG-Angelegenheiten im Rahmen der getroffenen Regelungen durch die Vereinbarung unberührt bleiben.

---

[12] Quelle: Schriftwechsel des Ministerpräsidenten des Landes Rheinland-Pfalz als Vorsitzender der Ministerpräsidentenkonferenz und des Bundeskanzlers v. 29. Oktober u. 10. November 1993.

6. Entschließung des Deutschen Bundestages zum Vertrag vom 7. Februar 1992 über die Europäische Union

Vom 2. Dezember 1992[1]

Feierliche Erklärung
für ein bürgernahes, starkes und handlungsfähiges Europa

Im Grundgesetz hat sich das deutsche Volk das Ziel gesetzt, „als gleichberechtigtes Glied in einem vereinten Europa dem Frieden der Welt zu dienen". Dieser Auftrag ist uns von Anfang bis heute Verpflichtung gewesen. Wir haben uns stets konsequent für den europäischen Einigungsprozeß eingesetzt.

Deutsche und europäische Einigung sind unauflöslich miteinander verbunden. Die Vertiefung der europäischen Integration ergänzt die Einigung Deutschlands. Wir wollen ein starkes Europa, in das das geeinte Deutschland seine ganze Kraft einbringt. Deutschland darf kein weiteres Mal der Gefahr des Nationalismus erliegen. Wie kein anderer europäischer Staat ist Deutschland als Land in der Mitte Europas auf die europäische Integration angewiesen. Der Deutsche Bundestag dankt den europäischen Partnern und der Europäischen Gemeinschaft, daß sie die 16 Millionen Bürgerinnen und Bürger in den neuen Ländern vorbehaltlos in die Gemeinschaft aufgenommen haben.

Die europäische Integration hat in den letzten 40 Jahren wesentlich zu Frieden und Wohlstand in Europa und in unserem Lande beigetragen.

Die zunehmende weltwirtschaftliche Verflechtung, der Aufbau demokratischer und marktwirtschaftlicher Strukturen in den Ländern Mittel- und Osteuropas, die globalen Herausforderungen, insbesondere die Erhaltung der natürlichen Lebensgrundlagen, die Bekämpfung der Armut und ihrer Ursachen, die Fortsetzung der Abrüstung

---

[1] Quelle: BT-Drs. 12/3905 v. 2. Dezember 1992: Gemeinsame Entschließung der Fraktionen der CDU/CSU, SPD und FDP. Siehe auch Plenarprotokoll 12/126 v. 2. Dezember 1992, S. 10882.

sowie die Bekämpfung der international organisierten Kriminalität erfordern ein starkes und handlungsfähiges Europa.

Kein einzelnes europäisches Land ist wirtschaftlich oder politisch in der Lage, allein diese Herausforderungen anzunehmen. Nur eine politisch und wirtschaftlich starke und einige Gemeinschaft vermag einen wirksamen Beitrag zur Lösung dieser Probleme zu leisten und zugleich ein Höchstmaß an Freiheit, Sicherheit, Wohlstand und sozialem Schutz zu gewährleisten und die natürlichen Lebensgrundlagen zu bewahren.

Der Vertrag über die Europäische Union ist ein wichtiger Schritt auf dem Wege zu einem vereinten Europa. Er bedeutet eine neue Stufe der Integration und erschließt der Union und der Gemeinschaft neue Möglichkeiten.

Dabei geht es nicht um die Schaffung eines europäischen Zentralstaates. Es geht um ein Europa, das entsprechend dem Grundsatz „Einheit in Vielfalt" die nationale Identität, Kultur und Lebensweise jedes Landes und jeder Region bewahrt und achtet.

Mit der Zustimmung zur Europäischen Union und der Verankerung eines Europa-Artikels im Grundgesetz erneuert und bekräftigt der Deutsche Bundestag sein Bekenntnis zu einem vereinten Europa, das den Zielen der Demokratie, des Rechtsstaats und des Sozialstaats sowie föderativen Grundsätzen verpflichtet ist und das die Menschenrechte und Grundfreiheiten schützt.

Der Deutsche Bundestag würdigt, daß es im Vertrag über die Europäische Union gelungen ist,
– die Voraussetzungen einer Europäischen Wirtschafts- und Währungsunion als Stabilitätsgemeinschaft zu schaffen,
– auf dem Wege zur politischen Union und zur Stärkung der demokratischen Kontrolle und Entscheidung durch das Europäische Parlament Fortschritte zu erzielen, wenn auch das Ziel der gleichberechtigten parlamentarischen Entscheidung über europäische Rechtsetzungsakte noch nicht erreicht ist,
– eine Unionsbürgerschaft und den Einstieg in ein Unionswahlrecht zu verankern,
– mit einer gemeinsamen Außen- und Sicherheitspolitik zu beginnen; sie „umfaßt sämtliche Fragen, welche die Sicherheit der Europäischen Union betreffen, wozu auf längere Sicht auch die Fest-

legung einer gemeinsamen Verteidigungspolitik gehört, die zu gegebener Zeit zu einer gemeinsamen Verteidigung führen könnte",
- die Grundlage für eine gemeinsame Entwicklungspolitik zu schaffen,
- die europäische Umweltpolitik zu vertiefen, wenn auch unser Ziel einer Umweltunion noch nicht mit der wünschenswerten Klarheit verankert ist,
- zwischen elf Mitgliedstaaten Übereinstimmung über die Fortentwicklung der gemeinsamen Sozialpolitik zu finden und damit die soziale Dimension zu stärken, wobei wir an den zwölften Mitgliedstaat appellieren, sich dem Abkommen über die Sozialpolitik anzuschließen,
- die Verbraucherschutzpolitik als eigenständige Politik der Gemeinschaft einzuführen,
- die Zusammenarbeit in der Innen- und Rechtspolitik zu verstärken, die europäische Regelungen der Asyl- und Flüchtlingsfragen einschließen soll,
- das Prinzip der Subsidiarität vertraglich festzuschreiben,
- der Bedeutung der Regionen durch die Schaffung eines Regionalausschusses Rechnung zu tragen.

Für eine dauerhaft harmonische Entwicklung der Europäischen Union ist das Gleichgewicht zwischen Wirtschafts- und Währungsunion und politischer Union von hoher Bedeutung. Die politische Union muß demokratisch legitimiert sein.

Die demokratische Kontrolle europäischer Entscheidungen und ihre Bürgernähe müssen gesichert sein, um der Sorge der Bürgerinnen und Bürger vor einem bürokratischen Zentralstaat, vor dem Verlust der demokratischen Kontrolle und der kulturellen und nationalen Identität Rechnung zu tragen.

Der Deutsche Bundestag bekräftigt seine Überzeugung, daß die Rechte des Europäischen Parlaments dringend weiter gestärkt werden müssen, so daß es seine Aufgabe als Instanz parlamentarischer Kontrolle und Entscheidung in Europa voll wahrnehmen kann.

Der Deutsche Bundestag spricht sich dafür aus, die für 1996 im Vertrag vorgesehene Nachfolgekonferenz zu einem früheren Termin einzuberufen.

Der Deutsche Bundestag wiederholt seine Forderung, rechtzeitig zur Europawahl 1994 die Zahl der deutschen Mandate um 18 auf 99 zu erhöhen. Er unterstützt damit das Votum des Europäischen Parlaments vom 10. Juni 1992, das eine entsprechende Erhöhung und Neuverteilung der Sitze als Folge des Beitritts der neuen Länder vorsieht, und erwartet, daß der Europäische Rat in Edinburgh diesem Votum entspricht.

Der Deutsche Bundestag wird künftig seine Mitwirkung bei der Willensbildung des Bundes in Fragen der Europäischen Union verstärken und damit seinen Beitrag zu einer besseren parlamentarischen Kontrolle der europäischen Rechtsetzung leisten.

Der Deutsche Bundestag begrüßt die breite öffentliche Debatte über Demokratie, Föderalismus, Subsidiarität und Bürgernähe in Europa. Sie sollte in eine Diskussion über eine neu zu schaffende europäische Verfassung münden. Diese europäische Verfassung, die vor allem den Grundsätzen der Freiheit, der Demokratie, des Rechts- und Sozialstaats verpflichtet sein muß und die föderale Grundsätze achtet, ist unsere Perspektive über Maastricht hinaus.

Die Union muß offen sein für den Beitritt weiterer europäischer Staaten, die bereit und in der Lage sind, die Ziele und Verpflichtungen der Europäischen Union mitzutragen.

Die Beitrittsverhandlungen mit den EFTA-Staaten, die dies wünschen, sollten alsbald aufgenommen werden.

Auch die Reformstaaten in Mittel- und Osteuropa brauchen eine europäische Perspektive. Die Europäische Gemeinschaft muß diese Länder beim Aufbau und bei der Entwicklung demokratischer und marktwirtschaftlicher Strukturen unterstützen. Hierbei kommt der Öffnung der Märkte besondere Bedeutung zu. Darüber hinaus müssen die Staaten, mit denen die Europäische Gemeinschaft Europa-Abkommen abgeschlossen hat, bereits jetzt enger an die Zusammenarbeit in der Europäischen Union herangeführt werden.

Der Deutsche Bundestag fordert die Bundesregierung auf, diese Gesichtspunkte in die Beratungen der bevorstehenden Tagung des Europäischen Rates in Edinburgh und in die Beratungen der Nachfolgekonferenz einzubringen.

Am Ende dieses Jahrhunderts, in dem unser Kontinent durch zwei schreckliche Weltkriege verwüstet wurde, ist es unsere Aufgabe, ein Europa zu verwirklichen, das durch Zusammenarbeit und demokratische Verflechtung Krieg zwischen unseren Völkern auf immer verhindert.

Wir handeln in dieser Verantwortung.

7. Entschließung des Deutschen Bundestages zum Vertrag vom 7. Februar 1992 über die Europäische Union

Vom 2. Dezember 1992[1]

Wirtschafts- und Währungsunion als Stabilitätsgemeinschaft

1. Der Deutsche Bundestag begrüßt, daß im Rahmen der Europäischen Union die Schaffung einer Wirtschafts- und Währungsunion als Stabilitätsgemeinschaft vorgesehen ist. Die Wirtschafts- und Währungsunion ist ein wichtiger Schritt zur Vertiefung der Integration im Rahmen der Europäischen Union, die so bald wie möglich zur Politischen Union ausgestaltet werden sollte. Die Wirtschafts- und Währungsunion dient auch der Vervollständigung des Binnenmarktes, der die internationale Wettbewerbsfähigkeit Europas für die Herausforderungen der nächsten Jahrzehnte stärken wird.

2. Der Deutsche Bundestag nimmt die Besorgnisse in der Bevölkerung über die Einführung einer gemeinsamen europäischen Währung ernst. Es muß daher alles getan werden, damit sich diese Sorgen als gegenstandslos erweisen. Die Stabilität der Währung muß unter allen Umständen gewährleistet sein.

3. Der Deutsche Bundestag erkennt an, daß der Vertrag über die Europäische Union eine Grundlage für eine stabile europäische künftige Währung schafft, insbesondere durch die Sicherung der Unabhängigkeit der Europäischen Zentralbank und die Vereinbarung von Stabilitätskriterien für die teilnehmenden Mitgliedstaaten.

   Dabei werden beim Übergang zur dritten Stufe der Wirtschafts- und Währungsunion die Stabilitätskriterien eng und strikt auszulegen sein. Die Entscheidung für den Übergang zur dritten Stufe kann nur auf der Grundlage erwiesener Stabilität, des Gleichlaufs bei den wirtschaftlichen Grunddaten und erwiesener dauerhafter

---

[1] Quelle: BT-Drs. 12/3906 v. 2. Dezember 1992: Gemeinsame Entschließung der Fraktionen der CDU/CSU, SPD und FDP. Siehe auch Plenarprotokoll 12/126 v. 2. Dezember 1992, S. 10885.

haushalts- und finanzpolitischer Solidität der teilnehmenden Mitgliedstaaten getroffen werden. Sie darf sich nicht an Opportunitätsgesichtspunkten, sondern muß sich an den realen ökonomischen Gegebenheiten orientieren. Die Natur der Kriterien bedingt es, daß ihre Erfüllung nicht nur statistisch gesichert werden kann. Ihre dauerhafte Erfüllung muß vielmehr auch aus dem Verlauf des Konvergenzprozesses glaubhaft sein. Die künftige europäische Währung muß so stabil sein und bleiben wie die Deutsche Mark.

Der Deutsche Bundestag wird sich jedem Versuch widersetzen, die Stabilitätskriterien aufzuweichen, die in Maastricht vereinbart worden sind. Er wird darüber wachen, daß der Übergang zur dritten Stufe der Wirtschafts- und Währungsunion sich streng an diesen Kriterien orientiert.

Der Übergang zur dritten Stufe der Wirtschafts- und Währungsunion erfordert auch eine Bewertung durch den Deutschen Bundestag. Die Bundesregierung bedarf demgemäß für ihr Stimmverhalten bei Beschlüssen des Rates nach Artikel 109j Abs. 3 und 4 des Vertrages zur Gründung der Europäischen Gemeinschaft des zustimmenden Votums des Deutschen Bundestages. Das Votum des Deutschen Bundestages bezieht sich auf dieselbe Materie wie die Bewertung des Rates der Wirtschafts- und Finanzminister und die Entscheidung des Rates in der Zusammensetzung der Staats- und Regierungschefs.

4. Der Deutsche Bundestag fordert die Bundesregierung auf zu erklären, daß sie dieses Votum des Deutschen Bundestages respektieren wird.

5. Er fordert die Bundesregierung auf, diese Vorgehensweise den Vertragspartnern sowie der Europäischen Kommission und dem Europäischen Parlament mitzuteilen.

6. Der Deutsche Bundestag fordert die Bundesregierung auf, ihm ab 1994 jährlich einen Bericht über die Entwicklung der Konvergenz in der Europäischen Union vorzulegen.

7. Bund und Länder haben bei ihrer Haushaltswirtschaft der mit dem Maastrichter Vertrag eingegangenen Verpflichtung der Bundesrepublik Deutschland, übermäßige Defizite zu vermeiden, Rechnung zu tragen.

8. Der Deutsche Bundestag fordert die Bundesregierung auf, sich mit Nachdruck für Frankfurt am Main als Sitz der Europäischen Zentralbank einzusetzen.

8. Entschließung des Bundesrates zum Vertrag vom 7. Februar 1992 über die Europäische Union

Vom 18. Dezember 1992[1]

Gesetz zum Vertrag über die Europäische Union

I. Allgemeines

1. Bundesrat und Länder sind stets für die Idee eines Vereinten Europas eingetreten und haben von Anfang an den europäischen Einigungsprozeß konstruktiv begleitet. Sie haben die Unterstützung der deutschen Einheit durch unsere europäischen Partner als Verpflichtung und Auftrag gesehen, auch künftig ihren Beitrag zu einem politisch vereinten Europa zu leisten. Sie haben dabei unterstrichen, diese historische Aufgabe weiterhin

   – solidarisch mit den anderen europäischen Ländern, Regionen und autonomen Gemeinschaften,
   – partnerschaftlich mit dem Bund,
   – in konstruktivem Dialog mit den europäischen Institutionen, insbesondere dem Europäischen Parlament, dem Rat und der Kommission der Europäischen Gemeinschaft,

   nach Kräften zu gestalten.

   Der Bundesrat erklärt für die Bürger in den deutschen Ländern, daß die Zustimmung zu dem Vertrag von Maastricht dem tief empfundenen Wunsch entspricht, gemeinsam mit den Bürgern in den anderen Regionen Europas auf der Grundlage gemeinsamer Grundwerte die Zukunft unseres Kontinents zu unser aller Wohle zu gestalten.

   Der Bundesrat sieht in der Europäischen Union nicht nur einen Handlungsrahmen, sondern einen Gestaltungsauftrag. Die struk-

---

[1] Quelle: BR-Drs. 810/92 (Beschluß) v. 18. Dezember 1992. Siehe auch Plenarprotokoll 650 v. 18. Dezember 1992, S. 653.

turelle Offenheit der Europäischen Union ermöglicht die Entwicklung eines Europas der Regionen auf der Grundlage einer dreistufig-föderalen Struktur und des Grundsatzes der Subsidiarität.

Der Bundesrat wird an der Ausgestaltung der Europäischen Union auf der Grundlage des Vertrages von Maastricht im Sinne eines „immer engeren Zusammenschlusses der europäischen Völker" (Präambel des Vertrages von Rom) mitwirken.

Der Bundesrat sieht in dem neuen Artikel 23 des Grundgesetzes und in dem Gesetz über die Zusammenarbeit von Bund und Ländern eine unabdingbare innerstaatliche Voraussetzung für die Fortentwicklung der Europäischen Gemeinschaft zu einer Europäischen Union. Mit der Zustimmung zu dem Ratifikationsgesetz verbindet der Bundesrat die Hoffnung, daß die Europäische Union in unserem Zeitalter dynamischer Veränderungen und Umbrüche – mit denen auch unwägbare Risiken einhergehen – für Europa im ganzen den Frieden und die Freiheit erhalten, den Rechtsstaat sichern sowie Wohlstand und soziale Sicherung in ökologischer Verantwortung fördern wird.

II. Institutionelle Fragen

2. Zu den Prioritäten und Inhalten der Umsetzung der neuen Vertragsbestimmungen erklärt der Bundesrat folgendes:

3. **Subsidiarität**

   Der Grundsatz der Subsidiarität ist ein elementares politisches und gesellschaftliches Handlungsprinzip. Seine Durchsetzung und Anwendung in der europäischen Integration verhindern Zentralismus, sichern die Identität der Regionen und bewirken Bürgernähe der Entscheidungen. Der Bundesrat begrüßt die Aufnahme des Subsidiaritätsprinzips als rechtsverbindlichen Grundsatz in den EG-Vertrag, insbesondere in dessen Artikel 3 b.

   Ziel und Entstehungsgeschichte des Artikels 3 b EG-Vertrag unterstreichen zwar den Handlungsprimat der Mitgliedstaaten bzw. ihrer Regionen. Die Formulierung im einzelnen gibt jedoch noch Anlaß zu einander widersprechenden Interpretationsversuchen. Sie ist daher noch unbefriedigend. Sie wird den Vorstellungen der Länder von Subsidiarität noch nicht voll gerecht. Sie muß deshalb bei nächster Gelegenheit verbessert werden.

Dem Subsidiaritätsprinzip, zu dem die erste Formulierung aufgrund von Vorschlägen des Bundesrates in die Regierungskonferenz eingebracht wurde, wird eine überragende Bedeutung zukommen. Damit wird für die Europäische Union festgeschrieben, daß die jeweils sachnähere, untere Ebene in erster Linie zum Handeln aufgerufen ist.

Der Bundesrat bekräftigt in diesem Zusammenhang seine Forderung, daß eine nach förderativen Grundsätzen errichtete Europäische Union

– die europäische Ebene als Feld aller künftigen europäischen Ordnungs- und Strukturpolitik zur Lösung übergreifender Aufgaben,
– die nationalstaatliche Ebene als Bereich nationaler Gesetzgebung und Ordnung,
– die regionale Ebene als Bereich für die Gestaltung der vielfältigen und differenzierten Lebensbedingungen unserer Bürger

klar unterscheiden muß.

Dem Bundesrat ist bewußt, daß das Verständnis der Subsidiarität in den Mitgliedstaaten von einem historischen und kulturell unterschiedlich gewachsenen Staatsverständnis geprägt ist. Er geht davon aus, daß Subsidiarität nach der gegenwärtigen Vertragsdefinition zu einem ständigen Ringen in einem dynamischen Prozeß anhand von konkreten Sachfragen führen wird. Fest steht allerdings die Verpflichtung zur Anwendung der Subsidiarität durch alle EG-Organe bei allen Maßnahmen.

Der Bundesrat hält es für erforderlich, daß sich die Gemeinschaftsorgane verbindlich verpflichten, jede EG-Maßnahme nach einem – mit den Ländern und den Regionen in den übrigen Mitgliedstaaten abgestimmten – Kriterien-Katalog auf ihre Vereinbarkeit mit der Subsidiarität zu überprüfen und diese Prüfung zu dokumentieren.

Der Bundesrat und die deutschen Länder sehen es als eine zentrale Aufgabe an, insbesondere im Ausschuß der Regionen über die Einhaltung der Subsidiarität zu wachen, damit die Vielfalt in Europa erhalten bleibt.

4. **Ausschuß der Regionen**

Eine tragende Säule der Europäischen Union muß der „Ausschuß der Regionen" werden. Er bietet die Chance, Anliegen und Erfahrungen der Regionen und der Bürger aus ihrem unmittelbaren Lebensumfeld in die europäischen Entscheidungsprozesse einzubringen. Er leistet damit sowohl einen Beitrag zur Demokratisierung der Gemeinschaft als auch zu ihrer Bürgernähe.

Es müssen alle Möglichkeiten genutzt werden, die Stimme der europäischen Regionen im europäischen Einigungsprozeß zu Gehör zu bringen. Bei der nächsten Regierungskonferenz sollten weitere Schritte unternommen werden, diesen Ausschuß in Richtung auf eine Regionalkammer als „dritter Kammer" neben Ministerrat und Europäischem Parlament weiterzuentwickeln. Verfassungsmodelle des Nationalstaats des 19. Jahrhunderts, die die Vorstellung vom Zwei-Kammer-System geprägt haben, können nicht auf die EG übertragen werden. Gesucht werden muß ein neues Gleichgewicht und eine neue Teilung der Gewalten im europäischen Maßstab.

Bis dahin werden die deutschen Länder mit ihrer engagierten Arbeit im Ausschuß der Regionen die Notwendigkeit und Nützlichkeit der Mitwirkung der Regionen am europäischen Meinungsbildungsprozeß unter Beweis stellen. Dazu ist allerdings erforderlich, daß der Ausschuß der Regionen über einen selbständigen administrativen Unterbau und über eine ausreichende Finanzausstattung verfügt.

5. Mitwirkung der Länder im Rat

Die Mitwirkung nach Artikel 146 EG-Vertrag i.V.m. Artikel 23 Abs. 5 Grundgesetz ermöglicht den Ländern, die Verhandlungen im Ministerrat zu führen, wenn Länderzuständigkeiten betroffen sind. Der Bundesrat weist auf die grundsätzliche Verpflichtung der Bundesregierung hin, die Rechte, die Deutschland als Mitgliedstaat zustehen, in solchen Fällen auf die vom Bundesrat benannten Vertreter der Länder zu übertragen.

6. Artikel 23 des Grundgesetzes und Gesetz über die Zusammenarbeit von Bund und Ländern in Angelegenheiten der Europäischen Union

Mit der Einführung des Artikels 23 in das Grundgesetz wird die Europäische Union auf eine eigene verfassungsrechtliche Grundlage mit eindeutiger Ausrichtung an den Werten unseres Grundgesetzes gestellt. Die Verankerung der Beteiligungsrechte der

Länder schreibt den deutschen föderalen Staatsaufbau konsequent in den europäischen Bereich hinein fort.

Voraussetzung für die Geltung der in Artikel 23 Grundgesetz und in den Zusammenarbeitsgesetzen festgelegten Beteiligungsregelungen ist die Europäische Union. Der Bundesrat bekräftigt die im Bericht des Sonderausschusses „Europäische Union (Vertrag von Maastricht)" des Bundestages niedergelegte und im Ausschuß von Vertretern der Bundesregierung bestätigte Auffassung, daß diese Voraussetzung bereits dann vorliegt, wenn sich die heute bestehende Integrationsgemeinschaft gegenüber dem gegenwärtigen Integrationsstand durch vertragliche Regelungen, durch die das Grundgesetz seinem Inhalt nach geändert oder ergänzt wird oder solche Änderungen oder Ergänzungen ermöglicht werden, in Richtung auf eine Europäische Union weiterentwickelt.

Der Bundesrat bedauert jedoch, daß eine Regelung über eine verstärkte Mitwirkung der Länder an EG-Angelegenheiten im Finanzbereich noch aussteht. Der Bundesrat erinnert insoweit auch an den Zusatz in den Protokollnotizen der Gemeinsamen Verfassungskommission von Bundesrat und Deutschem Bundestag zum Thema „Grundgesetz und Europa". Der Bundesrat ist der Auffassung, daß bei der Rechtsetzung der Europäischen Union über Steuern, deren Aufkommen nach dem Grundgesetz den Ländern oder Gemeinden ganz oder zum Teil zufließt, die Stellungnahme des Bundesrates bei einem Handeln der Bundesregierung auf EG-Ebene „maßgeblich" zu berücksichtigen ist.

Soweit die Beteiligungsrechte des Bundesrates davon abhängen, daß der Bund ein Recht zur Gesetzgebung hat (nicht ausgeübte konkurrierende Gesetzgebungsbefugnis des Bundes), ist jeweils auf die konkrete EG-Vorlage abzustellen. Der Bund muß im Einzelfall dartun, daß ihm im nationalen Recht das Recht zur Gesetzgebung nach Artikel 72 Abs. 2 Grundgesetz zustehen, also ein Bedürfnis nach bundeseinheitlicher Regelung bestehen würde.

7. Zum Ratifikationsgesetz

Die Formulierung des Artikels 2 des Gesetzes zum Vertrag über die Europäische Union ist unbefriedigend. Der Bundesrat bedauert, daß der Bundestag den vom Bundesrat gemachten Vorschlag (BR-Drs. 500/92, Ziffer 11) nicht übernommen hat. Für die im Bereich der Haushaltswirtschaft erforderliche Abstimmung zwischen Bund und Ländern reicht nach Überzeugung des Bundesrates das bestehende Instrumentarium (Finanzplanungsrat) vollkommen aus. Artikel 104c des EG-Vertrages darf auf keinen Fall dazu führen, die bislang ausgewogene Regelung der Abstimmung zwischen Bund und Ländern zu Lasten der Länder zu verschieben. Der Bundesrat hat gleichwohl auf die Anrufung des Vermittlungsausschusses verzichtet, um die Ratifizierung des Vertrages über die Europäische Union nicht zu verzögern. Der Bundesrat geht dabei von folgendem aus:

- Die in Artikel 2 des Gesetzes zum Vertrag über die Europäische Union enthaltene Formulierung „in den Haushalten von Bund und Ländern ... zu erfüllen" beinhaltet keine abschließende rechtliche Verpflichtung der Länder, sich an der Umsetzung der EG-Vorgaben zu beteiligen. Artikel 2 des Gesetzes enthält insoweit nur einen Programmsatz. Dem Bund steht jedenfalls keine Kompetenz zur rechtlichen Verpflichtung der Länder im Bereich der Haushaltswirtschaft zu. Die weitere Umsetzung etwaiger EG-Vorgaben nach Artikel 104c des EG-Vertrages bedarf vielmehr einer gesetzlichen und gegebenenfalls verfassungsrechtlichen Präzisierung.

- Die nach Artikel 2 des Gesetzes zum Vertrag über die Europäische Union erwähnte „Abstimmung zwischen Bund und Ländern" hat im Rahmen des bestehenden Koordinierungsinstrumentariums (Finanzplanungsrat) zu erfolgen.

III. Wirtschafts- und Währungsunion

8. Der Bundesrat begrüßt, daß im Rahmen der Europäischen Union die Schaffung einer Wirtschafts- und Währungsunion als Stabilitätsgemeinschaft vorgesehen ist. Die Wirtschafts- und Währungsunion ist ein wichtiger Schritt zur Vertiefung der Integration im Rahmen der Europäischen Union, die so bald wie möglich zur Politischen Union ausgestaltet werden sollte. Die Wirtschafts- und Währungsunion dient auch der Vervollständigung des Binnenmarktes, der die internationale Wettbewerbsfähigkeit Europas für die Herausforderungen der nächsten Jahrzehnte stärken wird.

Der Bundesrat nimmt die Besorgnisse in der Bevölkerung über die Einführung einer gemeinsamen europäischen Währung ernst. Es muß daher alles getan werden, damit sich diese Sorgen als gegenstandslos erweisen. Die Stabilität der Währung muß unter allen Umständen gewährleistet sein.

Entschließung Bundesrat

Der Bundesrat erkennt an, daß der Vertrag über die Europäische Union eine Grundlage für eine stabile europäische künftige Währung schafft, insbesondere durch die Sicherung der Unabhängigkeit der Europäischen Zentralbank und die Vereinbarung von Stabilitätskriterien für die teilnehmenden Mitgliedstaaten.

Dabei werden beim Übergang zur dritten Stufe der Wirtschafts- und Währungsunion die Stabilitätskriterien eng und strikt auszulegen sein. Die Entscheidung für den Übergang zur dritten Stufe kann nur auf der Grundlage erwiesener Stabilität, des Gleichlaufs bei den wirtschaftlichen Grunddaten und erwiesener dauerhafter haushalts- und finanzpolitischer Solidität der teilnehmenden Mitgliedstaaten getroffen werden. Sie darf sich nicht an Opportunitätsgesichtspunkten, sondern muß sich an den realen ökonomischen Gegebenheiten orientieren. Die Natur der Kriterien bedingt es, daß ihre Erfüllung nicht nur statistisch gesichert werden kann. Ihre dauerhafte Erfüllung muß vielmehr auch aus dem Verlauf des Konvergenzprozesses glaubhaft sein. Die künftige europäische Währung muß so stabil sein und bleiben wie die Deutsche Mark.

Der Bundesrat wird sich jedem Versuch widersetzen, die Stabilitätskriterien aufzuweichen, die in Maastricht vereinbart worden sind. Er wird darüber wachen, daß der Übergang zur dritten Stufe der Wirtschafts- und Währungsunion sich streng an diesen Kriterien orientiert.

Der Übergang zur dritten Stufe der Wirtschafts- und Währungsunion erfordert auch eine Bewertung durch den Bundesrat. Die Bundesregierung bedarf demgemäß für ihr Stimmverhalten bei Beschlüssen des Rates nach Artikel 109j Abs. 3 und Artikel 109j Abs. 4 des EG-Vertrages des zustimmenden Votums des Bundesrates. Das Votum des Bundesrates bezieht sich auf dieselbe Materie wie die Bewertung des Rates der Wirtschafts- und Finanzminister und die Entscheidung des Rates in der Zusammensetzung der Staats- und Regierungschefs.

Der Bundesrat fordert die Bundesregierung auf zu erklären, daß sie dieses Votum des Bundesrates respektieren wird.

Er fordert die Bundesregierung auf, diese Vorgehensweise den Vertragspartnern sowie der Europäischen Kommission und dem Europäischen Parlament mitzuteilen.

Der Bundesrat fordert die Bundesregierung ferner auf, ihm ab 1994 jährlich einen Bericht über die Entwicklung der Konvergenz in der Europäischen Union vorzulegen, inwieweit von den einzelnen Mitgliedstaaten der Europäischen Union die in dem Maastrichter Vertrag und dem entsprechenden Protokoll niedergelegten Konvergenzkriterien erfüllt sind.

Die Wahrung eines eigenständigen wirtschaftspolitischen Handlungsspielraumes der Länder darf durch die wirtschaftspolitischen Leitlinien zur Verwirklichung der Ziele der Gemeinschaft nicht beeinträchtigt werden. Aus diesem Grund ist eine Beteiligung der Länder an der Erarbeitung der Modalitäten für das Verfahren der multilateralen Überwachung zwingend notwendig. Der Bundesrat betont vorsorglich, daß unter Hinweis auf Empfehlungen des Rates ein Durchgriff des Bundes auf die Wirtschaftspolitik der Länder abgelehnt wird.

Der Bundesrat fordert die Bundesregierung auf, sich mit Nachdruck für Frankfurt am Main als Sitz der Europäischen Zentralbank einzusetzen.

IV. Einzelne Politikbereiche

9. Kohäsionspolitik, Beihilfenaufsicht und Regionalpolitik

Der hohe Stellenwert und die Bedeutung des Zieles des wirtschaftlichen und sozialen Zusammenhalts für die Gemeinschaft kommen im Vertrag über die Europäische Union u.a. durch die Gründung des neuen Kohäsionsfonds zum Ausdruck. Der Bundesrat teilt die Auffassung, daß der Gemeinschaft eine besondere Verpflichtung für die Unterstützung ihrer wirtschaftlich am wenigsten entwickelten Regionen zukommt. Er betont jedoch, daß die bestehenden und neuen Fonds nicht zu einem Instrument des innergemeinschaftlichen Finanzausgleichs werden dürfen.

Die Lösung der regional- und strukturpolitischen Probleme in den strukturschwachen Gebieten bleibt auch künftig vorrangig Aufgabe der Mitgliedstaaten, Länder und Regionen. Sie benötigen daher stets einen eigenen wirtschaftspolitischen Handlungsspielraum zur Förderung und Ausrichtung ihrer regionalen Wirtschaftsentwicklung. Der Bundesrat erwartet deshalb, daß die EG-Kommission die eigenständige Regionalpolitik der Länder respektiert und sich im Rahmen der Beihilfenkontrollpolitik auf die Beihilfen konzentriert, die wegen ihrer hohen Intensität und ihrer sektoralen Zielsetzung wesentliche Wettbewerbsverfälschungen im europäischen Binnenmarkt erwarten lassen. Die Behilfevorschriften im EG-Vertrag haben die Aufgabe, den Wettbewerb innerhalb des Gemeinsamen Marktes vor Verfälschungen zu schützen.

Auch Gemeinschaftsbeihilfen können den Wettbewerb verzerren und sind daher den für die Kontrolle nationaler Beihilfen geltenden Vorschriften zu unterwerfen.

Der Bundesrat erwartet, daß die strikte Anwendung des Subsidiaritätsprinzips den regionalpolitischen Erfordernissen der Länder Rechnung trägt, indem die Auswahl der Fördergebiete und die Differenzierung der Fördersätze bis zu einem von der EG-Kommission festgelegten maximalen Fördersatz den für die nationale Regionalpolitik zuständigen Institutionen überlassen wird. Die EG-Fördergebiete dürfen nicht auf den nationalen Fördergebietsplafond angerechnet werden. Der Bundesrat befürchtet, daß die Einschränkung des nationalen Handlungsspielraums in der Strukturpolitik auch durch die neue Entwicklung in der Beihilfenkontrollpolitik verschärft wird.

10. Außenwirtschaft

Der Bundesrat hält nationale Schutzmaßnahmen nach Artikel 115 EG-Vertrag mit dem Prinzip des Gemeinsamen Marktes für nicht vereinbar. Er erwartet, daß die EG-Kommission ihre erweiterten Kompetenzen in diesem Zusammenhang sachgerecht und mit der gebotenen Zurückhaltung einsetzt. Der Bundesrat ist der Auffassung, daß diese Vorschrift bei der nächsten Vertragsänderung aufgehoben werden sollte.

Der Bundesrat bekräftigt, daß handelspolitische Schutzmaßnahmen im Sinne eines freien Welthandels auf das unbedingt erforderliche Maß beschränkt werden müssen. Er tritt Bestrebungen entgegen, die Zuständigkeit für Entscheidungen über handelspolitische Schutzmaßnahmen der Gemeinschaft auf die EG-Kommission zu übertragen.

11. Verbraucherschutz

Die erweiterte Gemeinschaftskompetenz im Bereich des Verbraucherschutzes darf nicht dazu führen, daß das hohe Verbraucherschutzniveau in der Bundesrepublik Deutschland gefährdet wird. Aktivitäten der Gemeinschaft dürfen das plurale System der Verbraucherberatung nicht beeinträchtigen und sollten sich nur auf eine Verbesserung der Zusammenarbeit der Mitgliedstaaten richten.

12. Transeuropäische Netze

Der Bundesrat erkennt die Notwendigkeit einer Koordinierung nationaler Verkehrsnetze in einem zusammenwachsenden Europa. Die Gestaltung transeuropäischer Verkehrswegenetze für die Bereiche Hochgeschwindigkeitsbahnen, Straßennetze, Binnenschiffahrt und kombinierter Verkehr kann nur in Abstimmung mit nationalen Ausbauplänen der Mitgliedstaaten erfolgen. Für die Bundesrepublik Deutschland enthält der Bundesverkehrswegeplan 1992 ein integriertes Gesamtverkehrskonzept, das auch den Zielen einer koordinierten Verkehrsplanung und Vernetzung der Verkehrssysteme Rechnung trägt. Die Realisierung von Verkehrsinfrastrukturnetzen muß nach dem Subsidiaritätsprinzip grundsätzlich in nationaler Verantwortung bleiben. Im übrigen betont der Bundesrat die Notwendigkeit einer stärkeren Koordinierung der Aktivitäten der Gemeinschaft (Strukturfonds, Kohäsionsprogramm und Aktionsprogramm).

Im Energiebereich hält es der Bundesrat für erforderlich, daß in der Frage des Zugangs zu den Strom- und Gasnetzen den hier bestehenden Besonderheiten unter den Gesichtspunkten des Wettbewerbs und Verbraucherschutzes angemessen Rechnung getragen wird. Er ist weiterhin der Auffassung, daß Errichtung, Finanzierung und Betrieb der Energieleitungen primär Sache der Unternehmen ist. Allenfalls in begründeten Ausnahmefällen kommen begrenzte Fördermaßnahmen der Gemeinschaft in Betracht. Die Bundesregierung wird gebeten, bei der Mittelfestsetzung im Bereich transeuropäischer Netze auf eine restriktive Anwendung von Artikel 129 c EG-Vertrag hinzuwirken.

13. Europäische Industriepolitik

Der Bundesrat sieht europäische Industriepolitik primär als Rahmen-, Infrastruktur- und Dialogpolitik an. Er ist der Auffassung, daß die Bundesregierung das Erfordernis der Einstimmigkeit im Rat nutzen sollte, um spezifische Maßnahmen auf diesen Bereich zu beschränken. Gemeinschaftsinitiativen müssen weiterhin horizontal ausgerichtet sein und dürfen den Wettbewerb nicht beeinträchtigen. Dieser Ansatz ermöglicht auch die Unterstützung von Schlüsseltechnologien, die branchenübergreifend

Innovationen auslösen. Der Bundesrat bittet die Bundesregierung, bei weiteren industriepolitischen Verhandlungen und bei der Konzipierung besonderer industriepolitischer Maßnahmen im Einzelfall auf die Einhaltung dieses marktwirtschaftlich orientierten Politikansatzes zu dringen. Der Bundesrat wird die Frage der Aufhebung der EG-Kompetenz für Industriepolitik (Artikel 130 EG-Vertrag) bei der nächsten Vertragsänderung im Lichte der Anwendungserfahrungen prüfen.

14. **Bildung, Kultur, Forschung und Technologie**

Der Vertrag von Maastricht regelt auch die Aufgaben der Europäischen Gemeinschaft in den Bereichen Bildung und Kultur und bestätigt gleichzeitig die zentrale Verantwortlichkeit der Mitgliedstaaten für die Bildungs- und die Kulturpolitik. Der Bundesrat begrüßt diese Regelung. Bildung und Kultur bilden auf allen Ebenen einen wesentlichen Bestandteil der Europäischen Integration. Es ist deswegen angemessen, der Gemeinschaft eine ergänzende und unterstützende Förderkompetenz in einzelnen grenzüberschreitenden Bereichen einzuräumen. Weitergehende Gemeinschaftskompetenzen in den Bereichen der beruflichen Bildung und der anwendungs- und industriebezogenen Forschung sind wegen des direkteren Wirtschaftsbezuges sachgerecht, solange die generelle Verantwortung der Mitgliedstaaten auch für diese Bereiche erhalten bleibt.

Für die künftige Entwicklung der Europäischen Gemeinschaft wird es auf die gemeinschaftsfreundliche Kooperation der Europäischen Gemeinschaft und der Mitgliedstaaten und zwischen den Mitgliedstaaten darauf ankommen, daß die Gemeinschaftskompetenzen im Geiste föderativer Zusammenarbeit und unter Beachtung der Verantwortung der Mitgliedstaaten für die Bildungs-, Kultur- und Forschungspolitik und des Subsidiaritätsprinzips angewandt werden. Einer solchen Entwicklung wäre abträglich, wenn der Versuch unternommen werden sollte, die Neuregelungen unter Strapazierung des acquis communautaire und des Prinzips der dynamischen Interpretation „leerlaufen" zu lassen.

Nach Auffassung des Bundesrates sollte sich die Europäische Gemeinschaft in den Bereichen Bildung und Jugend auf ausreichend finanzierte Mobilitätsprogramme konzentrieren, wobei das Verhältnis zu den Programmen der Mitgliedstaaten und ihren Förderorganisationen besser als bisher abzustimmen wäre. In diesem Zusammenhang weist der Bundesrat darauf hin, daß nach Wortlaut und Entstehungsgeschichte des Artikels 126 EG-Vertrag Maßnahmen für den Hochschulbereich nur nach Maßgabe dieser Vorschrift erlassen werden können. Für den Bereich der Kulturpolitik kann es nach Auffassung des Bundesrates schon wegen der begrenzten Mittel nur darauf ankommen, Veranstaltungen und Einrichtungen von herausragender europäischer Bedeutung gemeinschaftlich zu fördern.

Der Bundesrat betont im Bereich der beruflichen Bildung die Notwendigkeit der Beachtung des Subsidiaritätsprinzips. Er bekräftigt seinen Standpunkt, daß die berufliche Bildung eine Aufgabe der Wirtschaft und, soweit sie in berufsbildenden Schulen durchgeführt wird, eine Aufgabe des Staates ist.

Der Bundesrat unterstreicht das Interesse an einer Verbesserung der Wettbewerbsfähigkeit der europäischen Volkswirtschaften durch die Förderung von Forschung und technologischer Entwicklung. Allerdings sollten die spezifischen Forschungsprogramme stärker gebündelt, auf Schlüsseltechnologien mit branchenübergreifender Wirkung konzentriert und unter Beachtung des Subsidiaritätsprinzips auf den vorwettbewerblichen Bereich beschränkt werden. Die Durchführung der Gemeinschaftsprogramme ist ferner zu vereinfachen und zu dezentralisieren. Für Maßnahmen der Mitgliedstaaten, Länder und Regionen, die die Bedürfnisse insbesondere kleiner und mittlerer Unternehmen und der Forschungseinrichtungen aufgrund der größeren Orts- und Sachnähe besonders berücksichtigen können, muß genügend Spielraum bleiben. Die Grundlagenforschung muß grundsätzlich in der Verantwortung der Mitgliedstaaten verbleiben, sofern sie nicht aufgrund der Größenordnung der Projekte Maßnahmen auf EG-Ebene erforderlich macht.

Der Vertrag von Maastricht gibt der Europäischen Gemeinschaft Zuständigkeiten in Bereichen der Kulturhoheit der Länder, für die innerstaatlich keinerlei Regelungskompetenz des Bundes besteht. Die stärkere Mitwirkung der Länder im Bundesratsverfahren und in den Organen der Europäischen Gemeinschaft kann die darin liegende qualitative Veränderung und Verringerung der Rechte der Länder nicht voll kompensieren. Verfassungspolitisch zwingend ist deswegen, daß Artikel 23 des Grundgesetzes und das Ausführungsgesetz länderfreundlich ausgeführt und daß die noch offenen Fragen, vor allem im Forschungsbereich, in der vorgesehenen Ausführungsvereinbarung alsbald befriedigend geregelt werden.

15. EG-Binnenmarkt

Der Bundesrat vertritt die Auffassung, daß der mit der bevorstehenden Vollendung des EG-Binnenmarktes erreichte wirtschaftliche Integrationsstand der Gemeinschaft gesichert und gestärkt werden muß. Er geht davon aus, daß hierfür die Übertragung weiterer wirtschaftsnaher Zuständigkeiten an die Gemeinschaft nicht erforderlich ist. Dies schließt eine klarere Kompetenzabgrenzung zwischen EG, Mitgliedstaaten, Ländern und Regionen – möglichst in der Form eines abschließenden Zuständigkeitskataloges für die Gemeinschaft bei Verzicht auf funktionale Kompetenznormen – nicht aus. Unter Berücksichtigung der besonderen Regionalbezogenheit des Bereiches Fremdenverkehr sollte dieses in Artikel 3 Buchstabe t des EG-Vertrages neu aufgenommene Ziel bei nächster Gelegenheit gestrichen werden.

16. Arbeits- und Sozialpolitik

Der Bundesrat begrüßt, daß durch die Aufnahme der sozialpolitischen Aufgabenstellung in die Tätigkeitsbeschreibung der Gemeinschaft die Möglichkeit zu einer sozialpolitischen Gestaltung des Binnenmarktes deutlich verbessert und damit ein unumkehrbarer Einstieg in die Sozialunion erreicht wurde.

Der Bundesrat begrüßt es ferner, daß zumindest elf Mitgliedstaaten beschlossen haben, sich zu einer aktiven Sozialpolitik zu bekennen und deshalb auf dem von der ,,Gemeinschaftscharta der sozialen Grundrechte der Arbeitnehmer" von 1989 vorgezeichneten Weg weitergehen wollen. Mit dem zwischen den elf Mitgliedstaaten vereinbarten Abkommen über die Sozialpolitik ist eine arbeitsfähige Grundlage zur Schaffung einheitlicher sozialer Mindeststandards sowie zur Ausdehnung der Arbeitnehmerschutzrechte erreicht worden, wenngleich sich bei seiner Anwendung Schwierigkeiten ergeben werden. Der Bundesrat erkennt aber an, daß eine Regelung gefunden wurde, mit deren Hilfe (partielles) Gemeinschaftsrecht gesetzt werden kann.

Der Bundesrat stellt allerdings mit Bedauern fest, daß mit den Regelungen in den Vertragstexten von Maastricht im Bereich der Arbeits- und Sozialpolitik noch nicht der Integrationsfortschritt erzielt worden ist, der vom Bundesrat in seiner Entschließung vom 8. November 1991 gefordert worden war. Es ist nicht gelungen, die Gleichwertigkeit der sozialen Aspekte neben den wirtschaftlichen im Unionsvertrag zu verankern. Dies wird die Aufgabe der nächsten Regierungskonferenz sein.

Der Bundesrat fordert die Bundesregierung auf, die durch den Vertrag und das ihm beigefügte Protokoll über die Sozialpolitik geschaffenen Möglichkeiten zur Vertiefung und Ergänzung der sozialen Dimension konsequent zu nutzen. Denn europäische Regelungen im Bereich des Arbeits- und Sozialrechts, vor allem gleiche soziale Mindestrechte, die einen gemeinsamen Standard absichern, sind für die weitere Integration Europas zwingend notwendig. Die aktuelle Diskussion über die Ausgestaltung des Subsidiaritätsprinzips, das auch in der europäischen Arbeits- und Sozialpolitik strikt eingehalten werden muß, darf nicht dazu mißbraucht werden, der Gemeinschaft vom Grundsatz her zuerkannte Kompetenzen wieder zugunsten der Mitgliedstaaten abzuerkennen und damit die Schaffung gemeinsamer sozialer Mindeststandards in Europa zu blockieren. Ziel muß es vielmehr sein, daß die Gemeinschaft ihre Zuständigkeit sinn- und maßvoll ausfüllt; dies gilt insbesondere auch für die Regelungsdichte. Zum Stillstand oder gar Rückschritt in der Europäischen Sozialpolitik darf es ebenso wenig kommen wie zu einer vollständigen Harmonisierung der Sozialsysteme der Mitgliedstaaten.

Ferner gilt es, die aufgrund der Verweigerungshaltung eines Mitgliedstaates drohende Gefahr unterschiedlicher Sozialstandards in der Gemeinschaft zu verhindern. Sozialpolitik muß soweit wie möglich auf der Grundlage des für alle Mitgliedstaaten geltenden EG-Vertrages gestaltet werden, um möglichen Fehlentwicklungen, wie z.B. Wettbewerbsverzerrungen, entgegenzuwirken. Der Bundesrat hält es für erforderlich, daß die Bundesregierung sich intensiv dafür einsetzt, daß möglichst ein gemeinsamer Weg in der Sozialpolitik beschritten wird. Das Abkommen der Elf sollte nur angewandt werden, wenn der Verhandlungsspielraum ausgeschöpft ist.

Der Bundesrat fordert, daß die Vollzugskompetenzen auch in der Sozialpolitik grundsätzlich bei den Ländern und Regionen verbleiben. Ihnen muß ein möglichst weiter Gestaltungsspielraum erhalten bleiben. Nur wenn in der Europäischen Arbeits- und Sozialpolitik auch weiterhin die regionalen Besonderheiten berücksichtigt werden können, wird sie den Interessen der Bürger gerecht.

Im übrigen weist der Bundesrat darauf hin, daß die nächste Vertragsrevision die obligatorische Beteiligung des Regionalausschusses im Bereich der Sozialpolitik und eine Erweiterung der Rechte des Europäischen Parlaments auch bei dem Erlaß von Sozialbestimmungen mit sich bringen muß. Eine verstärkte Beteiligung dieser Institutionen in der Europäischen Arbeits- und Sozialpolitik erhöht die demokratische Legitimität und die Bürgernähe und vergrößert damit die Akzeptanz von Maßnahmen der Europäischen Gemeinschaft.

17. Umweltschutz

Angesichts der globalen Dimension der Umweltprobleme, die vor nationalen Grenzen nicht haltmachen und daher nur in grenzüberschreitender Zusammenarbeit gelöst werden können, wird eine wirksame Umweltpolitik der Gemeinschaft von entscheidender Bedeutung für die Zukunft sein. Das Ausmaß der drohenden Zerstörung erfordert eine erhebliche Steigerung der Anstrengungen, den nachfolgenden Generationen eine lebenswerte Umwelt zu erhalten.

Der Bundesrat hält an dem Ziel einer Umweltunion fest. Er sieht in dem Vertrag von Maastricht einen Fortschritt bei der Verankerung des Prinzips einer nachhaltigen, ressourcenschonenden und umweltverträglichen Entwicklung. Er ist aber der Auffassung, daß dieses Prinzip in die übrigen Politikbereiche noch unzureichend integriert ist.

Der Bundesrat ist der Auffassung, daß Umweltschutz als integrierter Bestandteil anderer Politikbereiche die besten Durchsetzungschancen hat.

Es bleibt Aufgabe zukünftiger Vertragsgestaltung, die Gleichrangigkeit ökologischer Ziele mit anderen Zielen der Gemeinschaft durchzusetzen.

Er spricht sich dafür aus, daß sich die Umweltschutzpolitik insbesondere an Maßnahmen zur Vorbeugung gegen Umweltbeeinträchtigungen und am Verursacherprinzip ausrichtet, und sieht dabei Umweltschutzforderungen stets im gesamtpolitischen Zusammenhang.

Entschließung Bundesrat

Die in Artikel 2 des EG-Vertrages festgelegten Ziele eines beständigen umweltverträglichen Wachstums und einer Hebung der Lebensqualität lassen sich nur dann erreichen, wenn Mindeststandards auf hohem Niveau sowohl für produkt- wie für anlagenbezogene Umweltnormen festgelegt werden. Sie sind auch für das Funktionieren des Gemeinsamen Marktes unverzichtbar.

Bei der gemeinschaftlichen Umweltpolitik ist den Bedürfnissen und Besonderheiten der Mitgliedstaaten und ihrer Regionen Rechnung zu tragen. Hierfür bildet das in Artikel 3b des Vertrages über die Europäische Union verankerte Subsidiaritätsprinzip die rechtliche Grundlage.

Das Subsidiaritätsprinzip verlangt, daß sich die Gemeinschaft bei ihren Rechtsetzungsakten auf die Festlegung gemeinschaftlicher Ziele und Rahmenbedingungen für die Umweltpolitik beschränkt. Dabei ist die Wahl des politischen Instruments nach Möglichkeit den Mitgliedstaaten zu überlassen. Auf bestehende Regelungen der Mitgliedstaaten und auf deren gewachsene Verwaltungsstrukturen ist Rücksicht zu nehmen.

Bereits in Kraft gesetzte Regelungen auf EG-Ebene im Umweltbereich sind daraufhin zu überprüfen, ob das mit ihnen verfolgte Ziel durch nationale Regelungen besser oder ebenso gut erreicht werden kann.

Subsidiarität im Rahmen der künftigen Regelungen durch die Gemeinschaft muß heißen, daß einerseits die Gemeinschaft Regelungen überall dort trifft, wo ohne gemeinschaftsweiten Regelungswillen Ziele, wie z.B. Ziele des Umweltschutzes, vernachlässigt würden.

Der Bundesrat hält darüber hinaus einen einheitlichen Vollzug der Umweltschutzvorschriften der Gemeinschaft in allen Mitgliedstaaten für dringend erforderlich.

Deshalb muß auch in Zukunft die Kommission für alle umweltrelevanten Tatbestände grundlegende Regelungen entwickeln, die dazu führen, daß Umweltschutzziele in allen Ländern der Gemeinschaft umgesetzt werden.

Andererseits sind Gemeinschaftsregelungen insoweit entbehrlich, als bereits nationale Vorschriften vorhanden sind oder aber Regelungen auf nationaler oder regionaler Ebene getroffen werden sollten. Diese Regelungen könnten unter dem Gesichtspunkt der Gleichwertigkeit an die Stelle von EG-Vorschriften treten, wie z.B. beim Vollzug von Maßnahmen.

Dieses Prinzip der Gleichwertigkeit findet sich bereits heute in Ansätzen im Sekundärrecht der EG, z.B.

- in der Richtlinie vom 04. Mai 1976 betreffend die Verschmutzung infolge der Ableitung bestimmter gefährlicher Stoffe in die Gewässer der Gemeinschaft,
- in der Richtlinie über die Behandlung von kommunalem Abwasser,
- in der Richtlinie über Grenzwerte und Leitwerte der Luftqualität für Schwefeldioxid und Schwebstaub.

Hier regelt das Gemeinschaftsrecht, daß Meßmethoden und Grenzwerte, wie sie das nationale Recht vorsieht, angewandt werden können.

Für andere Bereiche im Gewässerschutz und in der Luftreinhaltung, für die Abfallverbringung, die integrierten Anlagegenehmigungen werden mit der EG-Kommission Absprachen zu treffen sein, wann und in welchen Fällen nationales Recht als gleichwertig an die Stelle von EG-Recht treten kann. Dies muß auch für die Fälle gelten, in denen bereits nationales Recht eine umfassendere Regelung als das zu erwartende Gemeinschaftsrecht darstellt.

Die Anwendung des Subsidiaritätsprinzips erfordert, daß der Vollzug der gemeinschaftlichen Umweltpolitik Sache der Mitgliedstaaten und ihrer Regionen bleibt. Die Kommission sollte dabei nur insoweit tätig werden, als sie Informationen über den Stand der Umsetzung des Gemeinschaftsrechts in den einzelnen Mitgliedstaaten benötigt.

Der Vertrag über die Europäische Union bleibt eine Antwort auf die umweltpolitischen Herausforderungen des kommenden Binnenmarktes schuldig. Im Gegenteil wird sich in Zukunft die Tendenz noch verstärken, unter Berufung auf den Binnenmarkt mühsam errungene umweltpolitische Vorreiter-Leistungen durch eine übertriebene Harmonisierung zu vereiteln oder durch Befreiung der Importe von Umweltregeln zu unterlaufen.

Mitgliedstaaten mit einem hohen Umweltschutzniveau dürfen nicht zu einer Absenkung ihrer Anforderungen gezwungen werden, weil sonst die Umweltpolitik in der gesamten Gemeinschaft zum Stillstand kommt. Soweit eine Harmonisierung unerläßlich ist, hat sie auf einem hohen Schutzniveau zu erfolgen.

18. Landwirtschaft

Der Bundesrat widerspricht der Auffassung der EG-Kommission, die Agrarpolitik in ihrer Gesamtheit vom Grundsatz der Subsidiarität im engeren Sinne, wie er in Artikel 3b Abs. 2 EG-Vertrag niedergelegt ist, auszunehmen. Nach Auffassung des Bundesrates ist Artikel 43 EG-Vertrag wegen der Weite des Aufgabenfeldes der Agrarpolitik nicht als eine im Sinne von Artikel 3b Abs. 2 EG-Vertrag ausschließliche, sondern als eine konkurrierende Zuständigkeitszuweisung anzusehen.

Der Bundesrat weist darauf hin, daß der Bereich der Landwirtschaft in hohem Maße von EWG-Durchführungsvorschriften betroffen ist, die insbesondere im Zusammenhang mit der EG-Agrarreform eine Fülle von Detailregelungen enthalten. Ausdruck des Subsidiaritätsprinzips muß es sein, den besonderen Gegebenheiten der Mitgliedstaaten und Regionen Rechnung zu tragen und diesen die legislative Durchführung insoweit zu überlassen, wie daraus keine Wettbewerbsverzerrungen oder Handelshemmnisse erwachsen.

Der Bundesrat ist nachdrücklich der Auffassung, daß die verwaltungsmäßige Durchführung des EG-Rechts grundsätzlich Sache der Mitgliedstaaten ist. Ihnen muß vorbehalten bleiben, Regelungen zu erlassen betreffend Verwaltungsverfahren, Benennung der zuständigen Behörden, Überwachungs- und Kontrollkompetenzen, Vollstreckungsverfahren und Sanktionen.

Der Bundesrat hält es zur Vermeidung von unkalkulierbaren Anlastungsrisiken für dringend erforderlich, den Mitgliedstaaten bei der Durchführung von EG-Rechtsakten einen größtmöglichen Gestaltungsspielraum zu lassen. Mit Blick auf den föderativen Staatsaufbau der Bundesrepublik Deutschland muß gelten, daß bei der Durchführung und Kontrolle von EG-Vorschriften die übergeordnete Gemeinschaft gegenüber ihren Mitgliedstaaten nicht mehr Rechte haben kann, als der Bund gegenüber den Ländern.

Die vertraglich geregelte Mitwirkung des Regionalausschusses sollte sich künftig auch auf den Titel II „Landwirtschaft" des EG-Vertrages erstrecken.

Der Bundesrat bittet die Bundesregierung, bei den nächsten Beratungen über den Vertrag zur Europäischen Union eine Überarbeitung des Artikels 39 des EG-Vertrages vorzusehen. Die derzeitige und künftige Fassung des Artikels 39 entspricht in der Gewichtung nicht den derzeitig und zukünftig zu fordernden Schwerpunkten der Gemeinsamen Agrarpolitik und Rolle der Landwirtschaft im ländlichen Raum.

19. Forstwirtschaft

Die Bestrebungen der EG-Kommission nach einer einheitlichen EG-Forstpolitik sind abzulehnen. Die bisherigen Erfahrungen zeigen, daß sich eine Forstpolitik auf nationaler bzw. regionaler Ebene bewährt hat und kein Bedarf für EG-Regelungen besteht.

20. Innenpolitik

Obwohl im Vertrag über die Politische Union für den Bereich der Innenpolitik die erhofften Ziele nicht oder nur unvollständig erreicht wurden, enthält das Vertragswerk positive Ansätze, auch die Probleme der inneren Sicherheit und der Asyl-, Flüchtlings- und Einwanderungspolitik in der Gemeinschaft auf Dauer in den Griff zu bekommen.

Der Bundesrat begrüßt die Einführung einer Unionsbürgerschaft. Die mit dem Status verbundenen Rechte und Pflichten müssen schrittweise und parallel zur Fortentwicklung der Gemeinschaft zu einer Europäischen Union verwirklicht werden.

Auch die Einführung des Kommunalwahlrechts für EG-Angehörige wird grundsätzlich begrüßt. Es muß dabei das Prinzip der Gegenseitigkeit Beachtung finden. Im übrigen kommt bei der Ausübung des Wahlrechts einer angemessenen Aufenthaltsdauer im Mitgliedstaat und am Ort der Wahl eine entscheidende Bedeutung zu, da die Kenntnis der allgemeinpolitischen und örtlichen Gegebenheiten Legitimationsgrundlage für die Teilnahme an der Wahl ist.

Der Bundesrat weist darauf hin, daß die Ausgestaltung des Wahlrechts nach Artikel 8b Abs. 1 Satz 2 EG-Vertrag durch die Organe der Gemeinschaft nach dem Subsidiaritätsprinzip nur allgemeine Grundsätze enthalten kann. Die Festlegung der weiteren Einzelheiten bleibt Sache der Mitgliedstaaten.

Der Bundesrat geht davon aus, daß die Wahrnehmung der Rechte der Bundesrepublik Deutschland bei der Ausgestaltung des Wahlrechts nach Artikel 8b Abs. 1 Satz 2 EG-Vertrag den

Ländern obliegt, da das Kommunalwahlrecht ausschließlich in die Gesetzgebungskompetenz der Länder fällt.

Der Bundesrat spricht sich für eine rasche Vergemeinschaftung der Asyl-, Flüchtlings- und Einwanderungspolitik aus.

Der Bundesrat begrüßt es, daß im Vertrag über die Europäische Union eine engere Zusammenarbeit bei der Bekämpfung der internationalen Kriminalität vereinbart und zu diesem Zweck die Einrichtung einer Zentralstelle (Europol) vereinbart wurde. Er setzt sich nachdrücklich dafür ein, daß Europol sobald als möglich zu einer Einrichtung der Gemeinschaft wird.

Der Bundesrat wendet sich gegen Bestrebungen, den Katastrophenschutz zu vergemeinschaften. Er fordert die Bundesregierung auf, weiteren Aktivitäten der EG-Kommission auf diesem Gebiet unter Hinweis auf das Subsidiaritätsprinzip energisch entgegenzutreten.

Der Bundesrat bedauert, daß dem Wunsch der Länder nach Verankerung des Kommunalen Selbstverwaltungsrechts im Vertrag über die Europäische Union nicht Rechnung getragen wurde. Er fordert, daß im Rahmen des weiteren europäischen Integrationsprozesses das Kommunale Selbstverwaltungsrecht im Kern unangetastet bleibt.

21. Gesundheitspolitik

Der Bundesrat begrüßt die Aufnahme von Regelungen zum Gesundheitswesen (Artikel 3 und 129 des EG-Vertrages), weil das Ziel eines hohen Gesundheitsschutzniveaus Bestandteil der europäischen Integration sein muß. Dabei wird in Artikel 129 EG-Vertrag der subsidiäre und komplementäre Charakter der Gemeinschaftsmaßnahmen besonders betont.

Der Bundesrat begrüßt desweiteren, daß die Notwendigkeit, Drogenabhängigkeit zu verhüten, besonders betont wird.

Angesichts der vom Grundgesetz vorgenommenen prinzipiellen Zuweisung des Gesundheitswesens zur gesetzgeberischen Länderkompetenz kommt im Zusammenhang mit Artikel 129 EG-Vertrag der Anwendung des Subsidiaritätsprinzips große Bedeutung zu. Die dort neu geregelten Handlungsmöglichkeiten müssen unter grundsätzlicher Wahrung der Regelungs- und Vollzugskompetenzen der Länder ziel- und maßvoll genutzt werden.

Die Länder benötigen weiterhin Gestaltungsspielraum für eine wirksame Gesundheitspolitik auf der Grundlage der besonderen Organisations- und Rechtslage des Gesundheitswesens, zumal Gesundheitsverhalten und gesundheitliche Versorgung stark von regionalen Verhältnissen und Überzeugungen geprägt sind.

V. Fortentwicklung der Europäischen Union

22. Regierungskonferenz

Der Bundesrat ist sich darüber im klaren, daß der Vertrag über die Europäische Union im Hinblick auf eine Vertiefung und eine Erweiterung der EG der Fortentwicklung bedarf.

Angesichts der zahlreichen, in der öffentlichen Diskussion des Vertragswerkes deutlich gewordenen Fragen tritt der Bundesrat für eine Vorziehung der für 1996 vorgesehenen nächsten Regierungskonferenz ein. Dieser Regierungskonferenz muß jedoch eine umfassende öffentliche Debatte auf allen Ebenen der Gemeinschaft vorausgehen, in der die Grundentscheidungen für das künftige Europa geklärt werden. Die bisherige Art und Weise der Weiterentwicklung der Europäischen Gemeinschaft muß dabei überdacht und Grundprinzipien für eine künftige europäische Ordnung müssen herausgearbeitet werden.

Der Bundesrat erwartet von dieser Regierungskonferenz,

– eine institutionelle Reform zur Sicherung der Handlungsfähigkeit der Gemeinschaft bei Aufnahme weiterer Mitglieder sowie zur besseren Transparenz der Entscheidungen und Verantwortung ihrer Organe;

– eine klare Aufgabenabgrenzung zwischen EG und Mitgliedstaaten;

– eine endgültige Behebung des weiterbestehenden Demokratiedefizits hinsichtlich der Rechte, aber auch zur besseren Verwirklichung des Grundsatzes der Gleichheit der Wahl;

– die Fortschreibung der Definition der Subsidiarität und

– die Umwandlung des Ausschusses der Regionen zu einer Regionalkammer mit echten Mitentscheidungsrechten.

Der Bundesrat ist der Auffassung, daß die Europäische Union mit einer solchen Reform in die Lage versetzt werden kann, diejenigen Zukunftsaufgaben, die auf europäischer Ebene gelöst werden müssen, erfolgreich zu bewältigen.

Der Bundesrat geht davon aus, daß er in die Beratungen der Regierungskonferenz rechtzeitig und umfassend einbezogen wird.

23. Erweiterung der Gemeinschaft

Der Bundesrat befürwortet die zügige Aufnahme der Beitrittsverhandlungen mit allen Staaten der EFTA, die die Mitgliedschaft der Europäischen Gemeinschaft beantragt haben. Er sieht in ihrer Aufnahme eine politische und wirtschaftliche Stärkung der Gemeinschaft und ist der Auffassung, daß diese Staaten aufgrund ihres wirtschaftlichen Standes kurzfristig integriert werden können. Gleichzeitig wird sich jedoch eine institutionelle Reform der Gemeinschaft zur Sicherung ihrer Handlungsfähigkeit als notwendig erweisen.

Der Bundesrat bekennt sich zur besonderen Verantwortung der Gemeinschaft für die politische und wirtschaftliche Umgestaltung in den mittel- und osteuropäischen Staaten. Er vertritt die Auffassung, daß diese Herausforderung eine Konzentration der finanziellen und technischen Hilfe der Gemeinschaft im Rahmen ihrer außenpolitischen Aktivitäten erfordert. Diese Staaten sind in ihren Reformbemühungen durch eine enge institutionelle Anbindung an die Gemeinschaft mit der Perspektive eines späteren Beitritts zu unterstützen; die Assoziationsabkommen mit einem Teil dieser Staaten weisen in die richtige Richtung.

9. Leitsätze
zum Urteil des Bundesverfassungsgerichts

Vom 12. Oktober 1993[1]

1. Im Anwendungsbereich des Art. 23 Grundgesetz (GG) [Geltungsanspruch des GG] schließt Art. 38 GG [Bundestagswahlen, Wahlmodalitäten] aus, die durch die Wahl bewirkte Legitimation und Einflußnahme auf die Ausübung von Staatsgewalt durch die Verlagerung von Aufgaben und Befugnissen des Bundestages so zu entleeren, daß das demokratische Prinzip, soweit es Art. 79 Abs. 3 [Unzulässige Grundgesetzänderungen] in Verbindung mit Art. 20 Abs. 1 und 2 GG (Die Bundesrepublik ist ein demokratischer und sozialer Bundesstaat, alle Staatsgewalt geht vom Volke aus..) für unantastbar erklärt, verletzt wird.

2. Das Demokratieprinzip hindert die Bundesrepublik Deutschland nicht an einer Mitgliedschaft in einer – supranational organisierten – zwischenstaatlichen Gemeinschaft. Voraussetzung der Mitgliedschaft ist aber, daß eine vom Volk ausgehende Legitimation und Einflußnahme auch innerhalb des Staatenverbundes gesichert ist.

3.a) Nimmt ein Verbund demokratischer Staaten hoheitliche Aufgaben wahr und übt dazu hoheitliche Befugnisse aus, sind es zuvörderst die Staatsvölker der Mitgliedstaaten, die dies über die nationalen Parlamente demokratisch zu legitimieren haben. Mithin erfolgt demokratische Legitimation durch die Rückkopplung des Handelns europäischer Organe an die Parlamente der Mitgliedstaaten; hinzu tritt – im Maße des Zusammenwachsens der europäischen Nationen zunehmend – innerhalb des institutionellen Gefüges der Europäischen Union die Vermittlung demokratischer Legitimation durch das von den Bürgern der Mitgliedstaaten gewählte Europäische Parlament.

3.b) Entscheidend ist, daß die demokratischen Grundlagen der Union schritthaltend mit der Integration ausgebaut werden und auch im Fortgang der Integration in den Mitgliedstaaten eine lebendige Demokratie erhalten bleibt.

4. Vermitteln – wie gegenwärtig – die Staatsvölker über die nationalen Parlamente demokratische Legitimation, sind der Ausdehnung

---

[1] BVerfG, Zweiter Senat: 2 BvR 2134/92 u. 2 BvR 2159/92, in der amtlichen Sammlung noch nicht veröffentlicht.

der Aufgaben und Befugnisse der Europäischen Gemeinschaften vom demokratischen Prinzip her Grenzen gesetzt. Dem Deutschen Bundestag müssen Aufgaben und Befugnisse von substantiellem Gewicht verbleiben.

5. Art 38 GG wird verletzt, wenn ein Gesetz, das die deutsche Rechtsordnung für die unmittelbare Geltung und Anwendung von Recht der – supranationalen – Europäischen Gemeinschaften öffnet, die zur Wahrnehmung übertragenen Rechte und das beabsichtigte Integrationsprogramm nicht hinreichend bestimmbar festlegt (vgl. BVerfGE 58, 1 ⟨37⟩). Das bedeutet zugleich, daß spätere wesentliche Änderungen des im Unions-Vertrag angelegten Integrationsprogramms und seiner Handlungsermächtigungen nicht mehr vom Zustimmungsgesetz zu diesem Vertrag gedeckt sind. Das Bundesverfassungsgericht prüft, ob Rechtsakte der europäischen Einrichtungen und Organe sich in den Grenzen der ihnen eingeräumten Hoheitsrechte halten oder aus ihnen ausbrechen (vgl. BVerfGE 75, 223).

6. Bei der Auslegung von Befugnisnormen durch Einrichtungen und Organe der Gemeinschaften ist zu beachten, daß der Unions-Vertrag grundsätzlich zwischen der Wahrnehmung einer begrenzt eingeräumten Hoheitsbefugnis und der Vertragsänderung unterscheidet, seine Auslegung deshalb in ihrem Ergebnis nicht einer Vertragserweiterung gleichkommen darf; eine solche Auslegung von Befugnisnormen würde für Deutschland keine Bindungswirkung entfalten.

7. Auch Akte einer besonderen, von der Staatsgewalt der Mitgliedstaaten geschiedenen öffentlichen Gewalt einer supranationalen Organisation betreffen die Grundrechtsberechtigten in Deutschland. Sie berühren damit die Gewährleistungen des Grundgesetzes und die Aufgaben des Bundesverfassungsgerichts, die den Grundrechtsschutz in Deutschland und insoweit nicht nur gegenüber deutschen Staatsorganen zum Gegenstand haben (Abweichung von BVerfGE 58,1 ⟨27⟩). Allerdings übt das Bundesverfassungsgericht seine Rechtsprechung über die Anwendbarkeit von abgeleitetem Gemeinschaftsrecht in Deutschland in einem „Kooperationsverhältnis" zum Europäischen Gerichtshof aus.

8. Der Unions-Vertrag begründet einen Staatenverbund zur Verwirklichung einer immer engeren Union der – staatlich organisierten – Völker Europas (Art. A EUV), keinen sich auf ein europäisches Staatsvolk stützenden Staat.

9.a) Art. F Abs. 3 EUV ermächtigt die Union nicht, sich aus eigener Macht die Finanzmittel oder sonstige Handlungsmittel zu verschaffen, die sie zur Erfüllung ihrer Zwecke für erforderlich erachtet.

9.b) Art. L EUV schließt die Gerichtsbarkeit des Europäischen Gerichtshofs nur für solche Vorschriften des Unions-Vertrags aus, die nicht zu Maßnahmen der Union mit Durchgriffswirkung auf den Grundrechtsträger im Hoheitsbereich der Mitgliedstaaten ermächtigen.

9.c) Die Bundesrepublik Deutschland unterwirft sich mit der Ratifikation des Unions-Vertrags nicht einem unüberschaubaren, in seinem Selbstlauf nicht mehr steuerbaren „Automatismus" zu einer Währungsunion; der Vertrag eröffnet den Weg zu einer stufenweisen weiteren Integration der europäischen Rechtsgemeinschaft, der in jedem weiteren Schritt entweder von gegenwärtig für das Parlament voraussehbaren Voraussetzungen oder aber von einer weiteren, parlamentarisch zu beeinflussenden Zustimmung der Bundesregierung abhängt.

Aus den Gründen:

1. Demokratieprinzip

... Wird die Bundesrepublik Deutschland Mitglied einer zu eigenem hoheitlichen Handeln befähigten Staatengemeinschaft und wird dieser Staatengemeinschaft die Wahrnehmung eigenständiger Hoheitsbefugnisse eingeräumt – beides wird durch das Grundgesetz für die Verwirklichung eines vereinten Europas ausdrücklich zugelassen (Art. 23 Abs. 1 GG) –, kann insoweit demokratische Legitimation nicht in gleicher Form hergestellt werden wie innerhalb einer durch eine Staatsverfassung einheitlich und abschließend geregelten Staatsordnung.

... Die Europäische Union ist nach ihrem Selbstverständnis als Union der Völker Europas (Art. A Abs. 2 EUV) ein auf eine dynamische Entwicklung angelegter (vgl. etwa Art. B Abs. 1 letzter Gedankenstrich; Art. C Abs. 1 EUV) Verbund demokratischer Staaten; nimmt er hoheitliche Aufgaben wahr und übt dazu hoheitliche Befugnisse aus, sind es zuvörderst die Staatsvölker der Mitgliedstaaten, die dies über die nationalen Parlamente demokratisch zu legitimieren haben.

Indessen wächst mit dem Ausbau der Aufgaben und Befugnisse der Gemeinschaft die Notwendigkeit, zu der über die nationalen Parlamente vermittelten demokratischen Legitimation und Einflußnahme eine Repräsentation der Staatsvölker durch ein europäisches Parlament hinzutreten zu lassen, von der ergänzend eine demokratische Abstützung der Politik der Europäischen Union ausgeht. Mit der durch den Vertrag von Maastricht begründeten Unionsbürgerschaft wird zwischen den Staatsangehörigen der Mitgliedstaaten ein auf Dauer angelegtes rechtliches Band geknüpft, das zwar nicht eine der gemeinsamen Staatsangehörigkeit zu einem Staat vergleichbare Dichte besitzt, dem bestehenden Maß existentieller Gemeinsamkeit jedoch einen rechtlich verbindlichen Ausdruck verleiht (vgl. insbesondere Art. 8b Abs. 1 und 2 EGV). Die von den Unionsbürgern ausgehende Einflußnahme kann in dem Maße in eine demokratische Legitimation der europäischen Institutionen münden, in dem bei den Völkern der Europäischen Union die Voraussetzungen hierfür erfüllt sind.

... Im Staatenverbund der Europäischen Union erfolgt mithin demokratische Legitimation notwendig durch die Rückkoppelung des Handelns europäischer Organe an die Parlamente der Mitgliedstaaten; hinzutritt – im Maße des Zusammenwachsens der europäischen Nationen zunehmend – innerhalb des institutionellen Gefüges der Europäischen Union die Vermittlung demokratischer Legitimation durch das von den Bürgern der Mitgliedstaaten gewählte Europäische Parlament. Bereits in der gegenwärtigen Phase der Entwicklung kommt der Legitimation durch das Europäische Parlament eine stützende Funktion zu, die sich verstärken ließe, wenn es nach einem in allen Mitgliedstaaten übereinstimmenden Wahlrecht gemäß Art. 138 Abs. 3 EGV gewählt würde und sein Einfluß auf die Politik und Rechtsetzung der Europäischen Gemeinschaften wüchse.

2. Nationale Parlamente

... Weil der wahlberechtigte Deutsche sein Recht auf Teilnahme an der demokratischen Legitimation der mit der Ausübung von Hoheitsgewalt betrauten Einrichtungen und Organe wesentlich durch die Wahl des Deutschen Bundestages wahrnimmt, muß der Bundestag auch über die Mitgliedschaft Deutschlands in der Europäischen Union, ihren Fortbestand und ihre Entwicklung bestimmen.

... Der notwendige Einfluß des Bundestages ist zunächst dadurch gewährleistet, daß nach Art. 23 Abs. 1 GG für die deutsche Mitgliedschaft in der Europäischen Union und ihre Fortentwicklung durch eine Änderung ihrer vertraglichen Grundlagen oder eine Erweiterung ihrer Befugnisse ein Gesetz erforderlich ist, das unter den Voraussetzungen des Satzes 3 der qualifizierten Mehrheiten des Art. 79 Abs. 2

GG bedarf. Darüber hinaus ist der Bundestag an der Wahrnehmung der deutschen Mitgliedschaftsrechte in den europäischen Organen beteiligt. Er wirkt nach Maßgabe des Art. 23 Abs. 2 und 3 GG und des zu seiner Ausführung erlassenen Gesetzes über die Zusammenarbeit von Bundesregierung und Deutschem Bundestag in Angelegenheiten der Europäischen Union vom 12. März 1993 (BGBl. I S. 311) an der Willensbildung des Bundes in diesen Angelegenheiten mit. Diese wechselbezüglichen Kompetenzen sind von Bundesregierung und Bundestag im Sinne der Organtreue wahrzunehmen.

Schließlich beeinflußt der Bundestag die europäische Politik der Bundesregierung auch durch deren parlamentarische Verantwortlichkeit (Art. 63, 67 GG – vgl. BVerfGE 68, 1 ⟨109 f.⟩). Diese Kreations- und Kontrollfunktion, die der Bundestag grundsätzlich in öffentlicher Verhandlung wahrnimmt, veranlaßt eine Auseinandersetzung der Öffentlichkeit und der politischen Parteien mit der Europapolitik der Bundesregierung und wird damit zu einem Faktor für die Wahlentscheidung der Bürger.

... Auch die Regierungen der Mitgliedstaaten haben im Zusammenhang mit der Unterzeichnung des Unions-Vertrags die große Bedeutung unterstrichen, die den einzelstaatlichen Parlamenten in der Union zukommt: Ihre Erklärung zur Rolle der einzelstaatlichen Parlamente in der Europäischen Union (BGBl. 1992 II S. 1321) betont die Notwendigkeit einer größeren Beteiligung der Parlamente der Mitgliedstaaten an den Tätigkeiten der Europäischen Union und verpflichtet die Regierungen zu rechtzeitiger Unterrichtung der Parlamente über Vorschläge der Kommission, um ihnen so deren Prüfung zu ermöglichen.

3. Europäische Union

... Der Unions-Vertrag begründet – wie ausgeführt – einen Staatenverbund zur Verwirklichung einer immer engeren Union der – staatlich organisierten – Völker Europas (Art. A EUV), keinen sich auf ein europäisches Staatsvolk stützenden Staat.

... Die Mitgliedstaaten haben die Europäische Union gegründet, um einen Teil ihrer Aufgaben gemeinsam wahrzunehmen und insoweit ihre Souveränität gemeinsam auszuüben. In ihrem am 11. und 12. Dezember 1992 in Edinburgh gefaßten Beschluß (Teil B Anlage 1, BPA-Bull. Nr. 140 vom 28. Dezember 1992, S. 1290) betonen die im Europäischen Rat vereinigten Staats- und Regierungschefs, daß im Rahmen des Vertrages über die Europäische Union unabhängige und souveräne Staaten aus freien Stücken beschlossen haben, im Einklang mit den bestehenden Verträgen einige ihrer Befugnisse gemeinsam auszuüben. Dementsprechend nimmt der Unions-Vertrag auf die Unabhängigkeit und Souveränität der Mitgliedstaaten Bedacht, indem er die Union zur Achtung der nationalen Identität ihrer Mitgliedstaaten verpflichtet (Art. F Abs. 1 EUV; vgl. auch die Schlußfolgerungen des Vorsitzes des Europäischen Rates in Birmingham am 16. Oktober 1992, BPA-Bull. Nr. 115 vom 23. Oktober 1992, S. 1057), die Union und die Europäischen Gemeinschaften nach dem Prinzip der begrenzten Einzelzuständigkeit nur mit bestimmten Kompetenzen und Befugnissen ausstattet (Art. E EUV, Art. 3b Abs. 1 EGV) und sodann das Subsidiaritätsprinzip für die Union (Art. B Abs. 2 EUV) und für die Europäische Gemeinschaft (Art. 3b Abs. 2 EGV) zum verbindlichen Rechtsgrundsatz erhebt.

... Wohin ein europäischer Integrationsprozeß nach weiteren Vertragsänderungen letztlich führen soll, mag in der Chiffre der „Europäischen Union" zwar im Anliegen einer weiteren Integration angedeutet sein, bleibt im gemeinten Ziel letztlich jedoch offen (Delors, Entwicklungsperspektiven der Europäischen Gemeinschaft, in: Aus Politik und Zeitgeschichte ⟨Beilage zu „Das Parlament"⟩ 1/93, S. 3 ⟨4⟩). Jedenfalls ist eine Gründung „Vereinigter Staaten von Europa", die der Staatswerdung der Vereinigten Staaten von Amerika vergleichbar wäre, derzeit nicht beabsichtigt (vgl. Rede des Bundeskanzlers am 6. Mai 1993 in Köln, BPA-Bull. Nr. 39 vom 17. Mai 1993, S. 341 ⟨343 f.⟩). Auch der im Blick auf den Unions-Vertrag neu in die französische Verfassung eingefügte Art. 88-1 spricht von Mitgliedstaaten, die in der Europäischen Union und den Europäischen Gemeinschaften einige ihrer Kompetenzen gemeinsam ausüben.

... Die Kompetenzen und Befugnisse, die der Europäischen Union und den ihr zugehörigen Gemeinschaften eingeräumt sind, bleiben, soweit sie durch Wahrnehmung von Hoheitsrechten ausgeübt werden, im wesentlichen Tätigkeiten einer Wirtschaftsgemeinschaft. Die zentralen Tätigkeitsfelder der Europäischen Gemeinschaft sind insoweit die Zollunion und die Freiheit des Warenverkehrs (Art. 3 Buchst. a EGV), der Binnenmarkt (Art. 3 Buchst. c EGV), die Rechtsangleichung zur Sicherung der Funktionsfähigkeit des Gemeinsamen Marktes (Art. 3 Buchst. h EGV), die Koordinierung der Wirtschaftspolitik der Mitgliedstaaten (Art. 3a Abs. 1 EGV) und die Entwicklung einer Währungsunion (Art. 3a Abs. 2 EGV). Außerhalb der Europäischen Gemeinschaften bleibt die Zusammenarbeit intergouvernemental;

dies gilt insbesondere für die Außen- und Sicherheitspolitik sowie für die Bereiche Justiz und Inneres.

... Die Bundesrepublik Deutschland ist somit auch nach dem Inkrafttreten des Unions-Vertrags Mitglied in einem Staatenverbund, dessen Gemeinschaftsgewalt sich von den Mitgliedstaaten ableitet und im deutschen Hoheitsbereich nur kraft des deutschen Rechtsanwendungsbefehls verbindlich wirken kann. Deutschland ist einer der „Herren der Verträge", die ihre Gebundenheit an den „auf unbegrenzte Zeit" geschlossenen Unions-Vertrag (Art. Q EUV) mit dem Willen zur langfristigen Mitgliedschaft begründet haben, diese Zugehörigkeit aber letztlich durch einen gegenläufigen Akt auch wieder aufheben könnten. Geltung und Anwendung von Europarecht in Deutschland hängen von dem Rechtsanwendungsbefehl des Zustimmungsgesetzes ab. Deutschland wahrt damit die Qualität eines souveränen Staates aus eigenem Recht und den Status der souveränen Gleichheit mit anderen Staaten i.S. des Art. 2 Nr. 1 der Satzung der Vereinten Nationen vom 26. Juni 1945 (BGBl. 1973 II S. 430).

... Auch im übrigen sind die Aufgaben und Befugnisse der Europäischen Union und der ihr zugehörigen Gemeinschaften, wie dargelegt, im Vertrag und damit im deutschen Zustimmungsgesetz in umgrenzten Tatbeständen beschrieben, so daß die weitgreifenden Zielankündigungen der Präambel und des Art. B EUV nicht die Wahrnehmung von Hoheitsrechten rechtfertigen, sondern nur die politische Absicht zur Verwirklichung einer immer engeren Union der Völker Europas bekräftigen. Der Unions-Vertrag genügt deshalb dem mit der zunehmenden Integrationsdichte einhergehenden Gebot, die Handlungsmöglichkeiten europäischer Organe nicht nur auf Ziele hin zu bestimmen, sondern in ihren Mitteln tatbestandlich zu erfassen, ihre Aufgaben und Befugnisse also gegenständlich zu umgrenzen.

4. Europäische Währungsunion

... Die Währungsunion ist nach Titel VI, Kapitel 2 des EG-Vertrages als Stabilitätsgemeinschaft konzipiert, die vorrangig die Preisstabilität zu gewährleisten hat (Art. 3a Abs. 2, Art. 105 Abs. 1 Satz 1 EGV). Deshalb wird jeder Mitgliedstaat nach Art. 109e Abs. 2 Buchst. a, 2. Gedankenstrich EGV schon vor Eintritt in die zweite Stufe für die Verwirklichung der Wirtschafts- und Währungsunion erforderlichenfalls mehrjährige Programme festlegen, die die notwendige dauerhafte Konvergenz, insbesondere hinsichtlich der Preisstabilität und gesunder öffentlicher Finanzen, gewährleisten sollen. Der Rat wird nach Art. 109e Abs. 2 Buchst. b EGV die Fortschritte bei der Konvergenz im Wirtschafts- und Währungsbereich bewerten. Die Maßstäbe für den Fortgang der Wirtschafts- und Währungsunion werden in Art. 109j Abs. 1 EGV tatbestandlich verdeutlicht und im Protokoll über die Konvergenzkriterien näher quantifiziert. Art. 6 dieses Protokolls behält eine Konkretisierung dieser Kriterien einem einstimmigen Beschluß des Rates vor. Die Erfüllung dieser Konvergenzkriterien ist Vorbedingung für den Eintritt eines Mitgliedstaates in die dritte Stufe der Währungsunion.

... Auch wenn derzeit noch nicht voraussehbar ist, welche Entwicklung die Währungsunion in ihren einzelnen Stufen nach wirtschaftlicher Bedeutung, beteiligten Mitgliedstaaten und Zeitpunkten nehmen wird, genügt das Zustimmungsgesetz zum Unions-Vertrag den Erfordernissen parlamentarischer Verantwortlichkeit.

... Die Entwicklung der Währungsunion ist auch nach Eintritt in die dritte Stufe voraussehbar normiert und insoweit parlamentarisch verantwortbar. Der Unions-Vertrag regelt die Währungsunion als eine auf Dauer der Stabilität verpflichtete und insbesondere Geldwertstabilität gewährleistende Gemeinschaft. Zwar läßt sich nicht voraussehen, ob die Stabilität einer ECU-Währung auf der Grundlage der im Vertrag getroffenen Vorkehrungen tatsächlich dauerhaft gesichert werden kann. Die Befürchtung eines Fehlschlags der Stabilitätsbemühungen, der sodann weitere finanzpolitische Zugeständnisse der Mitgliedstaaten zur Folge haben könnte, ist jedoch zu wenig greifbar, als daß sich daraus die rechtliche Unbestimmtheit des Vertrages ergäbe. Der Vertrag setzt langfristige Vorgaben, die das Stabilitätsziel zum Maßstab der Währungsunion machen, die durch institutionelle Vorkehrungen die Verwirklichung dieses Ziels sicherzustellen suchen und letztlich – als ultima ratio – beim Scheitern der Stabilitätsgemeinschaft auch einer Lösung aus der Gemeinschaft nicht entgegenstehen.

... Darüber hinaus weisen gewichtige Stimmen darauf hin, daß eine Währungsunion, zumal zwischen Staaten, die auf eine aktive Wirtschafts- und Sozialpolitik ausgerichtet sind, letztlich nur gemeinsam mit einer politischen – alle finanzwirtschaftlich wesentlichen Aufgaben umfassenden – Union, nicht aber unabhängig davon oder als eine bloße Vorstufe auf dem Wege dahin verwirklicht werden könne.

... Auch auf die stufenweise Entwicklung der nationalen Einheit Deutschlands im 19. Jahrhundert mag diese Auffassung sich stützen: Die Vereinheitlichung der Währung ging der nationalstaatlichen politischen Einigung nicht voraus, sie folgte der Bildung des Norddeutschen Bundes und des Deutschen Reiches von 1871 durch das Münzgesetz vom 9. Juli 1873 (RGBl. S. 233) nach; vorher bestand über Jahrzehnte zwar der Deutsche Zollverein, es gab auch Handelsverträge und wirtschaftsrelevante Abkommen, aber weder einen Währungsverbund noch eine Währungseinheit (vgl. E.R. Huber, Deutsche Verfassungsgeschichte seit 1789, Band IV ⟨1969⟩, S. 1053f.).

Hiermit wird indes keine verfassungsrechtliche, sondern eine politische Frage aufgeworfen. Die Währungsunion ohne eine gleichzeitige oder unmittelbar nachfolgende politische Union zu vereinbaren und ins Werk zu setzen, ist eine politische Entscheidung, die von den dazu berufenen Organen politisch zu verantworten ist. Stellt sich heraus, daß die gewollte Währungsunion in der Realität ohne eine (noch nicht gewollte) politische Union nicht zu verwirklichen ist, bedarf es einer erneuten politischen Entscheidung, wie weiter vorgegangen werden soll. Für diese Entscheidung ist rechtlich Raum, weil die Währungsunion nach dem jetzigen Vertrag eine politische Union ebensowenig wie eine Wirtschaftsunion automatisch nach sich zu ziehen vermag, es dazu vielmehr einer Vertragsänderung bedarf, die ohne die Entscheidung der nationalen staatlichen Organe einschließlich des Deutschen Bundestages nicht zustandekommen kann. Diese Entscheidung ist dann wiederum – im Rahmen des verfassungsrechtlich Zulässigen – politisch zu verantworten.

5. Subsidiaritätsprinzip

... Für die Europäische Gemeinschaft ist der Subsidiaritätsgrundsatz in Art. 3b Abs. 2 EGV verankert; er wird durch die Bezugnahme im letzten Absatz von Art. B EUV auf die außerhalb des EG-Vertrages geregelten Politiken und Formen der Zusammenarbeit der Union erstreckt und auch in Art. K. 3 Abs. 2 Buchst. b EUV wieder aufgenommen. Daneben beschränken Einzelermächtigungen, etwa Art. 126, Art. 127, Art. 128, Art. 129, Art. 129a, Art. 129b, Art. 130 und Art. 130g EGV, die Gemeinschaftstätigkeit und die Ergänzung der – prinzipiell vorgehenden – mitgliedstaatlichen Politik.

... Das Subsidiaritätsprinzip begründet mithin keine Befugnisse der Europäischen Gemeinschaft, sondern begrenzt die Ausübung bereits anderweitig eingeräumter Befugnisse (Europäischer Rat in Edinburgh, Schlußfolgerungen des Vorsitzes, a.a.O., S. 1281). Nach Art. B Abs. 2 EUV können die Ziele der Union nur nach Maßgabe des Vertrages und unter den von ihm gesetzten Bedingungen und entsprechend seinen zeitlichen Vorgaben verwirklicht werden; dabei ist zusätzlich das Subsidiaritätsprinzip zu beachten. Dementsprechend nennt Art. 3b Abs. 1 EGV als Handlungsvoraussetzung der Europäischen Gemeinschaft an erster Stelle die vertragliche Zuweisung einer Befugnis, deren Ausübung sodann nach Art. 3b Abs. 2 EGV an das Subsidiaritätsprinzip gebunden ist.

Das bedeutet: Besteht eine vertragliche Handlungsbefugnis, so bestimmt das Subsidiaritätsprinzip, ob und wie die Europäische Gemeinschaft tätig werden darf. Will der Gemeinschaftsgesetzgeber eine ihm zugewiesene Gesetzgebungsbefugnis ausüben, so muß er sich zunächst vergewissern – und dies gemäß Art. 190 EGV auch nachvollziehbar darlegen –, daß die Ziele der in Betracht gezogenen Maßnahme durch ein Tätigwerden der Mitgliedstaaten auf nationaler Ebene nicht ausreichend erreicht werden können. Sodann muß dieser Befund den weiteren Schluß rechtfertigen, daß die Ziele in Anbetracht des Umfangs oder der Wirkungen der Maßnahme besser auf Gemeinschaftsebene zu erreichen sind.

... Mit diesem Subsidiaritätsprinzip, dessen Einhaltung der Europäische Gerichtshof zu überwachen hat, sollen die nationale Identität der Mitgliedstaaten gewahrt und ihre Befugnisse erhalten bleiben (Europäischer Rat in Edinburgh, a.a.O., S. 1280f.).

Literatur

Boden, Martina: Europa- was habe ich davon? Kosten und Nutzen auf den Punkt gebracht, Aktuell Verlag, München 1994.

Läufer, Thomas: 22 Fragen zu Europa: Die Europäische Union und ihr Parlament, Europa Union Verlag, Bonn 1994.

Landtag NRW (Hrsg.): Die Landtage im europäischen Integrationsprozeß nach Maastricht. Gutachten des Instituts für Europäische Politik, Schriftenreihe des Landtags NRW, Band 5, Düsseldorf 1992.

Lipgens, Walter: 45 Jahre Ringen um die Europäische Verfassung. Dokumente 1939–1984, Europa Union Verlag, Bonn 1986.

Morawitz, Rudolf/Kaiser, Wilhelm: Die Zusammenarbeit von Bund und Ländern bei Vorhaben der Europäischen Union, Europa Union Verlag, Bonn 1994.

Pöttering, Hans-Gert: Die Europäische Gemeinschaft nach den Beschlüssen von Maastricht: Vertiefung und Erweiterung, Europa Union Verlag, Bonn 1992 (Reihe Transnational, Heft 31).

Schneider, Heinrich: Rückblick für die Zukunft. Konzeptionelle Weichenstellungen für die Europäische Einigung, Europa Union Verlag, Bonn 1986 (Europäische Schriften des Instituts für Europäische Politik, Bd. 63).

Weidenfeld, Werner (Hrsg.): Maastricht in der Analyse. Materialien zur Europäischen Union, Verlag Bertelsmann Stiftung, Gütersloh 1994.

Weidenfeld, Werner/Wessels, Wolfgang (Hrsg.): Jahrbücher der Europäischen Integration 1980–1993/94, Institut für Europäische Politik, Europa Union Verlag, Bonn 1981–1994.

Weidenfeld, Werner/Wessels, Wolfgang (Hrsg.): Wege zur Europäischen Union. Vom Vertrag zur Verfassung? Analysen und Dokumente zur Reformdebatte 1984–1986, Europa Union Verlag, Bonn 1986.

Wessels, Wolfgang: Maastricht: Ergebnisse, Bewertungen und Langzeittrends, in: integration, Heft 1/1992, S. 2–16.

Materialien

Auswärtiges Amt: Auf dem Wege nach Europa. Ein Computerspiel, 3. Aufl., Bonn 1993 (Referat für Öffentlichkeitsarbeit).

Forschungsinstitut DGAP (Hrsg.): Das Bund-Länder-Verhältnis im europäischen Einigungsprozeß. Arbeitspapiere zur Internationalen Politik, Band 71, Europa Union Verlag, Bonn 1992.

Grupp, Klaus D.: Europa 2000. Schritte zur Europäischen Union, hrsgg. vom Presse- und Informationsamt der Bundesregierung, Bonn 1995.

Hagemann, Cornelia: Europa im Unterricht. Bibliographie, Zentrum für Europäische Bildung, Europa Union Verlag, Bonn 1989 (Europäische Bildung, Bd. 8).

Institut für Europäische Politik (Hrsg.): Politische Gemeinschaft Europa. Arbeitshilfen für die politische Bildung, IEP/Bundeszentrale für politische Bildung, Bonn 1989.

Kommission der EG (Hrsg.): Die Europäische Gemeinschaft 1992 und danach. Reihe: Europäische Dokumentation, Brüssel/Luxemburg 1991.

Lenz, Carl Otto (Hrsg.): EG-Vertrag. Kommentar, 1. Aufl., Verlag Bundesanzeiger, Köln 1994.

Mickel, Wolfgang (Hrsg.): Handlexikon der Europäischen Union, Omnia-Verlag, Köln 1994.

Renner, Günter: 1000 Chancen – 1000 Risiken. Europäischer Binnenmarkt '92. Arbeitsbuch für Schule und Erwachsenenbildung, 2. Aufl., Konkordia Verlag, Bühl 1992.

Teske, Horst: Europäische Gemeinschaft: Aufgaben – Organisation – Arbeitsweise, 2. Aufl., Ferd. Dümmlers Verlag, Bonn 1990.

Weidenfeld, Werner / Wessels, Wolfgang (Hrsg.): Europa von A–Z. Taschenbuch der europäischen Integration, 4. Aufl., Europa Union Verlag, Bonn 1995.

Sachregister

Die Ziffern hinter den Stichworten geben jeweils die Seite an. Zu den Abkürzungen siehe Abkürzungsverzeichnis (S. 4).

Abgeordnete des EP 99, 222 f.
Abkommen der EU 34, der EG 266
Abschaffung der Zölle und mengenmäßigen Beschränkungen 131, 235 f.
Abstimmungsverfahren im Rat 227 f., innerhalb der GASP 23
Agrarmärkte 143
Agrarpolitik, Gemeinsame 142 ff.
Akte, Einheitliche Europäische 11, 16, 34, 119
Aktionen, gemeinsame 24
Amtsblatt der EG 246
Amtsenthebung, Mitglieder der Kommission 231
Amtshaftung der EG 54, 71, 261
Amtssprachen der EG 35, 262, 271
Amtszeit, Mitglieder der Kommission 230, Präsident und Richter des Gerichtshofs 233, Mitglieder des Rechnungshofes 240
Änderung des EU-Vertrags 33, des EG-Vertrags 269
Anfechtung von Handlungen, Gerichtshof 235
Angleichung, Rechts- und Verwaltungsvorschriften 138, 173
Anordnung, einstweilige 239
Anrufung des Gerichtshofs 235 f.
Arbeitnehmer, Freizügigkeit 149 f.
Arbeitsbedingungen, Angleichung innerhalb der EG 201 f.
Arbeitserlaubnis in anderen EG-Staaten 151 f.
Arbeitskräfte, Austausch und Freizügigkeit innerhalb der EG 149 f., 221
Arbeitsmarkt in der EG 201
Arbeitssicherheit, EG-Staaten 202
Arbeitsumwelt, Verbesserung der 173, 202
Ärzte, ärztliche Berufe innerhalb der EG 154 f.
Assoziierung mit der EG, überseeische Länder und Hoheitsgebiete 219 f., Drittstaaten 266
Asylpolitik 29, 109

Aufenthaltsrecht, allgemeines 128, Berufsausübung in den EG-Staaten 149 f.
Aufnahme von Mitgliedern in die EU 34
Ausfuhrbeihilfen, Vereinheitlichung 199
Ausfuhrbeschränkungen, Verbot 141
Ausfuhrzölle, Aufhebung 133
Ausgaben der EG 252
Auslegung des EG-Vertrags 232
Ausrichtungsfonds für die Landwirtschaft 144
Ausschuß, Europäische Union 275, der Ständigen Vertreter 228, der Regionen 249
Außenhandel der EG 198 f.
Außenminister der EU 27
Außen- und Sicherheitspolitik, Gemeinsame 22 f.
Ausschuß der Regionen 149

Banken, Dienstleistungen innerhalb der EG 155
Beamte der EG 260, des Sekretariats der GASP 28
Befähigungsnachweise, Anerkennung innerhalb der EG 154
Beihilfen in der EG 163, 169
Beistand, finanzieller 177
Beitritt zur EU 7, 34
Benelux-Staaten, Beziehungen zur EG 268
Berufsausbildung im Bereich der EG 204 f.
Beschlußfassung des Rates 103, 227, der Kommission 232, des Europäischen Parlaments 226, des Europäischen Rechnungshofes 242
Beschränkungen, mengenmäßige 138 f.
Beschwerde vor dem Gerichtshof 234
Beteiligung, Bundesländer 273, 280
Binnenmarkt, Verwirklichung innerhalb der EG 127
Binnenschiffsverkehr in EG-Staaten 165

Sachregister B–F

Bürgerbeauftragter beim Europäischen Parlament 129, 224
Bürgerschaft der Union 20, 128
Bund-Länder-Vereinbarung 283, 285 ff.
Bundesbank, Übertragung von Aufgaben 276
Bundesrat, Zusammenarbeit mit Bundesregierung 280
Bundestag, Zusammenarbeit mit Bundesregierung 278
Bundesverfassungsgericht, Maastricht-Urteil 11, 16, 323 ff.

Dänemark, Erklärungen 111 ff.
Demokratiegebot 18, 21
Deutschland als EU-Mitglied 9, 17, 119, 271
Devisenpolitik, Koordinierung 158
Devisenrecht der EG-Staaten 182 f.
Dienstleistungsverkehr, freier 155
Diplome, Anerkennung im EG-Bereich 154
Diskriminierungsverbot innerhalb der EG 126, 202
Doppelbesteuerung, Beseitigung innerhalb der EG 262
Drittstaaten, Assoziierung mit der EG 266
Dumping innerhalb des Binnenmarktes 169

ECU 50, 59, 62 ff., 185, 191 ff.
Eigene Mittel der EG 252
Eigentumsordnung in den Mitgliedstaaten 263
Einfuhrbeschränkungen, Verbot mengenmäßiger 138
Einfuhrzölle, Abschaffung 131, 220
Einheitliche Europäische Akte 11, 16, 34, 119
Einstweilige Anordnungen des Gerichtshofs 239
Einwanderung von Arbeitnehmern 150
Einzelprogramme, Forschung und Technologie 213 f.
Eisenbahnverkehr in EG-Staaten 165
Empfehlungen der EG-Organe 242
Entlastung, Ausführung des Haushalts 241, 258
Entscheidungen der EG-Organe 242

Entschließungen zur EU, Bundestag 295 ff., Bundesrat 301 ff.
Entwicklungszusammenarbeit 98, 218
Erklärungen zum EU-Vertrag 93 ff.
Ernennung der Mitglieder der Kommission 99, 230
Europa der Bürger 14, 128 f., 224
Europäische Atomgemeinschaft 9, 22, 268
Europäische Gemeinschaft für Kohle und Stahl 9, 22, 268
Europäische Investitionsbank 126, 251
Europäische Organisation für wirtschaftliche Zusammenarbeit 268
Europäisches Parlament, Befugnisse 33 f., 222 f., 266, EP und GASP 27
Europäischer Rat 20, 27
Europäischer Regionalfonds 211
Europäischer Sozialfonds 203
Europäisches System der Zentralbanken 36, 125, 182 f.
Europäische Union 8 f. Vertrag über die EU 17 ff.
Europäische Währung 18, 63, 124, 192
Europäisches Währungsinstitut 61 f., 78, 190 f.
Europäisches Währungssystem 78 ff., 190 f.
Europäische Zentralbank 40 f., 184 f.
Europakammer, Bundesrat 276
Europarat, Beziehungen zur EG 267

Feierliche Deklaration zur Europäischen Union 11
Finanzvorschriften des EG-Vertrags 252 f.
Finanzzölle in der EG 133, 135, 221
Fischereipolitik, Gemeinsame 142
Forschung und technologische Entwicklung, Ziele und Maßnahmen 212 f.
Forschungspolitik, Koordinierung 213
Forschungsprogramme, Finanzierung 213
Freier Verkehr, Drittländer 130
Freizügigkeit der Arbeitskräfte innerhalb der EG 149 f., 221

Sachregister F—K

Fundstellenverzeichnis 272

Garantiefonds für die Landwirtschaft 144
Geltungsbereich des EG-Vertrags 264
Geltungsdauer des EU-Vertrags 34, des EG-Vertrags 269
Gemeinden, Beteiligung in der EU 283 f.
Gemeinsame Unternehmen, Forschung und Technologie 215
Gemeinsamer Ausschuß, Befugnisse 276
Gemeinsamer Markt innerhalb der EG 123, 126 f.
Gemeinsamer Zolltarif 134
Generalanwälte, Gerichtshof 233
Generalermächtigung 269
Gerichtshof der EG 33, 54, 71, 232
Geschäftsfähigkeit der EG 260
Geschäftsordnung des Rates 228, der Kommission 232, des Europäischen Parlaments 226, des Wirtschafts- und Sozialausschusses 248, des Ausschusses der Regionen 250
Gesellschaften, Niederlassungsfreiheit und gegenseitige Anerkennung 151, 154, 262
Gesundheitswesen 206 f.
Gleichberechtigung 221
Gleichwertigkeit einzelstaatlicher Vorschriften 174
Grenzübergang 29, 164
Grönland und EG 222
Gründung der EG 8 f.
Grundbesitz in den EG-Staaten 153
Grundfreiheiten, Binnenmarkt 123, 127
Grundgesetz, Europaartikel 273 ff.
Grundrechte und Menschenrechte 18, 21, 30
Gutachten des Gerichtshofs 267

Haftung der EG 54, 71, 178, 261
Handelsmonopole, staatliche 141
Handelspolitik, Gemeinsame 198 f.
Harmonisierung, Rechtsvorschriften 173, Steuern 172 f.
Haushalt der EG 252
Haushaltsdisziplin der EG 100, 252
Haushaltsjahr der EG 253

Haushaltsordnung der EG 259
Haushaltsplan der EG 253 f.
Hoheitsgebiete, überseeische 219 f.

Indirekte Steuern, Harmonisierung 173
Industriepolitik 209
Inkrafttreten des EU-Vertrags 34, des EG-Vertrags 271
Instanzgericht beim Gerichtshof der EG 233
Institutionen der GASP 27
Internationale Organisationen und GASP 23

Jahresbericht der Kommission 226, 229, des Rechnungshofes 242, der EZB 44, des EWI 68
Jugend 204 f.
Juristische Person, EG als 260
Justiz, Zusammenarbeit 20, 28 ff., 109

Kanzler des Gerichtshofs 233
Kapitalverkehr, freier innerhalb der EG 155, 157 ff.
Kartellrecht innerhalb der EG 165 ff.
Klageerhebung vor dem Gerichtshof 234 f.
Klein- und Mittelbetriebe 85, 88, 202
Kohärenz in der Europäischen Union 20, 22, 267
Kohäsionsfonds 89, 212
Kommission der EG, Aufgaben und Zusammensetzung 229, Funktionen im Rahmen der GASP 26, 28, Funktionen bei der Rechts- und Innenpolitik 31
Kommunalwahlrecht, aktives und passives 121, 129
Konjunkturpolitik der EG-Mitglieder 179 f.
Konsultationen in außenpolitischen Fragen 23
Kontingente im Außenhandel 137, 139
Konvergenz der Wirtschafts- und Währungspolitiken 18, 75, 124, 176 f.
Koordinierung im Rahmen der EG 30, 176, 201 ff., 210
Koordinierungsausschuß hoher Beamter 31

Sachregister K–R

Kriegsfall 25, 104, 263
Kultur, Zusammenarbeit der Mitgliedstaaten 205

Länder, Mitwirkung in Angelegenheiten der EU 285 ff., überseeische 219 f.
Ländervertreter, Hinzuziehung von 289 f.
Landwirtschaft innerhalb der EG 142 ff.
Lebensstandard, Hebung und Angleichung innerhalb der EG 89, 123, 210
Leitsätze, Maastricht-Urteil BVerfG 323 ff.
Liberalisierung innerhalb des Binnenmarktes 139, 151, 155
Lohngleichheit innerhalb der EG 202
Luftfahrt in EG-Staaten 165

Mandat, Abgeordnete des EP 222 f.
Mantelvertrag 12 f., 17
Marktbeherrschende Stellung 166
Marktordnung, Landwirtschaft 143
Mehrwertsteuer und Umsatzsteuer 172 f.
Mengenmäßige Beschränkungen 138
Menschenrechte und Grundfreiheiten 18, 21, 30
Mindestpreise für Landwirtschaftsprodukte 146
Ministerrat der EG, Aufgaben und Zusammensetzung 227
Ministerrat der GASP 24, 27
Mißtrauensantrag gegen die Kommission 226
Mitentscheidung des EP 243
Mitglieder des Rates 227, der Kommission 230, des Europäischen Parlaments 222, des Gerichtshofs 232, des Wirtschafts- und Sozialausschusses 147, des Rechnungshofes 240, des Ausschusses der Regionen 249, der EZB 40, 186 f., des EWI 66, 190
Mitgliedstaaten der EU 17, der EG 119, 264
Mitwirkung bei Vorhaben der EU, Bundestag 278, Länder 280, 285 ff.

Monopole, staatliche 141, 168
Monopolmißbrauch 166
Montanunion 9, 22

Nichtigerklärung durch Gerichtshof 236
Niederlassungsfreiheit innerhalb der EG 151 ff.
Nordatlantikvertrag 25, 104 ff.
Nothaushaltsrecht der EG 257

Öffentliche Ordnung 141, 153, 173
Öffentliche Verwaltung der EG-Mitglieder 150, 153
Organe der EU 20 f., der EG 125, 222 ff.
Osteuropa 7, 10, 18

Parlament, Europäisches, Aufgaben und Zusammensetzung 222 f., 243 f.
Parlamentsvorbehalt zur WWU, Bundestag 300, Bundesrat 307
Parteien, europäische 223
Personenverkehr, freier innerhalb der EG 149 ff.
Petitionsrecht beim Europäischen Parlament 129, 224
Pharmazeutische Berufe 154
Politisches Komitee der GASP 27
Präambel des EU-Vertrags 18, des EG-Vertrags 23
Präsident des Rates 227, der Kommission 230, des Europäischen Parlaments 225, des Gerichtshofs 233, des Wirtschafts- und Sozialausschusses 248, des Rechnungshofes 240, des Ausschusses der Regionen 250
Präsidentschaft in EU und EG 20, 26, 227
Preise, Festsetzung landwirtschaftlicher 146
Preisniveau, stabiles 75, 194
Protokolle zum EU-Vertrag 36 ff.
Prozeßfähigkeit der EG 260

Rahmenprogramm, Forschung und Technologie 213 f.
Rat der EG, Aufgaben und Zusammensetzung 227
Ratifizierung des EU-Vertrags 34, 277, des EG-Vertrags 271

Sachregister R–U

Rechnungseinheit, Europäische 18, 63, 124, 192, 159
Rechnungshof, Aufgaben und Zusammensetzung 239
Rechnungsjahr der EG 241
Rechnungslegung der EG 241, 258
Rechnungsprüfung der EG 241
Rechtsangleichung innerhalb der EG 173 f.
Rechtsetzung der EG 100, 224, 242, 246
Rechtsfähigkeit der EG 260
Rechtspolitik, Zusammenarbeit 20, 28 f., 109, 113
Rechtsvorschriften, Angleichung 138, 173 f., 204 ff.
Regierungskonferenz, Einheitliche Europäische Akte 11, WWU 10, Politische Union 10, 321
Regionalfonds, Europäischer 211
Regionen, Ausschuß der 249, 303
Richter am Gerichtshof der EG 233
Richtlinien des Rates und der Kommission 242
Rücktritt, Mitglieder der Kommission 231

Satzung der Europäischen Investitionsbank 251, des Gerichtshofs der EG 239
Schiedssprüche, Anerkennung und Vollstreckung 263
Schiedsstelle der EG 127
Schiedsvertrag, Zuständigkeit des Gerichtshofs 238
Schiffsverkehr in EG-Staaten 165
Schlußakte zum EU-Vertrag 92 ff.
Schutzklausel bei Harmonisierungsmaßnahmen 173
Schutzmaßnahmen bei Marktstörungen 263
Schutzrechte der Unionsbürger 129
Schutzstandards, einzelstaatliche 173 f.
Schweigepflicht, Bedienstete der EG 261
Sekretariat der GASP 103
Sicherheitspolitik, Gemeinsame 25, 104 ff., 283
Sitz der EG-Organe 262
Sitzungsperiode des EP 225
Sitzverteilung im EP 223

Sozialcharta, Europäische 83 ff.
Soziale Sicherheit der Arbeitnehmer 37, 201 f.
Sozialfonds, Europäischer 203, 211
Sozialpartner, Dialog der 202
Sozialpolitik der EG 201 f.
Spezifische Programme, Forschung und Technologie 213
Spitzenverbände, kommunale 284
Sprachenfrage in der EG 103, 262
Staatliche Beihilfen 163, 169
Staatsangehörigkeit 29, 126, 262
Staats- und Regierungschefs 18, 21, 27
Standpunkte, gemeinsame in der GASP 23
Steuern, steuerliche Vorschriften 172
Stimmengewichtung im Rat 228
Stimmrecht im Rat der EG 228
Störungen des Binnenmarkts 263
Streitigkeiten zwischen EG-Staaten 262
Strukturfonds der EG 211
Stufenplan der EG 126 f.
Subsidiarität 19, 125, 302
System der eigenen Mittel der EG 252

Technologie und Forschung 212 ff.
Tierschutz 101
Tochtergesellschaften 151
Transeuropäische Netze 208

Übergangszeit der EG 126
Überseeische Gebiete, Assoziierung 219 f.
Übersicht EU-Vertrag 17, EG-Vertrag 119
Überziehungsverbot 178
Umsatzsteuer, Erhebung innerhalb der EG 172
Umweltschutz 215 ff., 315
Unionsbürgerschaft 20, 128
Unternehmen, Niederlassungsfreiheit 151, 155, 157
Unternehmensvereinigungen, Wettbewerb 165
Untersuchungsrecht EP 224
Urlaubsordnung, EG-Staaten 203
Urteil, Bundesverfassungsgericht zu Maastricht 11, 16, 323 ff.
Urteile des Gerichtshofs 237 ff.

Sachregister V–Z

Verbote, Binnenmarkt 138 ff.
Verbraucherschutz 207
Vereinbarung, Bund-Länder-Zusammenarbeit 15, 285 ff.
Vereinte Nationen 23, 31, 267
Verfahren der Zusammenarbeit, Rat und EP 245
Verfahrensordnung des Gerichtshofs 233
Verkehrspolitik, Gemeinsame 162 ff.
Verkehrsunternehmen innerhalb der EG 164
Vermittlungsausschuß, Rat und EP 243
Veröffentlichung im Amtsblatt der EG 246
Verordnungen des Rates und der Kommission 242
Versicherungsleistungen innerhalb der EG 151
Verteidigungspolitik, gemeinsame 25, 104 ff.
Vertragsverfassung 9
Vertretung der EU 26, 31, der EG 227, 260
Verwaltungsvorschriften, Angleichung 173
Vizepräsidenten der Kommission 232
Vollstreckbarkeit, Entscheidungen und Urteile 237, 239
Vollstreckungshilfe 263
Vorabentscheidung des Gerichtshofs 237
Vorrechte und Befreiungen 56, 76, 262
Vorsitz im Rat der EG 20, 26, 227

Wahlen zum EP 223
Wahlperiode, Abgeordnete des EP 223
Wahlrecht, europäisches 223
Währungsausschuß der EG 187
Währungseinheit, Europäische 18, 63, 124, 192
Währungsinstitut, Europäisches 61 f., 78, 190 f.
Währungspolitik der EG 190 ff.
Währungssystem, Europäisches 78 ff., 190 f.
Wanderarbeitnehmer 150 f.
Warenverkehr, freier innerhalb der EG 130 ff.

Wechselkurse 36 ff., 182 ff.
Westeuropäische Union 25, 104 ff.
Wettbewerb, freier innerhalb der EG 123, 165 ff.
Wirtschaftspolitik, Konvergenz und Koordinierung 124, 176 f.
Wirtschaftssanktionen 267
Wirtschafts- und Sozialausschuß, Aufgaben und Zusammensetzung 247
Wirtschafts- und Währungsunion 18, 123, 299 f., 306
Wohlfahrtsverbände 101
Wortlaut, verbindlicher des EU-Vertrags 35, des EG-Vertrags 271

Zahlungsbilanz, Gleichgewicht und Schwierigkeiten 192 f.
Zahlungsverkehr, Liberalisierung innerhalb der EG 157 ff.
Zentralbank, Europäische 36 ff., 182 ff.
Zeugnisse, Anerkennung innerhalb der EG 154
Ziele der EG 123
Ziele der EU 19
Zoll- und Handelsabkommen, Allgemeines 267
Zölle, Abschaffung innerhalb der EG 130 f.
Zollsätze, Herabsetzung 131
Zolltarif, Gemeinsamer 134
Zollunion 130
Zollvorschriften, Angleichung 138
Zusammenarbeit, Bund-Länder 280, Bundesregierung-Bundestag 278, Justiz und Inneres 28 ff., 109
Zusammenarbeit, Rat und EP 245, Parlamente der EG 98 f.
Zusammenhalt, wirtschaftlicher und sozialer 89, 210 f.
Zusatzprogramme, Forschung und Technologie 214
Zuständigkeitsübertragung auf Gerichtshof 33, 54, 71
Zustimmung des EP 34, 266
Zustimmungsgesetz zum EU-Vertrag 277
Zwangsgeld, Gerichtshof 235
Zwangsvollstreckung, Entscheidungen des Rates und der Kommission 247